間主観性の現象学 その方法

エトムント・フッサール
浜渦辰二 山口一郎 監訳

筑摩書房

目次

翻訳分担者（五〇音順）

以下に、それぞれのテキストの翻訳分担者を示すが、全体にわたる監修は浜渦・山口の二人で行なったので、最終的な責任はこの二人にある。

荒畑靖宏（慶應義塾大学文学部教授）　一、二
稲垣　諭（東洋大学文学部教授）　一四、一七
中山純一（東洋大学非常勤講師）　四、一〇、一一、一二
浜渦辰二（大阪大学名誉教授）　六、七、
村田憲郎（東海大学文学部教授）　五、一三、一五、一六
山口一郎（東洋大学名誉教授）　八
吉川　孝（甲南大学文学部教授）　三、九

まえがき

十九世紀から二十世紀へ、近代から現代へという時代の転換点にあって、西洋の哲学史上初めて、「他者」を哲学の根本問題とみなして取り組んだのは、現代哲学の一つの大きな潮流となった現象学の創始者フッサールであった。彼からそれぞれにインパクトを受け、それぞれの仕方で現象学の精神を（たとえ現象学という語を使わずとも）引き継いでいった多くの哲学者たち（ハイデガー、レヴィナス、シュッツ、サルトル、メルロ＝ポンティ、デリダ、など）が、多かれ少なかれそれぞれの仕方で「他者」の問題に取り組んできたのも、決して偶然のことではない。それは、「現象」という次元に目を向ける限り、それが「誰にとって」現象しているのかを問わざるをえないからであり、「私にとって」現象していることと「他者にとって」現象していることとの異と同とを問わざるをえないからである。その意味で、現象学は初めからその核心において「他者」の問題を孕まざるをえない。このことこそ、上記のように同じくフッサールからインパクトを受けながらもまったく異なる方向に向かって行った哲学者たちがなぜ「他者」の問題を同じように共有していたのかという謎を解く鍵である。

そのこととともにもう一つ興味深いのは、上記のような哲学者たちが現象学の精神とともに「他者」の問題をフッサールから受け継ぎながらも、それぞれがそれぞれの視点で彼の「他者」論を批判することから、みずからの「他者」論を展開していったことである。「他者」を哲学の根本問題と考えるというフッサールの精神は引き受けながらも、彼が展開した「他者」論そのものには誰一人満足するものはいなかったわけである。しかし、それを言うなら、フッサール自身は、自分が展開した「他者」論に満足していただろうか。実を言えば、彼自身満足していたとは、とても思えないのである。それには次のような事情がある。

フッサールの「他者」論としてよく知られているのは、晩年一九二八年のパリおよびストラスブールでの講演に基づいて執筆された『デカルト的省察』の第五省察である。これは初め、一九三一年フランス語訳で出版されたが（その訳にかかわったのが、若きレヴィナスである）、出版にあたって講演原稿にこれまでと同じくらいの分量として急いで付け加えられたのが、問題の第五省察であった。それはフッサールがそれまでに書きためていたノートから急遽拾い集められたような体裁のものであり、決してまとまりのいいものではなく、フッサール自身、その後、きちんとしたドイツ語版にすべく改訂を考えていたが、他の執筆計画もあり、結局改訂版は日の目を見ることがなく、オリジナルのドイツ語版が、その後のフッサール文庫の努力によって、一九五〇年、フッサール全集の待望の第一巻として刊行されたのである。

しかし、この『デカルト的省察』第五省察の「他者」論は、実は、フッサールがこの問題に取り組んで残した仕事のほんの氷山の一角をなすものにすぎず、水面下にはその数倍の分量のそれにまつわる草稿が残されていたのである。それが、一九七三年にフッサール全集の第十三〜十五巻として刊行された『間主観性の現象学』であった。それは、フッサールが現象学的還元の着想を得たのとほぼ同時期の一九〇五年から始まって、死の三年前の一九三五年まで、三十年間にわたる彼の膨大な草稿から成るものであった。それは彼が哲学に取り組んだ人生のほとんどの期間を埋め尽くすものであり、また、彼が取り組んだ問題のいずれにも絡んでくる問題であった。その草稿のなかには、一部に講義草稿も含まれるが、ほとんどが活字になることが想定されていない、いわゆる「作業草稿」であった。それは、出来上がった思想を書き付けたものではなく、ガーベルスベルガーと呼ばれる速記を用いた、書きながら考えるという彼独特のスタイルの「生まれいづる状態」にある思考の格闘の記録である。しかも、ここで強調してもよいのは、この三巻本に残された記録は、先に名前を挙げた哲学者たちがほとんど知らなかったものであり、そこに彼らの知らなかったフッサールの姿を見ることができることである。

ここで「間主観性（Intersubjektivität）」と呼ばれているのは、主観と主観との関係もしくは間（あいだ）の問題であるとともに、世界そのものがそもそも主観から離れた客観としてではなく、間主観的に構成されると考えるものでもあり、フッサールは「他者」論をそのような文脈のなかで考察していた。フッサールの「他者」論に取り組もうとするなら、もはや『デカルト的省察』だけで事を済ますわけにはゆかず、この『間主観性の現象学』全三巻と取り組まざるをえない、と訳者が書き付けてから、はや十五年が経ってしまった。ドイツ語で（あるいは部分的に刊行されているのでフランス語訳で）読む研究者はわが国でも増えてきたが、そうした言語に通じていない一般読者はまったく置いてきぼりの状態がずっと続いてきた。ここに満を持して世に送り出すのは、この『間主観性の現象学』から監訳者二人の責任において、テーマにそくして厳選したテキストの本邦初訳である。これによって、わが国の一般読者にも、フッサール「他者」論の全貌が少しでも見えるようになるとすれば、幸いである。（浜渦）

凡例

本書は、Edmund Husserl, *Zur Phänomenologie der Intersubjektivität, Texte aus dem Nachlass, Erster Teil: 1905-1920*, Husserliana Band XIII; *Zweiter Teil: 1921-1928*, Husserliana Band XIV; *Dritter Teil: 1929-1935*, Husserliana Band XV, hrsg. von Iso Kern, Den Haag, Martinus Nijhoff, 1973. から監訳者によって厳選されたテキストの翻訳である。

なお、各テキストの表題は、原文の表題を監訳者が簡略化したものである。もとの表題ならびにそのテキストの由来については、巻末の解題を参照されたい。

翻訳にあたって、以下のように記号を用いた。

一、原文でゲシュペルト（隔字体）によって強調された箇所は、傍点を付した。ただし、人名であることを示すゲシュペルトについては傍点を付していない。

一、原文の„ “による引用は「 」で示し、( ) による補足はそのまま ( ) で示し、イタリック（斜字体）による強調のうち、原文編者によって付け加えられた表題等はゴシック体にし、イタリックで示された外来語（ギリシア語・ラテン語・フランス語など）については訳語にカタカナのルビを付した。ただし、(過去)把持や(未来)予持、物(的身)体の三語の半角の( )は、熟語としての意味のまとまりを強調するために訳者が使用した。

一、〈 〉は、原文編者による補足を表す。

一、原文著者および編者による注は、＊とアラビア数字で示す。ただし、著者自身が後にテキストに細かく手をいれていることにかかわる編者注は、一部重要なもののみを残して、割愛した。

一、訳者による注は、[ ]で囲んだアラビア数字で示す。

一、著者・編者注、訳者注ともに、各部の末尾に置いた。

一、〔 〕は、訳者による補足説明であり、基本的にはこの〔 〕内の言葉は飛ばして、前後の文章をつなげて読んでいただけるようにした。

一、《 》は、訳者が語句をまとめて読みやすくするために用いた記号である。

一、原文の——(ダッシュ)はそのまま——で示したが、それ以外に、訳者の判断で、読みやすくするために——を用いた箇所もある。

一、上部欄外の数字は原書の対応する頁を示しているが、原書としてはフッサール全集の第十三〜十五巻の三冊を用いており、その巻数の区別は示していない。どの巻の頁であるのかは、各テキストの出典を示した解題で確認していただきたい。

間主観性の現象学　その方法

第一部　還元と方法

111 一　現象学の根本問題*1

〈第一章　自然な態度[1]と「自然な世界概念」〉

〈第一節　自然な態度における自我〉

今学期は、意識の一般的現象学がもつ根本問題にたずさわり、意識一般の根本体制を、その根本特徴にそくして研究することにしたい。

112 私たちが行なおうとしている研究は、自然な態度とはまったく別の態度を要求する。自然科学の認識も心理学の認識も自然な態度の内で獲得される。〔それに対し〕現象学は決して心理学ではない。現象学は新たな次元にあり、心理学や空間的‐時間的な現実存在[2]についてのいかなる学問とも、本質的に異なった態度を要求する。こうしたことを詳論するには、導入が必要である。

私は、経験や認識がそこにおいて生じるようなさまざまの態度の記述から始め、さしあたり自然な態度の記述から始める。私たち誰もが自然な態度のうちに生きており、それゆえ哲学的な視線変更を行なうとき、自然な態度から始めることになる。私たちはそれをするのに、この態度において見いだされるものを一般的な仕方で記述するというやり方で行なうことにしよう。

私たち誰もが「私は」と言い、また、そのように言いながら、自分を自我として知っている。自我として自分を見いだし、そのさいいつも、自分を周囲の中心として見いだす。「自我」は、私たちそれぞれにとって異なったものを意味し、それぞれにとってまったく特定の人〔人物、人格〕[3]を意味している。この人は、特定の固有名をもち、自分の知覚、想起、予期、想像表象、感情、願望、意志などを体験し、自分の状態をもち、自分の行為を行なう。さらにこの人は、自分の性向をもち、自分の生まれつきの素質や後から獲得された能力や技能などをもっている。どの自我もそうした自分のものをもっており、そしてもちろんのこと、そのつど見いだすことそれ自身も同じ範囲に属している。その内で、まさに当の自我は、ここで一般的な仕方で語られているあれこれのものを見いだす。同様に、ここにはまた言表することも属している。経験と呼ばれている直接に見いだすことに基づいて、そして、どこから生じたにせよ自我にとっては体験であるような確信、思念、推測に基づいて、自我は次のように述べる。すなわち、それはそれぞれの名前をもつ人であり、彼はこれこれの人格的特性をもち、これこれの顕在的体験、思念、目的措定等をもっている、と。そのさいにもっていることは、もたれるものに応じてそのつど異なっている。苦しみは受け取られ、判断は遂行され、生活力、忠実さ、誠実さは「人格的」特性としてもたれている、等々。いまや自我が自分を、あの言表可能なものすべてをさまざまな仕方でもっている者として見いだすとすると、他方で自我は自分を、このもたれたものと同種のものとして見いだすことはない。したがって、自我それ自身は、体験ではなく体験する者であり、行為ではなく行為を行なう者であり、特徴ではなく特徴を固有な仕方でもっている者、等である。さらに、自我が自分を見いだし、自分の自我体験や性向を見いだすのは、時間の内においてであり、しかもそのさい自分を存在するものとして、これこれをもっている者として知るのは、今だけのことではない。自我は想起をもっており、想起において、「たった今」そしてそれ以前の時間にこれこれの特定の体験等をもっていた者として、自分を見いだす。もたれているもの、もたれていたものはどれも、その時間位置を占めており、そして自我それ自身は時間の内で同一的なものであり、時間の内で特定の位置を占めている。

〈第二節　身体[4]と空間時間的周囲〉

ここで、身体と身体を取り囲む空間時間とに眼を向けることにしよう。それぞれの自我は自分を有機的な身体をもつものとして見いだす。身体というのは、それはそれで自我ではなく、空間時間的な「事物」であり、これを中心にして無限に至る事物的な周囲が集まっている。自我はそのつど、直接的に知覚し、あるいは、直接的ないし（過去）把持的[5]な想起において想起するかぎりで、限定された空間時間的な周囲をもっている。しかしながら、直接的な直観というしかたで現存するものとして措定された周囲は、周囲全体の内の直観された部分にすぎないということ、そして事物は無限の（ユークリッド的）空間の内でさらに続いているということ、また同様に、現存の顕在的に想起された時間部分は、無限の現存の連鎖の一部にすぎず、この連鎖は無限の過去へと遡及的に伸びている一方、無限の未来へと及んでいるということ、こういうことを自我は「知っている」し、それを確信している。事物は、それが知覚されるときだけ存在したり、かつて知覚されたときだけ存在していたりするわけではないことを知っている。現に在る事物は、顕在的な経験周囲にちょうどいま現に在るとか、想起に応じてそこに現に在ったとか、あるいはこれから現に在るだろうとかいうことがなくても、それ自体で、いま在り、かつて在り、これからも在るだろう。そしてこのことは、あらゆる事物的特性、すなわち静止と運動、質的な変化と不変化などという点で事物に対して当てはまる。

114
　ここで十分に注意しなければならないが、私たちが記述するのは、もっぱらそれぞれの自我自身が見いだすもの、自我が直接的に見たり、間接的に確信しつつ思念したりするものだけであり、しかも、この確信というのは、それぞれの自我がそれを絶対的明証へと変化させることができるような確信でなければならない。一つ一つの場合には誤ることもありうるが、それでも、きわだった仕方で言表される一般的なものは自我にとって明証的であるか、明証的になりうるかである、ということをそれぞれの自我が知っている。私たち自身は、いま記述を行なっている者として、これらすべてに関する究極妥当的な真理がどうなっているのかについては、まったく関心を払っていないが、この点において疑念が表明されることはまったくないだろう。

　こうした所見を述べる前に、正しくは、私はさらに次のようなことを言わねばならなかった。すなわち、それぞれの自我は、たんに自分で知覚するだけではないし、たんに直観的な現存を措定する体験をもっているだけでもなく、自我はまた多かれ少なかれ明晰なあるいは混乱した知識をもち、思考したり、述定したりして、学問的な人として学問にも従事している。そのさい自我は、自分がときには適切に判断しときには判断を誤る者であり、ときには疑う者や混乱した者であり、またときには明晰な確信に突き進む者であることを知っている。しかしまた、それにもかかわらず、この現実世界が存在し、また、以前に詳細に記述したように、この世界のなかにいる自我それ自身が存在するということを、自我は知っており、確信している、と。

さらにたとえば次のことが詳論されねばならない。すなわち、それぞれの自我が「自分の身体」として見いだす事物は、他のあらゆる事物に対して、まさに自分固有の身体としてきわだってくる。それは顕在的な知覚領野においていつも不可避的に現存し、より詳しく記述されるべき固有の仕方で知覚されており、それは事物的な周囲統握の恒常的な中心項である。身体でないものはすべて、身体へと関係づけられて現出し、身体への関係において自我につねに意識されているような、ある空間的な方位づけを、つまり、右と左、前と後などという方位づけを、同様に時間的には、今・以前・以後という方位づけをもっている。

〈第三節　体験を身体に局在化すること〉

誰もが、自分の自我体験や一般に自分の特殊な自我所有をも、身体へと関係づける。こ

115 うして人はそれらを身体に局在化するのであり、ときには直接的な「経験」、無媒介的な「直観」に基づいて、ときには間接的に経験にそくしたり類比化したりして知るという仕方で局在化する。この局在化はまったく独特のもので、事物の部分や契機――それが感性的に直観的な規定であっても、物理学的な規定であってもかまわないが――を直観にそくして事物の上に配置するような局在化とはまったく別のものである。血液が心臓の内にあるのと同じように、喜びや悲しみが心臓〔心〕の内にあるわけではないし、皮膚の有機的な組織の一部が皮膚の内にあるのと同じように、触感覚が皮膚の内にあるわけではない。心理的なものの局在化ということに根源的な意味を与えている表象に従えば、それゆえ、それについて直接的ないし間接的な経験が教えてくれることに従えば、そういうことになる。なるほど、このことは、ときおり根源的な意味が無視されることを排除するわけではないが、私たちはここに留まる必要はない。

さらに、自我体験は、経験（おのおのの自我がなす経験で、その自我の判断を規定している経験）に基づいて、詳細にはまだ規定されていないある範囲内では、身体すなわちその身体的状態や経過に依存するものとみなされるということを、ここで付け加えておこう。

〈第四節　感情移入〔6〕と他の《フレムト》自我〔7〕〉

おのおのの自我は自分の周囲に、またしばしば自分の顕在的な周囲の内に、次のような事物を見いだす。すなわち、それを身体とみなしはするが、「自分固有の」身体とははっきり区別される、他の身体とみなすような事物である。そのさい、そうした身体のどれにも一つの自我が属してはいるが、しかしながらそれは、別の他の《フレムト》自我なのである（自我はその身体を自我主観の「担い手」とみなすが、自分自身を見たり経験しつつ見いだしたりするような意味で、この他の自我を「見る」わけではない。自我はそれらを「感情移入」*2という仕方で措定し、それゆえ、他の体験や性格素質もまた「そこに見いだされる」ようになる。だがそれらは、自分固有のものと同じ意味で与えられ、所持されるわけではな
116
い）。それは、〔私と〕同じように自分の「心」、自分の顕在的な意識、自分の性向、性格素質をもっているような一つの自我であり、〔私と〕同じように自分の事物的周囲を見いだし、その内に自分の身体を自分のものとして見いだすような自我である。そしてこの場合、擬似知覚的にではあれ、私たちに対面している他の自我が見いだす周囲は、だいたいのところ私たちの周囲と同じものであろう。私たちが自分たちの周囲で他の自我の身体として統握する身体は、他の自我が自分の周囲で自分固有の身体として統握するのと同じものであろう。そして、そのようにして相互に見いだし合い、相互にその周囲に組み入れ合

う複数の自我の顕在的な周囲について当てはまることは、世界全体にも当てはまる。あらゆる自我は自分を、一つの同じ空間時間的世界——これは未規定的に無限であり、どの自我にとっても全体的周囲である——の相対的な中心点として把握する。どの自我にとっても、他の自我は中心点ではなく、周囲の点であり、彼らの身体を基準として、一つの同じ万有空間ないし一つの同じ世界時間の内に、異なった空間的位置と時間的位置を占めている。

〈第五節　空間現象、ならびに正常性においてさまざまな主観の現出が対応していること〉

どの自我も自分を中心点として、いわば、座標のゼロ点として見いだす。そして自我は、そのゼロ点から世界のあらゆる事物——すでに認識していたり、あるいは認識していなかったりする事物——を観察し、秩序づけ、認識する。しかし、どの自我もこの中心点を相対的なものとして把握している。たとえば、どの自我も空間のなかで自分の場所を身体的に変化させ、つねに「ここ」と言うけれども、「ここ」がそのつど場所的に別のものであ
117
ることを知っている。どの自我も、さまざまな客観的な空間位置（さまざまな場所）の体系としての客観的空間と、空間現象とを区別する。空間現象というのは、「こことそこ」「前と後」「左と右」をともなって空間が現出する際の様式である。そしてこれは時間に関

しても同様である。

同じことが、事物にも当てはまる。誰もがそれぞれ、自分の周りに同じ世界をもっている。そしてときには多くの人々が同じ事物を、世界の同じ部分を見る。しかし誰もが自分の事物現出をもっていて、各人にとって、空間内での異なった位置に応じてそのつど違った仕方で、同じ事物が現出する。事物はその前と後をもち、その上と下をもっている。そして、事物の私から見ての前は、ときに他の人にとっては後であったりする。にもかかわらず、それは同じ特性をもつ同じ事物である。

どの事物も、無限の客観的空間の内で、だが連続的な運動の内でのみ、その目下の空間位置（その場所）をあらゆる別の空間位置と交換することができる。別々の事物が同じ空間位置を占めることはできないし、いかなる部分であれそうである。しかし別々の事物は、連続的な運動の内で、その異なった空間位置を交換することができる。したがって、このことは身体についても当てはまる。ある身体が自分の客観的空間位置を他の身体の空間位置と交換するならば、その身体に属する自我が自分の経験した事物についてもつ現出は、連続的に変化する。しかもその結果として、理想的《イデアル》[8]な場合には、身体位置の交換に応じて現出が交換されることになる。ここでは、理想的なものにすぎないとはいえ、正常という名称のもとで、ある種の理想的な可能性が支配しており、それによって、二人の正常な個人の間で、それぞれが自分の場所を交換できたり、交換することを考えたり、二人が身体的に理想的・正常な状態にある場合には、それぞれが自分の意識において、以前には相手の意識において実現されていたのと同じ現出を見いだす。私とある他者が「正常《ノーマル》な」眼をもっている場合、もし、変化しない同じ事物が、同じ客観的空間位置において私たちに呈示され、その位置を私たちが交互に占めることができるなら、私たちは同じものを見ることになる。そして、私たちのそれぞれが他者と同じ位置で見ていたならば、さらに、眼の位置の空間的な関係だけでなく、両眼と身体全体が同じ「正常《ノーマル》な構造」にあるならば、私たちはそれぞれ、いつも同じ現出をもつことになろう。〔もちろん〕これらは理想的な言い方である。しかし一般的に、各人は自分の現出と他人の現出とのおおよその対応を受け取っており、例外として異常《アブノーマル》を見いだすのは、病気という名称のもとのことで、いずれ
118 にせよ、それは可能性としてである。

自我たちあるいは——ふつうの言い方では——人間たちは、こうしたことすべてについて互いに理解し合っている。誰もが、場合に応じて自分にとってそれぞれに現出する事物への関係の内で自分の経験を行ない、この経験に基づいて判断し、この判断を他者との相互理解において取り交わす。誰でも現出を反省するきっかけをもたずに、直進的に経験しつつ対象に差し向けられているときには、現出についてではなく、事物について判断して

いる。人が事物を記述するとき、事物はその人にとって一つの同じ事物であり、変化しない性質をまとった変化しない事物である。そして、人はそうしたものとして事物について言表するが、だがその一方でやはり、頭や眼や身体全体を空間の内で動かしつつ、絶えず異なった現出をもっており、あるときは遠くの現出を、あるときは近くの現出を、あるときは前面の現出を、あるときは背面の現出等々をもっている。

〈第六節　これまでの論述の要約〉

前回の講義では、自然な態度を記述することから始めた。そして、自然な態度において見いだされるものを一般的な仕方で記述するよう試みる、というやり方でそれを行なった。ここで要旨を再述しておくことにしよう。

私たちはそれぞれ、自分を自我として知っている。各人が自分を自我として見いだすのと同じその態度において、各人は自分自身の内に、また〈自分〉自身との連関において、何を見いだすであろうか。こうして、各人が「私は」と言うことができるその仕方の記述を開始し、他のものはすべてそこに結びついていた。その場合、単数形でものを言い、それゆえ次のように続けるのが一番よいだろう。すなわち、私は自分自身を存在するものとして、現に存在するこの者として、しかじかの特定の内容をともなって存在するものとして措定する。私はしかじかのものを体験するものとして自分を措定する、私はしかじかの状態や作用をもっている。しかし私は、状態や作用として自分を措定するのではないし、そうしたものとして自分を見いだすことすらない、というように。さらに私は、たんに体験する主体としてだけ自分を措定したり、見いだしたりするのではなく、人格的な特性の主体としても、ある種の性格の人格としても、ある種の知的ないし道徳的性向を有するも
119
の等としても、自身を措定したり、見いだしたりする。そうしたことを見いだすのは、私の体験を見いだすのとはまったく別の仕方においてであることはもちろんである。

さらに私は、自分自身や自分のものを時間の内で持続するものとして、それが持続する間に変化したりしなかったりするものとして、見いだす。そしてそのさい私は、流れ行く今と（過去）把持においてなお与えられている「たったいま」とを区別する。さらに私は自分を、再想起においてふたたび、今なおそうであるように以前にもそうであった者として、以前に持続し、しかじかのものを交互に体験した者等々として見いだす。

さらに私は一つの身体をもち――私はそう見いだす――、そして身体とは、私が同じように見いだす他の事物の間にある一つの事物である。そしてそうした事物をも、私は時間の内で見いだす。今においてはいま存在している身体を私の身体として、たったいまにおいてはたったいま存在していた身体を、再想起においては再想起された身体を、私は見い

だす。その身体は、つねに私に属している。

　そして私が私の自我の時間として、私の所持の時間として見いだす時間点、そうした時間点のいずれにおいても、私は何らかの変転する事物的周囲を見いだす。それは部分的には直接的な周囲であり、すなわち直接的に措定する直観において与えられたり、かつて与えられたりし、また部分的には間接的な周囲であり、すなわち、場合によって生じるようなあらゆる推論的な思考に先だって、本来的に直観された周囲とともに措定される。このともに措定という仕方において、周囲はいわば無限の周囲であり、無限に引き続き伸びていく空間と無限に引き続き進んでいく時間内の未規定的に措定された事物である。私は、記号的に類比化する直観においてそのような共措定を自分に対して明晰なものし、そしてその場合にその共措定それ自身を措定する。そのさい、その共措定が想起された周囲にまで至らないかぎりにおいてまさしく類比的に措定され、まさに「およそさらに引き続きそうなっている」という意味において引き続きそうであるような、未規定的で可能的な事物的周囲として措定される。

　私たちは周囲の事物を記述する際の端緒を、事物がそのつど私たちの自我の周囲に見いだされる、という一般的な意味での事物として示唆した。同様に私たちは、いかなるときも「私の身体」として見いだされる事物がその他の事物に対して示している性格上の相違を記述した。

さらに私たちは、他者の自我の担い手としての他者の身体という名称をもって見いだされるものがもつ意味を記述した。そうした他者の自我は、その体験やその人格的特性とともに、自分固有の自我とはまったく異なって、「自己知覚」や「自己想起」によってではなく、感情移入によって「見いだ」される。120 同じように私たちは、方位づけ――この方位づけの内であらゆる事物が、また身体もが、自我に対して現出する――の相違を記述した。つまり、自我のそれぞれの空間位置――そこに、身体のそのつどの空間位置がある種の呈示というかたちで属している――に事物現出が属しているその仕方を記述したが、こうした事物現出というかたちにおいて、まさにその事物と、その事物がもつ空間が、この主観的な空間位置からしかじかに呈示される。そして同様に私たちは、時間と時間現出との相違について語ることができた。

私たちはさらに次のように述べた。すなわち、感情移入という道を辿ることによって上述のことすべてが他者の自我に対しても認められるということ、正常な場合には、自我ごとに異なる方位づけがある種の対応関係にあり、それは必然的に異なる空間位置に対応しており、それらの空間位置をさまざまな自我がみずからの相対的な場所として見いだすということ、こうしたことを述べた。正常な仕方では、自我の相対的な空間位置を交換する際に、その自我の方位づけもまた交換され、それとともに、その自我の事物的な現出もまた交換される。私は、こうした統握の基礎に一つの理想があることを指摘したが、この理想に反して、「正常《ノーマル》な知覚と異常《アブノーマル》な知覚」という題目のもとではいくらかの異常も可能である。しかしこうしたことは、身体のさまざまな機能を遡及的に指し示していた。

〈第七節　経験の態度としての自然な態度。経験判断の明証性の問題〉

「見いだす」という名称のもとで名指されていたもの、そしてまたあらゆる学問的思考は言うにおよばず、あらゆる推論的思考に先だっているもの、これがまさしく、強い意味で経験すると呼ばれているものにほかならない。したがって自然な態度とは経験の態度である。自我は自分自身を経験し、事物に関して、身体や他者の自我に関して経験をする。経験のこの態度は、それが動物や前学問的人間の唯一の態度であるかぎり、自然な態度である。

　経験されたものや端的に見いだされたものを私が記述する場合、私は当然のことながら判断をしている。しかしこれらの純粋に記述的な判断は、そのものとしては、経験において見いだされたもののたんなる表現であり、そのようなものであるかぎり、ある意味では絶対に明証的、すなわちたんなる表現としてのかぎりで明証的であり、それどころかある虚構の記述でさえも、それが忠実であるならば、こうした明証性をもつことは明白である。
121 自我が見いだされたものや経験されたものを個々に規定されたかたちで記述しようとも、あるいは未規定な一般性において記述しようとも、こうしたものは存在するものとして措定されており、その判断は——表現の適切さに属するような明証性、完全な明証性であるような明証性を度外視するならば——経験定立という明証性を有している。この明証性は確かに一つの明証性ではあるが、一般的に言えば、不完全な明証性である。「経験は欺くことがある」ということは誰でも知っているし、誰でも、経験にしたがいつつ言表する正当性の権利を自分がもっていることを知っているが、しかしにもかかわらずその経験されたものが「実際には存在する必要がない」ということも知っている。

他方で、経験の態度の所与性を記述しつつ私たちが行なった言表は、絶対的明証性への要求を唱える。私たちがそうした明証性を見いだすということは疑いもなく真である。というのも、私が自分をあれこれを所持するものとして、一つの周囲の中心点等々として見いだすということを私が言ったり見たりするのは、疑いもなく真理であり、絶対的真理だからである。そしてまたこれは、自分はいまここで《ヒク・エト・ヌンク》この特定の事物を経験しているということを私が言表する場合にも、また同様に、私はそもそも事物を一つの事物周囲等々において知覚しており、また知覚したということを未規定的かつ一般的に言表する場合にも、疑いもなく真なのである。さらに先に進んだ明証性とは、私はまさしくしかじかのものを見いだしているのを確信しているというだけではなくて、「我あり」[9]ということ、一つの世界が存在するということ、そして記述されたたぐいの見いだされたものは、その一般的類型にしたがえば、自我の連関内で存在しているが、それにもかかわらず特定のものに関しては個別的に疑うことは可能であるし、誤謬も可能であるということでもある。この明証性がどのような種類のものであるのかを、私たちはここでは決定するつもりはない。

　そもそも私たちが確定したことは、経験はみずからの権利正当性をもっているということ、より正確に言えば、自然な態度における判断は、「経験に基づいて」みずからの自明の権利正当性を有するということであり、その一番下には端的に記述する判断が位置し、次いでさらにまた、それよりも高い段階には記述的な学問の帰納的な学問的判断が、そして最後には精密に客観的な学問の帰納的な学問的判断が位置しており、こうした判断は直接に経験されたものを越え出て経験されていないものへと推論するが、しかしその場合つねに、みずからの最終的な権利正当性の根拠に、すなわち直接的な経験所与性に依存しているということ、こうしたことだけである。

122

〈第八節　経験科学すなわち物理的自然科学と心理学。自然な世界概念〉

ところで人間はその経験されたものをたんに記述するばかりではなく、学問的に認識もすることによって、経験科学に従事することになる。経験科学とは、自然な態度の学問である。

(a) 事物を、すなわち自然な態度の個別的所与を学問的に探究するということは、物理的自然科学の仕事である。したがってその客観である事物とは、正確には、経験の所与という意味での事物である。そうした事物は客観的空間内にみずからの特定の位置と拡がりをもち、客観的持続の内にみずからの特定の位置と持続をもち、しかじかに変化したり、あるいは変化しなかったり等々するような、それ自体で存在する事物として、私たちに与えられる。この場合注意しなければならないことは、事物とは現出のことではなく、私ないしは他の何らかの自我に対して、多様な現出の内で、これらの自我およびその正常なないしは標準的でない身体的構成等々を基準として、あれこれの仕方で現出する同一者だということである。事物的なものは、全体的所与のほんの一部をなすにすぎない。

(b) 以前に詳論されたところにしたがえば、人間は自分自身について、自分の隣人について、ないしはまた、他の体験を行なっている有機的存在者——これらは実際、動物だとか、その他の生きている存在者と呼ばれている——についてさまざまな経験をしている。彼らは感情移入をしたり、感情移入的に言表を了解したりすることによってたんに実践的に相互交流に入るだけではなく、彼らは認識目的のためにも互いを観察し合い、——自己知覚ならびに自己想起という形式でと同様、感情移入経験およびそれに基づいた理論化という形式でも——いわゆる心理学的認識をも獲得する。そして同様に心理学的な種類の認識は、心理的なもの（自身のものと他者のもの）の身体への依存関係にもかかわる。

物理的なものについての自然科学が事物を記述し因果法則的に説明する（物理的現出の内で現出し、客観的特性、変化、状態をともなっている事物を説明するが、その物理的現
123 出——体験——そのものを説明するのではない）のと同様に、心理学が因果法則的な仕方で記述・説明を行なうのは、自分の変転する状態および作用、ならびに自分の変転する性向（性格素質等々）をもった人間的人格であるが、しかし、その人格が、その内で自分自身ならびに他者たちに対して、変転しつつしかじかに現出するような現出ではない。もちろんこの場合、現出という語は適切に理解しなければならない。ただしかしこの場合は、ある意味ではすべての現出が、すなわち物理的現出も、心的なものの自己現出も他者現出も、ともに心理学の枠内に属するものであるかぎり、事情はことなる。というのも、たとえ、私に対してたとえばある他者が現出する場合とか、あるいはある他者が私自身に対して現出する場合とか、あるいは最後に、私が私自身に対して現出する場合だとかの、そのつどの仕方の記述が、私の自我それ自体の記述とか、他者の人格それ自体の記述等々とは

124 異なったものであるとしても、そのなかで私が私自身に対して対象的に存在しているような意識は――どんな意識もそうであるのと同じように――やはり自我体験なのであり、また同様に、そのなかで私に対してある他者が向かい合っているような意識も自我体験だからである。そしてまた、事物は事物現出のことではない。事物は、私がそれを知覚しようがしまいが、したがって私が当の知覚現出をもとうがもつまいが、それがあるところのものである。事物は物理的なものであって、心理的なものではない。しかし知覚現出を所持するということは、それに基づいて事物を思考するということと同様、心理学の枠内に属する事柄である。かりにもっと詳細に考察することによって、たとえばある事物の知覚という形式で、現出するものの現出を所持するということと現出それ自体（このいわゆる意識の内で所持されている現出）との間に区別がもうけられるべきだということが判明すれば、やはり現出も――それが所持された現出であるかぎりで――心理学に属することであろう。こうした内容を通してしか、実際その「所持すること」は区別されないからである。

そしてこうしたことはすべて、記述的な自然な統握においてそれが統握されたかぎりの意味での心理学の枠内に属する。心理学的自我は客観的時間に属し、空間世界が属しているのと同じ時間に属し、時計やその他のクロノメーターによって測定される時間に属している。またこの自我は空間時間的に身体に結びついており、心理的状態や作用――これらはまたもや客観的時間内へと配属される――は、その身体が機能するということに依存しており、身体が客観的に、すなわち空間時間的に現に存在し、どのように存在するかということに依存している。あらゆる心理的なものは空間時間的である。たとえ、心理的自我それ自体（およびその体験）が拡がりと場所をもつということが不合理であるという説明がなされ、またおそらくはそうすることが正当なことであるとしても、心理的自我は空間の内に現実存在をもち、すなわち、空間内に自身の客観的位置をもつ身体の自我としての現実存在を有している。だからこそ誰でも当然のように正当に、私は今そこに存在しており、これからあそこに存在すると言ったりする。正確に同じことが時間に関しても妥当する。おそらくそれに劣らず不合理であるのは、自我およびその体験〈それ〉自体を、地球の運動によって規定され、物理学的機器によって測定されるようなその時間の内へと配属することであろう。しかし、私はいま存在しており、それと同じ今において地球はその軌道上のしかじかの位置を占めている等々ということを誰でも自然に言い、またそれが正当なのである。したがって、心理学およびそれと分かち難く結びついている心理物理学[10]を（私たちがそもそも、せいぜい実践的にであれ、一つの区別を行なおうとするかぎり）自然科学と名づけることも理解できる。一つの空間内および時間内の現実存在に関する学問はどれも、自然科学である。そして自然とは統一的な総体のことであり、あるいはむしろ

――もっと詳細に考察すれば示されることだが――空間的‐時間的現実存在、したがって一つの空間内に場所と拡がりをもち、一つの時間内に位置ないしは持続をもつすべてのものの法則的に統一された全体のことである。この全体を私たちは世界あるいは全自然と呼ぶ。この世界の内に、いわゆる物と心というようなふたつの分離した世界があるわけではない。心が身体の心であるかぎり、また、世界が経験の世界であって、そうしたものとして、自我――それ自体は他のあらゆる自我と同様に、経験にそくした仕方で世界内へと配属される――を遡及的に指し示すかぎり、経験はたった一つの世界しか知ることはない。

ここで話題を中断しよう。これまでに始められた記述がすでに特徴づけられたすべての方針に沿って進められたとしたら、はるか先にまで導いていくものだろうし、またその新たな路線の分だけ、著しく豊かなものとなるであろう。それに、次のことも示すことがで
125
きよう。すなわち、最高の威厳をもつ哲学的関心は、いわゆる自然な世界概念を、つまり自然な態度の世界概念を完全かつ全面的に記述することを要求するということ、他方でまた、こういった種類の精密で徹底的な記述は決して簡単に処理できるような事象ではなく、むしろ法外に困難な反省を要求するものであるということ、これである。それにもかかわらず、ここではそういった哲学的関心を話題とすべきではない――たとえ、この講義における私たち固有の企図がそれと同じ哲学的関心へ向けられているとしても、である。私た

ちの次の目的にとっては、すでに与えられたおおまかな端緒で十分である。私たちはたんに、自然な態度とは何であるかを示したかっただけであり、また私たちはそれを、この態度のなかで自然な意味での世界として見いだされるものを一般的かつ簡潔に性格描写するということを通して記述したのであるが、その世界とは、自然科学および心理学的学問の——そして当然、精密に記述を行なう学問、ならびに理論的に説明する学問、それから因果的に説明を行なう学問などの——無限の客観以外の何ものでもない。

〈第九節　経験的ないしは自然な態度とアプリオリな態度。自然の存在論と形式的存在論〉[11]

これまでに記述された態度は、そこにおいてまさしく自然あるいは世界が可視的で認識可能な領野となるような自然な世界統握であったが、それに対して、いまやどのような〔それと異なる〕新たな態度が可能なのだろうか。自然は、すべての現実的存在を包括しているのではなかろうか。私たちが「現実的」ということでまさしくふたたび空間および時間内に現実存在するものを理解するのであれば、確かにそうである。しかし、正当な判断および洞察的に認識する判断は、いかなる現実存在をもたないような対象にも向かっているということに私たちが思い及ぶならば、そうではない。

純粋幾何学は幾何学的形象に関して、純粋算術は数等々に関して、そのような語り方をしている。しかし純粋空間の可能的形態としての純粋幾何学の形象、数列の純粋数としての算術の数、これらは事物ではなく、いかなる意味でも自然の事実ではない。

したがってこう言えるだろう。すなわち、自然事実的な空間的-時間的現実存在の世界
126 である「経験的」世界に対して——こうも言われるだろうが——理念的な世界が存在する、すなわち、非空間的・非時間的・非実在的であるが、しかしそれでも、まさしく数列における数が存在しているのと同じように、存在しているような理念《イデー》からなる世界が存在する、と。妥当する学問的言表の主語は、自然の事物と同様、存在する。これに応じて、自然なないし経験的態度と、他方で非-経験的でアプリオリな態度との間の区別をしなければならない。一方の態度においては現実存在的対象が、他方の態度においては本質的対象が、一方においては自然が、他方においては理念が与えられる。

これに対する反論としてもち出されうるものが何もないことは自明である。知覚ないし想起において私たちにある色がある事物の契機として与えられ、私たちがそれを知覚し想起しつつ思念しているような場合と、私たちがいわば別の方を向いて、この色の理念だけを、それに対応する色の種《スペチエス》だけを純粋な所与として把捉するような場合とでは態度が異なっていることは明白である。「ド」という音色の個別の音をたったいま鳴り始めたバイオリンの音として知覚することと、変更された態度においてこの何らかの範例的な音現

出に基づいて音色「ド」という理念——これは理念的《イデアル》で、一回的な音色系列のなかにあって唯一のものである——を形成することとは別のことである。あるいは、四本の線を見ることと、他方でその四本線を見つつもそれらにではなく、数「四」という唯一の理念に、ここで範例的に直観化されたり等々しているその理念に差し向けられてあること、この両者は別のことである。

それらの理念がいまや対象として機能しており、同時にそれによって、それに対応する未規定的で一般的に思考された多くの個別者や、たんに思考されているだけで存在するものとして措定されてはいないような多くの個別者に関する言表が、無制限な一般性という性格をもつような言表が、可能となる。たとえば幾何学的言表などはそうである。どの理念も実際そうしたものであるかぎり、次のような特性をもっている。つまり、理念にはいわゆる範囲〔外延〕が対応しており、しかし対応しているのは多くの個別者からなる純粋な範囲〔外延〕であり、それらの個別者に関してはいかなる現実存在措定も遂行されていない、というような特性である。したがって純粋算術・純粋幾何学・純粋運動学・純粋音響学等々は、実在的現実存在に関するいかなる言表をも含んでいない。現実存在するものが存在しようとしまいと、これらの学科の命題は妥当する。それらは純粋な命題として妥当する。

127 もちろん、アプリオリの純粋性を、すなわちアプリオリが現実存在を免れているということを見て確定するということには一つの処置ないし決定が属している。自然研究者や数学者は好んで数学的命題の基礎に経験的意味を置きたがる。しかし彼らがそうした命題を数える際に未規定なままにされている単位は実際に現実存在するもの、現実存在する事物、現実存在する出来事等々の代理をしているのだが、ただまさしく思想のもつ未規定的な一般性——この一般性はどのような任意の経験的現実存在をも包括する——というかたちで代理をしている、というような意味で判断したり根拠づけたりするのであれば、数学は——それぞれの単位が実際に現実存在するものをどのように代理しているのか（そして同じ意味で、類似の学問のどれもがそうである）は注意すべきであるが——最初から自然の領分に属することになる。実際、純粋理念とか、またそれと関連して純粋な完全に無制限な一般性といった考えは自然で経験的な態度からは縁遠いものである。数学的なものをそのように解釈することに反して、アプリオリを、すなわち現実存在を免除されている理念的存在者を把捉し、そうして超経験的で非空間的・非時間的な理念を把捉するためには、まず第一に未規定なものも含めてあらゆる現実存在措定を除外することが必要となる。

　とはいえ、本来これは不正確な表現である。ひとたび理念的なものをその純粋性において観取した者、ひとたび判断を純粋にあるいは「厳密な」一般性〈において〉遂行した者は、最初に経験的一般性から出発する必要はないし、経験的現実存在を除外するという作用を自分で行なう必要もない。理念や純粋な一般性は、まさしく自分自身の態度において、別の方向づけを受けた自分自身の観取や思念において把捉される。他方で顧慮されねばならないことは、純粋なアプリオリを獲得したり捉えたり思念したりすることと、その後で、捉えられたものや言表されたものの意味に関して反省しつつ、それを正しく解釈し、それを与えられるがままのものとして受け取ること、これら両者は別々のものである。おそらく、概して数学者は厳密な一般性において判断することができるし、またそうしているであろうが、やはり彼らは経験的な先入見にそそのかされて、純粋に把捉されたものを後から経験的に解釈してしまう。したがって理念《イデー》や本質を私たちが把捉するのは、アプリオリな態度においてである。

　これらの理念や本質には、空間という理念や空間形態という理念が、すなわち空間性についての理念も属しているが、しかしこの理念自体は空間的なものではない。現実的空間の内には、つまり自然の内にはいかなる空間の理念も、いかなる三角形の理念等々も存在していない。また同様に現実的時間の内には、時間という理念も存在しておらず、これはむしろそれ自体非時間的存在であり、まさしく理念なのである。したがって本質態度が、最終的には直観的理念化という態度が、現実存在を免れたある新たな領分を所与へともたらし、ある意味ではすでにそうした態度を哲学的態度と呼んでもかまわない。経験的に制限された数学の不純なアプリオリから純粋数学の厳密なアプリオリへと移行するということは、大きな哲学的意義を有するもので、真正な哲学を樹立するための欠くべからざる一歩である。そうした一歩を踏み出さなかったものは、真の哲学の高みへ登頂することはできない。

それにもかかわらず、かりにこの新たな態度で事足れりとしてしまったならば、私たちに与えられるのはまさしく、一方では自然科学と、他方ではその純粋性において理解された数学的学問およびその他のアプリオリな学問以上のものではないであろうし、あるいはむしろ、アプリオリな学問、すなわち、自然科学から出発することから容易に生じ、さしあたってはたんに自然科学的探究の道具として構成されているだけの学問であるにすぎない。私たちは自然科学を次のように分節できる。すなわち、事実としての自然に理念としての自然を対置する。事実としての自然に関係するのは通常の意味での自然科学、つまり経験的自然科学であり、理念としての自然に関係するのは純粋自然科学である。これによって明らかとなるのは、自然という理念〈にとって〉構成的であるような理念に関する学問、すなわち幾何学、純粋数論、事物的なものそれ自体における運動および可能的変形に関する純粋理説であり、後者はたとえばカントの純粋自然科学の理念に対応している。私たちは自然の理念に対応するこれらの学科を、自然の存在論という名称のもとに理解することにしよう。

　これとは本質的に異なる性格をもっているのが、もう一つのグループのアプリオリな学科で、これらの学科が有する真理を、自然科学はしばしば使用しなければならない。私が言っているのは主張命題の純粋論理学、純粋確率論、純粋算術、そして最後に純粋多様体論[12]のことである。これらの学問は自然という理念には属しておらず、自然という理念を構成しているアプリオリを分析するのではない。算術が現実存在を免れているということは、単に、実在的現実存在のあらゆる顕在的措定にかかわるだけではなく、自然の理念のどのような措定にも、どのようなかたちであれ事物や特性等々に関する理念を援用することにもかかわっている。算術の一〔という数字〕は或るもの一般であり、それに属するのはたんに事物的なものや空間的‐時間的なものばかりではなく、まさしく或るもの一般であり、たとえそれが理念であろうと、たとえば一つの数であろうとかまわない。形式的論理学が
129 命題の真理性を扱うのだとすれば、命題という理念は、その無制限な一般性において、たんに一つの自然科学的思想内実を有するような任意の命題を包括するだけではなく、ある任意の思想内実、たとえばある純粋に算術的な思想内実を有するような任意の命題を包括する。ここで特徴づけられたグループの学科を、普遍的でアプリオリな存在論として、思

考された存在一般に関係する一つの存在論として解釈するということを示すこともできる。

そうした場合、純粋自然科学ないしは——こう言った方がよいだろうが——自然の存在論は、自然という理念に属する、ないしは自然という理念にとって構成的な理念に属する学科すべてに対する名称となるだろう。ここに空間および時間という理念が属しており、したがって純粋な空間論（幾何学）、純粋数論、純粋運動学、空間的形成体の可能な変形に関する純粋な学科が属している。しかしさらに言えばまた、たんにみずからの持続および幾何学的形態をもっているばかりではなく、因果的連関の内にある実在的特性や実在的変化をもっているような事物の理念には、アプリオリな法則が属しており、これらの法則そのものは現実存在する事物の事実性に向かうのではなくて、事物性そのものの理念に属している。したがって私たちはカント的な「純粋自然科学」に直面するのであり、これをカントは周知のように幾何学や純粋時間測定法およびその他の前掲の学科から区分した。

しかしこれらの学科に関して言わねばならないことは、それらは期待さるべきであった機能を、すなわち自然科学のアプリオリな補助学科として（いわば事物性の数学として）歴史的に彫琢されかつ応用されるという機能を事実上は果たさなかったということである。それは本来的には欠落であり続け、取るに足らない萌芽の域を越え出なかった。現に見られるような自然科学にとって役立っているのは、たんにその学科に属する個別的な命題だけであり、たとえば物質的事物の不可入性に関する命題だとか、あるいは、ある事物がその場所を変えることができるのは、それが移動する場合だけ、すなわちみずからの場所をたんに連続的場所移動〈において〉変えることができる場合だけだ、といった命題だけである。さらには〔現行の自然科学に役立っているものとして〕因果法則があるが、それにしたがえば、あらゆる特性変化はたんに経験的法則にしたがって、自然法則にしたがってのみ生じうるということになっている。もちろんその場合この原則に関して、結局はその他のすべての原則に関してもそうであるのと同様に、多くの議論の分かれるところではあるが、それというのも人はカント的な純粋自然科学に属するはずのこれらの原理を経験的法則とみなす傾向があるためである。しかしこれは他の側面からして決定的に否認される。もちろん、完全な知的誠実さを押し通すことを学んだ者、本質態度において観られたものを反省において、人を惑わせる誤解や流行の理論のすべてに反抗して、所与として主張することをひとたび学んだ者、そのような者はこの場合でも、純粋空間や純粋時間や純粋運動等々に理念的《イデアル》な仕方で関係づけられており、また関係づけられたものとして承認されざるをえないような前掲の学科の事象に携わる場合と同様のふるまいをすることであろう。

しかしここでさらに、本質的に異なった種類の、部分的には同様に数学的と呼ばれるような学科のグループにも言及しておくべきである。これらの学科は前世紀になって、あるいは完全なかたちではようやく最近になって興隆し、純粋に発達するに至った学科であり、同様に現実存在学の道具としての役割を果たしているような学科である。

ここで私が念頭に置いているのは、第一に主張命題の純粋形式的論理学、第二に蓋然性ないしは可能性に関する完全に純粋に理解された理説である。前者に関しては、それに属するのは——ここでは例示のためにはこれで十分であろうが——三段論法の全体であり、これはごく最近の数学者たちの手で数学的内実を帯びるようになってきた。純粋蓋然性論に関して言えば、それは依然として現実存在による制限と混ざり合ったままで、そのような完全に現実存在を免れた蓋然性論という理念を信奉する者は依然としてごくわずかにすぎない。さらに私は、三段論法的論理学と親近性のある純粋算術および純粋多様体論に言及することを忘れてはいけない。

これらの学科はすべて、たとえば幾何学などのように、自然の理念に共属するのではなく、自然という理念をその種的本質に応じて構成しているようなものには一切関わらない。算術の現実存在〔からの〕純粋性とは、たとえばたんに、実在的現実存在（それが物理的なものであろうと、心理的なものであろうと）のあらゆる顕在的措定が除外されたままであるということを意味しているだけではない。むしろ、一つの自然という理念の特殊な本質内実に関してそもそも何も問題になっていないのであり、したがって空間的なものや事物的なもの、事物的特性等々に関するいかなる理念も、理念的な意味でも、問題になっていない、ということである。

算術の一〔という数〕が意味しているのは、何らかの或るものの一般という程度のもので
131 あり、そしてもしも依然としてある単位が話題となっているとすれば、それはただ、まさしく何らかの別の或るもの一般が思念されているにすぎず、それが未規定的に一般的な仕方で、かの第一の或るもの一般とは異なったものとして考えられているだけにすぎない。問題となっているのは物理的現実存在なのかそれとも心理的現実存在なのか——たとえ純粋な一般性においてであったとしても——あるいはまたもや理念であるのかということはどうでもいいことである。どのようなものでもすべて数えることができるし、たとえば数（これはそれでも何ら事物的なものではない）も、時間や空間も——それらはあらゆる可能な自然一般のふたつの純粋な形式である等々と私が言ったりする場合のように——数えることができる。

狭義の形式的論理学に関しても事情は同様である。それが命題一般を扱うのであるとすれば、特に自然ないしはその他の何かに関係した命題等々が問題となっているのではない。目下のグループの学科はすべて密接に連関しており、しかも、形式的で無制限に一般的な存在論という理念の下でそれらすべてをまとめることができる。そうした存在論に対置さ

れるのは、自然の存在論、すなわち物理的自然および心理的自然の存在論という、物質的に規定されているがゆえにはるかに制限された理念である。

すでに暗示しておいたように、こうした範囲のアプリオリな学科をもってしても私たちは依然として、哲学的問題系のより高次で本来的な階層を手に入れたわけではない。私たちはさらに先に進まねばならないだろうし、さしあたっては、私たちが直面した哲学的学科は唯一のアプリオリな学科であるのかどうかという問題に進まねばならないだろう。*3

〈第一〇節　自然のアプリオリ、自然な世界概念ならびに自然科学。アヴェナリウス[13]の「純粋経験批判」〉

しかし、先に進む前に示唆に富む補足を行なっておこう。ここで私の興味を引くのは、アヴェナリウス学派の実証主義との原理的な対決を試みることである。この学派は、世界概念の内に「形而上学的な」ものを投入することを一切遮断することや、純粋経験の「自
132 然な」世界概念を復興させることの内に、純粋経験の理論と批判という課題を見ている。

ところで、自然な世界概念のこれまでの記述を最広義の範囲と規模において考えられたこの自然の存在論と対比しつつ、私たちの開始点であった自然な世界概念の記述を考察することは興味深いことである。

私たちの記述は一般的なものであり、ある意味では明証的なものであった。だが他方で、それはやはり一つの記述であり、その記述は、記述されるものの現実存在を措定していた。この記述に際して私たちは誰もが、「私は存在しており、私は自分自身を空間‐時間的周囲のなか、事物と他の人間たちの間に見いだす。私はこうした一切のものについて現出をもち、こうした一切を「私の身体」というきわだった事物に関係づけられたものとして見いだす」等々という言い方をする。こうしたことは当然、事実である。私が想起に基づいて、「私は存在していたし、周囲の内に存在していた」等々と言う場合や、そしてさらに「他の身体へと自我は結びつけられており、それは、私が同じ周囲へと関係づけられているのと同様である」等々と私が言う場合にもそれは同様である。そのさい私が眼前に所持しているそのつどの個的事実が実際に存在しているかどうかは疑わしいものでありうる、という者もあろう。ここになおも明証が、つまり私たちがやはり記述に関連して要求していたような明証が残っているだろうか。ここで完全な詳細さと要求される深い根拠においてことがらを扱うことはもちろんできないが、考察をしてみよう。するとやはり、容易に発見しうる制限の内においてではあるが、私がそのつど以下のように言うことができるのは明証的である。すなわち、私はしかじかの知覚、想起、確信等々をもつ、私は、既知の人格としての私について、自己知覚と自己把握をもつ、私は周囲について知覚をもつ等々、である。そしてさらに明証的なのは、私の判断が、私たちが方向づけてきたように、知覚されたものそのものの、想起されたものそのもの等々の純粋な表現であるかぎり、また、それらが純粋に記述的な表現でもって、当該の知覚、想起、その他の経験確信等々の純粋な意味を反映しているかぎりで、一切の可能な誤謬を排除している、ということである。その事物が現にそこに存在するということについて私が思い違うことはありえても、私が知覚していること、知覚がまさに一つの空間的な周囲内の一つの事物についての知覚であること等々、それは疑いないことである。

ところで、私たちはさらにこう言うことができる。すなわち、自然な態度のなかで措定されたものが実際に存在する場合、言い換えれば、知覚、想起等々が正当化されうる（それゆえ、知覚、想起がそのつどもっている対象的意味がその妥当性において客観的に維持されうる）場合には、そのような対象的意味が一般にアプリオリに要求するものもまた、客観的に妥当しなければならないということは明証的である、と。私が一方では知覚、想起等々を知覚一般、想起一般として記述する際に使用する一般的表現、そしてそれと相関的に、私が人格や事象、体験、性向、事物や事物的特性、空間的拡がりや時間的持続等々について語る場合に私が知覚されたものそのものに関して使用する一般的表現、これらの一般的表現は、ある一般的な意味を表示しており、こうした意味へと一切の経験的真理が結びつけられていることは明らかである。私が眼前にもっていると信じている事物が実際に存在していること、あるいは事物が、現出しているがままに存在していること、場合によっては私がこうしたことについて思い違いをするということはありうる。だが、事物は現出しているのだし、そもそも事物が実際に存在しているか、事物が実際にどのようにあるか、といった問いをそもそも私が検討する以前に、私は最初から事物はまさに特性等々を備えたある事物がその意味で存在しているその意味においてのみ存在することができるということを知っている。なぜならそうしたものとして、その事物は知覚的に現出しており、まさしくそのことを通じて、現出するものが存在しているかどうかという問いは、この事物は存在しているのだろうかという特定の問いとなるからである。

私たちはこの思想を次のようにも詳述することができる。すなわち、記述に際して私は一般的に、あれこれのものを推測的に見いだし、自分を空間的-時間的周囲内で他の事物や他の心的存在者と並んで見いだす、ということについて確信しているだけではなく、たとえ個々の場合においては世界の内部で私が想定していた個別のものに関しては思い違いをしているとしても、非常に一般的な言い方をすれば上のことは真である、ということも確信しているのは事実である、というように。ところで、この措定的な明証、すなわち世
134
界事実をそのものとしてかつ一般性において定立するようなこの一般的な明証が、哲学的

観点からすれば私たちに対していかなる問いを向けてくることができるのかということについては、いまは未決定のままにしておく。ともかく、それは一つの明証ではある。そこで、特殊な経験的措定が操作されるのはこの明証の枠内においてであり、それゆえ場合によっては、すでに普通の生が行ない、それに劣らず自然科学が行なっているように、経験の特殊な事物が措定され、それに基づいて経験的な仕方で判断される、もしも私たちがこう考えるのであれば、次のことはまったく疑いえない。すなわち、一般的にもすでにそうであるが、それに劣らず特殊的にも、一切の可能的経験認識は、それでもってこれらの措定が遂行されるところのその意味に結びつけられている、ということである。自然科学とは、自然についての学以外の何ものでもないし、それ以外の何ものでもあろうとはしない。それゆえ自然科学が経験所与の一切の詳細な方法的処理以前に妥当するものとして前提しているのは、経験所与性一般としての自然の一般的な意味が自然科学に対して前もって指定しているもの、ならびに自然な態度やその内実、すなわち自然な世界そのものを記述する際に使用されている語でもってすでに一般的に表現されているもの、である。すなわちこれらの語とは、事物、特性、変化、原因、結果、空間、時間などであり、他方でまた、人格、体験、作用、現出、性向等々などのことである。

　しかしこれは次のことを意味している。すなわち一切の自然科学は、それが自然な世界の見方の措定を前提しており、この枠組みや意味の内で存在を探究するものであるかぎりで、実在的な存在論へとアプリオリに結びつけられている、ということである。*4

ところで、事実上見いだされるままの自然科学に自然な世界の見方に抵触するような歪んだ解釈が混入しており、それによって偽造されているということ、いやそれどころかすでに自然科学には、自然科学的方法の内部では確かに有益な機能を果たしてはいるが、しかし、それが事実上定義されかつ解釈されている様子からすると、自然な世界の見方がもつ根本図式に抵触するような過剰な思想を含むような補助概念が混入しているということを、実証主義者や特にアヴェナリウスはくり返し主張してきたのだが、かりにこれが真であるならば、「批判」を行なうことは重要な、それどころか最終妥当的自然認識を獲得するためには不可欠の課題である。またこの批判は「純粋経験批判」と呼んでしかるべきであろう。その場合純粋経験とは、あらゆる「形而上学」を排除して実証主義の業界用語《ジャーゴン》の内に留まるような経験および経験認識であるということになるだろう。ここでは当然「形而上学」とは、私たちの方向性――これはもちろん実証主義的な方向性ではない――にとってはまさしく、自然な世界措定のもつ基礎づけ的な意味に、*5 あるいは「経験」のもつ意味に依拠していないような定立のことである。この場合の「経験」とは、またもや自然な態度の措定という程度のことを意味する。したがってこの課題がめざすのは、必要不可欠な批判を自然科学の概念に対して行なうこと、さしあたりはすべての自然科学の基礎となっている自然な措定の一般的な意味を純粋に分析し、それをもってして批判の尺度を設定するということである。そのような仕方で具体的な構成要素をもった実際に斉一的な世界概念が自然科学からきわだたせられ、あるいは、事実的な自然科学が「純粋な」経験科学へと改造されうるのであり、またそのような仕方でしかそれは可能ではない。こうしたことはすべて、私たちがここで明晰にしてきたような仕方でもっぱらそれが理解されるかぎり、疑いえないことであるのは明らかである。自然の「存在論」は、その各学科内において、自然な措定の形式的・一般的な意味を、あるいは自然な態度そのものの所与を展開するが、その一方で、何がそのような意味内実をもった措定を正当化するのかといった問い、ならびに、そのつどの特殊な自然科学をその特殊な定立において正当化するのは何かといったさらなる特殊な問いは、自然の存在論の路線外に位置する。

しかし、おそらく以下のことは注意しなければならないだろう。すなわち、自然な世界
136 概念について語る場合、たとえば数百万年もの動物の発達の遺伝的素質として、動物やら最終的には人間が自然条件へとますます完全にかつますます効率的に適応してきたその積み重ねとして、どの人間もが奇妙にも実際もって生まれてくるような世界概念だとか、あるいはまた、歴史上の人類や、それどころか個別の人間が経験的に形成してきたものであ

るが、人類学的・歴史的・文化的な状況が変化するような場合には、個別の人間が別様に形成することができ、またそうしなければならず、そうしてその結果、これが一般的に標準的な世界概念であったであろうような、そうした世界概念が考えられているわけではないし、考えてもいけない、ということである。

当然、この世界の何かしら人間がもっているいかなる体験やいかなるグループの体験も、それ自身この世界に属しており、それゆえそれらはその世界内で、所与の状況下で、経験的な必然性をもつ何かしら経験的な法則に従って成立している、というように私たちは自然な態度においては判断する。しかし、その内で人間が世界概念を統一的内容として有しているような顕在的体験がたとえどのように成立したものであろうとも、一つの世界、すなわち、その世界についての意識をもち、体験をもち、なかでも経験的現実存在を措定するような知覚、経験等々を有するような人間が存在するような一つの世界が語られ、こうした言い方がそれなりの意味を保持しているかぎり、そのかぎりで自然な世界概念は絶対的かつアプリオリに妥当する。このアプリオリ性は、自然な世界措定とは別の措定がいかなる意味においても不可能であるということを意味しているわけではないし、私たちが事物知覚とか人間知覚等々と呼ぶところの知覚以外の、個別的統一についての知覚とか、それ以外の経験一般などは端的に考えられないということを意味するものでもない。そうしたことについては、私たちはむしろここでは、いかなる判断も下すことを控えている。私たちが自然な態度の事実から、自然な態度の内で把握することができ、かつ一般的に特徴づけることができるような自然の措定の事実から、ならびにこうした措定が不可疑な正当性権利を有しているという事実から出発するならば、どの自然科学的言表も、それがこの措定の内で措定された特殊者を学問的に規定する言表である限り、この定立の一般的な意味規定的内実に従って言えば、その言表がこの定立がもつ意味に抵触するような場合には、無意味なものとなる。*6

したがってまた、以下のような可能性について語ることは無意味である。すなわち、人間がその経験の経過の内で、あるいは高次の動物が理性的な仕方で自然へとますます完全に適応していくその過程で、それまで正当化されていたものとは別の世界概念を――あたかもその正当化されていた世界概念が自然内の人間たちないし自然内の動物たちにとっては偶然的なものであって、たとえば自然科学がその教科書のなかで扱っている特殊的事実や一般法則的事実などのようなものであるかのように――仕上げることもできたであろう、というような可能性である。これが無意味であるのは、私たちは人間について、自然について、ならびに自然の内で可能であるようなものについて語っているのであり、したがって自然と人間を私たちは前提してしまっており、それとともに自然一般を「可能に」しているものを前提してしまっており、すなわち、自然の意味を、まさしく自然な世界概念を前提してしまっているからである、と私は言おう。世界の内には、世界について語ることの意味を廃棄してしまうようなものは存在しえない、なぜなら、そうしたものはその意味をまさしく意味として前提してしまっているからである。

さらなる帰結として、この問題を、私の記憶が正しければそれをアヴェナリウスが理解していた通りに、あるいはいずれにせよ彼の学派がそう考えていた通りに理解するならば、以下のことは根本的に転倒している。すなわち、私たち全員が学問以前にもっており、学問以前の人類ももっていたような、そうした世界概念を私たちはやはり記述することができるし、そのうえでさらに私たちは、人間が自然科学に従事している場合には、この世界概念から離れるという動因を、しかも経験に即した動因をもっているのであろうかという問いを投げかけることができるということである。そうした問いの立て方は転倒している、なぜならそれは、自然な世界概念を——もちろん理性的な仕方においてであるが——変様させるための動因が経験を通じてもち来たされうるということを可能なこととみなしているからである。しかし私たちの分析が教えたところによれば、このように思念された可能性は背理であり、しかもこの語のもっとも鋭い意味において背理である。*7

世界の内にあって人間は理性的な正当性権利をもって、この世界とは別の世界が現実の世界であることを見いだしうる、とこのように暗黙裡に主張することが今では無意味であるとしても、他方では、以下のように主張することは何ら無意味ではない。すなわち、ひょっとすると別の世界がそもそも存在しうるかも知れない、いやそれどころかひょっとしたらこの世界、すなわち自然な態度ないし経験の世界とは無関係にもう一つの世界が存在し、まったく別様の性質をもっており、ユークリッド的な空間を有してはいないかも知れない等々ということである。もちろんのこと、決して無意味ではない！　この場合私たちが主張しているのはまさしく、人間が、あるいは原理的に同種の身体を賦与されたり等々している存在者がそうした世界を見いだし、学問的に認識することができるということ、あるいは、自然科学すなわち自然な世界概念に基づいた学問、その第一声からしていわゆる事物・空間・時間等々を措定するような学問、こうした学問が経験によって、自然な世界概念を離れるよう強制されることがありうる、ということではない。これは馬鹿げたことである。他の世界という先に言及された有意義な可能性や、この世界およびその自然な定立の事実性という最後に挙げた問題にはどのような大きな問題が関わっているのかということには、ここで立ち入ることはできない。しかしいま私たちが自然な態度とは別の、場合によってはそれと絡み合っているかも知れないような態度への問いに戻って来るならば、私たちはこの壮大な領分に接近することになる。

〈第二章　基礎的考察――純粋体験への態度設定の獲得としての現象学的還元[14]〉

〈第一一節　主観的意味での認識の領分と、経験的心理学および合理的心理学〉

いま検討すべき次の問いは、これらアプリオリな学科が、本質態度において私たちに対して開示される全部であるのかどうか、したがってアプリオリの領界がすでにとられたような道で完全に限界づけられているのかどうか、ということである。確定されているのは、私たちが、単称的なものに即して、また同様に普遍的なもの、もっと詳しく言えばアプリオリなものに即して、自然な態度から出発することを通じて見てきたことである。私たちはこうした態度において自然な世界、もっとも広い意味での自然へとまなざしを向けた。
139 このまなざしは自然な態度である。これによって、実在的な存在論の内で展開される自然のアプリオリが与えられた。私たちはさらに学問一般に（自然についての学問や、場合によっては幾何学〈のような〉アプリオリな自然についての学等々に）まなざしを向け、あらゆる言表の内に、つまり思念された事態そのものとしての命題の内に、一つの形式のようなものが見いだされうるということを想起したが、それと同様に私たちは命題連関のなかの形式を、また数・組み合わせ・多様体等々というあり方の形式をも見いだす。そのさいある意味で私たちは対象的に方向づけられていたのであり、私たちは確かに形式的な存在論という言い方もしてはいた。アプリオリとは、対象がさまざまな仕方で概念の内で把握され、述定的に規定され、真なるものあるいは蓋然的なもの等々として理論的に措定されうるものである限りで、学問的思考一般の対象となるような対象に関わるものであった。

これですべては完結したことになるのだろうか。新たなまなざしの方向はないのだろうか。思考それ自体、それから思考の連関内で正常な判断にとって重要な一切の判断、たとえば私たちが一つの事物についてなし、場合によって端的な経験判断の根底に伏在し、忠実にそれに定位することによって経験判断がみずからの論理的な正当性という価値を獲得するゆえんの重層的に変転する知覚、これらのものへの反省についてはどうなっているのだろうか。主観的意味での認識という領分全体は——そうした認識のなかで思念されているような意味、すなわち私たちがすでに正当性を承認した認識の対象的な意味と区別して——どうなっているのだろうか。当然この問いはこのうえなく広い範囲において立てられるべきであり、経験的領分に関係づけられるのみでなく、何らかのアプリオリな領分にも関係づけられるべきである。

ところでたったいま私は、主観的な意味における認識について語った限りでは、見かけ

140

上答えを与えていたように思われる。あらゆる主観的なものはそれ自身自然な領分に属し、より詳しくは心理学の領分に属する。当該の経験的主観の事実として、一般に人間的世界一般において認識する体験作用の事実として、主観的なものは当然ながら自然科学としての心理学の内に属する。この主観的なものはアプリオリな考察をも許容するであろうか。確かに許容する。一つのアプリオリが存在し、かつ自明のこととして物理的事物に関して一つのアプリオリが存在し、しかもそれがまさしく経験的な事物措定の普遍的な意味に属するものを意味している。これと同様に、心理学的なアプリオリもまた存在し、このアプリオリとは、経験的な「心」の措定、人間の措定、人間の体験としての体験の措定等々の本質あるいは意味に属するものを解析するようなアプリオリである。二、三十年来心理学者たちのもとで幅をきかせてきた極端な経験主義のもとで、長い間葬り去られてきた合理的心理学という理念を私がここであえてふたたび呼び起こそうとしているのが、信じられないと思われる人々も数多くいよう。だとしても、私としてはいたしかたない。いったんそれを眼にしたら、絶対的に明証的であるような事象の観点からすれば、別様には言いえない。まさしく自明なことだが、純粋な自然科学には純粋心理学もまた並行していなければならない。いずれにせよ、自我経験や心的なものについての経験に伏在する意味を解析し、心的なものの当該の様態の完全な所与性のなかへと置換されることからみずからの明証を引き出してくるような、そういった何らかの命題のグループが存在していなければならない。私たちは、その内において一つの事物が不断に完全な、ますます完全な所与性へと至り、しかもみずからの同一性を絶えず保持しているような知覚連関の内に入り込んで思考することによって、事物そのものがその本質からして何であるかを明晰にする。それとちょうど同じように、あるいは私たちが、そのなかにおいて変化の事物への依存性が一歩一歩、継続されていく確証において証示されるような連関の内に入り込んで思考することによって、因果性そのものが何であるかを明晰にする。それとちょうど同じように、私たちが自我性格の本質を証示するのは、私たちが直観的に身を置き入れるある種の経験連関の内、たとえば虚構されたものであるが、しかし徹頭徹尾明晰な所与性の連関の内でなければならず、そうした連関において、私たちが人間の性格と呼ぶものが、まさしくこの種の対象がおのずから要求するそのままに証示され、つねに新たな確証へともたらされるだろう。同様のことが、体験の本質に属するものを——それらが体験する人格の体験である限りで、それらがこれらの人格に作用または状態として属している限りで、そしてこれら作用や状態とともにその客観的位置をもっている限りで、等々——私たちが証示しようとする場合にも言える。

141〈第一二節　経験的なものおよび自然の本質の遮断という問題。身体への自我の連結〉

自然な態度から出発することによって、私たちがいまや経験の共通性として、場合によっては証示された所与性として不断に見いだすのが経験的自我であり、時間内の人間的人格としての自我あるいは心であり、身体に属するそのような経験的自我の客観的・時間的に規定された体験である限りでの体験等々であり、そのなかにはまた、何らかの規定された時間においてしかじかの心理的個体によって所有されている現出であるかぎりでの事物現出も含まれる。

いまや私はこう問う。私たちは、経験的なもの、つまり自然な態度の所与性のもつ固有なものがまったく遮断されたままであるという具合に、一つの態度を獲得することはできないのだろうか。しかも、その本質も自然の本質として遮断されたままで、他方ではやはり自然の本質ないし自然そのものへと個々にわたって入り込んでいくような要素は保持したままで、という具合にそうすることはできないのだろうか、と。

さしあたりは不可解な問いである。より詳しく考察しよう。自然な態度において自我は、自然の一分肢、空間時間的な現実存在の内にある客観として経験され、また自我がそのように経験されるのは、自我が経験に即して事物的身体に連結されているがゆえにである。自我は体験するが、しかし体験は身体に関係するものとして、ある種の段階秩序——これはもちろん、より詳細に記述さるべきものである——の内にあるものとして経験される。さしあたり感性的体験がそうであるが、したがって感覚構成要素をともなった事物（身体を含めて）についての知覚、色についての感覚、音についての感覚等々は、自分の身体という現出する事物へのある種の特有な関係をもっている。同様のことが、眼の運動や手の
142 運動等々に属し、身体や身体の部分の内部に局在化される特殊な身体感覚についても言える。感性的な感情も同じようにそのような連結をもっている。しかしこれらの感情と密接に絡み合っているのが、より高次の心理的体験、基づけられた体験である。現実存在するものとして措定されている身体への関係をもつのは、自我がみずからの周囲の多様な可能的事物についてもつ知覚体験の分配の様式全体であり、そしてこの分配の仕方はそのつど自我の身体に属するのだが、その一方で、他なる身体や感情移入的な仕方でこの身体に帰せられる知覚のグループには対応しながらも、別ものであるような分配の仕方が属しており、しかも別の知覚グループが属している。というのも、一方の身体がもつ知覚を他者はもたないし、その逆もまたそうだからである。この複雑な連関を解明し学問的に記述することは並外れて重大で困難なことである。ここでは私たちはただ、多様な体験が知覚的な仕方で現出する身体への関係をもっているということを確言するにとどめる。しかし身体は事物として、客観的時間ならびに客観的空間の内に第一次的に配属される。最初の客観

的時間は事物時間である。まさしくこのことによって身体および身体的なものはみずからの時間をもち、さらにまさしくこのことによって身体に組み込まれ、身体に即して局在化されるすべてのものもみずからの時間をもつのであるが、ただしそれはすでに二次的な意味においてであり、そしてさらなる帰結として、より高次の心理的機能に関しても、同じ今のなかで現出するものや、同じ過去において現出したものも、みずからの時間をもつことになる。

〈第一三節　「思惟するもの《レース・コギターンス》」と「延長するもの《レース・エクステンサ》」[15]との経験的結合の解消。「現象学的区別」〉

ところで明らかに身体へのあらゆる連結は、身体からふたたび切り離されうる。つまり身体は事物として現にそこに存する。この事物〔身体〕の本質には、それがいわば感覚する事物であるということ、突き刺せば痛みをもち、くすぐればむずがゆさをもつ等々というように反応するということは属しておらず、このことはまた本質的にある事物の特殊な形態の本質に、つまり一つの身体をなすような形態の本質に属しているのでもない。そのように現出する事物が身体であるということは一つの事実性なのであり、事物が心理的なものと連結しているということは経験なのである。空間的でないような事物、実在的な固
143 有性をもたないような事物などはナンセンスであろう。しかしいかなる事物もそもそも、

またよく知られた人間の身体も感覚する事物ではない、ということはナンセンスではない。事物つまり延長するものは、事実的に思惟《コギタチオーネス》がある仕方で経験に即して延長するものと連結している限りで、思惟するものでもある。しかし思惟すること《コギターレ》はそれ自身ではいかなる延長するものとも関係していない。思惟《コギタチオ》の本質と延長《エクステンサ》の本質とは原理的に、まさしく本質として互いに無関係なのである。当然私たちは「延長」を事物的本質の全体的外延において受け取っている。

　私たちが別の側面から出発する場合にも同じことが帰結する。ある痛みやある喜びの本質の内には、事物への関係はまったく存在しない。色や音についての感覚の本質、知覚する、判断する、欲求する、質問する等々という体験の本質には、これまた――あたかも事物への連結が、そのような思惟の存在にとって本質必然的であるかのようには――事物へのいかなる本質的関係も潜んでいない。しかしもしそうであれば、私たちは思惟ともの《レース》との経験的な関係を切断することができ、そうしてもヒュームの実在的区別《ディスティンクチオ・レアーリス》という意味での抽象、つまり一つの具体物《コンクレートゥム》の本質的に非自立的な不可分の契機の区別という意味での抽象を遂行することにはならないだろう。

　よく似た意味で私たちは、原因が現れたときに、経験的にそれに属している結果が現れないということを考えるだけでなく、直観的に表象することもできる。この結合は経験的な意味では必然的なものであるが、理念的《イデアル》な意味で必然的なものではない。原因事物の本質は——あたかもそれが、経験的にそれに属している結果事物と必然的に結合しているかのようには——何ら非自立的な本質ではない。私があらゆる事物の本質には変化の因果性が属していることを認めていた限り、私が自己矛盾を犯しているなどと思ってはならない。事物経験の本質には、つまりその本質には——くり返すが——、あらゆる事物的な変化が因果法則に服するということが属している。しかしこれでもって、ある経験された変化の
144 本質には、まさしく経験によって見いだされたその原因がその変化に属するということが伏在している、ということが言われているわけでは決してない。それゆえ経験の領土におけるあらゆる必然性が本質必然性であるというわけではなく、さもなければまさしくあらゆる自然科学はアプリオリなものになってしまうだろう。そういうわけで私たちはいまや、体験と体験をもつ人間との結合は「偶然的」な結合である、と言える。

それゆえ私たちは矛盾なく、体験とあらゆる事物的現実存在との経験的な結合をいわば切断することができる。私たちはある種の現象学的な区別を遂行する。それは何を意味し、このことはどのような切断であるのだろうか。体験が体験する人間の体験であり、それゆえ身体への関係をもち、自然へと組み込まれるということは何と言っても真ではないのか。私はこの点を多少なりとも変えることができるのだろうか？　とにかくそうなのだという

こと、これは確実である。しかし私たちはやはり体験をそれ自身独立して考察することができ、そのさいそれらの体験を経験的な関係において考察する必要はない。私たちはあらゆる自然措定（自然の現実存在についての措定）を遮断できるが、それは、そこにおいて端的にいかなる自然についての措定も使用しないような、だからといって一つの自然、精神的‐身体的世界がそもそも存在するかしないかにかかわらずその妥当性を保持しているような学問的考察を始動させる、という意味においてなのである。

〈第一四節　自然客観に対する体験の存在優位。経験的（超越的）知覚と純粋体験の知覚〉

実際一つの体験はそれ自身の内にみずからの存在をもっており、私たちはその存在に関して、たとえ物（的身）[16]体と精神をともなった空間時間的自然について語ることが意義を欠いた空想であるとしても、体験はそれがあるところのものである、と言うことができる。そしてより詳しく見れば、体験の存在はそれ自身の内に包括的に、自然客観という現実存在に対するはるかな優位をもっている。

このことをより詳しく考察してみよう。経験的存在と現象学的存在との間の対立、そし
145 てそれと相関的に、それぞれの存在にそれぞれの意味を指定する作用としての経験的知覚と現象学的知覚との間のこの対立を、このうえなく判明に自覚してみよう。

私たちは、認識と対立させ、意識と対立させて、事物の場合には《自体存在[17]》について語り、しかもそれは明証的な正当性権利をもって語る。事物は経験の内に直接与えられており、経験思考において思考されており、規定されている。しかし事物が現実存在するならば、その事物を経験する経験が存在せず、その事物を客観的妥当的に規定する経験思考が存在しない場合でも、事物はそれがあるところのものである。すべての人間が眠っている場合とか、地質学的な変化が一切の人間と生物を殺害してしまったような場合、地球上には、地球とそのあらゆる物体およびその変化を思考し規定する者は誰もいなくなる。しかし地球は、それがあるところのものすべてとともにある。

自然科学的に論じればこのことは正しい。他方で事物の認識は廃棄しえない欠点をもつ。つまり、一つの事物がどれほど十分な根拠をもって現実存在するものとして経験され、さらなる経験の経過においてもその現実存在にしたがって確証され、経験科学的に規定されうるとしても、つねにその事物は認識にとっては、いわばたんなる現実存在要求にとどまるのである。どれほどよき正当性権利であっても、経験の進行においては不十分で、よりよい正当性権利によって克服されるものだということが明らかになりうる。

こういったことはすべて、現出の本質ないしは経験対象そのものの意味に属している。私たちが一つの経験することの内に我が身を置き入れ、経験されたものが存在するものとしてみずからを与える際のその意味を考察するだけでよくて、私たちは、経験されうる存在が原理的に知覚されること《ペルキピ》[18]の内に解消してしまうものではなく、むしろ知覚に対立して一つの自体であるという明証をもっている。そしてこの自体は所与へと至る。ところが、自体は原理的に決して絶対的な仕方では与えられず、知覚の思念はいつまでも思念にすぎず、しかも思念はつねに証明を必要としているが、この証明は決して最終妥当的には与えられえないという意味でそうである。したがって事物の自体もまた――われわれが経験意識をやはり決して現実的に厄介払いできない限り――認識に対立して、どこまでいっても不当な要求なのである。いったん遂行された経験定立が正当な仕方で保持されうるか否かは、つねに経験のさらなる進行次第である。それゆえ経験思考の内には、経験されることが自体的にはそれにとって偶然的であるような何ものかが措定されている。そしてやはり、
146 私たちがさらに経験されることをすべて遮断するやいなや、あの自体の経験措定もまた宙に浮かんでしまう。というのも、経験措定は決定的に証示されてはおらず、原理的には証示可能なものではないからである。しかしこのことは、経験がみずからの意味にしたがって超越を措定するということと関連している。

　事物は経験において与えられることもあるが、しかしまた与えられないこともある。すなわちその事物の経験はさまざまな呈示、「現出」を通した所与である。個々の経験はど

れも、そして同様に有限的に閉じた連関する経験系列はどれも、経験される対象を原理的に不完全な現出において、一面的にあるいは多面的に与えるが、しかし全面的に、その事物「である」もののすべてにしたがって与えるのではない。完全な経験とは無限のものである。一つの対象についての完全な経験を有限な仕方で完結している一つの作用のなかで要求すること、あるいは同じことだが、有限な仕方で閉じている一つの知覚系列や、事物を完全で決定的な、完結した仕方で思念するような知覚系列を要求すること、これは一つの背理であって、経験の本質によって排除されている。もちろんこのことはここではたんなる主張にすぎず、そのまったき根拠づけをここで与えることはできないが、しかしそれでもやはり、事物知覚の内に我が身を置き入れさえすれば、このことを洞察することができよう。

端的な経験、さしあたりは経験的な知覚とまったく別の事情であるのが、純粋な体験についての知覚、つまり経験的統握全体を純粋体験から切り離し、それら純粋体験をその純粋な意味それ自体に応じて受け取るような知覚である。

私たちはたとえば、ちょうどいま体験している一つの体験にまなざしを向け、純粋にその感情それ自体を捉えてみよう。私たちは自分たちの把握の内に「経験的統覚」[19]をともに引き入れることはしない。つまりその感情を、それ自体で、私たちというこの経験的人格、この人間が、当該時点の心理物理的状況下において、その内にあるものとして見いだされるような感情状態として統握するのではない。私たちは自然に関する何ものも引き入れないのであり、ないしは感情を心理物理的自然の内へと引き入れることをすべて差し控え、
147 感情を何か私たちの身体的状態に依存し、客観的時間内に、すなわち時計によって規定される時間の内にみずからの位置を占めるものとして措定することをすべて差し控える。こうしたことをすべて私たちは脇にどけておく。そのとき何も残っていないというわけでは全然なく、感情が〈それ〉自体として残っているのであり、たとえ自然全体が存在しようとしまいと、感情はそれ自体としてそれがあるところのものであり、たとえ自然全体が無効にされたと私たちが考えたとしても、感情はそのことによってもまったく無傷なままなのである。

次のように言うこともできよう。経験統覚はやはり何と言っても現に存在するし、つねに現にそこに存在するというのに、経験的統覚をこうして特別に抹消しようとするとはどういうことか、と。私が感情にひとたびまなざしを向け、ロック的な意味での反省[20]を遂行すれば、やはり感情は私の感情として、私が感じる喜びとして、私をさいなむ痛みとして、現にそこに存立しているのである。

私たちはこれに対してこう答えることができるだろう。確かに経験的統握は現にそこに

存在し、反省の成素となっている。しかしいまや私たちは自分たちの注意を、一方ではそれ自身における感情へと方向づけ、他方ではその感情と絡み合っているそれ自身における統握へと向ける。明らかに別様のことであるのは、経験的統握を遂行して、その統握の内に生き、それゆえ感情を私への、自身の身体等々をともなった経験的人格へしかじかの関係において思念することと、他方で感情をそれ自身において把握し思念すること、そしてまた感情と絡み合った統握それ自身を、統握が〈それ〉自体においてそうあるところのものすべて、〈それ〉自体において統握となっているものすべてとともに把握し思念すること、である。この統握は自我統握を暗に含んでいる、つまり私は私自身をこの人間として、たったいま教壇に立ち、この講堂のなかにいる等々という人間として見いだし、そして私自身を当該の感情状態の内に見いだしている。この知覚統握はもちろん、私がそれ自身独立に把握し措定することができるような一つの存在であり、この存在は、それを措定することが知覚統握の機能であるような存在、すなわち私という人格、この講堂にある私という事物の知覚としての知覚統握の機能であるような存在とは別のものである。かりに私たちが、経験的な自我知覚および周囲知覚がここで措定するものが誤りであり、私は、そのような者として私が私自身を現にそこに措定するような者ではなく、この身体はまったく存在しないかあるいはたったいま措定されていたものとしては存在せず、周囲は本当は存在しない、等々というように虚構してみたとしても、そうだとしても、この知覚の価値転換は、私が反省するまなざしにおいて一つの存在として〈それ〉自体において受け取り措定する知覚自身の存在については、何ものも変更することはないのである。

それゆえ私は感情を〈それ〉自体に即して、〈それ〉自体として把握し措定することが
148 できる。そしてかりに私が、この感情と一体となっているものとして、この感情を心理的状態として人間という自然客観へと関係づけ、そのようにして自然へと組み入れるような統握や措定を見いだすならば、私が把握するのはまさしく、そして私が新たな作用において措定するのはまさしく、〈それ〉自体におけるこの統握および措定である。しかし「それ自体における」とは、私がそれ自身独立した客観に対して経験的統握を行なうということであるが、しかし私はその統握をいまや私自身のものとすることはない。これはつまり、私はいまや統握が措定したものを引き続き措定するのを見合わせるということ、あるいは統握が現実として措定したものを何らかの仕方で使用することを見合わせるということを言わんとしている。

〈第一五節　現象学的態度。純粋体験を現象学的に見て取ることないし知覚を心理的体験の内的知覚に対して境界設定すること〉

私たちはいまやあらゆる経験に関してこのような仕方の手続きをほどこすことができる。私たちはそもそも、いかなる経験的超越的な態度をも遮断するような新種の態度をみずからに与えることができる。それゆえ私たちはいまから経験的態度において措定される客観をただの一つも現実として受け取らず、経験的態度において与えられる客観をただの一つも与えられるがままにしない。今後私たちはもはやいかなる経験的態度をも、すなわち事物についての、もっとも広い意味での自然についてのいかなる自然で素朴な措定作用をも「遂行し」ない。いわばみずから迫ってきたり、私たちが当該時点において遂行する経験的作用のどれをも、私たちはいわばカッコに入れ、その作用が私たちに存在として呈示するものを、私たちはいかなる仕方でも受け取ることはない。その作用の遂行の内に生き、その遂行にしたがって措定をその意味とともに素朴に堅持してしまう代わりに、私たちはその作用自体へとまなざしを向け、その作用そのものおよびその作用が私たちにそれ自体において提供するものを客観とするのであるが、つまり何らの自然でもなく、自然措定に関する何ものをも含んではいないような客観とするのである。そのようにして私たちはあらゆる経験をわがものとする。私たちが経験をなし、経験の内に生きつつ経験判断を下し、経験理論、経験学を営むのではなく、むしろあらゆる経験作用、あらゆる経験判断、あらゆる完全あるいは不完全な経験認識を、私たちの領土において、それ自体あるがままの純粋な現実存在として、受け入れる。これに対して、その現実存在が経験としてそれ自体から出発して措定するべく要求するような現実存在を共措定することは、まったく行なわれないままにしておく。

私たちがこのようにして記述してきた態度は、自然な態度に対立する現象学的態度である。前者の態度における「経験」が自然な態度のもろもろの対象を所与へともたらすような名称であり、それゆえ自然な態度がもつあらゆる意識にとっての名称であるとすれば、現象学的に見ることないし見て取ることは、現象学的態度がもつ与える作用を包括する名称であろう。現象学的な対象の領土が、自然の領土に対してまったく切り離されたものであると言う必要はない。「自然の対象」とは、経験可能な、経験に基づいて規定可能な存在と同じことを言っている。

現象学的な領土がいかにしてより詳細に分節されるべきかということは、まだ論究することはできない。私たちはなおも、現象学的態度の固有のあり方をまったき明晰性へともたらすことに従事する。さしあたりこれに関してひとこと言っておこう。すなわち、現象学的な観取、より詳しく言えば、私たちがいくつかの例によって特徴づけたかの現象学的対象の知覚的把握は、ロック的な反省や、あるいはドイツ語で言われるのが常となっている内的知覚[21]、そしてまた自己知覚などと混同されてはならない、ということである。これらのもとで理解されているのは、自分自身の心理的体験を、それ固有の成素にしたがって知覚することである。しかし明らかなことは、この知覚は経験的知覚であり、あらゆる経験的措定が遮断されるわけではない限り、経験的知覚にとどまる、ということである。したがって空間時間内の事物を備えた通常の自然のあらゆる措定が、なかでも、自分自身の身体の措定や、体験の身体への心理物理的関係の措定もまた、作動しないままになっていなければならないだけではなく、人格として身体と連結するものと考えられている経験的自我の措定も作動しないままになっていなければならず、あらゆる他の自我ばかりではなく、自分自身の経験的自我もそうでなければならない。現象学的還元を首尾一貫してないし完全に遂行し、心理的体験を内在的に記述する際に、この体験をもはやまったく体験する自我の状態ないし「体験」として、客観的時間の内にある存在として統握したり措定したりしないときにはじめて、純粋な体験が現象学的知覚の客観として獲得され、何よりも
150 まず真正な現象学的知覚が、経験的知覚とは根本的に異なったものとして、遂行されることになる。

〈第一六節　デカルトの基本的考察および現象学的還元〉

現象学的還元を遂行した――もちろん、還元を遂行はしたが、すぐさまそれをまた放棄してしまった――最初の哲学者は、デカルトであった。より新しい哲学の発展の全行程を切り開いた基本的考察が、まさしく一つの現象学的還元の演出であったというのはまことに注目すべき事実である。それが注目に値するのは、実際その内にこそ一切の真正な学的哲学の端緒や一切の真正な哲学的問題の源泉点が存しているからである。現象学的知覚の相関項はデカルト的な意味でのコギタチオであり、私たちはその代わりに、経験的意識に対立する純粋意識、という言い方もできる。どのような感覚すること、表象すること、知覚すること、想起すること、予期すること、どのような判断も、推論も、どのような感情も、願望も、意志等々も、一つのコギタチオ、すなわち一つの意識である。[22]各人が――誰もがこう言うのだが――「みずからの内に」直接に見てとるようなものはすべてよく知られている事柄であり、しかもそれを彼が疑うことはまったくできない、というようになっている。それにもかかわらず、経験的心理学者が、そのつどの人間のないしは動物の自我意識がもつ心的体験として要求するようなものはすべて、現象学的還元を通して初めて、絶対的な意味ですなわち純粋な現象学的所与という意味でのコギタチオになるのであり、またそのときに初めてこの所与は、次のような意味においても純粋かつ絶対的なものとなる。すなわち、端的な措定が一つのこのものとして、存在として、いかなる方向においても可能な懐疑を未決のままにしておくことはないという意味、それどころか、ここでは懐疑がそのあらゆる意味を失ってしまうというような意味においてである。デカルトにとってはまさしくこうしたことが重要であったが、しかし私たちにとっては、そのことは主要な事柄ではない。あらゆる学問の改編への志向、これによって絶対的に妥当する学問としてあらゆる学問を組み上げることが可能になり、一切の人を惑わす仮象や一切の構築が似非学問として排除されるのであるが、こうした志向は実際、十分に意義深いものである。確かに結局のところ、哲学は絶対的認識への志向以外のなにものでもない。しかし、絶対 151 的認識一般や、また経験領域における絶対的認識をも根拠づけるということに対して、現象学的態度における認識が役立つものなのかどうか、またどのように役立つのかということを最初から決定することはできないし、それどころか、たんに理解することすらできない。またデカルトの措置自体が挫折したのは、彼が絶対的学問の意味を探究せず、体系的現象学――これが現に存在することを彼はまったく予期していなかった――を樹立せずとも、果敢にも絶対的学問の根拠づけに挑むことが許されていると信じたからである。

ここで私たちに関心があるのは絶対的な普遍学なのではなくて、現象学的態度の内部における学問なのである。そうした態度における学問が「絶対的」と呼ばれるものなのかどうか、またそうだとしたらどの程度までそうなのか、さらに、それを越えて絶対的な学問が可能であるのか否か、また可能だとしたらどの程度まで可能なのか、こうしたことを確定することは、別の考察に委ねることにする。

〈第一七節　現象学的判断は自然な判断に依存していない〉

最大の困難は、現象学的態度それ自身の本質を認識することであり、その態度を誤って限定することを一切防止することである。いま私がこの部屋を出席している人々とともに知覚しているとしたら、その場合現象学的態度は何を提供してくれるのであろうか。私はこれらの事物を知覚している。私がそうすることによってそれらの事物は私の前に立っており、空間の統一がそれらの事物と私の身体を包括しているのだが、この身体に私は私の自我を、すなわちこのよく知られた自我を帰属せしめている。また私はいまそうしたことすべてについて言表し、知覚判断を下し、またつねに新たな知覚判断を下していく。これは自然な態度である。それに対し、私はある意味でまなざしを転換し、一つの新たな態度を遂行する。これらの人間、椅子等は「相変わらず存立している」。そのことを、私はそれらが存立しているという判断の根拠にしているのではなく、私はこれらの事物について言表しているわけでもなく、何であれそれらの事物に関して妥当するものを探究しているわけでもない。ところで私はたったいま自分で判断し、そしてたとえば「現にそこにこれらの椅子等が存立している」という判断を新たに遂行している。しかし私はこの判断を遮断しているのであり、その判断が真として定立しているものを、その新たな態度の内で許容する真理のなかには受け取らない。それに反して私の領分内に属するのは、「ここにあるこのもの」としての、それ自身の性質を備えた判断であり、それらの性質とは、この判断は「この部屋」のなかの椅子について、空間内の、自然の内の事物等について判断して
152 いるといった性質のことであるが、ただしその場合私はたんに、この判断によって判断しているもの、それが真として措定しているものを記述しているだけであり、他方で私自身はそれを真に措定されたもの〈として〉、そのものとして受け取っているわけではない。

いまや存在するものとして私に対して妥当するのは、もっぱら、私の許容された判断内で私が措定しているもののみであるが、しかし私が許容されざる判断内で措定していたもの、あるいは場合によってはふたたび措定してしまうものは、妥当しない。これでもって私は、それは存在しないものとして妥当すると言っているわけではないし、ましてや、私がそうした存在を疑っており、何らかの仕方で嫌疑をかけているということを言っているわけでもない。むしろ私はそうしたことに対するあらゆる態度決定を控えている。つまり、その判断がしかじかの椅子についての判断であるということ、このことは、私はそのこと

でもってしかじかの椅子が存在するとか、その判断はその措定に関して正当であるとかないとかいった主張はいささかも遂行していないと理解することができる。

その他の点では私たちは、誰かが私たちの判断の内の一つを疑う場合とか、あるいは私たち自身が批判的反省の必要性を感じて、いずれにせよその必要性を「先入見をもたずに」吟味しようとするような場合とまったく同様にふるまう。先入見をもたずに！ しかしこれは、私たち自身がたとえば不安定になったということを意味しないし、ましてや、私たちが自分たちの判断をすでに放棄してしまったということを意味するのでもない。おそらく私たちは完全に確固とした確信を抱いており、したがって私たちは以前と変わらず判断をしている。そしてそれでもやはり、先入見なしに私たちは吟味する。このことはこの場合、次のことをも意味する。すなわち、私たちはその判断を、新たになされるべき考察に対しては遮断するということ、その判断されたものを、その考察のなかでは真理として受け取らないということ、その判断が真として主張するところのものをいまは決して使用しないということ、これである。吟味したり根拠づけをしている最中に私たちがこのことを忘れてしまい、知らず知らずに、あるいはその他の言葉のうえでの言い回しとともに元来の態度に陥ってしまい、その主張の内容を完全にあるいは部分的に使用してしまったりすれば、私たちは循環論法という旧知の誤謬に陥ってしまう。したがって実際のところ批判的態度は、現象学的態度に類似している。思念された存在が現実的存在として妥当しうるかどうかが一番最初に吟味さるべき場合には、その思念されたものが問われているのであり、私たちはそれをすでに現実的なものとして、真なるものとして取り扱うことは許されない。私たちがそれをそうしたものとみなしているのであれば、この《現実的とみなすこと》を遮断し、カッコに入れなければならない。

明証的なのは、私が決して使用しない判断、あるいはこう言った方がよいだろうが、私が原理的に学問的範囲内のいかなる確定に対しても前提として受け取ることのない命題は、そうした確定にとっては何の影響ももたない、ということである。したがって、私が行な
153 う確定の真理性は、かの判断が妥当するか妥当しないかということによっては何の影響も受けないままだということは絶対的に確実である*8。したがって私が現象学者として通常の意味での経験的判断の一切を遮断するならば、私が自然に思考する人間としてやはりふたたび経験的判断を下し、自然科学に信頼を寄せたり等々した場合にも、そのことによって私の現象学的言表は影響を受けないままなのである。しかしまた、私がたとえば頑迷な懐疑主義者として経験的判断の真理性を疑ったり、それどころか、正当かつ有意義であろうとなかろうと、それを放棄してしまったりした場合にも、影響は受けない。現象学の観点
154 からすれば、こうしたことは個人的な案件であり、現象学には何の関係もない。というの

も、現象学はそうした個人的案件をまさしく遮断してしまったのだから。そしてその場合、明確にであれ暗黙裡にであれ現象学者自身の実存を自然の項目として措定するようないかなる判断も同様に遮断されているのである。

〈第三章　現象学的還元の意図に対する若干の異議の暫定的検討〉

〈第一八節　独我論という異議[23]〉

すると、現象学的探究は独我論的探求ということになるのだろうか？　現象学は探究を個別的自我へと、より詳細には彼の個別的な心理的現象の領圏へと制限するのだろうか？　そのようなことは断じてない。独りのみ《ソリス・イプセ》とは、私のみが存在する、あるいは、私はほかの一切の世界を遮断する、ただし私自身と私の心理的状態および作用だけは遮断しない、ということを意味していよう。しかし、私は現象学者たる限り、逆に私自身を全世界と同様に遮断するのであり、それに劣らず私の心理的状態および作用も遮断する。というのも、それらは私のものとしてまさしく自然だからである。言えるのは、独我論という不合理な認識論が甦ってくるのは、人が現象学的還元の根本的原理を知らないまま、しかし超越の遮断という同じ意図をもって、心理学的および心理学主義的内在を真正な現象学的内在[24]と混同することから、ということである。また、超越ならびにその遮断の本来的な意味を誤解することは、心理学的内在（これはまさしく独我論的内在である）と現象学的内在とを混同することに通じる、とも言える。やはり私たちはここでは認識論的なものを無視することにしよう。

155
〈第一九節　自我の現象学的遮断可能性に対する異議〉

おそらくこう異議を唱える者もあろう。すなわち、自分の自我を遮断しようとする現象学的還元などは考えられない。単なるコギタチオ〈それ自体〉へと還元がなされるべきであり、「純粋意識」へと還元がなされるべきだと言うが、それは誰のコギタチオで、誰の純粋意識なのか。自我への関係はコギタチオにとって本質的なものであり、それゆえ絶対的に与えられたものとは、実際、デカルトがそう欲したように、コギトなのである、と。

私たちは当然これに答えなければならない。あらゆる経験的な超越を上述のような意味で遮断する可能性、全自然の実存をカッコに入れる可能性については異論の余地はなく、それゆえ自分の経験的自我の実存のカッコ入れも同様である。したがって現象学の枠内では、その経験的自我についてはいかなる判断も下されることはないし、それが使用されることもない。それゆえその異議が意味しうるのはただ、たとえば経験的自我に対してさらに純粋自我が、コギタチオから分離不可能なものとして想定されうるということだけである。これに関して私たちは、いまはいかなる決定も下す必要はない。ただ、こう言っておかねばならない。すなわち、現象学的探究は、それが自分の態度において見いだすすべてのものについて語ることができるし、また語らねばならないということである。それゆえ自然な世界が事物や人物〔人格〕とともに、世界空間や世界時間とともにカッコの内に入っており、したがって実存としては、現象学にとって現にそこに存在するものではない一方で、かりに現象学が、純粋自我のようなものが純粋時間として、またどのようなものとしてであれ与えられており、措定されうるのだということを見いだしたとしたら、それは現象学的なるものなのである。

〈第二〇節　現象学的に与えられるものがもつ絶対的性格に対する異論、ならびに現象学的学問および自然科学の現象学的根拠づけの可能性に対する異議〉

しかしまた、現象学的認識に対して、真剣な疑念を唱えることもできる。たとえばこう言う者もあろう。すなわち、経験所与が遮断され、またそれらとともに一切の経験判断が遮断される。なぜなら確かに経験は一つの与える作用ではあるが、しかしそれは原理的には、決して最終妥当的に与える作用ではないから。そうした所与は原理的に、その与えられたものが存在したりしなかったり、あるいは別様であるという可能性を含んでいる。現象学的な観取はこうした欠陥を免れているべきである。現象学が与えるものはたんに現出ではなく、存在それ自体である。しかしそうしたものは実際に保持されうるのだろうか、と。

絶対的所与は実際に到達可能なのであろうか。たとえ現象学的所与がみずからの絶対的性格を主張しえたとしても、それに対して私たちはすぐさまもっともな疑念を表明するだろうから、そうなってはどうしようもないのではないだろうか。デカルトさえも、コギタチオの疑いなき存在でもって、それ以上は手の着けようがなかった。ここで一つの学問、しかもいまや自然科学がどのようにして樹立されうるのかということが見過ごされてはならない。自然はやはり結局のところつねに至るところで私たちの関心事である。純粋に現象学的な根拠に基づいて、たとえば途方もない推論方式を介して自然に到達し、そしていまや自然についての遮断されていた経験認識に対してより高次の、絶対的な自然認識を獲得できるということが望まれているのだろうか。こうしたことは不合理として最初から拒絶さるべきである。自然はその本質からして、経験という道においてのみ認識可能である。自然と経験的認識とは相関者である。自然の対象に関する主張をもって終わるいかなる推論も、それが理性的であるならば、最終的には経験に根拠をもつ前提を要求しているのである。

〈第二一節　現象学的還元の無動機性〉

現象学的に見て取ること[*9]がもつ絶対的性格に対する懐疑の根拠を問う前に、私たちは仮157説的に言われたことに対して回答したい。なぜ現象学は経験措定を遮断するのかということに関して、現象学にはいかなる動機をも押しつける必要はない。現象学であるかぎり、それはそうした動機を一切もたない。当該の現象学者がこうした動機をもっていることもあろうが、それは個人的な事柄である。[*10] 現象学は経験的措定を遮断し、そのうえで残り続けているものに自身を限定する。すると唯一の問いは、そのうえで何が探究すべきものとして存在しているのか、一つの学問のための余地が残っているのかどうか、という問いである。私たちの唯一の関心事は自然である、などと言ってはならない。自然探究者ならばそうしたことを言うかも知れないが、そうしたことでさえも彼の個人的な事柄である。現象学者の関心事はまさしく、経験において、ならびに普遍的な経験科学において措定された現実存在としての自然ではない。現象学的探究が自然認識それ自体にとって何らかの意義をもっているのか、あるいはもつことはありえないのか、もっているとしたらどのような意義か、こうしたことは当然、現象学の樹立に先立つような問いでは決してない。

〈第二二節　現象学的認識の絶対性に対する異議の議論に対する予備考察〉

次いで現象学的認識の絶対性に対する可能な異議に関しては、私たちがそれを考量する前に、やはり以下のことを言っておくべきである。自然科学者の核心は自然認識に存する。彼が洞察しているのはまさしく、経験は不可疑な正当性権利をもっているということ、経験に基づいて疑いもなく価値ある認識が無限の充実において獲得されうるということである。経験認識の不可疑の正当性権利が意味しているのは、それが絶対的な認識である、ということではない。実際、自然科学者自身もそんなことを言いたいのではなく、彼の法則樹立はいずれも、たとえそれがどれほど方法的に精密であろうとも、将来の経験によって
158 本質的に変様されうるものであるということを彼は十分に知っている。よろしい、おそらく現象学的認識はあらゆる経験知《エンピリー》を遮断するような認識であり、まさしく真正な意味での認識でもあり、おそらく現象学的認識も不可疑の正当性権利をもっており、またおそらくは、ここにも豊富な学問的洞察からなる一つの領分が存在するのだとしよう。そうであるならば、現象学の樹立に対してそれ以上のいかなる証明も必要ではないことになる。絶対的不可疑性が一つの理念であり、それはいかなる現行の学問においても、また現象学的学

問においても完全には実現されえないものである場合でも、現象学的確定が欺くことがありえて、将来の確定を通して性急なものとして、変様を必要とするものとして判明することがありうるような場合でも、現象学は——原理的に言えば、現象学的所与が現実的所与であり、現象学的方法が現実的方法であるということがもっぱら明証的である限りにおいて——自然科学と同様にみずからの価値を保つ。そしておそらくは、現象学的所与は実際に絶対的所与として主張されうるが、他方ではその所与を学問的に加工処理していくことは、どのような理論化もそうであるのと同じように、たとえば言語的固定化という形式において、欺瞞の源泉を我が身に帯びることになる。そうなると、絶対的学問の理念を現象学的に探究するということは、ともかくも他のあらゆる学問とかなり近い関係にあることになるだろう。そしてやはりおそらくそれは、真正な学問におけるあらゆる方法上の歩みの正当性権利は証明されねばならないのだし、直接的所与においてのみ、したがっておそらくは現象学的領分においてのみ証明することができるという理由からしてすでにそうである。

おそらく事情はまた別様でもあるだろう。おそらく現象学的還元それ自体の内部で、またもやさまざまな与えられ方の間で区別がなされうるだろうし、そのなかでも、絶対的に不可疑であるような与えられ方と、そうではない与えられ方との間で区別がなされうるであろう。そしておそらく現象学という名称は、一つの学科の名称というよりは、むしろ一つの方法の名称であるだろう。おそらくさまざまな現象学的学科が存在するだろうし、そのなかの一つはたとえば絶対的所与に関わり、また別のものは「不完全な」所与に関わることだろう。*11

159

〈第四章　現象学は絶対的に与えられたものの領界を超出する〉*12

〈第二三節　現象学的所与の絶対的性格の問題〉

さて、現象学的所与の絶対的性格に対して湧き上がって来ようとしている疑念とは、どのようなものなのだろうか。私たちはいま〈それらを〉少し追究してみよう。そのことを通してそうした所与がもつ性質の内へと若干のまなざしを投げ込むことができるのであるから、そのことからしてもすでにこのことは有益なのである。実際、明らかとなるであろうのは、現象学的還元が私たちをまず最初に、私たちがさしあたって現象学的に見て取ることと呼んだ絶対的所与へと、まさしく現象学的知覚へと導いてくれるのであり、この知覚がもつ絶対的で、かつそのうえ不可疑な性格はたしかに支持されうるものである、ということである。しかし、そうした知覚とある意味で絡み合ったかたちで、すぐにも別の与えられ方が判明する（しかもつねに現象学的態度の内部で）が、その絶対的性格はもはや完全に同じ意味では主張されえない（すなわち不可疑性としては）のである。私たちはこうした観点から、現象学的に見て取ることという概念を次のように拡張しなければならないだろう。すなわち、現象学的に見て取ることという概念は経験的な経験に並行しており、したがっていわば現象学的な経験に、すなわち現象学的な現在化と準現在化[25]になるというように拡張しなければならないだろう。

〈第二四節　現象学的に知覚されたものの絶対的所与。現象学的知覚内での遮断の無意味〉

私は知覚し、かつ知覚された事物的なものの実存を遮断し、一つのこのものとしてその
160 知覚自体を、〈それ〉自体において確保する。だが知覚は一つの持続的な存在であり、そ
の知覚が持続するのは、たったいま存在しておりいまもまだ存在するということによって、
またその今がふたたび《たったいま－過ぎ去った》へと変転し、新たな今が始まるという
ことによって、である。*13 ここでは絶対的所与はどうなっているのであろうか。その知覚が
もつ過ぎ去ったものは何と言ってももはや与えられてはいない。それは与えられていた、
と言われるならば、この「……ていた」が与えられているのかどうかが問われる。今にお

いてそれは一つの「あった」として、〔かつて〕与えられていたものとして、与えられているべきである。ことによるとそれは思い違いかもしれない。実際、想起はしばしば欺くことがある。ことによると私は考えるかもしれない、それは与えられていたのであり、そしてそれは今において初めて始まるのだ、と。「今において」——しかし、私が確認しながらそう判断をし、そこで今として現実に私に与えられていたものを把握しようとするや否や、それは実際すでに過ぎ去ってしまっている。その今はある新たな今になったのであり、その今の内には、私が確認しようとしたものが過ぎ去ったものとして存立している。過ぎ去ったものは今を超越し、そして私はそれを、経験的に超越的なものと類比的に遮断する。するとしかし、遮断というこの企図全体はその意味を失う。というのも、判断しつつ探究を行なうために、私たちは与えられていないものを遮断して、その代わりにもっとも厳密な意味で与えられているものを判断領域の内へ入れようとしていたことになるからである。しかし私たちは決して何も入れることはない。遮断があまりに徹底的であるため、私たちはそもそももはや何も判断するものを見つけられないほどである。

それにもかかわらず、私たちは困惑しないようにしよう。私たちは知覚に立場を設定して、まったく直接的な《このもの！》として、そして持続の統一として知覚を把握する。そしてもし私たちがそこにそれ以上何も加えたりせず、《このこれ！》とともに遂行され

161 る措定を純粋に受け取るのであれば、つまり、この知覚を現に純粋にこの持続するものとしてそのまま受け取るのであれば、どのような疑念もその意味を失う。何かがたんに存在しているように思われるだけであるのか、それとも現実に存在しているのかを私たちが疑う場合、このことは明らかに次のことを意味している。すなわち、私たちは、その当該の「存在するように思われること」、知覚とか想起とか指標という仕方で現出していること、判断等々という仕方での「存在するように思われること」が妥当するのか否か、ことによったら実際はそれに対応するものは何もないのではないか、ということを疑っている。しかしまさにそれと同時に、この現出すること、知覚すること、想起すること、判断することと等々は、それが実際に与えられているがままに与えられたものとして前提されている（もしかしたら私たちはこう言った方がもっとよいのかも知れないが、現出しているものそのもの、知覚されているもの、想起されているもの、あるいは思考されているものそのもの等々、ひとことで言えば「たんなる思念」と、それら思念が妥当する場合には対応しているような存在とを区別すべきである）。したがっていずれにせよその疑念は所与を前提しており、疑われている思念の不可疑な所与を前提している。したがって、この知覚、持続する経験的所与というこの現象は、その固有存在および持続において与えられているのであり、絶対的に与えられている。

〈第二五節　現象学的な知覚に内含される（過去）把持は現象学的態度の内部の「超越」である〉

そしてそこから出発して、持続的知覚が与えられてあることの内にともに含まれているところのたったいま存在した知覚に関しても、適切な立場が見出されるであろう。この「かつてあったもの」は一つの与えられているものであり、一つのこのものであるが、しかしそれは、たったいま存在したものとして、所与の持続するものの所与の過去位相としてである。まさしくそういったものとして私たちはそれを受け取らなければならず、またそれ以外のものとして受け取りようもないのであり、また実際、それがそのつど与えられる際の内容とは別の内容では決して受け取ってはならない。それの記述や、その分析、とりわけこのかつてあったものと《今》位相との比較的分析ならびに記述の問題は、もちろん別の問題である。しかしいずれにせよ現象学的観取および把握が判断基盤なのであり、それらは、思考がそのうえで確立されうるような一つの地盤を開設するのである。もちろんそのような思考を真剣に成し遂げることができるものは何か、それどころかそうしたものが本当に学問を提供することができるのかどうかは、まだ解決されていない。そして私たちはこのことを根本的に熟考しなければならない。

162 とりわけ私たちはなおも次のように問わねばならない。すなわち、いったいこの枠組みはどの程度まで引かれるべきなのか、と。

私たちが現象学的還元を守りつつ、「絶対的に与えられているもの」とこれまで呼ばれていたものと同じ意味においてはもはや要求されえないような数多くのものへと至るということが示されうる。[*14]

私たちは、たんに（現象学的観取の）知覚の《今》だけを妥当だと認める傾向に屈することはできなかった。もし私たちが（過去）把持を遮断するつもりであったのならば、《今》とは過去と未来の間の永遠に逃げ去る境界点であり、境界線が《今》であるということさえ主張することは許されなかった。私たちが現象学的存在としての（過去）把持それ自体だけでなく、それと同時に、その（過去）把持がそれについての（過去）把持であるところのものもまた許容する限りは、私たちはそれによって現象学的態度のなかに一つの「超越」を認めてきたことになる。（過去）把持のあらゆる《今》はある《非‐今》についての、《たったいま‐存在していたもの》についての（過去）把持であり、そしてこの存在していたものは、与えられていると私たちは言った。私たちは以下のことであれば、たやすく判明にすることができるであろう。すなわち、そうした所与を信用しないということは絶対的懐疑主義に身を投ずるも同然であるということ、そのような（過去）把持的明証性が経験的知覚においても前提されているということ、したがっていずれにせよ、もし現象学が問題となっているのであれば、経験的知覚に立脚する自然研究者や、また同時に自然認識に信頼を寄せているどのような哲学者も突然極度に批判的な役割を演ずることは許されない、ということである。

持続的知覚の内部で（過去）把持について妥当することは、当然、まったく流れ去ってしまった知覚に直接隣接しているような、いわゆる自由な（過去）把持についても妥当させることができる。

〈第二六節　現象学的再想起とその錯誤の可能性。経験的想起の現象学的想起への転換〉

すると再想起については、さしあたり（過去）把持の内部で依然として進行しているよ
163 うな再想起についてはどうなっているのであろうか。現象学的に還元されたものは現象学的既在へと沈退してゆき、その還元されたものが沈みつつあるものとして意識されている一方で、反復の意識が、意識されていたものの経過を新たにするという意識が登場する。この再想起されたもの、反復として経過しているものは、その経過してしまったものと実際に同じものなのだろうか。そして（過去）把持の意識と一体化されていないような再想起の場合にはなおのこと、実際に同じものなのだろうか。

かりに私が昨日ある出来事を眼にして、ただちにこの知覚への反省を遂行したのだと想

定してみよう。いま私はこの知覚を再想起している。そのさい私は現象学的還元を遂行する、すなわち、昨日自然現実性においてそのような心理的出来事が経過した、それも昨日のしかじかの客観的に規定されうる時間に経過した、ということを私は要求しない。私が要求するのは次のことだけである。すなわち第一に、これが現にある、再想起のこの意識が現にあるということ、そして第二に、その意識内で想起されているこの知覚（しかじかの出来事についての）は実際存在していたのであり、いまふたたび意識されているということ、これである。

そこで私たちは、現象学的内在における新たな「超越」を得ることになるだろう。だがそのような再想起は正当なのだろうか。それらは絶対的な不可疑性として正当化されているのだろうか。不可疑性ということで言えば、いまやそんなことは断じてない、だれもがそう異論を唱えることだろう。想起は欺くものであり、経験的想起と同様、現象学的想起もそうである。それどころか、現象学的再想起の錯誤の可能性を、経験的再想起の錯誤の可能性に即して証示することすらできる。というのも、ある意味においては、依然として経験的な想起の内で反省をすることができるし、いわばそのなかで現象学的想起を生み出すことができるからである。経験的な想起が、ふたつの出来事は同時的である、と私に語る。その後で私は一つの新たな再想起を有し——効力の点では〔経験的想起を〕はるかに

164

凌駕しているより豊かな想起連関を通して——そしてその再想起が語るところによれば、両者の出来事は、しかじかの明晰に想起される出来事によって分け隔てられている。私が現象学的還元を行ない、それらの出来事の実存が全自然と同様にカッコ入れされ、しかも知覚された自然出来事の実存と同様、想起された自然出来事の実存もカッコ入れされる。その場合に現象学的与件として生じるものは何であろうか。明らかに第一の再想起の還元によって、双方の出来事知覚に対する現象学的同時性が生じ、第二の再想起によって、同じ双方の出来事知覚に対する現象学的非同時性が生じる。そのさいその同時性は点的に理解されてはならず、それは知覚が点として受け取られるべきではないのと同様である。いずれにせよ、現象学的再想起も欺きうるという可能性を明瞭にするためには、おそらくこれだけですでに十分であろう。

同時に私たちが理解するのは、経験的な意味でのどのような統一的再想起も——それが、以前の経験がもつ多様なるものを一つの経験的意識の内へと取りまとめるものである限りは——現象学的還元によって一つの統一的現象学的再想起を生み出すのであり、この再想起が、現象学的な種類の多様なるものを一つの現象学的に還元された再意識の内へと取りまとめ、すなわち、想起はさしあたりしかじかのものが存在した、と語るのである。しかしその想起によってまた一つの反省が可能となり、この反省はそこで、しかじかのものが知覚されていた、あるいはしかじかのものについての知覚が存在した、と語る。知覚されたものの思念された同時性には知覚作用の同時性が対応しており、後者の同時性が再意識され、現象学的反省において対象となるような同時性である。主観的直観において判明するどのような経験的錯誤も、現象学的に還元された再想起に対する錯誤意識を結果として生じさせる（当然ながら、同じことを心理学的自己経験の領圏[26]に対しても示すことができるであろうが、私はそのことに立ち入るつもりはない）。

〈第二七節　経験知《エンピリー》[27]の領圏全体を現象学的ではあるが絶対的ではないかたちで獲得する可能性。予期〉

さて次に、そもそも次のことに注意してみよう。すなわち、私たちは経験知――私はあらゆる種類の経験措定のことを念頭に置いている――の総体的領圏を同じ意味〈で〉現象学的還元を通してわがものとすることができ、もちろん同じ結果とともにわがものとする
165 ことができる。

たとえば、予期を取り上げてみよう。経験的予期のいずれにも、現象学的還元から結果として生ずる現象学的な予期が対応している。たとえば、私のまなざしがある可愛らしい〔鳥の〕ウソのつがいを観察しているとしよう。絶えず雄鳥が、木から木へと飛び回る雌

鳥の後を追っている。いまその雌鳥が向こうの隣家の庭に飛んでいく。雄鳥がその後に続くだろうと私は予期する。私たちが現象学的還元を遂行するならば、還元の本性からして、その当のカッコ内のものは保持される。そうした経験的予期のいずれもが、一つの現象学的予期をいわば内蔵しているということは、明晰なことではないだろうか。飛び上がる雌鳥を見ることに、その後を追って飛ぶ雄鳥を見ることは、ある種の内容的にしかじかに規定された仕方で依存していないのだろうか。もちろん、私たちは事実上その事象に、その自然に差し向けられている。しかし私たちが、自分たちが経験しているその事象にではなくて、その事象を経験しているということに態度を設定することもできたであろうし、また、いまはしかじかの経験が到来し「なければならない」ということに態度を設定することもできただろうということは明証的ではないか。そして私たちは実際最初からそのように態度設定をすることができ、経験することの内に生き、それがもつ措定を素朴に遂行し、したがって「存在者を存在するものとして受け取る」代わりに、むしろその経験することに対向し、その措定をカッコに入れることができる。その場合、現在に経験することが将来に経験することを動機づけていることになる。しかし現象学的還元のもつ純粋性は、この動機づけ[28]に絶対的な所与という価値を付与する助けにはならない。たとえば私がその出来事を観察している間に、一匹の蚊が私の鼻のなかに飛び込んできて、そして私がくしゃみをせざるをえないとする。見るのを予期していたことについて、いまや何もないことになる。

〈第二八節　現象学的経験。その「内在における超越」および錯誤の可能性。感情移入と自体の経験〉

166 もっと正確に考え直してみよう。そうすると私たちは、現象学的動機づけの成素は、知覚・(過去)把持・再想起・予期などといったわずかで特に漠然としている呼称が推測させるものよりも、無限に豊富であるということを見いだす。現に知覚という仕方でか、あるいはその他の何らかの仕方で経験されるような経験的に対象的なものそれ自体に至ってはなおさら顧慮が払われなければならない。現象学的還元によってつねに、直観的連関の驚くほどの充溢が与えられ、しかもこれらの連関は現象学的知覚という仕方では観取されないが、いわば現象学的経験の他さまざまな仕方で観取される。たとえそれらの連関が看取されていない場合とか、思念的な対向や措定がそれらの連関と絡み合っていないような場合であっても、そのような連関は、思念されてはいないにもかかわらず、やはりある種の仕方で意識されたり志向されているということ、そうした対向の可能性や現実的な現象学的経験の構成は保証されているということは、そのつど洞察されうる。そうした場合にはいつでも「現象学的な内在における超越」[29]が〈成立し〉、そしていつでも錯誤の可能性が〈成立している〉。

一つの持続する事物あるいは変化する事物についてのどのような知覚でも、私たちには範例として役立ちうる。たとえば私たちの眼前に立っている煙草の箱を、空間形態、色合い、物理学的-因果的特性などにしたがって——それらが実際に知覚可能である限りにおいて——知覚しているような場合である。その事物はそこにあり、私たちはまさにそれを見ており、そしてあらゆる思惟することを遠ざけつつ、その見られたものそのものに依拠している。そして私たちはその空間形態を、たとえば煙草の箱を見ている。まなざしはあちこちとさまよい、ときにはその箱のこの輪郭を、またときには別の輪郭を追い、この木目からあの木目へと飛び移ったり等々する。こうしたことすべてを私たちは、現象学的還元によって、まなざしの方向を現象学的な予期の系列といったようなものの内へと変更することによって変換されたものとして考えることができ、たとえ予期が実際には確立されていないとしても、それは動機づけの系列であり、それらの系列は本質上そうした顕在的な予期系列へと転換されうる。ところで、これらの現象学的動機づけは——そのさまようまなざしがたとえどれほど恣意的に対象の上を滑空しようとも——みずからの特定の構文《シンタッ》論《クス》を有しており、みずからの形式および規則を有している。そしてどのような特定の空間形式にも一つの特定の特殊な構文論が対応しており、まなざしのどのような位置づけにも複合的可能性の体系が属しており、どのような客観的変化にも、現象のまさしくその変化系列、まさしくそのように形成される変化系列が対応している。こうしたことはすべて、現象学的還元の内で考えられている。まなざしの位置づけとまなざしの変更はそのさい、
167 ある種の感覚現象および統握現象へと還元される。眼や頭、そしてその他あらゆるものが、実際その実存に即して、現象学的還元の内にとりこまれる。その箱の色合い、そして特にしかじかの側面の色合いに属する感覚および統握の多様体に関してもまさしく同じことが言える、等々である。他者の心的生への感情移入と呼ばれるような特異な形式の経験も、そしてそれ以前に当然ながら経験的な自我経験も引き合いにだされうるだろうし、そしてまたもや還元された現象の動機づけ連関へと連れ戻されたり、それからその形式と種類に応じてまったく特定の動機づけ連関へと連れ戻されることであろう。しかし、動機づけのこれらの連関を知るということが現象学的な知覚を知るということではなく、先の絶対的な自体所与を看取するということ——まず第一にそこに導くのはコギタチオの明証性である——ではない。そしてこのことは至るところで当てはまる。

〈第二九節　絶対的所与の領圏を超出することが現象学的な学問の可能性の必然的条件となる〉

さて、現象学的方法において確定可能なさまざまの所与に関して学問が可能であるのかという問いは、ここで「現象学的経験」として、さまざまな種類の超越的現象学的反省として私たちに対して現れるようなこうした与えられ方の価値を私たちがどのように解釈するか、ということにまず第一に依存するだろう。

しかし私はもう少し正確に自分の考えを表現したい。かりに、絶対的に不可疑な所与としての、すなわち一方で持続的なコギタチオを遂行しつつも現象学的な還元および反省から生い立ってくるがままの知覚所与としてのコギタチオの所与に制限したならば、私たちは引き続き「このもの」とだけは言うことができるであろうが、しかし一つの学問的認識がここでいったいどのように成立するのかということは読み取ることはできないだろう。しかしいまや示されることは、(過去)把持や再想起や予期の場合、そしてとりわけ内的および外的な自然な経験の一切についてその多様な内実を引用しつつ現象学的に還元した場合、無限に充実した現象学的所与が私たちに対して次々と押し寄せることになる(すなわち、たとえば再想起の場合にはたんに一つの反省および還元——これはその再想起それ自
168 体を、体験として、絶対的に与える現象学的知覚の客観とする——が可能であるだけでは

なく、さらに第二の反省および還元が可能なのであり、これはいわば再想起のなかを経過して、再想起された体験を現象学的既在として所与へともたらすが、しかしもはや、いかなる疑念をも排除するような絶対的所与へともたらすことはない。そしてこれは、その他のあらゆる場合にも同様である)。私たちが現象学的と名づけるこれらの対象はすべて、単称的で個別的な所与として考えられており、どのような現象も個別的な《そこにある－これ》として、絶対的一回性として考えられている。

心理学者ならばこう言うであろう。すなわち、それはすべて心的現象であり、現在のあるいは過去の心的現象であり、私自身の現象、あるいは、私がそれらを感情移入に基づいて想定すれば、他者の現象であると。さて確かに、私たちが現に固有な種類の客観性の領野として限定したところの一切を心理学者は要求してしかるべきである。というのもそれはそのさい、純粋に現象学的還元の内で考察されているのではなく、自我体験として、一つの経験的自我がもつ現象として統握されているからである。この場合心理学者はもちろん、体験をこのように自然主義的に統握することとか心理学的体験の概念がどれほど大きな困難をともなうものであるのかということがまるで分かっていない。引き続きそうしている限りは、すべては整然としている。しかし私たちは、経験的主体も同様に遮断するということに固執するのであり、その場合には当然、現象学的－単称的存在はいかなる心理

169

学的体験でもない。「心的なもの」について語ろうとするなら、たとえば経験的－心理的なものに対立する超越論的[30]－心理的なものについて語らねばならないであろう。

さて、うえで立てられた問いに対する解答はどうなっているのだろうか。絶対的性格をもたないような、上述のような種類の現象学的経験を許容してもかまわないのであろうか。おそらくあなた方はその答えを期待していることだろう。自然探求者に対して、彼が依拠している与えられ方が絶対的な与えられ方であるということを要求する者は一人としていない。それはたんに、そんなことを要求しても無駄であろうし、それどころか気違い沙汰であろうからというだけではなく、自然科学がみずから示しているように、厳密学を樹立するのにそのようなものはまったく必要ないからでもある。したがって、超越論的心理学を、すなわち、現象学的還元の内での体験についての学を試みるのを阻む障害はまったく存在しない。現象学的経験*15は経験的経験よりも何倍もよいというわけではないかも知れないが、いずれにせよ、それより悪いということもない。それだから、どうして自然主義的な経験科学に対して現象学的な経験科学〔経験の学〕が存在しえないということがあろうか。そのようにさしあたっては少なくとも、どのような経験にも経験科学〔経験の学〕が対応しうるのでなければならないということを自明なことと受け取って考えたくなる。

〈第三〇節　内在と超越。これらの述語の多義性および現象学の領野における内在と超越の意味〉

その場合注意されねばならないことは、この学が関わるであろう客観は確かにときおり経験することに対して「超越的」ではある——すなわちそれらが想起されたものであったり、予期されたものである限りで——が、しかし他方でそれら客観は、別のより重要な意味では内在的であるということ、すなわちそれらは、それ固有の本性に応じて、それ自体が絶対的に与えられうる。原理的に言ってそれらは絶対的に知覚可能であり、したがってまた再想起において絶対的に直観可能である。*16 というのも、それらは現出を通した対象、たんなる呈示を介した対象ではないからである。

実際、自然に固有なもの、および〔自然という〕この名称の下に服するすべてのものがもつ固有なものとは、そうしたものが、たんにそれが絶対的に与えられていないという意味においてだけではなく、それは原理上「絶対的に」[31] 与えられえない——なぜならそれは必然的に呈示を通して与えられており、射映や射映的呈示を通しては、呈示されたものそれ自体の重複はありえないのであるから——という意味においても経験することを踏み越えている。

170

内在と超越という言い方が多義的であり、それゆえまた、私がつい先ほど繰り返し内在における超越について語ったとしても、正しく理解されねばならないということに注意して欲しい。

超越についてはこう語ることができる。すなわち、

(一) まずはまったく一般的な意味で、すなわちその認識客観は認識作用の内で(またそもそも、意識を客観とするような意識の内で) それ自体が現前・現在しているわけではないという意味で志向的関係(これはまさしく意識と意識客観との関係である)の本質には、意識すなわちそのつどのコギタチオは、みずからがそれ自体ではないものについての意識である、ということが本来的に属している。そしてこのことは現象学的観取の場合にさえもあてはまる。というのも、現象学的に観取されたものも本来的な意味では作用の内に存在するのではないからである。しかしこの点に関しては、超越ということが語られることはない。なぜならその場合にはその反対の内在が意味をもたなくなるだろうから。

(二) それとはまったく別であるのが[32]、一方で厳密な意味での意識(つねに特定の作用として理解されている)に対する有体的な現前存在を立てて、それから〔他方で〕その否定を、すなわちそうした自体現前存在なしに思念されてあることを立てるような場合である。この厳密な意味とは、意識とは見ること《シャウエン》であり、それはみずからが見るものをそれ自体をもったり、それ自体を捉えたり、それ自体に触れたりするのであり、そしてこれは、ある

見ることが、いま生き生きとした現在であるところのあるコギタチオへと方向づけられており、そのコギタチオをその見ることのなかでいわばおのれの内に含んでいるような場合と同様、というような意味である。その場合どちらも一つの現前・現在の統一を形成するのであって、これは、生き生きと現前している見ることが生き生きと現前している見られたものと一体となっているということを反省が教えてくれるのと同様である。これが内在と超越の一方の対立である。内在の側には見られたもの（またもしかしたらさらに、このような仕方で見ることが可能なもの、および顕在的に見られたものと一体となっており、反省的まなざしが転回することによって一方から他方へと通じるようになっているものとも言えるかも知れない）しかないとすれば、超越の側にはその他一切のものが、したがってとりわけ、客観として意識されてはいるが現前していないものの一切があることになろう。たとえ現象学的に還元された再想起や、あるいは（過去）把持でさえもが見られていたものを再生産するとしても、この想起されたものは想起という意識を超越していることになろう。

（三）また別の内在と超越という概念が現れるのは、私たちがその内に対象の区分を認める場合、しかも個別的対象の区分を認めるような場合である。それに従えば個別的対象は、見えるもので絶対的自体現在において与えられうるような個別的対象と、自体現在的なものとしてしか現出しえないが現出や呈示を通してしか与えられえないような個別的対象へと分かれるのである。[*17] この場合には、どの現象学的意識も内在に関係する。なぜなら、いま私たちが現象学を、自然を一切遮断することによって内在にもたらされた個別的対象についての暫定的な学として理解している限り、内在的なものは現象学の領野だからである。そうすると超越の側には自然が属することになる。というのも自然とはまさしく、現出を通して呈示される対象性の総体を包括する一つの名称だからである。したがって現象学はあらゆる意味での超越を遮断するわけではない。実際、現象学は当初から、自然の遮断、ある特定の意味での超越の遮断、現出するものという意味での超越の遮断によって定義されていた。

〈第五章　統一的に連関する全体的意識流を現象学的に獲得すること〉

〈第三一節　現象学的対象の背景、およびさまざまな意識作用における現象学的対象の同一性。現象学的時間意識〉

こうした脱線の後に、考察の主要路線へと立ち返ろう。私たちの念頭に浮かんでくる意

172 味での現象学、すなわち「現象学的経験」に依拠した学問は可能であろうか。この学問はこれまでに論じられたことによってすでに保証されているのであろうか。経験的ないしは――お望みならば――自然主義的経験が絶対的に不可疑な与える作用では決してないにもかかわらず、そのあらゆる様相においてみずからの正当性権利を担い、みずからの明証を担っているのと同様に、現象学的経験ならびにその並行的様相もまた正当性権利や明証を担っている。こうした側面に関して欠けているものは何もない。認識の領野はどちらの側でも無限の領野である。そちら側には私たちが自然と呼ぶような対象の総体があり、こちら側には私たちが意識、コギタチオ、現象学的与件と呼ぶ対象の総体がある。

　私たちはこの領分のなかでさらにもう少し詳細にあたりを見回してみよう。ここでの対象性は個体的個別性であるが、これは現象学的還元を通じて私たちに属し、しかも絶対的な自体所与としての現象学的知覚によって、他方ではまた、現象学的（過去）把持、再想起、予期、感情移入によっても私たちに属している。

　作用側の状況はもちろんのこと見かけ以上にきわめて錯綜している。かくて、どの現象学的対象もみずからの対象の背景をもっており、この背景は知覚にとって、ともに意識されてはいるがともに思念されてはいないような現在的なものからなる背景である。この背景は後からの反省ないし想起によって、かつては現在的だったが、しかし以前の知覚の内では思念されていなかったものとして思念されるようになる。そしてどのような経験にとってもそのようになっている。私はいま対象についての再想起をもっている。私は反省し、背景を見いだす。しかも、「かつて現在していた」という性格をともなった背景を見いだすのだが、それは再想起された対象とまさしく同じ性格をもっている。反省があとから把捉するこうした背景は、以前の再想起においてともに意識されていたが、そのなかで思念されたものではなかった背景として認識される。いたるところでこういう事情になっている。

そのような多様な現象学的経験の内において、場合によっては私たちに同じ現象学的与件が意識されることがある。同じものは、まず第一にたとえば予期され、次いで知覚され、さらに想起され、再想起される。感情移入もまた決して例外的位置づけをもたない。というのも、感情移入に即して措定された与件は、感情移入された現象学的知覚や感情移入さ
173 れたその他の経験がもつ思念された与件ないし背景与件でありうるからであり、感情移入そのものが経験である限り、同時にその与件は知覚ないしその他の経験の所与として措定されるからである。意識の様々な作用における（さまざまなコギタチオーネスにおける）現象学的与件の同一性は、現象学外の事実ではなく、それ自身が現象学的に与えられるものであり、それゆえ現象学的経験の事実なのである。

そのさいにもちろん、こうした経験の概念はもっともな仕方で拡張される。それゆえ当該の与件が同じ与件であるということ、このことが観取する同一性意識において与えられているのであり、この意識の方は、それはそれで想起系列の内に基づけられている。いまや私たちは、与件の予期をもち、ついで与件についての知覚をもち、ついで（過去）把持としての想起をもち、ついで再想起や反復された再想起をもつというだけではない。それだけではなく、こうした作用系列は、〔まさしく〕系列として、再想起を行なう反省のなかで私たちの意識の面前に存立しており、与えられたものを純粋に表現して言うと、相次いで継起しているこれらの作用は、時間系列として存在していたのであり、これらの作用の内でくり返し同じ現象学的与件がまずは予期され、ついで知覚され、（過去）把持的に意識され、再想起されていた等々ということになる。そして、私たちがこうしたことを言う際には、包括的な統一性意識に依拠している。

　そのさいに、現象学的時間意識（それは経験的時間意識と混同されてはならない）と関連した多くの結合が私たちの注意を引く。予期は知覚に先行し、知覚は再想起に先行し、第一の再想起が第二の再想起に先行している。しかも、同じ現象学的内容のもとでは必然的にそうなっているのであり、異なった内容のもとでは別の結合がまたもやそうなっている。こうしたことは容易に概観できる。

〈第三二節　反復と新たな叙述：個体的存在としての純粋意識への現象学的還元、ならびに還元された意識世界の範囲と現象学的学問の可能性の問題*18〉

174 前回の講義において念頭に置いてはいたがまだ完全に詳論するにはいたらなかった主要思想をくり返すことにしたい。

私たちが自分たちで反省を始めるならば、自然な世界考察という態度において自分達を、特定の周囲のなかにいて、多様だがそのつど規定されている心的作用を遂行し、知覚したり、想像したり、判断したりなどしている人間として見いだす。私たちはすべてを包括する現象学的還元を実行し、自然な実存定立という意味でのあらゆる超越を遮断する。私たちに対して自然に与えられるようないかなる現実存在についても私たちは何らかの判断を使用しようとはしないが、それに関してその他の点で疑ったり、何らかの嫌疑をかけたりすることはしない。私たちの目下の研究のために、私たちは前提ないしは理論的確定としての経験的に基づけられたいかなる判断をも原理的に締め出す。

慣用的な言い回しで理解されるなら、いま述べた最後の文は、私たちは今後アプリオリに判断をする、ということを言い表していた。しかしこうしたことは決して私たちにとって矛盾ではなかった。というのも、判断の内で必然性や無条件的な一般妥当性を携えているはずの真正なアプリオリは、個体的事実に関わらないからである。アプリオリな判断と

175 いうのは普遍的に妥当する判断である。アポステリオリな判断というのは個体的に妥当する判断であり、たとえ一般的であっても、個体的存在を措定するものである。しかしながら、包括的な現象学的還元によって、私たちには個体的存在の世界が、現象学的与件の世界が、純粋意識の世界が残っている。

確かに、自然な世界はあらゆる個体的存在を包括している。すなわち、あらゆるものがそうした世界に組み入れられることができ、自然な態度においてはそうした世界に組み入れられている限りで、自然な世界はあらゆる個体的存在を包括している。しかしこの世界の或る一部いわゆる意識は、現象学的に還元されうるという特有性をもっている。つまり、私たちが、その意識の内で遂行され、意識と絡み合っている自然な現実存在措定のすべてを働きの外に置いて、私たちの判断作用に対して遮断するなら、意識それ自身は純粋に内在的な存在として残り続けている。つまり意識は、自体現出する存在やたんに呈示される存在ではなく、自然の間接的共措定によってそうした存在に関わることもない限りで、こうした措定において自然ではないものとして、残り続けている。そのような共措定が遂行されているのは、たとえば意識が、身体として措定された自然事物と因果的に絡み合わされているものとして統握される場合である。

私たちはいまやここで次のことを明晰にするように努める。すなわち、こうした還元された意識世界がどの程度にまで及ぶのか、ないしは現象学的還元の内において私たちはそうした意識世界についてどのような与えられ方を所有しているのか、さらに、その意識世界はどのような種類の知を可能にしているのか、その意識世界の内においてどの程度まで学問のようなものが確立されうるのか、ということである。与えられ方に関しては、私たちは第一に現象学的知覚を挙げ、現象学的直観も挙げた。還元された現象はどれも、持続する存在として呈示されており、しかも、持続する自体現在として呈示される。経験的事物知覚の客観もまた自体現在する現実存在として呈示されるが、しかしそうした客観はたんなる現出を通じて与えられている。現象学的現在は現出する現在ではなく、絶対的意味における自体現在である。そのようにしてたとえば、知覚現出の存在、すなわち《みずからを－外的に－自体現在として－呈示すること》という現象の存在は、絶対的に与えられる内在的存在である。内在的存在のこうした与えられ方は多くのものを含蓄している。持続する存在は持続の内に存在している。そしてこの持続は充実された持続であり、今の流れる点や連続的な過去の流れる点をともなっている。そしてこれに応じて、どの現象学的知覚にもいま知覚の一つの点が属しており、そしてこの同じ今に、連続的な（過去）把持的想起が属しており、しかもこれは恒常的な流れの内においてそうなっている。このような知覚は、一つの今を、そしてその今の内で一つの規定された非今を――恒常的な段階変化において――絶対的に措定することである。

さらに私たちが与えられ方として論議したのは、自由な〔過去〕把持であり、とりわけ再想起であった。同様に予期もそうであり、そして最後には感情移入もそうであった。

〈第三三節　現象学的経験を全体的な統一的意識流へと拡張すること〉

私たちが順番に或る現象学的知覚を他の現象学的知覚の後に遂行するなら、したがって純粋な見ること《シャウエン》においてコギタチオーネスへと向けられるなら、どの現象学的知覚もそれがまさに持続している限り、自体現在的に与えられている。そうした知覚が経過し終わったなら、生き生きした〔過去〕把持の内にその知覚の伸展が存続し、最終的には暗い背景へと流れ去っていく。経過してしまったもはや直観的でないコギタチオを依然として意識していることによって、コギタチオが確保され、新たなコギタチオと結びつけられるというようにして、〔過去〕把持もまた生じうる。私たちはそのときコギタチオの継起の意識をもつ。しかしまた、そのような個々のコギタチオや系列全体についての再想起も出現しうる。私たちはいわば、それぞれのコギタチオの見ることをもう一度生き抜く。それがもう一度開始し、その流れる今とその次第に消えてゆく既在の尾と一緒にもう一度持続する。しかしそれは「いわば」でしかない。こうした「ふたたび与えられていること」が再想起の性格であり、統一的に纏め上げる意識はそうした再想起の系列を一つのグループへと統合することができる。かつての継起についてのこうした意識というのは、ときには、後になってはじめてグループ意識として創設される。たとえばさまざまな音現出が経過するとき、私たちは一方に注意を向け、他方は私たちの関心を惹かず、私たちは何か一対のものとか一つの全体についての排他的なグループ意識を遂行しているわけでは決してない。それに対して再想起において、私たちは再想起された音の時間背景に注意を向け、いまやその再想起の内で、再想起された多くの音現出を取りまとめるような、区分された固有のグループ意識ないし系列意識を形成する。知覚のなかで以前は注意されなかった音現出は、想起の内で注意されるものとなる。知覚のなかでグループ化されなかったものは想起の内においてグループ化される。

どのコギタチオも継起の思念されなかった時間背景をもっているが、それと同じく、同時性のそうした思念されなかった時間背景をもっている。そして、再想起において**は**その後者の時間背景へも注意を向けることができる。

いまや、私たちがいかなる自然措定をもともに利用さえしなければ、(過去)把持と再想起は、そのなかで可能なこの操作とともに、現象学的な経験意識となる。現象学的知覚はそれにふさわしい限定を受ければ絶対的不可疑性を要求することができるが、このことはもちろん――私たちが以前に見たように――この新たな形式の現象学的経験に対しては妥当しない。しかし経験は経験であり、そうしたものとしてその価値をもっている。

予期に対しても似たようなことを論じることができると想定するなら、次のことがすでにもうはっきりするだろう。すなわち、現象学的経験は、いま注意されている現在である
177
ような個別的コギタチオに関わるのではなく[*19]、唯一の時間連関としての意識の流れ全体に広がる、ということである。そしてもちろん、この流れ全体は、その全体的な幅と長さにおいては、そのつど直観の明るみの内に入ることはない。

あるいはまた次のようになっている。私たちが現象学的還元の内にとどまるならば、そのなかには、意識の無限の統一が存立している。あるいは比喩を用いて適切に言うならば、意識の終わりなき統一的な流れが存立している。私たちは現象学的経験をくり返して行なうことができ、私たちは以前に所持されたコギタチオを、想起しつつふたたび意識するというやり方でくり返し客観にすることができ、そのコギタチオの時間背景――以前には注意されたり、注意されなかったりする時間背景――を、くり返し直観し思念するまなざしへともたらすことができ、同時性の連関に入り込んだり継起の連関を追ったりすることができる。そして私たちは、時間意識の統一の内において、さまざまな現象がいかにして連関し、連続的に一つになっているのかを、つまり一つの流れになっているのかを見ること

ができる。なるほど確かに、（過去）把持や再想起はしばしば不明晰ないし未規定であり、このことは現象の再想起された背景についてはなおさら当てはまる。しかしながら、想起が不明晰である場合、「それ（その想起）」が明晰になることができる。ときには最初の想起に第二の、より豊かな、より明晰な想起が続く。バラバラで関連のない想起を、連続的に次々と継ぎ合わされた明晰な想起を覚起することによって、一つの明晰な想起の統一へともたらし、そのようにして、経験の力やあらゆる個別的な想起の価値を高めることに成功する。さまざまな経験には、その経験を忠実に表現し展開するような判断経験が続いている。それゆえ意識の流れは、現象学的に純粋なかたちで、一つの固有な経験領野となり、認識の一つの領圏となるのである。

178 **〈第三四節　人為的な制限の廃棄。意識流への自然な反省から出発して現象学的意識流を獲得すること、ならびに二重の現象学的還元〉**

これまでの考察において私たちは人為的な限定を用いていたが、いまやそれを脇へ置かねばならない。私たちが意識流をまず、最初の反省、つまり自然な反省の内でわれわれに提供されるままに受け取り、そのあとにはじめて現象学的還元を行なう場合に、そのときようやく私たちの述べたことがその本来的価値を獲得し、まさに一般的にはその妥当性を獲得する。私たちはすでに現象学的であるような見ることから、あるいはそうした見ることのいくつかの作用から始め、ついで（過去）把持、再想起、予期などをおこなった。しかしそうしたことは人為的な例外事例にすぎない。私たちは意識の流れをあるがままに取り上げよう。つまり、私たちがともかくその内にある自然な態度の内において、自我体験へと視線を向け、それらに関して、それらの内において、現象学的還元を遂行する。すなわち、知覚、（過去）把持、想起、予期、あらゆる内的ないし外的体験――それらによって私たちは、外的自然ならびに自分の体験、つまり心的自然という現象を自然に直観的な所与へともたらしている――に関して現象学的還元を遂行する。

そこでいまやきわめて驚くべきことが示された。すなわち、どの経験も二重の現象学的還元を受け、一方で、経験それ自身を純粋に内在的な見ることへともたらすような還元を、他方では、経験の志向的内容や客観に関してなされる還元を受ける。かくして、再想起の志向的内容や客観に関して行なわれる現象学的還元が存在する。すなわち、私たちが再想起の内で「あとから」、再想起された客観の背景――それは根源的な知覚の内では注意されない知覚の背景だった――へと注意を向けることができるのと同様に、私たちは再想起の内で、前景や背景に関して現象学的還元――それは根源的知覚の内では遂行されておらず、それゆえそれ自身は以前の還元の再想起ではない――を行なうことができる。

それ自体として考察されれば、想起ないしあらゆる種類の準現在化における反省という
現象はきわめて興味深いもので、その正確な記述と分析はあらゆる現象学の基本部分であ
る。確かにこうした反省という現象はこれまで誰にも見られさえし〈てこなかった〉。こ
こでそうした反省という現象が考察の俎上に上るのは、それが可能にするきわめて驚くべ
き特定の能作[33]のゆえである。すなわちその能作は、あらゆる自然な経験を、そのなかでコ
179 ギタチオであるものに即してだけでなく、そのなかに志向的に含まれているものにそくし
ても、包括的に転換することになる。

〈第三五節　現実的および可能的な純粋意識の指標としての、自然な経験の超越的統一。あらゆる自然な経験やあらゆる学問を現象学的なものに転換すること〉

この現象学的な還元ないし転換を次のように特徴づけることができる。自然な経験が超越的統一を措定し、現実存在する実在的事物、実在的布置、現実存在する変化過程を措定する――しかも現在、過去あるいは未来において――とき、この現実存在は確かにカッコに入れられるが、しかしこの措定は特定の純粋な意識連関の指標として役立つ。そしてこの意識連関は現象学的還元によって、この措定の内において証示可能であり、しかも現象学的経験の作用という形式において証示可能である。

それゆえ私たちは自然な態度から、そして端的な経験において私たちの眼前にあるがままの自然から始めよう。私たちがあたりを見回し、想起において、以前に知覚されたものに遡及し、直観的経験の内で前後に行ったり来たりして、経験を行なうまなざしの前に、多様な事物、成果、人間などをともなった現出する自然の直観的連関をもつ。私たちがこうした経験すべてに関してかつその内において、問題となっている還元を遂行するなら、[*20]次のようになる。それはすなわち、経験がたとえばこの机についての経験であり、この実際の経験においてまさしくそのように、すなわちこの現出において呈示され、その現出のなかで前面と背面に応じて、形式と質料とに応じてまさしくそのように思念され措定されている机についての経験である限り、どの経験にも経験可能性のある種の多様性が対応している。この可能性は動機づけられた実在的可能性であり、そして場合によっては現実的経験に移行し、この経験はその場合、動機づけられた経験として思念の相応する方向性において予期されうるし、されるに違いないものなのである。自然を遮断するということが意味しているのは、私たちはいま経験された事物を私たちの確定する判断の客観とするのではなく、むしろ事物についての経験を、純粋な内在において取り上げられた現実
180
的および可能的経験を客観とする。そして、そうした経験に関わる確定はいまや私たちの領分に属する。また、内在的存在とみなされたどのような自然な経験も多様な他の自然な

経験や自然な経験の多様な実在的可能性を動機づける認識、そして私たちはこの動機づけの連関――それは純粋意識の連関である――を解きほぐし、この連関に私たちのまなざしを向けることができるという認識が、途方もなく重要である。そしてこのまなざしは現象学的経験という性格をもっている。そして私たちが目下の態度に対して自然の実存を遮断するなら、目下の確定領分においてまさしく決して自然について判断しないのであれば、私たちにとっては、現実的および可能的な自然経験の途方もない領野ないしそのつど規定された領野が残存する。そうしたことを通じてはじめて、私たちは純粋な意識流の領野を獲得する。この意識流はもちろん決して自然ではなく、自然経験を含んでいるにすぎず、それと絡み合ったその他の、表象し、感じ、欲望し、意志する作用すべてを含んでいるにすぎない。

こうした特有の還元の最初の萌芽はヒュームのもとで見いだされるし、より規定されたかたちで詳細に論じられたものとしては、ミルのような極端な経験論者のもとで見いだされる。永続的感覚の可能性についての彼の説においては、外的事物の現実存在は永続的感覚の可能性へと還元されるべきであるとされている。本質的には、マッハの感覚一元論においても同じことが言われている。マッハは同様に事物を連関する感覚の集合で代理させている。

いま私たちがあらゆる形而上学的－認識論的思考形成物を脇に置くならば、私たちはどのような事物知覚に関してもさしあたり、事物知覚をそれ自体として客観にするという仕方で現象学的還元を行なうことができる。そして一般的には、知覚によって措定された事物の実存やその他のあらゆる自然実存を遮断しながら見いだすことのできるものすべてを、私たちは客観にすることができる。

そのとき私たちは、感覚内容がしかじかに提供され、しかじかに関連しているのを見いだす。しかしそれだけではない。感覚内容は事物の全体的呈示としての事物現出の内に入り込むのであり、加えて、共思念の領分へと入り込む。ここでは完全性は問題となっていないので、こうしたことで十分である。

そして、ここで確定されていることは、瞬間的な今だけではなく、経過した知覚全体にも、もっとはっきり言えば、（過去）把持の伸展にも該当する。そうしたものにしたがって、私たちはかつての感覚やかつての現出などを獲得する。まさに同じことを、私たちは再想起においても遂行でき、以前に知覚された事物や以前に知覚された出来事過程を想起する際に遂行する。そしてそのとき私たちが見いだすのは、再想起された感覚、再想起された現出、再想起された共思念、再想起された現在意識などである。

ところでしかし、事物が――私たちはこう表現するが――まさにこの側面から・この現出内容をもって・この共思念において呈示されているならば、その事物がまた別の側面からも・別の現出の仕方においても呈示されうるかも知れないということが、知覚には属している。そしてこうしたことは空虚な可能性ではなく、実在的な動機づけられた可能性である。たとえば次のようになっている。私たちが頭を振り向けるなら、つまり「頭の振り向け」というこの表題のもとに属する特定の感覚集合が恣意的ないし非恣意的行為において進行するなら、そのとき事物現出とともに、しかじかの特定の連続的変化が経過し、感覚成素や現出成素がしかじかの仕方で変化する。そしてそのようにしてそもそも最初の知覚が、もともとの頭ないし体の姿勢に属しているものとして、他の頭の姿勢や体の姿勢などをともなった多様な可能的知覚を動機づける。

自然の遮断がここで生み出すものは、[34]現象学的与件、感覚内容、統握、共把握、恣意的な作用、傾向的に進行するキネステーゼ的系列——現実的系列ないしはその可能性に関して動機づけられた系列——等々のまったく特定の連関である。この動機づけはたいていの場合、現出可能性を完全に規定して予描するわけではない動機づけである。しかしこの動機づけはおのれの内に未規定性の指標を宿しているが、この指標は、それが特定の領分において規定可能であるということを意味している。

182 動機づけるものと動機づけられるものとの絡み合いの内において、動機づける現出の側で事実的変化が進行し、この変化がまさに意識に応じて、動機づけられる現出の対応する進行を要求する場合には、この動機づけられた可能性は、到来するものについての動機づけられた措定へと、それゆえ、予期へと移行する。私が実際に頭を振り向けるなら、私は事物ないし出来事経過の呈示のされ方の内での変化を予期することになる。

私たちが事物の過去についての想起系列の内で内的還元を行なうなら、こうしたことはすべて転用される。つまり、私たちは自分たちのまなざしを、過去の事物やあらゆる種類の過去の自然現実性へではなく、むしろ事物の過去の知覚現出へと、そのなかに属している一切のものへと、また知覚背景へと、背景が感覚・現出内容・共思念などに応じて提供するものへと向けることができる。しかしまたそこからさらに、転換された再想起において与えられたこうした現象学的与件から発出する動機づけ連関へと、こうした与件が他の現象学的与件と絡み合う仕方へと、そして最終的にはまた、可能な動機づけへと、現出変化が現出変化と結びつく機能の様式の規則性へと、私たちはまなざしを向けることができる。

それゆえ、そのようにして私たちはあらゆる自然な経験を現象学的経験へと転換し、あらゆる自然な判断措定を利用するが、そうは言ってもそうした措定を自然についての何らかの判断の基盤とするようなことはしない。明らかに次のふたつのことはまったく別のことである。すなわち、自然を研究すること、つまり事物・事物の因果的変化・事物の時間秩序などを記述し研究することと、他方において、こうした自然全体が存在することを放置しておいて、自然の代わりに事物経験をその内在性において記述し、それらの内に何が含まれており、それらがどのように連関し、どのように動機づけあうのか等々を研究すること、とりわけまた、それらが判断、感情、欲望等とどのように連関し、どのようにこれらを動機づけるのかを研究することとは、まったく別のことである。そしてこうしたことはすべて、自然の存在についてのいかなる判断をも一貫して遮断して行なわれる。あらゆる経験された事物そのものが純粋意識としての意識のある種の規則性に対する指標であるということが何を意味するかは、いまや理解してもらえたものと思う。

とりわけ私は示唆的になおも次のことに言及することができる。すなわち、私たちが事
183 物の経験に妥当性を帰するなら、したがって事物は実存すると正当に言うことができると考えるなら、そこには、何度も新たに確証してゆくなかで事物の実存について確信するという可能性が属しており、この確証は、事物が存在しないという可能性を、事物が幻覚としてきわだたせられる可能性を制限し、実践的に排除する。そのとき事物の真の実存は、同じ事物の完全に規定されたないし規定的に記述されうる現出連関に対する指標であり、場合によっては、それと連関する思考的過程、判断、判断の根拠づけの指標となる。同様

に、事物の非実存は、別の様式の、これまた特定の仕方で記述されうる意識連関に対する指標である。この意識連関においては、言われるように、現実措定が明証的に廃棄され、非実存が明証へと至る。

もちろん、学問のあらゆる内容が現象学的なものに転換されうるし、より正確には、現象学的連関の指標とみなされうる。私たちは理論を措定することはないし、理論によって根拠づけられた規定の内で自然を措定することもない。むしろ私たちは判断連関や根拠づけ連関——これらの連関の意義内実や妥当内実が、これらの理論である——へと遡及する。そしていまや私たちは、そのような理論化の作用の内で現象学的な転換ないし反省を行ない、その作用に純粋に現象学的に属している意識の絡み合いを追うことになる。

〈第六章　現象学的なモナドの数多性の獲得〉

〈第三六節　意識の間主観的連関。現象学的還元は個別意識へと制限することを意味するのかという問い〉

しかしいまや重要な補足をする必要がある。ある学問の理論的内実、学問の全体的な妥

当内実として理解される内実、そして自然は、間主観的な統一体である。しかし私たちの
184 前回の講義では、意識の間主観的な連関について、ないしは一つの自我意識からもう一つの自我意識へと進む経験については、まだ語っていなかった。

現象学的還元とは、純粋意識の連関への制限、つまり経験的心理学的な統握においてであれば個別の経験的自我に、しかも私の、現象学者の自我に属するような連関へと制限することを意味するのであろうか。さしあたりこの純粋意識、純粋な自我意識はどのように性格づけられるのであろうか。

〈第三七節　統一的な意識流の構築の原理〉

経験的自我は一つの身体をもち、他方で明らかにまったく別の意味においてではあるが、意識をもっている。自我の意識には、おのおのの単称的意識が、その自我が所有し体験するコギタチオという意味で属している。しかしこのことによって、現象学的還元に際して一つの統一が与えられているのだろうか。ところで、私たちはすでに意識流について語ったが、実際に現象学的な意識流の統一と、もっぱら経験的統握における唯一の自我の意識である意識の統一、あるいはこの統握から現象学的還元によってきわだってくるような意識の統一とは、一にして同じものである。

次のことを考察してみよう。おのおののコギタチオは——この一般的命題を私たちは先に言表したところであるが——みずからの時間的に秩序づけられた背景をもっている。いかなるコギタチオも孤立しておらず、そのどれもがいわば、多かれ少なかれ緊密に連関する現象学的与件の周囲からきわだって思念されている。あるいは「与えられうるもの」と言った方がよい。というのも思念するまなざしの向け換えは、与件を現実的な与件とし、思念され与えられたものにするうえで、はじめて必要となるからである。このことは、私たちに現象学的に与えられるあらゆるコギタチオに当てはまるし、この所与が知覚所与であろうと、その他の経験所与であろうと、法則的に当てはまる。私たちはいまや当然ながら現象学的な一つの自我に、そのような背景が現在や現在における同時性に応じて、あるいは過去や未来という方向に応じてみずからの内に含んでいるすべてのものを数え入れる。185 それはまさしく、そういったものはすべて、経験的な統握においては一つの経験的自我意識に属するのと同様である。ところでこの背景は、ときには明晰で、ときには曖昧であり、場合によっては——ただし背景が曖昧であった後に、想起が明晰になる限りにおいてではあるが——まさしく明晰性および規定性へと高められるということもありうる。そしてこれと類似のことが前〔に向かう〕想起、つまり一般にはまさしく未規定であろうような予期に関しても起こりうる。しかし絶対的に確かなのは、そのような時間的な庭〔周辺〕がつねにそこに存在し、存在しなければならず、この庭は未規定であっても、恣意的に自由に変更可能ではないが、規定可能なものである、ということである。想起がどれほど漠然としていて空虚なものであろうと、直観的に把握可能で分析可能な成素を一切欠いていようと、明晰な想起は可能なのであり、そのような想起が、不明晰な想起に、この想起を明晰にし自分の過去の内実を規定的に与える想起として、正当に属している。それゆえそこにはふたたび、意識の驚くべき動機づけ連関と規則が存在する。

しかしいまや、私たちがふたつの想起をもつ場合に、一方の内容と他方の内容とを媒介するような直観的な想起の紐帯のようなものがなく、それらのおのおのがみずからの想起の庭をもっているような場合はどうであろうか。切り離された想起が存在するということもありうるのではないか。よりはっきり言えば、あらゆる想起は（適切に還元されれば）、過ぎ去った知覚意識を、時間的な、その知覚意識に属する周囲の庭とともに措定し、それゆえ以前の意識流の一断片となる。想起によって措定されるふたつの意識流は連関を欠いたものでありうるのではないか。そしてこのふたつの意識流はみずからの時間背景とともに、やはり決して与えられてはいない意識流の統一へと組み込まれねばならないのではないか。*21 私たちはやはり、明晰な想起の一つの連鎖が両方の想起を現実に統一へともたらすかどうかを期待することはできないのだろうか。この問いに対してはまたもや、ある意識の法則（これはひとえに本質分析および本質法則である）が、規定され絶対的に明証的な答えを与えてくれる。つまり二つの想起が——それらは、それらを連結する現在意識の統一に属している——おのおのそうした現在においてともに一つの想起の統一へと統合される、つまりは直観的に充実されていないにせよ、一つの時間意識の統一へと統合
186
される。そしてこの時間意識の内で、一方の想起で想起されたものと他方の想起で想起されたものとが一つの想起されたものへと統合され、一つの時間に属し、それゆえこの統一意識という意味で、必然的に同時的なものとして、あるいは相互に継起するものとして直観可能である。時間秩序が未規定的に意識されていること、この時間意識という意味で、何がより以前のもので何がより以後のものか、あるいはそれらは同時的なものなのか、それが未決のままということはありうる。しかしそのさいこのことは、その三つの可能な場合の内のどれか一つの意味でみずからの内に規定可能性を含んでいるような未規定性なのである。ただし、そもそも想起が妥当するものとしてずっと保持されうる（このさい、あらゆる想起が妥当するか妥当しないかのいずれかであると言うべきである）ということは前提されている。しかしここに伏在しているのは、そのさい一つの想起系列を明晰かつ完全に覚起し閲歴することが「可能」でなければならないという事情、それもこの系列が一方の想起と他方の想起とを、意識流の連続的連関を現実に作り上げるような仕方で結合し

ている、という事情である。もちろんこれは動機づけられた可能性であるが、しかしこの可能性は私たちが現実にこの想起系列を意のままにするということではない。より一般的に妥当することであるが、二つの経験はそれらを包括する綜合的意識の統一へと互いに組み合わされ、そこにおいて一つの経験の統一へと組み合わされ、一つの経験の統一にはふたたび経験されるものの時間統一が属する。いまやこのことは経験一般の本質に属することとして妥当し、とりわけ現象学的経験に当てはまる。したがってこのことによって原理が、しかも意識流の統一を構築する唯一決定的な原理が見いだされる。これは言い換えれば、いくつかのコギタチオが一つの現象学的自我の統一に属すのかどうかを決定し、いわば、以前と変わらず現象学的経験において与えられているいくつかのコギタチオが一つの意識流に属するのでなければならないということがどの点で認識されうるのかを示し、他方では、これらコギタチオをみずからの内に捉えているような一つの流れが実存するのでなければならないということを根拠づけるような原理である。つねに前提されているのは、これらコギタチオがそもそも存在し、これらを与える経験が実際に妥当しているということである。

187 それゆえ、私の心理学的に内的あるいは外的な経験のいずれかから出発し、それら経験に関して現象学的還元を遂行するならば、そこで生じてくる現象学的な与件は、そのあらゆる連関とともに徹頭徹尾唯一の意識流に属しており、つまり唯一的な現象学的自我に属しており、しかも経験〈それ〉自体のみならず、還元によってそれら経験の内に動機連関に即して見いだすであろうものもまた、そこに属している。

〈第三八節　感情移入。類比化する像意識に対して感情移入をきわだたせること〉

ところで私たちは、いつかある別の現象学的自我へと至るのだろうか。現象学的還元はそもそも、複数の現象学的自我という理念に到達することができるのか。いままでの道だと、当然できない。しかし、私たちはいままで、感情移入――これもやはり経験的な経験の一つの特殊な形式である――を顧慮してこなかった。感情移入においては、感情移入を行なう自我が心的生を、より正確には他の自我の意識を経験する。前者の自我は後者の意識を経験するのだが、しかし誰も前者が後者を体験し、後者を内的知覚、ロック的な反省において自分自身の意識と同じように知覚する、とは言わないだろう。もちろん、感情移入する自我がこの意識を想起するとか予期するとは、なおさら誰も言わないだろう。他の自我の意識は像意識であり、他者の意識を同時的な自分の類似の〈意識〉と類比化する意識である、と言うべきなのだろうか。私が思うに、リップスは――彼が感情移入について言っていることのすべてを受け入れたいと私は一貫して思わないにしても――、彼が通常の、実際嘆かわしくもある感情移入の心理学に精力的に対抗している限りで、正道を歩んでいた。私はここで次のように言うべきかもしれない。すなわち、経験的な像意識においては、対象現出（現実的な、あるいはまたたんに空想的な）、像客観が、像の「主題《シュジェ》」への類比化的[*22]関係の担い手として機能している、と。内在的像意識においては、自体現在的なひとつの意識が他の意識にとっての像客観として寄与するのでなければならないだろうし、それゆえ自分自身の体験、自分自身の作用、たとえば怒りの作用が、他者の体験ない 188 し作用にとっての類似物《アナロゴン》として機能していなければならないだろう。しかしこんなことは無意味である。というのも、私があなたに怒りを感情移入しても、私自身が怒るわけではなく、これは、私が自分の怒りを想像したり、あるいはその怒りをたんに想起するだけのような場合に私が怒ったりしないのと同様である。もっとも私がこの後者の場合にいま新たに怒りの内に入るなら別であるが。感情移入が本来的な像性の意識でないのは、後〔からの〕想起および前〔に向かう〕想起、その他のあらゆる種類の想起がそうでないのと同様である。私は感情移入を、これらの作用に親近性をもつ意識、準現在化というもっとも広いグループに属する一作用とみなす。

もちろん像化の代わりに、現在的な類似の作用においてあの別の種類の類比化を考えることもできる。それはたとえば私たちがいわば想像の像において例示的に表象する場合に行なわれる。つまり私たちがたとえば想像《ファンタジー》における記述にしたがって、記述された事象についての像を自分に対して作り上げる場合に、この像は「たんなる想像の像」である、ということが意識されているのと同様である。このような仕方で私たちはまたしばしば、他人がどのような気分かを像化する。しかしどの感情移入もそのように解釈するということには疑念がある。というのも、私たちは他人の内に彼の体験を見て取り、それもまったく直接に、いかなる印象的あるいは空想的な像化の意識ももたないままそうするからであり、*23〔それに対して〕私たちが彼の体験についての像を作り上げるだけならば、私たちは何か特殊なものとしてそれを感覚することになるからである。こうした理由から、私はその限りではより好ましい第二の種類の類比化を感情移入のために要求するように決定することはできない。

189

〈第三九節　他の現象学的自我を二重の現象学的還元によって獲得すること。複数の自我モナドの調和の指標としての自然〉

いまや感情移入とはいずれにしても一つの経験であり、私たちはそれを他のあらゆる経験と同様に現象学的に還元することができる。そしてここにも二重の現象学的還元が見られる。第一には感情移入〈それ〉自体であり、これを私たちは現象学的知覚において直観しつつ与えたのであり、この感情移入は、現象学的に知覚されるものがそうであるのと同様、みずからの時間背景をもち、一つの意識連関へと編入されるのだが、その連関には、所与のあるコギタチオから出発して、あらゆる現象学的知覚および想起的な種類のあらゆる現象学的準現在化が属している。しかし他方では、感情移入とは感情移入されるい意識についての経験であって、この意識においても私たちは現象学的還元を行なうことができる。そのようにして獲得された現象学的与件もまた、みずからの時間背景をもっており、したがって現象学的自我の与件なのである。

しかしいまや原理的に、感情移入された与件とそれに従属する感情移入しつつ経験することそれ自身とは、同じ意識流に属することはできず、それゆえ同じ現象学的自我に属することはできないという法則が当てはまる。感情移入される流れから、感情移入それ自身が属している流れの内へと、いかなる運河も通じていない。一方の流れの与件と他方の流れの与件とは、決して一方が他方の周囲であるというような関係の内にはありえない。周囲！　しかしこれは時間周囲のことではないのか。私たちの法則は、一方と他方とが一つの時間意識には属しえないということを意味するのではないのか。

しかし、やはり感情移入という作用と感情移入された作用とは同じ時間に属し意識にとっては同じ時間に属する、と語ることは、以上のことに反しているように思われる。感情移入は感情移入されるものを今として措定し、それを自分自身と同じ今の内に措定する。にもかかわらず、ここでは次のことに注意すべきである。

つまり準現在化された今（再想起されているのではない）もまた存在するのであり、すなわち、準現在化された今——これはたんに準現在化された今であるにすぎないにもかかわらず——をやはり顕在的な今と同一化するような準現在化が存在するのである。たとえば私がルーンス〔ゲッティンゲンのレストラン〕を準現在化する〔思い浮かべる〕場合がそうである。そういうわけで感情移入される今もまた準現在化された今であって、それ自身を見て取られた今ではなく、したがって感情移入と感情移入されたものとの同時性もまたそれ自身が見て取られるものではない。さらには、一方は他方の周囲に属することはないし、その逆もない。そして一方から他方へと導く連続性のいかなる可能な道も存在しないが、ただしそのような道が他の場合に準現在化された今から顕在的な今へと導くことはある。感情移入において措定される時間は、経験的感情移入が問題となっている場合には、一つの今であり、この今は、経験的には自分自身の意識の今と同じ客観的時間点として措定される。この同一化は身体と事物世界との客観的時間への関係によって媒介されている。私固有の感情移入、思惟、知覚等々を、そしてこれに属する今を、私は事物世界の知覚されたものがもつ今と同一化し、そしてこの前者の今がみずからの客観的時間規定を受け取る。もちろんこの今は現象学的還元に服することになる。*24

ところで、私たちがこの還元を行ない、身体と一緒になった事物の実存と同様に事物世界の時間形式の実存をも遮断するならば、あとには何が残るのだろうか。

あらゆる現象学的存在はそのとき、一つの（「私の」）現象学的自我――この自我は、知覚し、想起し、感情移入する自我として、しかも現象学的に還元を行なう自我としてきわだっている――へと、そして他の自我へと、つまり感情移入において措定され、直観し、想起し、場合によっては感情移入する自我として措定される自我へと還元される。さらに、私の自我にとっては、経験的に経験される自然客観が、その実存が遮断されることによって、ある種の顕在的な意識連関およびそれに従属する動機づけられた意識連関を表す指標へと還元される。

しかし自然な感情移入のおかげで、感情移入された自我は、その身体に属するものとして、事物的な周囲の中心点として措定される。そしてこの事物的周囲は拡大されて、全自然、すなわち私にとって存在し、私が知覚し、さもなければ経験に即して措定もするようなその同じ全自然となる。現象学的還元の内では、あらゆる事物は、感情移入された自我
191 にとっても、彼に従属し、私によって彼へと感情移入される経験連関および経験可能性の指標なのであり、これはどの自我にとってもそうである。

そういうわけで自然とはすべてを包括する規則性にとっての指標であり、それは感情移入を通じて互いに対して経験関係にあるすべての意識流を包括する。そして特殊なのは、おのおのの客観的時間点やおのおのの客観的に把握される「同時」であり、これが私の現在の今とおのおのの他の自我の今とを、ともに一つに措定するのである（そしてこれは私の想起のおのおのの過ぎ去った今と、他者の想起のおのおのの過ぎ去った今も同じである）。私に言わせれば、あらゆる客観的時間点はまったく規定された法則的な調和にとっての指標なのであり、この調和がいわばおのおのの自我モナド[35]をほかのおのおのの自我モナドとの関係へともたらし、しかもまったく規定された相関的に共属する意識の動機づけに関して、そうするのである。

〈第七章　現象学的認識の射程についての結びの考察〉

〈第四〇節　自然の存在に関するあらゆる判断を現象学的還元において差し控えること〉

こうしたことすべてが〈当てはまる〉のは、私たちが現象学的還元と名づけたものを遂行するとき、それゆえ自然に関して判断するのではなく、純粋に現象学的な連関の存在に関して判断するときである。*25 注意してほしいのだが、私たちは自然の存在に関しては決して判断しなかった。私たちは、自然が「実は」意識から意識へと流れていくこの規則「にほかならない」などとは言わなかった。私たちは、意識が唯一の真の存在であり、そして自然はいわば意識が〈それ〉自身において構想した空想的《イマジネール》な像にすぎない、などと言って
192 はいない。このようなことはすべて有意味に私たちの見解ではありえなかった。というのも、まさしく私たちの研究全体が現象学的還元の内で行なわれたからで、そしてこの還元が意味しているのは、定義からして、自然に関するあらゆる確言を差し控えることに他ならない。それに比べ、先ほど述べられたような理論は、他方で明確に語るならば《エクスプレス・ウェルビス》自然に関する主張をもった確定をなすものであり、したがってここでは私たちにまったく何の関係もない。

〈第四一節　本質学および事実学としての現象学的学問の可能性の問題〉

私たちがそのような考察を試み、現象学的経験の領圏がいかにして多数の現象学的自我を、すなわち完結して統一的な法則によってともに調和している多数のモナドを包括しているのかを見るなら、またこれらの調和——この調和の内にあって、自然が意識に即して表現される——が、やはりおそらくはより詳しく記述することができるであろうことを考

慮するなら、なおもそのさいに現象学的学問の可能性に関する問いが考慮されるべきである、というのは奇妙なことに思われる。すでに私たちがいま通りすがりに獲得した認識だけでもやはり学問的であり、明らかに非常に啓発的なものである。

にもかかわらずここですべてが明晰になっているわけではない。何よりもまず言われなければならないことは、私たちが現象学を自然科学に対してある種の並行するものとして考え、両者ともに個別的対象に取り組むものであり[*26]、すなわち一方は自然な態度の所与に取り組み、他方は現象学的態度のそれらに取り組むものであると考えていた、ということである。ところでしかし私たちは、アプリオリな認識が現象学的領分においてどのような役割を演じるか、現象学的経験という地盤の上でどの程度理念視が行なわれ理念的な学問的な認識が獲得されうるか、ということは決して考察しなかった。

自然に関するかぎり、私たちは、何か純粋自然科学のようなものが存在し、自然のアプリオリおよびそれに従属する幾何学等々のアプリオリな学問分野が存在することを知っている。しかしそのうえで経験的自然科学が存在し、この自然科学の本質は、たとえば、自然の純粋アプリオリを生起する個々の事例へ、外的経験の所与へと転移することの内に存している、というわけではない。そんなものは学問的価値を欠いた空虚な営みであろう。アプリオリな認識は経験的認識の方法的な道具として役立つのだが、このアプリオリな認識は経験的学問の体系の内でまったく新たなものを提供してくれる。

ところで、私たちが現象学的領分を興味深く見た際に獲得したものが根底《オー・フォンド》的に純粋な本質認識に関わるものか否か、何か経験に即した現象学のようなものがなおもあくまで問題あるものであり、いや、ひょっとしたら不可能なものであるのか否かを、私たちは確証したであろうか。実際、私たちが時間意識の現象学に関して、事物意識に属するような動機づけ連関に関して述べたこと、その他さまざまなものが、少なくともその大部分は、前もってアプリオリな認識の印をみずからの内に担っているということを、確証したであろうか。

しかし私たちが経験を現実に経験として確保すれば、つまり経験を個別の存在の措定として受け取るなら、なるほど、そのような措定の領圏が非常に広範なものであることを確信してもよいだろう。しかしそれと同じようにはまったく確信しえないのが、そのような経験の地盤の上に、現実的な事実の問題の学として、何か経験科学のようなものが創設されうるか否かということである。

〈第四二節　自然認識と、それに相関的な意識連関の認識との等価性、およびアプリオリな意識認識を経験的自然認識の現象学的な連関へと適応すること。心理物理学〉

194 またこれに関して私たちの注意を引くことは、そこにおいて自然の存在が意識に即したかたちでいわば表現されるところの意識連関のすべてが、私たちが自然に関して判断を言表することも、自然の実存を人知れず前提として利用することすらもなしに、私たちの認識へといたるということである。しかし他方では、これら意識連関の認識がある意味で自然の認識と等価であり、その逆もまたそうである。少なくとも次のように理解される。すなわち、経験と経験的な経験認識との妥当性は、その相関者を経験意識のある種の現実的および可能的な連関の内にもち、また逆に、これら連関が存立するものと想定されるなら、その場合に経験認識は妥当性をもつ。それゆえ現象学というこの領圏において私たちが行なうのは、やはり自然認識を現象学的なものへとある種転換することに他ならない。そして現象学はそれ自身で、先行する自然認識なしにこのような認識を行なうことができるのだろうか。むしろ意識の本質に属し、純粋に内在的な研究において獲得されうるアプリオリな認識は、それらがもつ現象学的な連関に関して経験的に形成された自然認識へと適用され、いまや別の仕方で、つまり直接に個別的な与件から出発しては獲得されえないような、現象学的与件の現実存在連関についての認識を提供してくれるはずではないだろうか。

確かにこの疑問は自然の全体領圏にかかわっている。より困難なのは、心理物理的な認識に関する事柄であり、この認識が本来的に自然認識であるのはただ、本来的な、物理的な自然認識（超越的認識）と絡み合っていることによってである。根本的には心理物理的認識は自然認識と純粋現象学的認識との中間項なのである。

77

二　純粋心理学と現象学——間主観的還元[27]

私は草稿Wの二ページ[28]で純粋心理学の理念を簡単に特徴づけ、そのさい、アプリオリな心理学と並んで経験的な心理学の理念をも特徴づけた。ここでは、この理念を追究してみたい。私たちは感性的知覚をもち、事物や事物の関係を「見」たり、それらを想起したり、曖昧な経験的表象において措定したりし、それに基づいて「自然」が存在すると判断する。

78 同様に私たちは〔他者の〕「身体」への感情移入を行ない、〔そこに〕精神を措定し、また、自分自身の体験を自分の（知覚体験等々において措定された）身体に関係づける。〔他方で〕自然科学的には、私たちは物理学すなわち通常の意味での自然科学の仕方で自然を認識する。

（一）私たちが認識する依存関係や機能的連関は、物理的な自然だけに関係しているのではなく心理物理的な自然にも関係しており、私たちが認識する機能的連関とは、一方の物理的な事物、ここでは身体およびその物理的な出来事と、他方の意識との間の連関なのであり、そしてこのことはどの人間にも、またどの動物にも当てはまる。

（二）他方で私たちは、意識それ自身の内にある連関を「動機づけ連関」として、つまり、知覚、判断、感情、意欲などの間の連関として追究することができ、これらすべてをしかじかの「内容」をもった体験として追究することができる。私たちは、自分が想起に基づいて確信している特有の体験について語ることができるし、感情移入に基づいて他人に帰属させる体験についても語ることができる。そして後者の場合、私たちは経験的な身体を知覚し、あるいはそれを表象し思考しつつ措定しており、そしてこうした措定に基づいて、私たちが「内的に」知覚したのではないものをその〔他人の〕身体の内に、他者の意識、他者の心理的な体験という名称のもとに「置き入れる」ための動機を見いだす。私たちは相互交流においてこうしたことを行なっている。

　ところでそのさい、以下のことはやはり別々のことである。すなわち、一方で私たちは、事物の、つまり「死んだ」事物および身体の客観的性質（物理学的および生理学的な性質）を主観的なものに対する客観的関係の内に、つまり、身体に「結びつけ」られある客観的な仕方で身体に配分されている意識に対する客観的関係の内に置く、という意味で心理物理的な連関に問いを投げかける。他方で私たちは、これらの連関を気にかけずに、そのつどの体験自身がもつ連関だけを「意識の事実」として追究し、そこでは、意識と意識を媒介する紐帯として、および「感情移入」を通して意識を交互に措定し合う可能性として、あいかわらず自然の措定が保持されている。

79 このことはどう理解されるべきなのだろうか。たとえばこうである。[*29] 私がある事物を知覚している場合（たとえ私が物理学や生理学について何も聞いたことがなかったとしても）、私はそれとともに一つの事物を措定しており、そしてこの措定は、すべての物理学や形而上学を度外視して、ある事物知覚から別の事物知覚へとある仕方で移行することができるという可能性を意味している。たとえその事物の現実的な現存に関して何らかの哲学的意味では事情がどうあろうとも、この知覚が一面的な事物把捉として、それは別の、内容的には何らかの別の方位づけをもった知覚の可能性を内蔵している、と私は十分な根拠をもって言える。そして、これらの連関は探究可能な仕方で事物措定の本質に属しており、その可能性は妥当な事物措定に廃棄し難く属している。たとえ私がいま哲学的にどれほど懐疑的にふるまおうとも、それどころか、その事物が「自体で」存在するものであることを否認しようとしても、上述の連関は証示可能なものであって、たとえ私がこの可能性のもつ意味について抗おうとも、その可能性は把捉可能なもの、確定可能なものであり、しかもここで認識されうることは、物理学の意味での事物研究とはまったく何の関係もない。物理学の場合には、私たちはまったく別の態度を取っているからである。

　ところでまた私たちは知覚ないしはその他の感性的表象において〔他者の〕身体を措定しており、それを意識の担い手として捉えている。私たちがそうしたことをなしうるのは、私たちがその担い手の存在をまったく心理物理的に理解するのではなく、むしろただ、「他の《フレムト》身体」の知覚として遂行される事物措定が、「感情移入」という記述するのが容易でない仕方で「他の《フレムト》自我‐意識」の措定を動機づける、というようにしてである。

　あらゆる感情移入に先立って（あるいは、さしあたりすべての感情移入を遮断して）自分の意識のなかで事物が措定されており、意識へと向けられた態度は、それら事物へと向けられているのではなく、事物の知覚（およびその他の措定）へと、さらにこの領分内で確定し探究することができる連関へと向けられているが、このことは感情移入に関してもまったく同様である。ここで注意さるべきは、「自分の意識」の連関を確定することは、自然という事実を確定するということを意味しないし、決して意味する必要もなく、あるいはそれを含意する必要もないということ、また他者の意識の連関を確定したり、自己の
80 意識と他者の意識との間の関係を確定することに関しても同じことが当てはまる、という

ことである。これは逆説的に聞こえるので、実は詳細に熟考されねばならない。

自分の自我を遮断すること

まず第一に、「自分の」自我意識、これが意味しているのは、私に、この特定の人物に、つまり、この特定の身体をもち、それを介して空間の内で自然の他の事物に対して位置を占めている、この特定の人物に属する意識ではないのだろうか。すなわち、その体験がこの身体とその感覚器官、その脳等々に関係しているような意識のことではないのか。ある意味では、それは当然そうである、と答えねばならない。私の意識がそのように心理物理的な自然に属していることは、確かである。しかしいま私たちはそのことを未決定のままにしておく。私たちの「関心」は、いまはこうした方向に向けられるのではない[*30]。これらの関係の一切に関して判断しないような、別の関心の方向がある。それゆえここでは、私が経験する事物、世界、私の身体、私の感覚器官、神経系等々については判断しない。私は物理学に従事してはいないし、物理学からは何ものも利用しない。同様に生物学ないしとりわけ生理学からも何も利用しない。また、いかなる種類の心理学にも従事しない。ここで言う心理学は適切にも心理物理学とも呼ばれて、いわゆる心理的なものを自然の連関において探究し取り扱う心理学である。〔と言っても〕私は事物、世界、自然等々を現実に現存するものとしては妥当させず、知覚せず、それから判定などもしない、と言いたいのではない。そうしたことを実際私は、今までやってきたように、くり返し行う。また例えば、自然等が存在するかどうかを疑わしいままにしたり、それについての態度決定を控えたりして、懐疑だとかエポケー[36]という態度を行使するつもりもない。そうすることは、遂行されたすべての措定に、疑わしいという指標を貼り付けることになるだろうが、私はいまそういうことをしようというのでは決してない。

私が行なおうとしているのは（いま遂行さるべき考察ないし態度においては）、自然科
81 学的領分のいかなる判断も、そもそもどのような自然判断も、あたかも私がいま自然について何らかの科学的主張をなそうとしているかのような、あたかも自然が物理的にさらにまた心理物理的に私の主題であるかのような仕方では、決して引き合いに出さないということである。〔そうではなく〕私の主題はもっぱら純粋意識であって、しかもさしあたり私自身の意識なのである。しかし、かりに私がこの存在措定の内にいかなる自然措定も包含させるつもりがないのだとすれば、「私自身の意識」とは、いったい何であろうか。それはどのような名称であろうか。この名称は何に関わるのであろうか。そして、自然措定が利用されないままだとしたら、その名称はそもそも何かに関わることなどできるのだろうか。

たとえばこう言う人もあろう。自分の意識、それは、判断を行う者自身が体験しあるいは生き抜くところの意識であり、反省（不適切にも内的知覚と呼ばれているが）において自身を直接に見て取る意識であり、そのつどの知覚と直接に結びついた統一的な想起の連続において記憶しており、したがって想起という仕方で直接に自分の過去の意識として、直観的に与えられる意識のことである、と。これはまったく正しい。ただ、おそらくこう抗弁する者もあろう。判断を行なう者〔がいるではないか〕！　だとすると、私たちはやはり世界の内にあり、その世界の構成員であり、私たちはやはり周囲の経験客観とともに一つの身体をもっている等ということになる、と。

それにもかかわらず、私たちはこうしたことをすべて容易に遮断することができる。ここで身体に関して発言するつもりはないが、身体が判断を行なう者たる私に与えられているということ、これを私は受け入れる。そのつどの身体知覚は純粋な自我意識の成素であり、しかも決して欠けることのない成素である。さらに、私が世界内での自分の位置に思い及び、そのなかでの一つの場所を自分に指定するとき、つまり、私が無限な空間や無限な時間を措定するとき、たとえ私が物理学やその他の世界〔に関する〕学問に従事しているとしても、そういった場合、それらすべてを一緒に受け入れているのは、世界についての私の思考として、私が空間を表象することとして、物理学的な確定を行うこと等々としてである。そうしたことすべては、私の主題なのである。例えば、物理学ではなく物理学的なものを確定することが私の主題であり、自然ではなく自然の知覚が、自然に関して思
82 考すること、私に対してしかじかに妥当する表象された自然についての根拠づけを行なうこと等が私の主題なのである。もちろん、事物的なものの知覚や、その内の「私の身体」の知覚と同様に、私が知覚へと向ける反省や、意識についての意識や、判断の意識や、表象、判断、感情等についての判断もともに私の主題に属している。

それゆえ、私が自我について判断するときのその自我は、身体ではなく、身体に結びついた自我そのものでもなく、自然と心理物理的な連関の内にある意識そのものでもなく、知覚、あらゆる種類の表象、感情、願望、意欲のこの絶対的に与えられている連関であり、しかも、反省つまり知覚的反省とか、さらにまた想起やその他の意識における反省などが行なう直接に見ることのなかで見いだされるがままの連関なのである（しかしたんにこうした連関だけではなく、まさしく、その連関の内で展開されるものとしてその内で与えられる自我、つまり人格でもある）。もっぱらこうした連関について、この統一的でこういう意味で「内在的な」意識連関および意識流について、私は判断をし、そうした連関との関係の内で言表されうるものだけを、確定しようとしている。

これは強調しなければならないことだが、このような連関を私はたんに内在的知覚にお

いて与えられたものとしてのみもっているわけではない。想起の連関ももっているし、また他方では、予見的で根拠づけられた、すなわち経験の過程で動機づけられた予期ももっている。たとえば、ある運動する事物の知覚をもっている。そのとき私は、新たな知覚がまったく規定されて進行することを予期する（（未来）予持）[37]。「無意識の[38]」体験もまた、知覚および直接に把捉する意識を通して与えられた連関の内に組み込まれるか、あるいはそ
83 の連関がそうした体験によって補完される。私は、自分が多様な感覚や感情を体験してはいるが、それをいま反省において捉えてはいない、ということを知っている。私はいま、自分の衣服の多様な接触感覚に注意を向け、同時に一片の想起を捉えるが、その想起によれば、私はそうした接触感覚を（その感覚の内容は非常に不明断だが）つい先ほども体験していた。そしていまや一般に次のような想定をする。すなわち、私が先のような反省を遂行しえないような意識範囲に対しても、「無意識の」感覚や背景体験が現存していたはずだ、と。かくして私は自我意識を一つの大きな流れとして捉え、その流れの内の或る範囲だけが反省において見て取られ、一次的に注意を向けられたり、二次的にもなお注意を向けられたりするが、そのほかの範囲や下層は所与に至ることはなく、少なくとも確定可能な所与に至ることはない、と捉える。このことはとりわけ、外界の知覚という領分に当てはまる。私は「外界の一断面」だけを見ている。そこで私は反省し、純粋に知覚へと注

意を向け、さらにまた視野の背景知覚へと注意を向ける。それらをしかじかに記述し、確信をもって次のように想定する。過ぎ去った知覚の曖昧な想起に基づいて、現実の背景意識分析を不完全にしか遂行できないし、たいていの場合はまったく遂行できないにもかかわらず、そうした特有の背景体験がつねに現存していたのだ、と。

ここですぐに連合心理学[39]が思い起こされるだろう。私たちの領分には連合の認識も属していることに、すぐに気づくだろう。私たちがこうした領分の内でどの意識も「想起への傾向」を残していく等と言えるのは、明晰なことではなかろうか。連合「法則」は、内在的意識に対する法則ないしおおよその規則である、と。

ところで、これまで私たちは感情移入をまったく使用してこなかった。ある仕方で、私たちは「自分の」「孤立した」固有意識の内にあるのだが、そのさいもちろん、「孤立した」という語には落とし穴が潜んでいる。というのも、意識は世界の一部として考察されるわけではなく、つまり世界の内には多くの孤立した意識が存在し、それらがただそれ自身は意識ではない物理的な事物を介して結びつけられているだけという、そういう世界の一部として考察されるわけではないからである。

84 他者身体の知覚としての感情移入、他者の意識を私が想定することとしての感情移入は、当然のことながら私の意識の連関に属しており、私の意識にとってはある動機づけ連関を意味している。つまり、ある仕方で類比的に言えば、意識すなわち他者の意識が、「私の」流れと類似の本質ならびに類似の規則を備えた意識流として想定される限りは、単なる事物知覚に結びつけられてはいても、やはりそれとは非常にことなったものであるような、そうした動機づけ連関を意味している。したがって明らかなのは、ここではいずれにせよ一つの知覚が可能であり、体験および体験に固有なものの直接的な措定ばかりではなく、間接的でそのうえ十分に基礎づけられた措定も可能であり、こうした措定は事物の現存の措定に関する何ものも引き入れず、そのような超越的措定には依存していない、ということである。記述された知覚等々においては、確かに事物が措定されてはいるが、目下の研究の対象となるのはこれらの事物ではなく、それらについての知覚のみであり、それらに属する動機づけないしは根拠づけである。これらのゆえに、私たちはたとえば、しかじかの新たな知覚可能性が成立するとか、いまこれらの知覚に基づいてしかじかの新たな知覚を予期できる等々、ということをはっきりとまた正当にも予期する。したがって、私は、ここにしかじかの種類の事物が存在しているがゆえに、また、それらの事物が私に対して、私の身体や私の眼等々に対してしかじかの状態にあり、それゆえにしかじかのことが予期できるし、それゆえに私の意識の内にしかじかのものが登場するにちがいない、といった推論をしているわけではない。ここで決して欺かれてはならない。現にそこに事物

85
が、たとえばこの灰皿等々が私の眼前に存在している。この「現存」そのものが、私がたずさわる事象、私の主題なのであり、この知覚意識が私の主題なのであって、そこにある動機づけが結びついている。すなわち、「私が頭をしかじかのように向ければ、私はしかじかの知覚現出をもつことになろう」という動機づけである。しかし、この「私が頭を向ければ」を、私はいま次のように理解する。すなわち、しかじかのように頭を振り向けることとの知覚が生じることによって、この知覚のしかじかの変化が条件づけられることになるが、この変化は、それはそれで、反省が教えてくれるように、しかじかの種類の何らかの頭の姿勢の感覚やその他の意識複合それ自体との連関の内にある、と。私がここに見いだすのは動機づけ連関であり、この連関の内に、しかじかの意識変化およびしかじかの相関者が動機づけられている。またそうした動機づけはたんに事実的な動機づけであるばかりではなく、しばしば明証的な根拠づけであったり、あるいはそうしたものへと移行できるものである。次いでまた私が洞察するのは、そうした予期の正当性が成立し、ここではこれらの連関に関して、また場合によっては予期に関して正当な言表がなされる、ということである。このことがどの程度にまで及ぶのか、ここにはどの程度の信頼性が成立しているのか、確実さの明証性がどの程度成り立つのか、理性的な推測がどの程度まで成り立つのか、これらはそのつど初めて研究さるべきものである。

ところでしかし、私たちは純粋意識へと関心を向ける態度において、感情移入そのものを自分の意識の成素ならびにこの意識の内部でそれに属する動機づけとして考察することができるだけではなく、その感情移入そのものを、まさに他者の意識の措定として、基礎に置くこともできる。私たちはそれによって、この他者の意識を存在するものとして想定し、他者の意識について主題として言表をなすことになる。私たちが主題としているのは、知覚的反省において直接に把捉する自分の現在の意識だけではなく、また、いまにおいて反省的に把捉され、あるいは把捉されることのできる、以前の自分の意識に関する想起という体験だけでもない。それだけではなくて、その想起された意識それ自身も、またそれ
86 に劣らず、意識という出来事の流れのなかで間接的に想定されうる自分の意識も主題となるし、さらにまた、感情移入において措定された他者の意識も主題となる。[*31] 他者の身体を私が知覚することによって、またこれと結びついているものによって、明証的に正当な仕方で、「他者の」意識の措定が、すなわち、反省とか想起等々といった手段では把捉できないような意識の措定が動機づけられ、そしてこの明証的な動機づけはさらに確証されたり、廃棄されたりもする。これはしたがって次のような事態とまったく同様である。つまり、ある想起が、たとえばある知覚現在がもつ想起動機からして、以前の自分の意識の措定として明証的に動機づけられるようにである。この場合、この明証は措定されたものの

現実的存在に対する絶対的な確実性を与えるわけではないが、それでもやはりその想定に対する明証的に正当化された動機を与えており、それもまさしく、その動機づけが確証されたり、あるいはまた「もっとよい」より有力な反対動機によって論駁されたりしうる、というような仕方で動機づけられるのと同様である。

しかし、ここで、こう言ってはならない。すなわち、私たちが他者の意識を主題として措定するそのとき、他者の身体と自然もまた措定されることになる。なぜなら実際のところ最初にあるのは、他者の身体の知覚ないしは現存の措定であり、そのあと他者の身体が同様に措定された自分の身体と類似していることによって初めて感情移入が行なわれ、可能になるからである、と。これに対して私が主張しているのはこうである。すなわち、私がいままさに遂行し、またかつて遂行した多様な知覚において、また私がかつて下した多様な経験的判断において、事物世界が措定され、場合によっては学問的に認識されているのと同様に、確かに自分の身体も他者の身体も措定されることにはなるが、他者の身体と私の身体が含み込まれているこの世界全体は、いまは主題にならないのだ、と。いま私が
87 問うているのは、当該の事物の知覚措定や、想起措定や、それに基づくべきあるいは現に基づいている判断措定等々の妥当性ではなく、いま私はそれらの措定を遂行して、それらに基づいて学問的に根拠づけられた判断を、その措定の内で経験され思考された事物に関

するそうした判断を確定しようとしているわけではない。そうではなくて私はそれらの措定を純粋に主観的な事実として主題にし、新たな知覚（反省という知覚）や新たな判断のための基底、つまりまさしく純粋心理学の基底とする。ある知覚が別の知覚を動機づけるとき、つまり意識連関それ自体の内である意識が（その意識の内で措定された事物ではなく）新しい意識を、それ自身与えられていない意識を予期せしめるとき、そのときこれは私の領野である。ところで、そのようにして私は他者の身体を知覚し、そしてこの知覚にはまずさしあたり、また別の自分の知覚へと向かうある動機づけが属している。つまりこれはまさしく、私の事物知覚のいずれにも属しているような動機づけである。しかしこれに加えて、知覚はその意義内実および現出内実を通して（しかも確実性措定を含む正常な知覚である限りで）、ある意識および意識生を[40]「他のもの《フレムト》」として措定することを動機づけるが、この他者の意識および意識生は、私の反省的知覚においては私の現在として与えられることはなく、私の想起において想起される意識生でもなく、私の意識連関内に編み込まれていたり、思考によって間接的に編み込んだりできる意識生でもなく、まさしく感情移入という特別な仕方によって措定された意識生の全体である。すなわちこの意識生は、自分の意識流を形成しており、開かれた無限性において拡がっており、反省等々の作用において「直接」与えられる私の意識流がそうであるのとまったく同じ一般的な性質を備えており、したがって、存在してはいるが私のものではないような知覚、想起、予料的空虚思念、確証、明証等々を備えている。

したがって私は徹頭徹尾私の領野に留まっているのだが、しかしこの領野は感情移入によって多数の閉じた意識流（自我意識と呼ばれる）の領分にまで拡大され、これら意識流は感情移入の動機づけ連関を介して「私の」意識流と結びつけられ、また互いの間でも結
88 合されているか、あるいは結合されることができる。この結びつきは、その意味に即して言えば、実在的《レアール》な結合ではなく、感情移入的措定を介した独特で無比の結合である。「ばらばらの」意識は、コミュニケーションの可能性の下にあり、そしてこのコミュニケーションは、身体知覚およびそこから放射される動機づけという方途において行われるのだが、その仕方についてはもっと詳細に記述されねばならない。

ここで補足することとして、言語による伝達、つまりさまざまな種類の記号を介した相互交流が指摘されるべきであろう。しかし、それらは、直接的な感情移入経験を基盤として前提しているから、原理的には何も新たなものを生み出さず、私たちの態度を何らかの仕方で変更させずにはおかなかったり、また変更させるであろうような何ものも生み出すものではない。

ところで、コミュニケーションの内に他者の意識の認識に対する経験動機が、さしあた

り、「知覚」の機能を引き受け、次いでさらに述定的認識という機能を引き受けるような感情移入的措定の経験動機が伏在しているとすると、私たちは「純粋心理学」において、純粋な「心的生」について、「純粋に心理的な」存在についてのたんに単称的な認識ではなく、一般的〔全称的〕な認識を獲得することができる。私たちは自分の意識の内で認識されたものを他者の意識を解釈するために利用することができ、次いでコミュニケーションによって他者の意識の内で認識されたものを自分の意識のために利用することもでき、こうして私たちは一般的認識を確定することができる。この認識は、ときには純粋な（しかしつねに存在している）意識としての意識一般の本質に関わり、またときには意識それ自身の内での体験の進行を一般的に規定している経験的な規則にも関わる。私たちはさらに進んで、コミュニケーション的連関に基づいて意識が他者の意識に「影響を与え」たり、あるいは精神が純粋に精神的に相互に「影響を及ぼし」合ったり、*32（ある意識の内部で）
89 一つの精神の内容的にしかじかに規定された表象、判断、感情、意志についての確信が、こうした確信をもった他の精神のそうした作用を「規定し」たりする場合の、その種々な仕方を究明することができる。さらに、そこで動機づけはどのように進行しているのか、そこで浮かび上がってくる思想は一般的連合の内でどのような選択を行なっているのか、それらの浮上してくる思想とともに、当然のことながらしかじかに規定された動機づけはどのように登場してくるのか、等々を究明することができる。要するに、個別的な精神の生、さらにまたそれが経過してゆくなかにある社会的生の全体、感情移入に基づくこうした多数の個別意識の絡み合い、これらが純粋に心理学的な探究の客観となり、すなわち本質探究および経験的探究の客観となる。

ここでは、記述的探究と、一般的認識および法則認識へと方向づけられた探究とが区別されなければならない。

記述的な精神の探究、歴史学

私が記述的に追究するのは、たとえば私の意識連関であり、また感情移入の道においては、他者およびわれわれの共同化の連関である。私が記述において記述するのは、たとえば他者たちの心情であり、また彼らの——内的であれ、外的であれ——もろもろの行動である（外的な行動の場合、やはりまた自然科学的考察に対して現に存在している自然の出来事が可能な主題系として重要なのではなく、重要なのは行動そのものであり、記述的に心理学的な種類の純粋な意識連関であって、これらの連関は、ある特有な知覚の経過や、それに基づいた評価の経過や意欲の経過の内に成立している）。それどころか私は記述において、学問や芸術等々のような文化事実を純粋に心理学的な観点から記述することがで

き、その内でそれら文化事実が行動の所産として成立した意識動機づけに関して分析する
ことができる。ここでは自然として措定されうるであろうもの、自然客観、すなわち物理
学および心理物理学の客観としての文化形式をもつような事物は、こうした観点において
はまさに措定されず、探究されず、「客観的な」学問という仕方で学問的に規定されるこ
90 とはなく、ただ意識の志向的対象としてのみ問題になるにすぎない。したがってこうして
私たちは、記述的な「歴史学」に、すなわち純粋な精神生の歴史に携わることになる。純
粋な精神生はつねに、それ自身の内で措定された自然と関係づけられる。しかし精神生に
ついての歴史学は、自然についての学ではない。精神の本質には、自然を措定するという
ことが属しており、その本質には、「自然の知覚」という性格等をもった意識を遂行する
ということが属している。*33

230 三 現象学的還元の思想についての考察

ここで注目すべきは、当初からこの講義全体の流れを貫いている根本思想である。すなわち、私が現象学的還元において判断しているのは、自然、すなわち経験において私に与えられている同一の客観ではなく、むしろ、経験やその連関、そして純粋意識一般である。231 私が判断をしているのは、経験が織りなす動機づけの内にあって、純粋に現象学的な、ノエシス－ノエマ[41]的な反省にとって正当に与えられるものである。〔このとき、〕私は、ノエシス的には次のように予期する根源的な権利がある。私はいまこのインク壺をしかじかに経験しているが、それはこのインク壺をこの側面からこの方位づけにおいて、一般的に言えば、しかじかの現出の仕方の内においてもち、もしも眼を向けかえればしかじかの新しい現出の仕方をもつであろうと。すなわち、到来する主観的な現出へと純粋にノエシス的に眼を向けるとき、あらゆる経験的な予期を信頼する権利もある。そしてそのようにして私は、想起の所与へとノエシス的に眼を向けるとき、過去の意識の存在を信頼する根源的な権利をもっている。そうした根源権利を信頼するために、そうした根源権利へとあらゆる権利を連れ戻すという権利を、私たちはもっている。たしかに、自然的な経験措定までをも信頼するわけではない。しかし、そうした措定を用いて、こうした方向性について判断することは、私たちにとって大切なことである。外的経験はそうしたものとして客観への正しい方向性をもっている。とはいえ、外的経験はある種の反省を許容し、それによって、重層的に〔正当に〕目標に向かう諸々の志向の体系が明るみにでてくる。純粋な主観性の内に正当に成立する連関を追究することが、いまや私たちの関心事となる。したがって、自然を遮断しても、感情移入において、次のような正当な連関が登場することになる。

（一）感情移入の主観の内にある連関、つまりその主観の内在的な生の体系やそこで経験される自然にとって構成的な体系。こうした純粋な主観性は、還元によってはじめに登場するデカルト的な意味でのエゴの範囲内にあるが、このなかには、当該の感情移入も登場しているのであり、この感情移入には、他の《フレムト》身体物体性の経験に根ざす、他の《フレムト》主観性の共現前が属している。

（二）この後者〔他の身体物体性〕の経験を還元することによって、「他の《フレムト》身体物体[42]」というエゴの内で与えられる動機づけ体系に動機づけられて、この共現前は証示される。この共現前の内で与えられている他の主観性は還元に属しておらず、現出体系に対する指標となることもない。その主観性は他の主観性として独自の現出体系をもっている。ここにおいてそうした主観性というのは、彼や私が経験する自然のなかの他の人間として措定されているわけではない。むしろそれは、「自然に関係する」他のエゴとして、すなわち、みずからの内に或る種の現出体系を構成するものとしてもつような他のエゴとして措定されている。このエゴがもっている現出体系はいまや、私の内で示すことができる現出体系

232 と動機づけ連関の内にあり、志向的に正当に措定された同じものを正当に同一化するような連関の内にある。

したがって、私は私のエゴの内に、純粋な連関をもっているが、私のエゴは他のエゴとともにあって、そのエゴは私にとって存在するものとして残されており、遮断されるわけではない。

自然な世界観においては、自然は自体的に存在しており、そのなかにあらゆる精神が身体の精神というかたちで、この身体と心理物理的に結合されている。私自身は身体の精神、身体の心であるから、身体が私にとって知覚器官として機能することで、私は身体を通じて、あらゆる世界について、あらゆる他の身体や精神について経験する。

目下の現象学的態度において、私はみずからを純粋自我として、私の体験流として見いだし、その内で、無限に延長する空間時間的な自然が構成される。そして私は、この自然を多様な主観的現出の内で同一の真なる存在として見いだし、さらなる現出の志向的規則の内で無限なものに及んでゆく理念として見いだす。その理念の真なる内容上の妥当というのは、近似化を通じて、蓋然性（帰納の原理）に即して証示される。こうした意味統一というのは、諸々の私の主観的な現出の共属性の内に相関的な連関をもっているような〔他者の〕ノエシス的多様性の内に含まれている。いまや現象学的態度の内において私が見いだすのは、そうした体系的な「予期」連関や私の体験流全体の連関だけではない。なお別の志向性があり、それはたしかに予期に類似しているが、予期とは異なりながらも、予期と絡み合っている。その志向性が、私の自我とその体験流を他者のものと「結びつけ」、理性的で斉一的な措定意識の内にある私の自我を、ある種の他の自我やその体験流やその構成された自然へと関係づける。このときの自然というのは、他の自我がもっている現実的および可能的な予期の体系の内で構成されるが、その場合には、その自然、すなわちこの妥当する存在的意味は、私が経験する自然と必然的に同一でなければならない。絶対的に「それだけ取り出して」語るならば、エゴとその生だけが存在する。そしてそれは、みずからの生の内にある他のエゴと「結びつけ」られている。こうした結びつきは、両者の自我に属する自然構成を介して、そこで遂行される妥当な意味付与、「存在するもの」として連続的に確証される意味付与を介して成立している。この意味付与は、意味や存在の同一性に通じているのであり、いずれの自我もそうした同一性を、他の自我のもっている自然について感情移入によって与えられたものとの関係の内で認識しなければならない。したがって、自然の《それ自体》がその意味をもつのも、こうした志向的同一性の内においてである。絶対的に「それだけ取り出して」語るならば、精神以外の何ものも存在しないし、精神的な結びつき以外のいかなる結びつきも存在しない。しかし、ある種の

233 結びつきは存在し、それが一つの精神的存在の非自立的な契機を結びつける。そこには、精神[43]の本質にともに含まれている自我とは異なる《フレムト》もの（根源的な時間意識におけるヒュレー的なもの）を結びつけ、自然統覚や斉一的な体系を打ちたて、そのなかで自然を真に存在するものとしてみずからの内で確証する。しかしまた、いま述べた感情移入を通じた精神の自立的な結びつきも存在する。

諸々の自立的な絶対的本質存在性（「実体」）の結びつきが可能なのは、その結びつきが結びつくものの自立性を廃棄しない場合のみである。しかし、自立性の本質は以下のことにある。たしかに、実際に結びつきが成立するのは、双方に刻まれた規則によって、二つのモナドが「互いに向かい合い」、感情移入や相互理解によって互いに精神的に出会うことができる限りであり、一方のモナドの頭に浮かんで、考え、感じたこと等が、共現前的な準現在化（それゆえ「表象」）により、他方のモナドによって追理解でき、それとともに動機となりうるかぎりである。*34 しかしながらやはり、こうしたことがモナドから自立性を奪いはしない。というのも、互いに関係し合うこと、私が行なったり被ったりすることのなかで互いに向かい合うことには、ある種の事実性が付随している。つまり、あらゆるモナドは現に存在することにおいて、他のモナドに依存しているわけではない。自然としての世界が存在することをやめたときにも、モナドは成立し続けるし、自我はこの自我であり続けている。たとえみずからの内で自然が構成されなかった、ないしはされえなかったとしても、この自我は存在しえたであろう。モナドはデカルト的に厳密な意味で実体概念に相当すると、ライプニッツが言うのは正しい。一方のモナドの変化が他方のモナドにおける変化を本質的に要求するわけではないと洞察できる場合に、本質は自立的であるということだけが語られているかぎり、そうである。

ここからさらに次のような問いが生じる。複数の自我が存在していて、かつそれらが互いに孤立するということがありうるのだろうか。一つの主観の意味付与のなかで形成される自然の理念が、互いにコミュニケーションしうる諸々の主観の宇宙をも示しているならば、そうでなければならない。それゆえ、可能な自我共同体の絶対的宇宙という理念と、全自然という理念と、この自我にとっての客観的世界という理念が不可分であるならば、そうでなければならない。その場合には、諸々の「モナド」からなるただ一つの宇宙や一つの客観的世界だけが存在しなければならないのだろうか。それとも、そのような宇宙ないし世界が複数存在することもできるのだろうか。複数の世界、複数の絶対的宇宙が、複数のものとして認識できるのでなければならないということ、それゆえ、少なくとも一つの自我がこうした複数のものの共存する相関項として考えられ、この自我にたいしてこうした複数の認識可能性が保証されるのでなければならないということは、世界の唯一性の十分な論拠となるのだろうか。

ここでさらなる問いが生じる。与えられた自然は自我にとって事実である。しかし、どんな自我にとっても自然は発生的に構成されうるのでなければならないのだろうか。そもそも自我の可能性の内には、何が含まれているのだろうか。意識流の統一はその本質構造をもっている。とはいえやはり、意識流というこの最上位の理念は、際限なく経過する特定の意識流にたいして、決して一義的な規定性を与えることはない。最上位の類本質の必然性としての本質必然性は、個体的存在の可能性にどのようにかかわるのだろうか。個体的存在の必然性（可能性の条件）というのは、類的なもののそうした必然性と比較して、どのようなものであるのだろうか。そのときにも、しかしながらやはり、単一の事実が残され、永遠に非合理であり続ける一回性における事実というものが残されるのである。さらに問題となるのだが、絶対的なもののなかで、一つのモナド的存在があらゆる他のモナド的存在に依存しないということは可能だろうか。すなわち、あらゆる自立的実体が本質に応じて存在するとしても、それらは事実として互いに関係しあい、「調和」の内に存在すべきではないだろうか。このような問題はふたたび共通の世界、さしあたりは自然の問題に通じている。[44] [45]

ところで、この講義の進行のなかで最も重要なことは、現象学的還元の学説のために寄稿された論文〔『イデーン』第一巻のこと〕である。『イデーン』において、私は現象学的還元をエゴへの還元というかたちで、デカルト的な還元というかたちで練り上げ、自然の非存在の可能性について検討した。私が経験する自然が、いままさに経験しており、かつても経験していたにもかかわらず、存在しないということは、実際に本質可能性である。こうしたことがいまや、最初の絶対的存在への洞察を、つまり絶対的不可疑性、それゆえ必然性の内にあるエゴとその存在への洞察を生みだすことになる。人びとが世界の存在について問うことをやめ、「この」世界についてのあらゆる端的な判断を断念しても、こうした「人びと」、すなわち考えている当の私にとっては、私の純粋自我と私の純粋なコギト、つまり私の体験流が生じることになる。純粋な本質研究へと移行するならば、こうした必然的な事実も、純粋な可能性として形相的領域を形成するような可能性の内において、こうした〔自我という〕種類の純粋なヴァリエーションの可能性を提供してくれる。自我一般や体験流一般に関するこうした本質認識は、すでにそれ自身の内に、複数の自我の可能性の条件を、自我という概念――それは、複数の外延、無限の外延、共存する自我の開かれた多数性という形式における外延を含むはずである――の可能性の条件を含みもっていると、いまのところはまだ言えないだけである。あるいはむしろ、こうしたことが何よりも問題なのである。ひょっとすると、一つの自我だけが存在することができて、多数は考えられないのかもしれない。私が世界を遮断したならば、複数の人間が存在していて、それとともに複数の純粋自我が存在することについて、いずれにせよもはや知ることはない。「一つの」エゴとしてのエゴの内在的本質研究のなかには、「考える」もしくは「表象する」ことの内で遂行される意味付与の研究や、考える理性が行なう正当性付与の研究といったものが一般的に含まれている。そしていまや、超越的意味付与、しかも「外的知覚」という形式の内の意味付与のなかには、物体知覚と並んで、動物知覚や人間知覚も含まれている。したがって、もともとかなり不適切に「感情移入」、あるいは「感情移入的知覚」と呼んだものが含まれている。その一方で、内在的意味付与、すなわち、「主観的なもの」が所与へといたる意味付与ないし知覚がある。そしてこうした内在的知覚が感情
235
移入的知覚との比較考察にもたらされ、正当性付与のテストをすることによって、内在的意識にある種の権利を認められるが、感情移入された意識にも認められるという認識が獲得される。

さらには、物体的実在性のような超越的な物理的実在性は、多様な現出の統一という相関項にすぎない。それが統一であるのは、意識体験のなかで遂行される意味付与にもとづく場合だけである。これとはまったく別の統一があり、それが自我の統一である。人格の統一には、ここでは事物の統一との類比も成り立つが、しかし事物の統一とは区別される。

感情移入の本質というのは、次のことにある。現象学的還元が純粋意識への還元とみなされるとき、その還元において、感情移入はエゴの意識流を越えてなおも別の純粋自我とその意識流を共現前的に生じさせる。しかも、この流れの存在は、この自我とは異なるさらにまた別の自我やその流れが遂行する意味付与に依存することはなく、むしろ、「みずからの内で、みずからにたいして存在し、みずからに特有の本質を通じて構想される」のが本質なのだが、それは、感情移入という仕方で、超越的意味付与による媒介の内においてであれ、他の自我によって把握されることもある。

346

四　現象学的な根源[46]の問題*35

〈(a)　心理学的根源と現象学的根源〉

(一)　心理学的根源への問いがかかわるのは、心の作用、状態、体験、能力、そしてその他の実在的な特性であり、ようするに、あらゆる種類と複合体の段階からなる実在的な心の出来事なのである。そのなかでも特に「表象」の意識や、そこで「客観」が意識されているような意識の体験と言える。こうした意識の体験にかんして問われるのは、かかる体験が「心の生」の内でいかにして生じたのか、つまり、世界の生成に組み込まれている心の実在的生成の内でどのようにして生じたのかという問いである。そしてとりわけ問われるのが、こうした体験が、どのような心理的な生成の諸要素から（この諸要素は、この心の心理的なものが属する実在的な因果連関だけにおいて唯一存在するのではない）、生じたのかという問いである。〔そのさい〕この心的な生成の諸要素がより根源的であるのかは、相対的なものと言える。この心的な諸要素と結びついているとはいえ、この諸要素それじたいが特殊な心理学的要素から生じたのであるとすれば、まさしくこの相対的に根源的な要素も、そこから導き出された要素として、より根源的なものを遡示する〔ことになる〕。どのような範囲で、相対的に閉じた純粋に心理学的な因果連関が存在するのか、また、どのような範囲で、心理的な因果性が一時的であるだけの類型や特定の規定された類型に介入することができるのか、そして心理物理的因果性の本質は、いったいどのような範囲にありうるのか、これらすべてが固有な問いのグループであると言える。いずれにせよ、心理学的根源という思想は特定の意味をもち、それは因果的な、つまり心理的なものの「実在性」に結びつけられた問いであるという意味である。

347 (二)現象学的根源への問い。たとえば、「私」と私に対置するある別の「他なる自我」といった「諸表象」の心理学的根源への問いに対置されるような現象学的根源への問い。根源性のさまざまな概念と、それに応じた「根源的である／より根源的ではない」という関係。*36

(α)根源性とは、対象が*37知覚されていることを意味しうる。これにたいして、非‐根源性は、対象が知覚されておらず、原本的《オリジナル》[47]に現前(原本的に「そこ」にある)していないことを意味しうる。しかし、その対象は原本的現前の意識の内で与えられてはいても、その対象の部分や側面などが不完全に与えられ、原本的に現前されていないこともある。知覚とは可能な充実を指示するものであり、知覚は自由に解明できるものである。たとえば、対象がその側面に応じて「直観的」になったり、この側面によって、対象が原本的所与性にもたらされるようになったりする外的知覚の場合のように、〔さまざまに〕動機づけられた可能な知覚(再生産)がここに備わっているということができる。不完全な知覚とは、知覚としては根源的ではあるのだが、ただ相対的に根源的である場合だ。つまり、〔ここで〕私たちに解明をもたらすような「可能とされる」明解さとは、よりいっそう根源性をもつような疑似‐現在化、すなわち、ある「充実されていない」知覚の構成要素にかんしてこそ、その「充実」を通じて、それに相応した原本性(根源性)を疑似的につくりあげ

348

るのである。また、知覚の経過は、個々の知覚よりもより根源的である。外的事物にさいしては、完全な根源性とは、開かれた無限性を包含するような理念を意味する。現実となった可能性か、あるいは動機づけられた可能性が充実される系列のなかを移行することは、根源を跡づけることである。

対象とは、より包括的であればあるほど、つまり知覚のプロセスの内で、より多くの側面と部分にそくして現実の知覚にいたるのであればあるほど、より根源的に与えられるものである。そして対象の知覚がより根源的に与えられ、根源の充実においてより豊かになるのは、知覚が対象をより根源的に与えることによるのである（それに並んで、対象の知覚がその閉じられた構成要素において根源的に与えられないこともあるが、それは問題にならず、対象の知覚が漸進的に対象をより豊かに与えることで十分である）。

またこの意味で、自己知覚は他者知覚よりも根源的である。人が自己についてもつ知覚は、彼の心理的なものにかんする知覚でもある。他者が自己にかんしてもつ知覚は、「私にとって」心理的なもの[48]にかんして、ただ共現前する知覚であり、現実の知覚ではない。固有な知覚（対象の原初的な現前）であればあるほど、それだけ根源性は強大になる。これに応じて知覚それじたいが、根源性の充実にかんして段階的に区別される。

（β）*38 根源性の別の概念が次のように方向づけられよう。一方の知覚が他方を基づける仕方で前提にしない場合、たとえば一つの同一の対象の離接的な二つの知覚の場合、わたしたちは二つの知覚を同じように根源的であると名づける。となれば、〔持続的な知覚の連関のような〕一つの知覚が他の知覚において基づけられる場合には、基づける知覚は基づけられた〔知覚〕連関よりも根源的ということになろう。これは、先に述べたこととは逆であることになる。持続的知覚はこの場合、知覚の位相や知覚の部分から「導き出されている」。しかし結局のところ、根源性はここでは、基づけ関係にかんするあらたな言葉にすぎない。

(γ) 価値の統覚は対象の統覚において基づけられている。喜ばしさは「すでに」構成された「事実」において基づけられている。このことは時間関係を遡及的に指示しており、基づけとは、対象の統覚(たんなる事象の統覚)が現象学的にすでに遂行され、対象が措定されていなければならず、それによって価値が新たな性格として、意識にとって存在の新たな層として構成されうるということなのである。

したがってこの意味で、事象の統覚の層は価値の統覚の層よりも根源的である。*39 同様に、端的な対象意識の層、すなわちたんなる対象の表象は、顕現化によって構成される事態よりもより根源的であり、「意義」の構成要素をともなった判断事態よりも、より根源的である。言明は顕現的「直観」を遡及して指示し、この直観は対象の端的な表象を遡及的に指示する。述語の表象は主語の表象よりもより根源的であり、前提の意識は結論の意識よりも先行的であり、より根源的である。

当然のことながら、現象学的発生[49]というこの諸関係、つまり現象学的な様式の時間的経過にかかわる本質必然性は心理学的発生の関係にかかわることになる。現象学的に時間的に後続するものは、因果的には、現象学的に先行するものにかかわるような先行するものからのみ生じうるのであり、それゆえこの先行するものは、因果的必然性をともに規定する要因であるのでなければならない*40。

349

（δ）知覚は根源的に、準現在化と比較され、たとえば想起や同一の対象についての、知覚ではないようなあらゆる意識と比較されるのである。準現在化という意識は根源的に与える意識なのではない。

私たちは、知覚にとっての相対的な根源性をめぐる関係について、その対象が有体的な現前にいたるかいなかの尺度（諸契機と諸部分の範囲）にそのつどそくしつつ、見分けることを学んできた。しかし対象はいかなる根源的現前がなくとも、たんに準現在化された全体的な対象として措定されることもありうる。私たちはその場合、直観性の範囲をもつのであって、直観性はそのさい、いずれにせよ疑似‐現前を意味することになる。つまり、対象が直観されている＝対象が疑似的に現前するように与えられ、そして、その対象について擬似‐現前にいたればいたるほど、その対象がよりおおく直観されることになる。もろもろの度合いにおける疑似‐根源性〔があるわけである〕。

ところでここで、ノエシス‐ノエマの側面からすれば、まさしく準現在化は知覚の変様である。このことが同様に意味するのは、質的に変様されていないあらゆる準現在化も、先行しているのでなければならない想起を、遡及的に指示していることであり、あらゆる「理念」が以前の印象を、少なくとも〔そこで〕構築している構成要素を、結合の形式に応じて遡及的に指示していることである。当然のことながらこのことは、これまで現象学的に解明されてこなかった問題である。

（ε）ある種の統覚が他の統覚によって基づけられているということは、それについて上記において事例が与えられているように、A_1という統覚がA_2という統覚を、それを基づける部分として前提にするということを意味しうるのである。そのさいA_1は現象学的な時間系列、すなわちプロセスであり、そのプロセスの連関において、A_2という統覚が立ち現れている。ないしは、わたしたちが（結論）において目にするように、ある時間秩序が先行描出されており、A_1が立ち現れ、両者〔A_1とA_2〕に渡る意識統一を根拠づけることができるためには、前もってA_2がより以前に立ち現れているのでなければならないのである。結論の意識が前提の意識を前提にするのであり、前提の意識において基づけられている。そ

350

のさい前もって描かれた時間の順に、結論づけの意識の統一が生じてくるのであり、その結論づけの意識において、存続する断片のどれもがその性格を「維持している」のだ。「他の主観《フレムト》」の意識の場合、どのようになるだろうか。「他の主観」の意識は、たえざる知覚の意識でもあるわたし自身の意識に基づけられている、しかも次のように基づけられているのではないのか。つまり（α）の意味でのもっとも根源的な所与性への遡行、すなわちこの「他の主観」の意識を可能にし、先行描出するようなできるだけ完全な現前への遡行が、充実にたいしてある特定の道を前もって描くのであり、その道において、自己知覚が他者の場所の自己「転移」へと理念的に移動させられる、すなわちわたしの現実の身体とその身体の類比物との「合致」へと、そしてこのゼロ現出において現出する他者の身体と一つになった、他者の心理的なものの準現在化する表象と措定へと、理念的に移動させられているというように。

おそらく言われなければならないのは、「現象学的根源に遡行すること」という課題は、「現象」に関係するということであり、ここでは意識のあり方における「対象のいかに」に、すなわちノエマに関係するということだろう。どのノエマにも、同一の対象の直観の相関者であるような、ノエマにかかわる根源的ノエマが対応する。つまり現前、ないしは引用符つきの疑似 - 現前が対応する。「事物の表象の根源、空間と運動の表象の根源を証示する」ことが意味するのは、どのように事物が原本的に与えられる（原初的現前）にいたるかを、そしてあらゆる「諸層」にそくして進展しつつ、より完全に与えられるにいたるかを証示することであり、したがってどのように事物ノエマが完全な高次の階層を与えるノエマに移行されうるかを証示することである。所与をもたらす現象において、すなわちノエマ的「現出」（「直観」）において、ある秩序づけられた階層系列が存続しており、これにそくしてもろもろの多様性において統一が原本的に構成されて（原所与性にもたらされて）いる。また、これにそくしてこの統一それ自体が、ふたたび新たな統一にたいするもろもろの多様性として構成的であり、最終的には、事物が階層的構成の最高次の統一として完全な意味で構成されるのである。階層の体系的連関の内で（この階層を包括する意識の統一の内部で）、知覚の最終的でもっとも基づけられた段階にあるノエマは、完全な所与性に与えられた対象なのだろうか。とはいえ私たちは、物理的事物にあって、対象それじたいが完全にノエマ的に閉じられて構成されえないことを目にする。すなわち対象は高次の階層で与えられてはいても、ただそれは何らかの規定にそくした最高の階層であるだけであり、他の諸規定は開かれたままであることである。明らかであるものが、最低次の階層のものであれ、〔また〕その低次の階層の統一が幻影である場合も、その明らかのものはその事物にとって〔そのつどの〕最高次の階層のノエマであることになる。事物は幻影において現出している場合、原的に与えられているのはこの幻影だけである。他方で客観的事物は、先段階の隠された志向性の内で空虚にともに統握されていることで、間接的に告知されている。

私が先に述べた根源的現前と共現前[50]にかんする説はしたがって、深化を必要とする。原初的現前についての語りは、卓越した現前にもっとも適切であるといえ、この卓越した現前は、端的な知覚意識の内で、たんに図式的にのみ現れたものをとおしてその幻影をもつことになる。これにたいして私たちは、実体的－因果的特性のさまざまな階層にかんして、二次的で三次的な現前をもつといえよう。

351

事物の統握は、すべての層を一度で志向的に包括するが、根源的な形式においては普通、最低次の層のみが実現されるにすぎない。層から層への移行は、一つの同じ層内部での「直観」から「直観」への移行や、（ノエマ的に理解された）現出から現出や告知から告知への移行とはまったくことなって特徴づけられる。ここで共現前[51]のさまざまなあり方について語ることができるのだろうか。

根源が証示されうるとすれば、それが意味するのは、現実の経験の内でこのことが起こるとき、対象が現実に完全に経験可能になるということである。これはまさしく、対象が《そこにあること》が直接的で完全な経験において証示されるということに他ならない。

しかし、この根源の探究において問題とされるのは、表象の類型ないし対象の類型なのである（なぜなら、対象の現象学的根源について語られうるからである）。根源を証明するということは、そのときあらゆる層における可能な知覚を証明することを意味し、対象それじたいについていえば、そのような対象の可能性の、経験の完全な可能性に関係する完全な証明を意味する。これにたいして、〔こうした対象の証示の〕不可能性、経験の階層における認識の不可能性〔がみられる〕。

したがって問われるのは、経験がどのように「発生」し「生成」するのか、事物や自己や他の自己（他の《フレムト》主観）についての完全な経験が、どのように「発生」し「生成」するのかという問いである。こうした類型の対象についての意識、「与える意識」はどのようにあるのか、この与える意識はどのような可能的変転をもつのだろうか。さまざまな段階における「対象」はどのようにあり、知覚のノエマと準現在化する直観（ノエマ的な意味における知覚、想起、直観）のノエマは、さまざまな階層においてどのように記述されるべきなのだろうか。正確にみると、どの階層においても、何かが「現実に」与えられ、外部を指示する志向の存立と直観的なものとが結びついている。さまざまな階層のこの「直観的なもの」は、たんに共現前されたものを除いて、特殊な意味で現れたものであり、すなわち対象の現れであると言える。完全な現れ＝展開する知覚＝低次の階層のあらゆる現れの隠されたシステム。

しかし、現れるもののみが、上述のことを成し遂げているわけではない。記述に値するのは、そのつどの階層における全体の知覚の構築であり、したがって最低次の段階から上昇して、あらゆる階層にともなうないし要求している複雑化にそくして記述することである。[*41]

352

〈(b)〉 心理学的根源と現象学的根源のあいだの連関[*42]

動機の諸連関の分析。諸現象の内に「ある」もの。発生的形式における描出。たとえば、自由なキネステーゼの複合の仕方と、体系的多様性に結びつけられたその変転の仕方は、体験にそくしていえば、つねに満たされている野の多様性との共在の内で立ち現れており、その野の多様性において、性質をともなう形態がきわだち、その形態（類似性、場合によっては完全に具体的な類似性）が保たれることで、野を越えて変転していく。すなわちそれは、キネステーゼの変転の系列とともにある変転の系列である。最善のものに向かって収斂する卓越した変転の系列とともにあるような卓越したキネステーゼの諸系列。

もろもろの共在と共継続が反復して経過するなかで、「経験」、「習得された系列」、「融合」、経験的な動機づけの連関が生成し、最終的に「理解されて」あるべきであるのは、客観化の「生成」、あるいは超越的対象の「統覚」である。

方法――このようなものをいったいどのように確定することができるのだろうか。ここで「理解すること」の前提とは何であり、理解することそのものとは何のことだろうか。いくつかの、原前提についての分析。「感覚野」と「感覚」の概念。キネステーゼの与件にたいする感覚の与件。野「における」現象のきわだち、ないしは共在する多くのきわだったもの。きわだった現象の変化や唯一の現象、あるいは他の現象にたいして変化することのない、もしくは独立的に変化したりする現象の変化。

(α)「かさばりの契機」と大きさの契機の変化、すなわち「大きさ」という大きくなっていく契機にかんする変化。これに並行して、きわだった多くの現象の大きさにそくした合致がみられ、大きさが違うなかで「大きさ」という共通の一般的なものが移行において立ち現れてくる。他方で、変化の内でさまざまな差異がみられ、「拡大」と「縮小」の恒常性(大きくも小さくもないという中間位置)もある。

(β)形態、特殊な意味での質、位置といった契機の交互のきわだち。一部はあるきわだった同一の現象そのものの変化において、また一部はきわだっている共在する現象同士の比較において。質と形態との合法則的な依存関係。「像」(原感覚的事物)、位置(場所の特性)に依存しない統一的なものがあり、像は変化し、「動き」、位置を変えたり、「変化

353

せずに」そのままに留まったり、したがって、その感覚事物的な同一性を保持しつつ、形態にそくして変化しても、質にそくして変化しなかったり、あるいは質にそくして変化しても、形態にそくして変化しなかったりする。形態の変化とは、「形式」を保持したままでの大きさの変化だったり、大きさを保持したままでの形式の変化であったり、両者の変化だったりする。質の保持とは、全体の質が形態をこえて拡張することである。

ある形態をさまざまな質の規定「によって」部分的形態へ分解すること、もしくは全体像を固有の形態と質をともなった諸断片へと分解（細分化）すること。断片形態からなる全体形態への総計は、断片質からなる全体質の総計と関数的に結びついている。細分化ないし質規定の分離的部分等に依存しない可変性。特別なきわだちを創出する質規定の変化「による」理念的《イデエル》細分化。全体質が変化して、新たな質がある観点でそれ以前の質と類似しなくなるということがありうる。形態の断片の質の規定の仕方は、全体の質として質的一致を条件づけ、〔この質の一致には〕類似性の一致、非類似性の一致、同等性の一致、同一性の一致がある。さまざまの大きさの二つの像は、それらが同一の野の形態をもつかぎりで、一致の同等性をもつことができる。この同等性は、共通の本質との関連で、質の新たな概念を規定する。この意味で二つの像が同一の質をもつのは、二つの像が形態にそくして類似しており、そして質にかんして一致の共通性においてであり、したがって対応する断片が相応した質の規定をもって、再度、一致しているときである。ふたたびあらたな概念〔が生じ〕、すなわちすべての区分が部分にかんして、(同じ大きさでもある) 同じ形態の部分へ、まったく同じ質の規定へと導かれるならば、諸部分と全体は「同一の質」をもつことになる。

あらゆる区分は、最小のものと限界へと導かれ、もはや区分することのできない、したがって質の規定をする区別をもはやもつことのできないような形態の諸点へと導かれる。したがってすべての質の規定の諸点の質への関係づけ〔がここにみられる〕。そのとき一致の同等性は、究極的な諸部分が対応しつつ同等であり、「同等の」全体の質をもつというあり方で、相応する諸形態の区分へと導かれている。最低次の諸部分は、《一つの－質的規定づけ》がなされている。

したがって、このような概念の素材が確定されてあるのでなければならない。

次にあるのは背景という概念の確立である。演繹されうるのは、野とそのつどの背景じたいが限界の区別にいたるということで、像の性格、すなわち統一的に変化する統一的質をもつことができるといったこと、また質の規定による細分化の可能性がそれ自身の内に含まれていることである。またこの野が「点」のシステムとして、つまりゼロ点と二つのゼロの方向を備えた点の秩序だった多様性として理解可能であることが演繹される。

次に〔問題になるのは〕、主要な諸区別であり、それらは野において、キネステーゼのシステムと可能な像のシステムを結合する合法則性に関連しており、この合法則性は、顕在化をとおして現実的であるような自由かつ不自由な現実のキネステーゼの経過と、それとともに生じる像の経過とに、経験の統一を、しかも意識にそくした経験の統一を創出するのであり、まずもって統覚と統覚された（眼球運動による）超越する対象との区別がある。

したがって、実質的《レエル》[52]な像と仮象の像との間の区別〔が問題とされる〕。

354

〈（c）心理学的根源と現象学的根源*43〉

志向的含蓄の分析。

（一）完全な証示（ないしは、根底的な層）において、原本的な所与性にもたらされるであろうような対象の存在論的分析。

（二）ノエシスとノエマの分析。すなわち、「所与をもたらす体験」との関連における対象の所与性がいかにあるかということの分析。この「体験」はどのように必然的にあるのでなければならないのか、またこの「体験」は必然的な階層においてより完全な所与性を与えることができるために、どのような秩序の内で必然的に進行するのでなければならないのか。ノエマはそのつどの階層でどんなふうにあるのか、ノエマの核はどうあるのか。根源的な所与性と根源から連なる所与性において、自我は注意したり、関係したりする者として、どのように作動しているのか。ないしは、核のノエマ的性格づけの層はどのようにあるのか。志向の統一によって活性化されている連関、ないしはそこで統一を構成するものとしての連関の内で、統一は動機づけの系列に基づいている。動機づけの分析。現象学的発生。構成の階層の基づけの秩序。一方的な剝離可能性。すなわち、高次の階層が欠けたとしても、最低次の階層は意識にそくして可能であろうということ。抽象化。想定することができるのは、別の諸充実に基づくようななんらの充実も、またなんらの予期外れも生じないような諸体験が、経過するだろうということである。

もっとも単純な形式による統覚の諸類型。融合したM〔動機づけ〕とA〔統覚〕の複合体。なじまれ、秩序づけられた連関をMが（自由に）経過するとき、そこに属する仕方でAも経過する。そして卓越した仕方でM〔動機づけ〕が経過するとき、A〔統覚〕は最適なものに到達する。対象Gは、Aにおいて射映され、原本的《オリジナル》な把握の前もって準備された可能性として、それ自体として与えられており、Ag〔統覚対象〕の最適なものにおいて、〔すなわち〕完全な自己において、つまりその原本において与えられている。与えられるのはたえず対象であり、Aそれ自体がたえず与えられているのではない。A_0、A_1……などは対象の写像や記号なのではない。Agにおいて対象は、「それがまさにそうあるように」、「完全に」（対象が見られてないものや、不完全に見られたものの何ものも含んでいない場合）自己を示しており、対象は自身にかんして最適なものの内にあるかぎり、またその最適な進行においてもっとも完全に構成されていると言える。動機づけられたあり方における理念としての対象の志向的綜合。

この綜合の根源。理念的発生としての根源の理論。〔動機づけ〕M_1、M_2……という系列が、〔統覚〕A_0、A_1……という系列と共在しながら経過するとき、M……は、自由に反転できる運動（活動性）の系列であり、そのときAの系列は「それによる結果として」ともに与えられるというようにある。この考察は十分ではないが出発点を言い表している。

私たちが前提にするのは、まず第一に上記のことに付け加えられることのできる根源的可能性として、自由な活動性がもろもろのシステムのうちを経過すること、しかもゼロの位置から出発して（ゼロの複合）、さまざまな可能な終結をともなうシステムのさまざまな系列のなかでの経過である。この一貫した進行がくり返し生じると、位置の意識と《私はできる》の意識、すなわち自由に処理できるシステムという理念が生成する。私は任意の〔動機づけ〕Mbを表象することができ、今まさに現実のものであるMaからMbへと向かい、また逆にも向かうことができる。私は秩序だったシステムにおいてMaの統握をもつ。私は運動システムを熟知しており、このシステムにおいて線引きをしたりすることができるのであり、それは自由に処理できるシステムであり、存続する可能性のシステムである。《私はある〔我あり〕》に属するのが、こうした経験にそくした《私はできる》である。自由な運動は意志された運動として表象可能であり、実際にまたしばしば意志をともなって運動することができる。現実的な欲望は結果として特定の運動（活動性）を必然的に生じさせるか、あるいは別の運動を生じさせたり、運動をなにも生じさせないこともある。〔運動を必然的に生じさせる〕最初の場合、欲求という意味での運動は随意的な運動として経過する（この運動経過の中立性変様[53]は、《私はできる》、すなわち行為がある可能的な行為であることである）。しかし、現実の行為は、《私は－本当に－できる》という意識、すなわち私はすでに同一のことを行なったのであり、これに対立する経験はないという意識を未来に向けて動機づける。

〔ここで生じているのは、〕「私はそれをすることができる」、「それがどうなるか分かっている」、そのようなものがどうなるか分かっているということであり、そのようなものを私はすでに目にしたとか、私はこれらについての経過や行動の仕方を以前経験している、私はこうした事柄をうまくこなせる、よく似た経験になじんでいるといったことである。実践においてこのようにあることは、理論的連関の把握においても同様である等々。計算であろうと、ピアノ演奏のような練習、また外国語などの語法上の諸連関等の統握や、詩的言語を（詩的言語を特徴づける諸形式のすべてを抽象化することなしに）把握すること等々、なじみのあるものの特性や似かよったものに対する警告、類似したものによる広告などがある。類似したもののこうした統握「に応じた」、与えられたものの類比化する統握。

　想起の連関における想起。浮かびあがってくる想起とその地平[54]、充実された地平――空虚な地平。

　共属性の連関、現実存在とこの現実存在の持続性において、一方が他方を想起すること。時間的な共在と時間的な継続。私が任せることのできる傾向性としての空虚な志向、それはあらたに持続的に経過する「像」において充実している。

　ある類似したA、想起に類似していること、すなわち類比に応じて統握されていること。統握されているとは、それ自身にとって与えられている、たんに与えられていることを意味するのではなく、想起の傾向に類比して、傾向に囲まれていることを意味している。Aが立ち現れ、類似した過去の観点と共在の観点において立ち現れる。類似したことが同様に続いていくことを私は期待する。そのさい、私はある原型を想起することができているのであり、それが類比の意識とともに立ち現れてきて、類比として「それが私に～を想起

356 させる」という、また「類比によって」類似して経過するだろうという意識において立ち現れてくる。しかしこれは必要ということではない。これは単純に期待されているのであり、信頼されているという性格において期待されているのだ。期待することには、類比した状況の想起の内で充実されているような志向的契機が潜んでいる。

ここで私たちは、（一）理性と（二）発生をもっている。私は類比を期待し、類比に応じてともに与えられたものとして、ともにあるものとして（場合によっては、証示できるようなそこにあるものとして、証明のプロセスを通じて）措定する。なぜならば、私は類似したものをこのような連関の内に、すなわち実在的可能性の内に、以前所与にもたらしていたからである。この理由づけは理性的な根拠づけであり、ある根源的な直観、〔すなわち〕ある根源的な理性作用が完全に実現されているのだ。第一の理性作用は直観的想起である（層になっている理性作用、想起一般。ここで言いたいのは「空虚な」思念でさえ、理性作用として「依拠するところ」、すなわち何らかの拠り所をもち、あらゆる「愚行」も理性の要素を含んでいるということである）。しかし理性作用が意味するのは、想起が想起を指示し、ないしは相関的にaがbを想起し、その共在を動機づけることでもある。このことが、ここでは想起作用であるような根源的作用の内で構成された根源的な総合的形式であり、それは根源的な正当性をもっている。さらに「このように構成された（理性的に正当化された）想起の連関の内に、そのように与えられたA－Bという連関があった」ということがある。「このA′は類比物としてのAを想起し、類比物と類比物の合致の内で、B′がA′に属し、そこに属する〔仕方〕は、類似した連関においてである」。〔そのとき〕A′はAへの類比化をとおして、B′への傾向性を受け入れる。すなわちこのことは、直観に与えられる、根源的な理性の形式であるような動機づけの根源的な形式なのである。もしこの形式が根源的でないならば、経験の理論を根拠づける可能性がないことになるだろうし、あらゆることが循環に陥ってしまうことになろう。したがって私は、過ぎ去ったものについての想起とそこに属する理由の根拠づけを、類比をとおして明晰にもつことができ、まったき真正の明晰性におけるように、理性的であること、すなわち「明晰な根拠」をもつことになるのだ。

あるいはこの明晰性が欠けることがあり、だからこそ類比的な命題はやはり類比的な命題なのである。「Aという状況」のもとでBを期待する、しかも「状況」が動機づける状況ではないのに期待するということが、本質的に不可能とは言えないのではないだろうか。期待ということ、そしてそもそも与えられていないものを措定することは、天から降ってくるようなものではありえない。期待とは「～を根拠とした」期待であるのでなければならない。あらゆる根拠づけや根拠づける動機づけやあらゆる「根拠に基づいて」現実存在を措定することも（それらが現実存在の措定、事実の措定であるかぎりで）、「以前の経験」を遡及的に指示するのであり、近接するものの根拠を過去のものに遡及させるような類比的な統握があるのでなければならない。

このことは途方もないもののようにみえるかもしれないが、単純な真理なのだ。ただ、この近接するものを因果性と解釈するのであってはならない。もっとも、因果性が複合的な形式において、このような事後的動機づけを遡及的に指示することを排除するものではないが。どのようにして、共在から共属が「生成する」のか。これは重大な問いである。ここでまずもって、端的に確定されておかれるべきであるのは、期待の連関は、《もし〜なら》と《〜であるゆえに》における仮説的な連関の場合も、意識にそくして発生してい 357 たのであり、経験の連関の内にその発生をもっていることである。期待の連関は、明晰な想起なしに立ち現れるとき、想起を遡及的に指示するような志向的内実を内包している。意識における期待の連関における現実存在は、それに「相応する」想起なしには不可能である。この不可能さは、（かりに）想起がまったく不当であり、その類型にそくして正当性をもたないとすれば、この意識の内実が立ち現れることができないと洞察されるような不可能さである。私がそこに向かう先のもの（そして何かに、私が向かうこと）は、過ぎ去った経験を証示するのでなければならない。経験は仮象の経験（過ぎ去った経験）であるかもしれないが、想起は完全に仮象の想起であることはありえない。

　ここでの発生は自然科学の意味での因果的発生ではない。ここでの発生が意味するのは、あらゆる統覚の形式の現在的意識も、それに相関する形式という過ぎ去った意識を要求する、ということだけである。私たちが分かっているのは、私たちが何らかの統覚を遂行するかぎりで、過ぎ去った意識は失われることがないことであり、過ぎ去った意識が自己の自我流の内で未来の意識へ「働きかけ」、影響を及ぼすことである。しかし、これ以上のことを言ってはならない。ここでの発生は、ある心理学的アプリオリ、〔すなわち〕すべての生物学的心理学の基盤ではあるが、それじたい生物学的心理学に属するのでないのは、この生物学的心理学が特殊な人間的なもの等を排除するからである。

　さらに私たちは驚くべきことを担っていると言える。それは発生というアプリオリな規則性が理性と関連していること、すなわち現在の経験の動機づけが存在の根源として関係づけられている過ぎ去った意識を遡及的に示すことが、理性と関連していることである。意識は任意に別様でありうる諸事実からなる任意の流れなのではない。以前の意識は後の意識の諸可能性をアプリオリに動機づけている。この動機づけは、後の意識が少なくとも経験的－超越的統覚（命題）という性格をもつかぎりで、相応する以前の意識によって、その事実性の内で必然的に動機づけられるというあり方において生じている。この動機づけは理性作用の特異性をもち、動機づけられた措定は理性的な措定である。「発生的」根源を解明することは、与えられた措定の理性を解明することでもあり、発生的に根拠づけるものは、理性的に根拠づけるものでもある。ただし理性の根拠の重点は、明晰さから規定されるものでなければならない。

ここでさらに指摘されねばならないのは、(体系的に階層づけられた経験の動機づけとしての)間接的で複合的な統覚は、私たちがそれらを明晰にし、そのさいそれらを意味にそくして証示するとき、以前の経験の連関の類型を必然的に鏡映しなければならないことであり、その「類比的な統握」から間接的で複合的な統覚が発生的に生成したことである。いまやすべてが理解しうるものになるだろう。

70

五 『デカルト的省察』における間主観性の問題について

〈(a)〉 現象学的還元の歩み。第一省察について、最後に振りかえって

超越論的エポケー〔判断停止〕が可能にすることとは「超越論的還元[44]」〔の行使〕を意味する。なにに向けて還元されるのか？　ここには二義性がある。エポケーは超越論的な絶対的な存在の宇宙に到達可能とし、個体的なもの、時間的な個体の新たな世界、新たな超越論的な時間性の領域に到達可能とする。そしてまずもって理論的な（および実践的な）間接性のための妥当の地盤を打ち立てる超越論的経験という形において到達可能にするのである。エポケーにおける自我[45]（エポケーを普遍的なものとして遂行する自我）は、まさにこの自我にとってこの〔エポケーの〕経験があり、この自我がこの経験を理論的に遂行し、また受動的に生きるのである。またこの自我は、この経験する生、超越論的な生にもとづいて、さらなる理論的な生、すなわち記述する生等々をなす自我なのである。したがって、私たちはこのことによって超越論的なものというタイトルのもとに以下のものを区別しなければならない。つまり、（a）超越論的に経験する作用やその他の作用の主観の極、すなわちその極がこの自我であるような具体的な生一般と、（b）超越論的なものの領域との、すなわち超越論的なものの具体化の内部で——具体的なエゴの内部で——
71 経験され、認識にもたらされる、あるいはもたらされうるような他のエゴをも含めた超越論的なものの領域との区別〔である〕。

この超越論的エゴにはまた、ある可能的な反省的経験も属しており、それによってこのエゴは自分自身や自身の超越論的経験、およびその他の作用を経験し認識することができる。このエゴの原初的に還元された世界も〔この反省的経験にかんして〕同様である。私たちがこの経験を反省的により高次の段階において遂行される反省的作用にかんして、くり返し反省を付け加える（そのことで超越論的エゴは同一的に同じものとして、ひきつづき反省しつつ、自分自身から発する新たな内実を受け取りつつ、経験されるわけであるが）とすれば、超越論的な経験性の領域として以下のものが区別されることになる。（一）超越論的なものとしてのエゴ自身。すべての経験とすべての思考とがそこにあり、（超越論的エポケーの自我としての）それをとおして、そもそも超越論的にエゴにとって存在するすべてのものが志向的に含まれているような超越論的なものとしてのエゴ自身。そのエゴに固有の現実的なおよび可能的な（能力可能的）生とは、この生それ自身およびおおよそ超越論的に存在するものすべてがそこで意識され、個々別々に認識されるような生である。（二）ときとして、エゴにおいて経験され、その経験にもとづいて妥当するにいたるような超越論的なもの。これはしかしエゴそれ自身ではなく、エゴにとって「超越的」であるようなものである。現実にそのような超越がどの程度、超越論的にエゴにおいて経験可能なものとなり、経験されるのか、そしてまた必然的に他の超越論的エゴとして経験され、また「モナド」としてのそのようなエゴの一つの開かれた全体性として経験されるのか、こうしたことは、さしあたり〔いまだ〕確定されていない。

いま問題になっているのは、ただ形式上、私たちによって思考可能なものとして前もって描かれた区別のみである。あらかじめ明証的であるのは、そもそもエポケーの後にエポケーの自我が、経験する生の（しかも超越論的な、つまりまさにエポケーの後でも、エポケーのなかでも措定されうる超越論的な生の）自我として残っているとき、私たちは必然的にこの形式的な区別にいたっている、ということだけである。

初めにあって私は、いまだ連関するはてしなく開かれた経験野としての、すなわち絶対的存在の一つの「世界」への通路の野としての「具体的なエゴ」、あるいは〔他のモナドにたいする〕私のモナドについて何も知っていない。まずもって次のように思える。私が確実でありうるのは、私があらゆる先所与性、先入観、先行妥当を差し控えることを、私にとって妥当する経験の世界にも拡張することができる、ということである。この経験の世界はわたし自身を、すなわち他の人々のなかのこの人間を含んでいる。

72 しかし、にもかかわらずいまやこのエポケーが私を困惑させる。私はどのようにして、「私は私にとって存立しているあらゆる妥当を差し控える、私は世界一般の存在およびわたし自身、〔すなわち〕この人間にかんする信憑を差し控える」などということができるのだろうか？　というのも、「私は差し控える」という言表の内に、そのように差し控える者としての自我がそこにあるのではないのか？　「私」とはやはり、「私、この人間」のことである。私は「私は存在する〔我あり〕」という言表の必当然性〔疑いの余地のなさ〕に突き当たり、そして今や以下のような問いが投げかけられなければならない。つまり「我あり」は、どの程度まで私をも包括しているエポケーの普遍性と背反しないのであろうか、あるいは普遍性という意味をともなうエポケーを遂行しながら、私が私を人間として（エポケーに含まれているものとして）その妥当を（たんなる「現象」として）解除しておくことができるということを、どの程度まで明証的に知ることができるのか、という問いである。というのも、私は自分自身をエポケーを遂行する同じ自我として、疑いの余地なく妥当の内に置くのでなければならないからである。このことがどうにか折り合いがつくとすれば、私はエポケーの後には〔自然的‐世界的な〕「自己経験」の自我、すなわち自己経験の内で不断に前もって与えられている自我ではもはやないであろうし、またこの先所与性の内実の一つの構成要素や内実を規定する断片でもないであろう。そして、私はあらかじめすでにそこに居合わせることで、あらゆる世界に属するもののもとで、先所与性がそれにとって存立するような自我として居合わせているということになろう。

とはいえ、こうしたことは始めは不明晰な議論と言える。しかし、すくなくとも次のようには言うことができるだろう。普遍的な断念の命題としての、世界の存在の「命題」を断念することとしての世界エポケーは、始めは次のような意味で明証的な可能性である。すなわち私が熟慮するに、私は私の覚醒した生において、空間世界的なものを持続して経験しており、それを知覚にそくして直観的にもち、この経験においてたえず（＝習慣的に）普遍的な空間時間的な世界地平をもっている。すなわち私は、私にとって存在する、私に存在するものとして妥当する「空間時間的世界」という宇宙を、前もって与えられてもっているのである。この熟慮が私にこの普遍的な世界、私にとって不断に存在する世界という「命題」を成果としてもたらす。そして私はこの普遍的な命題（一般定立）、すなわち普遍的な持続的に続いていく存在確信としての普遍的命題、〔すなわち〕私が私の生において不断にもっていたし、またこれからももつであろう存在確信としての普遍的命題をエポケーにもたらす。また私は、私の確信にそくした私の生きる時間をつらぬいて存続する統一的な普遍的確信としての普遍的命題を、エポケーにもたらすのである。このことを、私は即座に私に前もって与えられている世界の存在についての、ごく未規定の概観において成り立つ形式において行なうことができる。しかし私は、このことによって無条件に普遍的なエポケーの（そして自我－還元の）可能性を説明できたのだろうか？　つまり、不断にこのエポケーを遂行するものとしての、無条件に普遍的な私の生の現実的な表象可能性という意味での可能性を明らかにしたのだろうか？

73 私はそれに加えて、なお経験できることや判断できることを要求するだけでなく、いずれにしても、「私は……を差し控える」や「私は存在する」を活用できることを要求している。私は自然な先所与性と《妥当とみなすこと》における私の存在とその生から出て、普遍的なエポケーにおける存在と生のうちへと移行する。〔しかし〕そのようなことは、可能なのだろうか？　確かに、エポケーとエポケーにおける措定する生は、一般的で‐未規定的な、顕在化されていない命題にかんするエポケーとして可能である。しかし私が、エポケーを同時に顕在的に、全体的なエポケーとして、したがってすべての世界の個別性へと拡張された、首尾一貫したものであり続けるエポケーとして遂行するとしたら、エポケーはなおも可能であるのだろうか？　しかしこれでは早急にすぎ、ほとんど明瞭とは言えないのではないか。

（一）一般定立、そのさい前提にされているのが、「宇宙」としての世界の顕在的な（論理的‐普遍的な）構成。（二）この可能性が全体性の構築という一つの作用において保証されているならば、普遍的なものとしてのエポケーもまた保証される。（三）そのとき、なにが経験可能、思惟可能なものとして残されているのか、という問い〔が生じる〕。

〈（b）〉とりわけ第五省察にかんして。現象学的還元の歩み

74

エポケーの後、まなざしはまずもって「世界という超越論的現象」、あるいは世界意識という超越論的に具体的な体験に向かう。この体験の自我は今や、超越論的自我であり、しかも現象学的な還元の内にあって、現象学的な活動を遂行する〔現象学を営む〕自我である。まずもってそれは、理論的な意図における現象学的な経験、そしてこの地盤の上での記述、すなわちそれに従属する概念や判断を形成する諸作用をともなった記述である。「超越論的主観性への還元」は、二義的であることが証示される。エポケーにおいて措定可能な主観性は、「私のモナド的に固有な」、〔すなわち〕現象学する自我にモナド的に固有な主観性、ならびにこの主観性の内でみずからを開示する超越論的な間主観性として理解されうることになろう。

主観性というものを原初的に具体的な自我、すなわち自身の現実的および可能的な作用の極としての自我極、および具体的にこれらの作用と一つになり、そのことによって自身の体験作用、およびこの体験作用から切り離しえないものの極としての自我極として理解すれば、私たちは並行的な概念として、原初的に具体的な自我たちの全性としての具体的な間主観性の概念をもつことになる。これら自我たちの生は、一方で個別的な具体的な自我に応じて分化され、他方ではおのおの具体的な自我生の志向性が自分自身の内に志向的な間接性を担っているかぎりで「結合して」いる。そしてそうした主観性は、たんに具体的な自我生の広がりとそうした自我生に統一を、すなわちモナド的に内在的な現前や内在的なモナド的時間性の統一を与えるだけではなく、間主観的な現前や間モナド的‐全モナド的な時間性の超越する統一をも構成するのである。私たちはしたがって、次のように言うこともできる。すなわちここで原初性と間主観性との間で働いている根本的な区別とは、私にとって超越論的なエポケーにおいて措定可能なもの、および首尾一貫した経験において証示可能なものの内部での区別である。その区別とは、（一）それ自体において第一の普遍的な時間化、それによって「私のモナド」という具体的な統一（全体性）が構成されているような時間化と、（二）基づけられた時間化、〔すなわち〕それによって共現前が構成されていて、他の時間化との、ないしはそもそも他のモナドたちとの共‐現前、および彼らのモナド的な（そして彼らにとっては原初的な）もろもろの時間の共‐時間性が、私の全体的時間とともに構成されているような時間化との間の区別である。さらに帰結することとして、私にとって存在するもろもろのモナドの相互的な共‐時間性があり、これらの諸モナドにとって、私のモナド自身がふたたび共時間的なもの（広義の意味で共存している）なのだが、そうした諸モナドとしてのそれらの共‐時間性がある。私たちは、こうしたこととともに「超越論的‐客観的に」一つのモナド世界を、一つの時間という統一形式においてもつ。この一つの時間「の内に」、すべてのモナドが存在し、それらモナドのどれもがそれ自身の時間をもち、このおのおのの時間が全時間へと組み込まれているのである。どのモナドもその流れる現前をもち、その現前においては含蓄的に、そのモナドの過去と未来との全体的志向性が隠されている。当然のことではあるが、統一としての現前、また流れることにおける統一、すなわち原連合とその原連合に固有な志向的な間接性の統一としての現前は、持続的に合一している。この持続的な合一にもとづいて、不連続な合一（遠隔連合）もまた構成されている。どのモナドもその充実化された原初的時間の内部で感情移入の体験ももっており、これらの体験をつらぬいて共－時間性の構成や他の《フレムト》モナドの構成が進んでいくのである。

〈(c)〉**第五省察について**

私は以下のものを区別しなければならない。すなわち今、超越論的に現象学する主観性（現実的なエゴとしてのモナド）と端的な超越論的主観性との区別である。後者の主観性
75 は、超越論的に現象学する主観性を自身の内に含むような超越論的間主観性としてみずからを証示する。

さらには今、超越論的に現象学する主観性であるエゴが、過去には超越論的に現象学する主観性ではなかったが、超越論的主観性ではあったことを認識することもある。またこ

の主観性は、その超越論的な他なるものの経験において、他のエゴたちを現象学するエゴではなくても、（ないし、場合によってはときおり現象学するエゴとして）、超越論的なエゴたちとして認識するのである。

超越論的エゴに属しているのは、エゴの経験する生としての普遍的な超越論的経験である。この経験は一方で、超越論的な自己経験であり、そこにおいて私は還元の内に生きる超越論的エゴとして、自分自身および私の志向的生および、その生における志向的なものそのものを経験し、認識している。その超越論的自己経験においては、その世界は内在的に時間的な統一としてではなく、それにたいする理念的な統一として純粋に私の原初的経験の世界としてある。他方で、この超越論的自己経験は超越論的な他なるものの経験であり、この他なるものの経験を一貫して、客観的な世界としての世界についての超越論的経験である。

世界についての超越論的経験について語ることは、どのような意味をもつのであろうか？　これはすなわちエポケーという態度において、普遍的な世界経験および世界の知や世界の生一般を遂行する主観性を意味するといえよう。この主観性は、そこにおいてすべての世界的なものが存在意味をもち、すべての世界的なものを主題とし、そのなかで構成的に共にそこに含まれていることとして、この普遍的な生において構成的に思念され証示された、ないしは証示されうるような世界を、共同主題とすることといえよう。このことはまさに、生の世界、つまりそこにおいてときには正しく、ときには誤って、ときには神話的に、ときには学問的に、また実証的に思念されて妥当する世界であることに他ならない。まさにそれは、それ自身として、すなわち超越論的傍観者からみられた世界として、つまり超越論的なモナド的主観性の構成的統一として見られた世界であるかぎりにおいて、そうあるのである。他の世界を私たちはもたず、誰ももつことができないのであり、他のものであることは、いかなる意味ももたないであろう。エポケーは一般に超越論的経験を、その開かれた無限性にむけて開くのであり、絶対的なるものの超越論的な全性、つまりそこにおいて超越論的に構成されたすべてのものをともなった超越論的なモナドの全性を開くのである。

76

　こうしたすべてのことは、その経験の内で相応する経験の方向のもとで、超越論的に経験されている、あるいは経験可能となっており、こうしてこの世界は超越論的に構成されたものとしてある。この世界は、〔また〕自然な態度をとった自我（および私たち）にとっての自然な態度の世界である。しかし自然な態度と、その世界をともなった自然な態度におかれている主観性一般は、超越論的な普遍的経験の内において、この経験の普遍的地平の内に含まれている。この経験の内で超越論的なまなざしは、自然な世界の内なるものおよび自然な態度の世界一般へと方向づけることができるのである。このようにして超越論的な経験それ自身が、私たちがすでに語ったように、自然な態度の世界そのものなのである。〔また〕この超越論的な経験は、超越論的な経験の主題となり、その完全な絶対的な存在意味において超越論的な間主観性の超越論的な能作として理解可能となる。それも、この経験それ自身と切り離しがたく、まさしくこの経験それ自身の内で遂行され、とどまり続ける能作として理解可能となる。しかも、それはこの経験において自身を形成し、相対性の段階において持続的に自身を証示する理念として理解される。そして、この理念はつねに新たに、そして相対的にその真実さが証明されるような先行描出の無限性の相関者として、つまり推定的であっても妥当するそれ特有のあり方で明証的な無限性の相関者として理解可能となるのである。

このことから二重の意味が帰結する。(一) 自然な態度における世界。この世界は、そのなかで私が、場合によって誰もが超越論的なものの匿名性の内に生きるような世界としてである。ないしは人間全体のなかで誰も、かつてエポケーを遂行しなかったといった場合さえもある。(二) 人間が超越論的に覚醒していて、超越論的な自己認識を獲得し、そのことによって自然性における自身固有の存在、およびこの自然性における世界を超越論的に主題としている場合である。

〈(d)〉 第五省察についての反省

「具体的な」自我（原初性をとおして構成されたモナド）と具体的なもろもろの自我が「結びつけられた」多様性としての具体的な（二次的な意味で具体的な）間主観性とが〔問われている〕。この結びつけられているというのは、私の自我意識や私の志向的生において、それぞれの生をともなう他の複数の自我が意識されていることによって結びつけられているのである。また、彼らの自我は共同の妥当性において意識され、彼らの意識生において、私と私の生へと関係づけられる者として、したがって彼らの側で私と「結びつけられている」者として証示されているのである。この志向的な相互浸透において、私にとっては他者たちによって意識されたものが利用できるのであり、私の意識は志向的に他者の意識に関係づけられ、この意識をとおして、この意識において意識されているものへと
77 関係づけられており、そしてその逆もなりたつ。そのさい、この反転もまた、つまり私と私の意識しているものへと関係づけられたこのような他者の意識の所持もまた、私によって意識されているのである。その結果、私の意識が私の意識の内で明らかになる他者の意識をとおして円環的に自分自身へと帰ってくるということになるのである。そのようにして、場合によっては、私やあらゆる人々のおのおのの意識が認識できるようになっている。

超越論的な間主観性は私にとって存在するものであり、私の超越論的な生は層をなしていて、根底となる層は第一の「具体化」、すなわち「直接的な」志向性において「関連する」生であって、原初性の層である。しかしここで、直接性および間接性とはなんのことであろうか？　さしあたり、私たちがもっている概念は志向的含蓄性の間接性という概念であり、――反復しうるものについての意識に関係づけられた意識であり、その意識を経ているような意識としての何かについての意識なのである。しかしこのことは、すでに想起とあらゆる「準現在化」に妥当する。原初性を越えているより高次の段階の志向的間接性の根本的な性格とはなんであろうか？　したがって、感情移入をきわだてて特徴づけるものはなんなのだろうか？　どのようにして、モナド的に具体的な現在は他のモナドたちの具体的な共現在を措定することができるのだろうか？　どのようにして、ある原初性が第二の原初性を措定することができるのだろうか？　すべては原初性という概念とそこにおいて明らかにされる「他なるもの《フレムト》」の概念、すなわち他者の意識の間接性の概念にかかわっており、この間接性は、たんに象徴的な指標でもなければ、たんなる準現在化でもない、すなわち自分固有のものについての準現在化でありうるようなものでもない間接性としてある。

　それらの内の何が、最初から直ちにその役割を果たすということができるのだろうか？

原注

＊1　以下に掲載されるのは、初めの数週（一九一〇年十月、十一月）の講義〔解題参照〕の紙片にすぎないが、ここには幾つかの議論が結びついている。私はこれ以降、講義ノートなしで自由に講義をした。

〈内容説明〉　自然な世界概念からの出発。認識論の出発点としての自然な世界概念。現象学の可能性。「現象学」はここでは最初から現象学的本質論として使われているわけではなく、本質論ではない経験する現象学が可能であるかどうかを吟味しようという試みがなされている。

意識流の統一の明証という点での我思う《エゴ・コギト》の明証、したがって現象学的領野の所与性。内在における超越、ならびに超越のさまざまな概念。内在における超越的措定の正当性。再想起および予期の正当性。特別に重要なのは、経験的な超越的措定を体系的意識連関へと転換させることが明らかにする志向的関係、すなわち予期志向の正当性である。超越論的主観性の指標としての客観性、および意識領分における「経験的」認識の正当性。かくして現象学的な（形相的でない）還元が明らかにするのは、主観的なるもの（超越論的―主観的なるもの）の内で、顕在的に印象としてあるものを越え出ていく可能性である。同じことが感情移入にも適用される。〔本稿は〕これに関する初めての詳論である。超越論的還元〔物理的自然の遮断〕によって、このエゴ以外に、別のエゴとその流れが明らかとなる。モナド論。モナドの結合。再想起が自体（！）を与える。感情移入的準現在化、現在想起は自体を与えない。

特別に重要なのは、統一的な現象学的自我の本質、すなわち私の意識流が他のすべての意識流に対して現象学的に完結しているのはいかにしてか、ということである。統一の原理。

＊2　一九二四年ないしそれ以降に、「他者知覚および他者経験」が挿入された。—編者注。

＊3　フッサールによる後の注記—「〔ここでは〕精神科学、『精神的形成体』に関する学問が考察に入れられていなかった。」—編者注。

＊4　これは正しくは次のように理解されるべきである。——経験がもつ不断の措定は、その不断の意味とともに、一貫して保持されている経験の斉一性の枠内で進行し、この措定の明証は常に、留保つきで必然的にそうあり続けるような一つの経験明証である、と。自然の理念が与えられた自然に適用されうるということ、それはまさに、与えられた自然を前提している。だが、自然が実際に現存しているかどうか、現実に存在しているかどうか、それは常に留保つきなのである。

＊5　世界経験、自然経験のもつ「基礎づけ的な意味」とは何のことか？　一切の世界思考、世界に関する一切の思念は、「純粋経験」に基づいている。正当であるか不当であるかという問いを立てることなく、一切の思考を私たちが脱ぎ捨て、純粋に経験されたものとしての

経験された世界にとどまるなら、私たちは純粋な経験意味を一般的な概念で原本的に書き換えることができる、等々。

＊6　事実についてこのように語ることの内に含まれているのは、私たちはその事実を無限に今後も進行していくものとして考えており、したがって予料的に前提しているということ、私たちがそのつど遂行し、かつ誰もが自分で遂行している措定が、経験の斉一性において今後も保持され続けるということである。しかし、この予料は世界経験そのものの統一的経過の内で根拠づけられている。

＊7　また注意されるべきなのは、自然な世界概念とは、人間が学問以前にみずから形成してきたような世界概念ではなく、学問の以前にも以後にも自然な態度の意味を形成しているような世界概念のことであるが、この場合そうした意味は存在論の根本概念において初めて仕上げられなければならない、ということである。

＊8　前の二つの文に対する、後に（おそらく一九二一年に）なされた批判的補足。「このように言うことはできない。実際次のように反論することもできよう。すなわち、私がある幾何学の領圏においてある種の命題だけを使用しており、その他の命題領圏に関しては判断していない場合、そのことでもって、一方の命題と他方の命題は真理（現実的であろうと、仮説的であろうと）として互いに独立であるということが言われているわけではない、というように。したがって第一に問題なのは、現象学的に判断することと存在論的に判断することがどの程度まで独立しているのか、ないしはこの独立性が正当に意味しているもの、また

意味しうるものは何か、ということである。ある程度の依存性は実際に成り立ってはいる。ある事物が実存していると私が措定するならば、あるいはもっと一般的には、事物一般の可能的実存を私が措定するならば、それと同時にどの自我に対しても、彼の可能的な経験する意識に対する一つの規則が予描されていることになる。私は斉一的経験の一つの連関を、私がいま顕在的な経験において所持してはいるが、純粋に志向的対象として取り扱っているような対象との関係において考えてみることができるにもかかわらず、その事物そのものについて少しも判断することなく、この連関を完全に斉一的な連関として構築することができ、この連関をその体系において記述し、したがってそれについて判断し、一つの判断体系全体を明証的真理というかたちで言表することもできる。同様に私は事物一般の可能性に関して、事物性一般の固有な本質に属しているものに関して存在論的に〈少しも判断したりすることなく〉、形相的に「事物一般」を純粋に可能な場合には経験することおよび斉一的に経験することの志向的可能性として考察し、可能的な斉一的経験体系を構築することができる。また反対に私は存在論に従事することもでき、そして純粋に存在論的な態度にあっては、原理的には私は決して現象学的判断に突き当たることはない。

私が存在論的には誤っており、かつ現象学的には正当な判断をするということも可能であるし、またその逆も可能である。しかし本質が互いに結合して相関関係が成立しているがゆえに、真理それ自体の独立性は成立していない。判断を行なう行為とか真理をめざすことがもつ独立性、認識それ自体の独立性などが意味しているのは、当該の判断それ自身が真理として、あるいは要求された仮説的真理として独立していること、事態とか判断事態が独立していることなのではない。したがって事象的領分においてもこれは同様である。私は一切の事象的に閉じられた認識において独立しており、〔たとえば〕算術においても独立している。私が一つの根拠づけを、一つの証明を達成する場合にも、私はその認識においては独立しているのである。

重要なのはただ、私は存在論的なるものに対して態度決定をせずとも、純粋に現象学的に判断することができ、現象学的に洞察的な真理を獲得することができる、ということだけである。そして自然の現実性に関して言えば、すでに形相的な判断からして世界の実存を前提していない、ということを見て取ることが重要である。経験主義（これはここでは、単に「実証的な」経験科学、客観的な経験科学のみを承認するような客観主義的経験主義のことである）に反して、現に重要なのは以下のことを示すことである。すなわち、純粋意識というものが存在するということ、そしてまた純粋意識は、たとえ変様されたとしても、私のエゴ・コギトとして残り続け、たとえ世界が実存しないとしても残り続けるのだということである。さらに私にとって明らかなのは、私は私のエゴを確かに削除することはできないが、しかし純粋な形相的現象学の領圏と同様、存在論的可能性の領圏も、一つの客観的世界の実存からは独立している、ということである。」――編者注。

＊9 「見て取ること」とはこの場合、還元された知覚に対する表現である。「現象学」は、現象学的還元という地盤に基づいた経験的学問として考えられており、したがって形相的現象

学ではなく、また「疑いの余地がない」正当化を問うこともしない。

＊10　あるいは、現象学がそれに対して貢献しうるような学問が存在するか、である。その場合には、これはまさにこれら学問の関心事なのである。しかし現象学自体は自分自身のためにある。現象学はエポケーをもって始まることができ、それ以上の動機を問い求める必要はない。

＊11　先行する二つの文は、一九二四年ないしそれ以降に、以下のように変更され、削除記号を付された。「またおそらく現象学という名称は、一つの学科の名称であるのと同様、一つの方法の名称でもあるだろうし、おそらくさまざまな現象学的学科が存在することだろうし、その内の一つはたとえば絶対的に明証的な所与に形相的にかかわり、また別のものは「不完全な」所与に経験的にかかわることだろう」―編者注。

＊12　ここで初めて、現象学的経験を、その根本形態――すなわち、知覚、（過去）把持、再想起等々――に応じて、必当然性（疑いの余地のないこと）について批判（吟味）するという理念が現れている。――〈第四章〉においては、どのようにして知覚に対して（その試行的構造にしたがって）現象学的還元が行使され、現象学的に純粋な知覚が獲得されるのか、ということが一歩一歩示されている。自由な（過去）把持や再想起、予期においても同様である。最初にそもそも純粋な現象学的経験が獲得されねばならず、それから初めて必当然的批判が行使されうるのである。

＊13　ここにあるのは、知覚は本原的自体現前の流れる一点をもっており、しかもそのうえ、

《たったいま－過ぎ去った》としての「（過去）把持的」所与の地平をもっている、ということである。他方で、〔知覚は〕同様に予持的所与の直接的未来地平をも有している。知覚が過ぎ去ってしまえば、その場所にはたんなる（過去）把持が現れ、これがしばらくの間、進行してゆく「沈退」という形態をとって生き生きとしており、そして最終的には完全に沈んでしまう。

＊14 〔ここではまだ〕形相的還元は遂行されていなかった。この研究は現象学的に還元された意識を、その個別的な流れにおいて考察した。

＊15 「現象学的経験」はのちに引用符のなかに入れられ、そこに「「現象学的経験」＝現象学的エポケー内部における単称的で個別的な意識探究」という注記がなされた。―編者注。

＊16 しかしこの言い方はかなり誤解を招くおそれがある。内在的与件は、それが知覚されたものであれ、（過去）把持的に意識されているものであれ、準現在化されたものであれ、現在のもの、過去のもの、将来のものである。過去の、現在的にあった与件だとか、さらに過去的にあった与件等々がある。しかしそれらが客観となるのは、幾重もの現実的および可能的再生産の存続する統一としてである。

＊17 しかし一方の対象はその原本的生成においてたった一度しか与えられえないのに対し、他方は繰り返し与えられうる。一方は知覚されていたものとしてしか、したがってまた場合によっては再想起されたものとしてのみありえたのに対し、他方はあらゆる知覚に先だってありえたのである。

＊18 私の聴講生たちが困難をおぼえたため、新たに叙述した。

＊19 一九二四年ないしそれ以降の、後からの挿入。「そのつどの位置から出発して、現象学的還元を連続的に遂行しつつ、地平を連続的に展開してゆくことを通じて」—編者注。

＊20 またそれだけではない。その事物を見ながら、私たちはいつでも、任意に頭を振り向けたり、遠ざかったり近づいたりなどした場合には、その事物がどのように見えるであろうかと考えたり表象したりできる。

＊21 後から、一九二四年ないしそれ以降に、フッサールはここまでの文章を次のように表現した。「仮に私たちが二つの想起連続体を獲得し、それら想起のおのおのが、露呈可能な自らの時間地平をもっているにもかかわらず、私たちが露呈を進行させていくなかでそのつど一方の地平から他方の地平へと移行することがないとしたら、どうであろうか？」—編者注。

＊22 「類比化的〔類比化する〕」は、一九二四年ないしそれ以降に、「写像的に表象する」に変更された。—編者注。

＊23 つねに私は「見て取る」わけではなく、それでも必然的に——と私には思われるが——空虚な共現前が前もって存しており、これが場合によっては再生的直観へと移行する。

＊24 次のようにも言うことができる。つまり現象学的な感情移入とは一つの現象学的自我の現象学的経験であり、この自我はこの経験において、しかも原理的に、もう一つのそのような自我を〈それ〉自体として経験する。このことは、私たちが経験的感情移入に関して、この経験において一人の人間がもう一人の人間に関する経験をその心的生にしたがって獲得す

るという類似の命題を言表する場合のようには、何らトートロジーではない。なぜなら結局のところ、これは経験的感情移入の定義だからである。

＊25 「それゆえ自然に関して判断するのではなく、純粋に現象学的な連関の存在に関して判断するとき」は、一九二四年ないしそれ以降に、「それゆえ自然の存在に関して判断するのではなく、あるいはよりよく言えば、端的に自然「なるもの」に関して判断するのではなく、現象学者として信憑をともに遂行することをすべて差し控えつつ、ただもっぱら純粋に現象学的な連関に関してのみ判断するとき」へと変更された。—編者注。

＊26 ここまでの文は後に、おそらく一九二一年に、次のように変更された。「何よりもまず言わねばならないことは、私たちが現象学を自然科学に対するある種の並行するものとして考えていたということであるが、ただしそれはこれら両者がともに個別的対象に取り組むかぎりにおいてのことである。」—編者注。

＊27 ここで一九一〇／一一年の講義というのは〔解題参照〕、フッサールが一九一〇／一一年冬学期にゲッティンゲンで行なった「現象学の根本問題」という週二時間の講義のことである。彼はその講義の最初の部分に当たるものしか草稿を作成していないが、それがフッサール全集第十三巻ではテキスト六番として再現されている〔本書テキスト二—訳者〕。以下のテキストは、一九一〇／一一年冬学期に行なわれた（おそらく十二月中旬までの）週二時間の講義の最初の部分のための要旨の草案であるが、秋休暇（一九一〇年十月初旬）に執筆されたものである——これは萌芽として、また、「純粋な」心理学という理念の下での話で

はあるが、話題は間主観性にまで拡がり、それとともに（文化という）志向的相関者をも包括している。しかし結局のところ、それはすでに超越論的現象学なのである。たとえば、本文第三五節を参照せよ。―編者注。

＊28　Wという整理番号でフッサールが指しているのは、自然と精神の関係、自然科学と精神科学の関係という問題を検討した草稿であり、そのもともとの核心部分はおそらく一九一〇年に起草されたものであろう。一九二〇年代に至るまでフッサールは、それに関してさらに補遺や付論を書き続けた。一九一六年から一九一八年の間に彼の助手をしていたエディット・シュタインも、そうした付論の一部を草稿Wに割り当てている。彼女はまたその一部を『イデーンⅡ』（フッサール全集第四巻を参照）の第三編の仕上げに際して使用している。その草稿の或る重要な一部は、現在フッサール全集第四巻のうちで公刊されている。―編者注。

＊29　すでにここに、間主観的な現象学的還元が見られる。

＊30　この方向にあるものは、いまは私たちにとっての「主題」ではなく、「主題的措定」を受けるべきではなく、したがってまた［それについて］いかなる述定的判断も行なわれない。

＊31　ここで初めて、一九一〇／一一年の講義の根本思想が登場している。

＊32　われわれは精神が相互に影響を与えること、精神の相互作用について語っている。[55]そのさい、コミュニケーションという関係（これは何らの影響でもない）と、《我－汝－作用》という種類の、感情移入によって媒介された間接的な動機づけという関係とが、鋭く区別されねばならない。

＊33　これでは十分ではない。歴史はその一断面にしかすぎない。記述的な精神の探究、了解を介して結合された意識の連関を追究することによって明らかとなるのは、歴史以上のものである。ここには明断な区別が欠けている。

＊34　そのためには、特殊な《我‐汝‐作用》が必要である。

＊35　根源への問いの意味〔には二つある〕――一、ほかの箇所で私が静態的現象学的構成と（適切ではないが）名づけたもの。〔ここでは〕ノエマ的‐原本的な多様性のノエマ的統一としての、根源的な与えられ方における「対象」〔が問題となる〕。〔これは〕現れたもののアプリオリに必然的なシステムであり、展開された知覚の本質はそこにある。二、一般的原理にそくした発生論の始まり。発生的構成。

＊36　原文三四七頁四行目から三五〇頁八行目までは、問いとして、根源性のさまざまな概念とそれに応じた「根源的である／より根源的でない」という関係が論じられている。「根源的に与えられる」とは何を意味するのか。〔この問いは〕この草稿の紙面の三五〇頁九行目で、「現象学的根源へと遡行すること」の問題解明に直接、接続している。

＊37　後に、「根源的に、原本的に与えられた」と挿入されている。―編者注。

＊38　フッサールは（β）に属するテキストを、草稿では線を引いて消している。―編者注。

＊39　現象学的発生の根源性。

＊40　（γ）へ挿入すべきこととして。一方の知覚が出現するとき、必然的に先行している他方の知覚の出現に依存しているかいないかによって、二つの知覚は分離して出現するか、し

ないかということがありうる。一つの知覚が、他の知覚から出現する。私が連続的に知覚するとき、おのおのの知覚の位相の内に、知識や見識の増大をもつことになり、知覚された対象は、その考察された位相において、以前の知覚の、現実に生き生きとした意味内実が実質的に含まれていないとしても、妥当する意味をたえず「増大」させている。対象がこの位相の知覚されたものであるように受け取られ、具体的な知覚の体験が、まさにそれがそうあるように受け取られるとき、明証であると言えるのは、こうしたことがその持続性の内で以前に進行していた知覚なしに、(アプリオリに)考えられえないことである。したがってこうした知覚の内に対象は、その根源を本質規則にそくしてもっているのである。進行されたどの位相も、どの位相区間も、新たな位相と後の位相の根源〔性〕にとっての前提である。知覚にそくした、《いかに》において与えられた対象は、このようにたえず生成するものであり、同一のカテゴリーの以前の位相から生じるものである。

あらゆる生成するもの、したがってあらゆる時間的なものは、その生成の諸位相から生じ、同一の位相の継続において成る。あらゆる後続するものは、新たな時間位置を充実する固有のものをもたらすが、しかしそれはこの充実以上のものであり、後続するものは先行した区間の意味を位相として担っている。

しかし、知覚意味(ノエマ)が知覚意味から生じるという、わたしたちの志向的領域の内では、事情は本質的に異なっている。〔ここで〕以前の位相が後続する位相に介入するということは、たんに「外的に」後続する位相がこの位相の色調、すなわちこの生成の色調をもつというのではない。したがってここには以前のものからの後続するもののより本来的な生成、つまり以前のものの内実からの後続するものの内実のより本来的な生成がある。

＊41 そして、体系的現象学的発生の諸問題。

＊42 後にフッサールは、このタイトルを以下のように変更した。「発生的根源と現象学的－静態的根源との連関」―編者注。

＊43 後にフッサールはこのタイトルを、「発生的現象学にかんする思いつき」と修正した。―編者注。

＊44 『デカルト的省察』（『フッサール全集』第一巻）第八節参照。―編者注。

＊45 エポケー〔判断停止〕は注意すべきことだが、一回的な作用ではなく、「総じて」という様態における作用によって創設される一つの習慣性であり、くり返しエポケーのなかにあって、エポケーにおいてもっぱら超越論的な作用を遂行するという習慣性である。そのようにして「エポケーにおける超越論的な生」の統一が普遍的に、いま現実的な生を越えて普遍的な可能性の地平として創設されているのである。

訳注

［1］ die natürliche Einstellung これまで「自然的態度」という訳語が定着して来ているが、日本語としてはなじまないという判断から、本書では「自然な態度」と訳すことにした。私たちが日常生活を送っているとき、意識するかしないかにかかわらず、おのずからそのよう

な態度をとってしまっているようなそういう態度（姿勢、考え方、世界の捉え方）のことで、学問（自然科学や精神科学）もふつうはこの態度の上に築かれることになる。なお、この訳語との関係で、アヴェナリウス（後述訳注〔13〕）の語でこれまで「自然的世界概念」と訳されてきた der natürliche Weltbegriff も、「自然な世界概念」とした。

〔2〕 Dasein　ハイデガー『存在と時間』（一九二七年）の「人間の存在」という意味に力点をおく「現存在」という訳語から区別して、「現実に存在するもの」という意味で「現実存在」を訳語としてもちいた。なお、フッサールが Dasein とほとんど類義語として使っているExistenz は、通例どおり「実存」と訳出したが、ハイデガーやサルトルらが使うような意味とはかなりことなるので注意されたい。

〔3〕 Person　「人格」という訳語は、特にこのような文脈では、日本語として固すぎるので、ここでは「人」とした。本書では、文脈に応じて「人物」や「人格」を使い分けた。

〔4〕 Leib　デカルトは、ラテン語とフランス語で思考・執筆したため、日本語では「物体」と「身体」と訳し分けるところを同じ語（corpus, corps）で表記していたが、フッサールは、早い時期から（一九〇七年の講義「物と空間」）、「物体（Körper）」と「身体（Leib）」を使い分けていた。「身体（Leib）」は「生きる（leben）」と語源を同じくしており、「生ける身体」と訳すこともでき、フランス語では corps vivant、英語では living body と訳されることもある。

〔5〕 retentional←Retention　「（過去）把持」とは、「たったいま過ぎ去ったものを今まだ把

持している」という事態を指している。re-（後ろに）という部分に過去へ向かっているニュアンスが含まれているが、過去を主題的に振り返る「想起」に対して、時間的幅をもって現在に地平をなす非主題的な働きを意味している。そのように幅のある現在の内にすでに過去という時間契機が含まれている特有な志向性であることを示すために、煩雑になることを犠牲にしても、「(過去)」という語を半角のカッコで付加した。

［6］ Einfühlung　本書のテキスト六でも言及されているように、この語は、もともとテオドア・リップス（1851-1914）が使っていた用語であり、フッサール自身、リップスの感情移入論には批判的であったが、この語を捨てることなく、晩年に至るまでさまざまな意味を盛り込みながら（本書第二、第三部参照）使い続けた。リップス同様、フッサールにおいても、この語によって感情の次元のみを問題にしているわけではないため、以前は「自己移入」と訳されてきたが、それによって自己を他者に移し入れることが強調されて、余計な誤解を招きかねないので、ほかにも訳語の試みがあるものの、ここではより誤解の少ないと思われる「感情移入」という訳語を使うことにした。

［7］ fremd　ここでは、「自分固有の（eigen）」との対比で、「他の」と訳したが、ドイツ語の fremd には、「異なる」と「他の」という二つの意味が含まれているので、両方の意味を盛り込むために「異他なる」という訳語が使われることもある。しかし、それはこなれない訳語であるため、本書では、「他の」あるいは「異なる」と訳しながら、「フレムト」というルビを振ることにした。

[8] ideal 『論理学研究』第一巻でフッサールは、数学・論理学が扱う次元と心理学が扱う次元とをそれぞれ ideal と real という対語で特徴づけた。後者が、特定の時間・空間に拘束される次元であるのに対し、前者は、特定の時間・空間には拘束されない次元であるとして、両者のあいだには「架橋することのできない断絶」があるとした。本書では文脈に応じて、「理想的」ないし「理念的」という訳語を使い分けて、「イデアル」というルビを振った。対比的に、「実在的」に「レアル」というルビを振った。

[9] "ich bin" カッコつきで使われているのは、デカルトの「我思う、ゆえに我あり (cogito ergo sum)」(ドイツ語では、Ich denke, also bin ich) を念頭に置いていると思われ、それとの繋がりを思い出していただくために、「我あり」という古文調の訳語を使った。

[10] Psychophysik この語は、当時グスタフ・テオドア・フェヒナー (1801-87) が『精神物理学要綱』(一八六〇年) によって始めた、「心と物の平行論」を説く学問分野を念頭に置いており、それはこれまで「精神物理学」と訳されることが多かったが、ここでは前後の文脈から「心理物理学」と訳した。

[11] Ontologie アリストテレスの「存在としての存在 (on he on)」を研究する学問が、近代になって、存在者の複数形 onta と摂理・理性・言葉を意味する logos との合成語である存在論 (Ontologie) で呼ばれるようになったが、それをフッサールは、このテキストに見られるように、対象一般のアプリオリなカテゴリーに関わる形式的 formal 存在論 (純粋数学、純粋論理学を含む) と、個別学問の対象領域の本質構造に関わる質料的 materiell 存在

論（領域的 regional 存在論とも呼ばれ、自然の存在論、精神の存在論を含む）との二部門において構想していた。

[12] Mannigfaltigkeit 「多様体」と訳したこの語は、一九世紀の数学においてはふつう、カントールに見られるような（いわゆる「集合論」の）「集合」を指しているが、フッサールは、形式的学問の哲学のなかで、対象一般の操作の形式的法則のみによって規定されるその領圏を表すものとしてこの語を使い、命題論的に向かう理論と相関的に、対象に向かう形式的一般的な理論を「多様体論」と呼んでいる。彼にとって、形式的な数学はこの多様体論の一部を実現したものにすぎなかった。

[13] Richard Avenarius (1843-96) ドイツの哲学者で、ライプチッヒ大学で学び、同大学で私講師になったが、一八七七年、新カント学派（西南ドイツ学派）の創始者ヴィンデルバントの後任としてスイス・チューリッヒ大学で没するまで教鞭をとった。主著『純粋経験批判』（一八八八～九〇年）のほか、『人間的世界概念』（一八九一年）などの著作がある。その「経験批判論」は、物心二元論を廃して、一切の知識の源泉である主客分離以前の「純粋経験」に立ち還り、それに基づいて「自然な世界概念」を再興しようとした。彼の「経験批判論」は、実証主義的な立場と反形而上学的な主張によって、マッハや論理実証主義のウィーン学団の成立を促したが、他方では、「自然な世界概念からの出発」という内容要旨が付された本テキストに見られるように、フッサールの「自然な態度」というアイデアにも影響を与えるとともに、やがてフッサールのなかで重要な概念となってくる「生活世界」という

思想の先駆とも考えられる。別の付論「アヴェナリウスの哲学」（おそらく一九一五年執筆）では、「アヴェナリウスによる〝見いだされるもの〟の純粋記述の最初の試み」において、「あらゆる理論に先立って世界が与えられている」ことが評価されるとともに、「アヴェナリウスは記述を始めたが、純粋現象学的還元には到達しなかった」、というのも、「彼は自然主義にとどまった」からで、「アヴェナリウスにおいて端緒はよかったが、そこにとどまってしまった」と批判されている（Hua XIII, Beilage XXII）。

［14］ rationale Psychologie　一八世紀ドイツの啓蒙思想を代表する哲学者クリスチャン・ヴォルフ（1679–1754）は、心理学を経験的心理学と合理的心理学の二部門に分けて、経験的心理学が、認識能力や欲求能力等、心の機能を個別的に探究する心理学であるのに対して、合理的心理学は、存在論、宇宙論などから原理を取り入れ、心に内在する事象を論究する心理学と考えた。合理的心理学は、人間精神によって可能なものの理由を探究する学であり、経験的心理学によってアポステリオリに与えられるものをアプリオリに論証する学である。この大陸合理主義の流れが、英国経験主義の影響のもとにすっかり葬り去られてきたが、それを復興させる必要がある、とフッサールは言うのである。

［15］ res cogitans/res extensa　この節でのラテン語を使った「思惟するもの」と「延長するもの」の区別は、デカルト（1596–1650）のものであるが、人間の身体における両者の結びつきは、デカルト哲学のアキレス腱でもあった。それをここでは、「本質的区別」と「経験的結合」の問題として捉え、ヒュームの「実在的区別」とも関係づけながら、「現象学的

区別」と「事実性」の問題として捉えている。

［16］ Körper 「物体」と「身体」の区別がなかったラテン語の corpus に由来する言葉で、前述（訳注［4］）の Leib（生ける身体）と区別して、物体としてみられた身体を指すのに使われる。そこで、Körper は事物や物体そのものを意味するので、この箇所のように、特に人間の物的身体を指しているときには、たんに「物体」とするのではなく、「物（的身）体」と半角のカッコをつけて表記することにした。また一部、もっと簡単に「体」とした箇所もある。なお、両者を一つにしてしまった Leibkörper という語も使用されるが、それは「身体物体」という訳語を用いた。

［17］ An-sich-sein これは、カントの「物自体 Ding an sich」を念頭に置いている語と思われるので、「自体存在」と訳した。なお、それと対になるとしばしば思われている für sich については、ヘーゲルの場合、「即自 an sich」「対自 für sich」「即かつ対自 an und für sich」という訳語が使われる習慣になっているが、フッサールの場合、そうした構図のなかで使われてはいないので、「それだけで」「独立して」といった訳語を使った。

［18］ percipi ここでラテン語が使われているのは、ジョージ・バークリ（1685–1753）の「存在することは知覚されることである esse est percipi」という知覚一元論が念頭にある。

［19］ Apperzeption もともとライプニッツ（1646–1716）が「知覚 Perzeption」と区別して、「知覚に向かう、随伴する働き」を指して使われた語で、その後、カントが『純粋理性批判』において、感性的直観の多様が悟性により綜合されるに先立って、統一を形成する主観

的な働きが「統覚」と呼ばれて、ライプニッツの「経験的統覚」に対して、特に「すべての表象に必ず伴わねばならない」「我思う」を「超越論的統覚」と呼んだ。ここでは、それが念頭にあるものと考えられる。なお、この直後から使われる「統握 Auffassung」は、この「経験的統覚」とも重なるところはあるが、直接的・本来的に与えられたもの（感覚与件）に加わって、知覚が「何かとして捉える」という構造をもつことを可能にしている一種の根源的な前意識的に働いている「解釈」を指している。また、カントが（特に『純粋理性批判』第一版において）、「直観における多様なものを通観しそれをまとめる作用」を「覚知 Apprehension の綜合」とも呼んでいたが、本書の別の箇所では、この Apprehension という語も使われている。

［20］ Reflexion　ジョン・ロック（1632-1704）は『人間知性論』（一六八九年）において、すべての観念の起源は経験にあるとする経験主義を唱え、その経験を、外的な感覚 sensation と反省 reflexion に区分した。ここでは、そのことを踏まえている。

［21］ innere Wahrnehmung　フッサールがウィーン大学で教わったフランツ・ブレンターノ（1838-1917）が『経験的立場からの心理学』（一八七四年）において、「内的観察」（心的現象を主題的に対象化する）と区別した「内的知覚」（心的現象に付随的に備わる直接的な意識）の明証性に対して、フッサールは『論理学研究』のなかで批判を加えていた。「ドイツ語で言われるのが常となっている」というのは、そのことを念頭に置いていると考えられる。

［22］ デカルトは『省察』のなかで、「思惟するものとは何であるか。つまり、疑い、知解す

る、肯定し、否定し、欲し、欲せず、また想像もし、そして感覚し、するものである」（第二省察）と述べている。ドイツ語では denken と訳される「思惟する cogitare」は、知性的な働きに限定されるものではない。

[23] Solipsismus　「独我論という異議」は、『デカルト的省察』第五省察で他者経験の問題を提示する際にも冒頭で挙げられている異議（非難）であり、このテキスト（一九一〇／一一年）でも重要な役割を果たしているのを見ると、フッサールがこの頃から晩年に至るまで、現象学的還元に対する反論として、一貫してそれと取り組まねばならないと考えていたものであったことが分かる。

[24] Immanenz/Transzendenz　ここで「心理学的な内在／超越」と「現象学的な内在／超越」とが区別されている。現象学的還元を知らずにあるいは遂行せずに「内在／超越」を語ることで両者を混同するところから、独我論が生じることになるというわけである。

[25] Gegenwärtigung – Vergegenwärtigung　「現在 Gegenwart」から作られた「現在の gegenwärtig」という語はふつうに使われるが、それから作られたこれらの両語は、あまり使われることはない。前者は、現在のもの（現前しているもの）に関わる働き（たとえば、知覚）であるのに対して、後者は現在・現前していないものに現在において関わる働き（たとえば、過去に関わる想起、未来に関わる予期、現前しないものに関わる想像など）を指している。これまで、その内に含まれている「現在」という語を生かしながら、前者が「現在化」、後者が「準現在化」と訳されており（『現象学事典』参照）、ここでも踏襲することに

したが、日本語として美しいとは思えない。たとえば、後者の動詞形 vergegenwärtigen は、「ありありと思い浮かべる」くらいに訳せる語であり、できれば、もう少しこなれた訳語を考えたいところである。

[26] Gebiet　フッサールは、これに類する語をいくつか使っている。「領域 Region」は特殊な文脈（領域的存在論）で使われるものとして訳語を固定し、「領野 Feld」はフィールド（野）というニュアンスを残したが、ここの「領圏 Gebiet」のほか、「領分 Sphäre」「領土 Reich」「範囲 Bereich」には、訳し分ける必要があるとも思えないものもあるが、とりあえずこのように訳し分けてみた。

[27] Empirie　フッサールは通常、「経験 Erfahrung」という語を使うが、ここでは経験主義 Empirismus の語源になっているギリシア語の形をあえて使っている。経験主義的に理解された経験的知識を念頭に置いているため、と考えられる。

[28] Motivation　フッサールは『イデーン』第二巻において、「物質的自然の構成」「動物的（生気ある）自然の構成」「精神的世界の構成」という三つの層（秩序）を区別し、「物質的自然」の世界の法則である「因果性」と「精神的世界」の法則である「動機づけ」を区別・対立させている。本テキストにおけるこの語の使用も、その前身となる用法と考えられる。

[29] Transzendenz in der phänomenologischen Immanenz　すでに第二五節で、「(過去)把持は現象学的態度の内部の〝超越〟である」とされていたが、この箇所では、志向されたものがすべて、ある意味で「内在における超越」であると主張されている。つまり、「実質《レエ》

的《ル》」には「内在」ではなく「超越」であるが、「志向的」には内在である、と言えるからである。『イデーン』第一巻では、「純粋自我」が、現象学的還元の後の「内在」の場に見いだされる「超越」として、「内在における超越」と呼ばれている。

[30] transzendental - empirisch　元来カントが『純粋理性批判』で導入した区別で、カントにおいては、「対象にではなく、対象を認識するわれわれの認識の仕方に、この認識の仕方がアプリオリに可能であるはずのかぎりにおいて、これに一般に関与する一切の認識」が「超越論的」と呼ばれる。それは一方では、「超越的 transzendent」の対語として使われるとともに、他方では、「経験的 empirisch」の対語としても使われるため、前者を強調して「超越論的」と訳されたり、後者を強調して「先験的」と訳されたりする。ここでは後者の対語のなかで使われているが、フッサールのなかではもっぱら「超越論的」という訳語が使われるのが慣習となっているので、ここでもそれを踏襲する。フッサールは、もともとブレンターノのもとで学んだときには、カントとドイツ観念論ではなく英国経験主義の哲学者たちを読むよう勧められたが、『現象学の理念』（一九〇五年の「五講義」）の頃から、急速にカント哲学に接近し、カントの超越論哲学を批判的に継承しようとし始めた。そこから生まれたのが、『イデーン』第一巻（一九一二年）であった。

[31] Abschattung　同一の事物がさまざまに現れる際のそれぞれの一面的・側面的な現出の仕方のことを指すフッサール独特の用語。後出する（テキスト八）「アスペクト Aspekt」という語も、フッサールはほぼ類似の意味で使っている。

[32] leibhaft 語源的には、「身体 Leib をもった／備えた haben」から来ているので、身体［訳注［4］参照］との繋がりも考えられるが、知覚の現在において与えられる原本的所与性を意味しており、準現在化する意識や空虚な意識の所与性と対置されている（『経験と判断』）。そこで、「有体的」と訳したが、文脈によっては「身をもって」と訳したところもある。

[33] Leistung leisten（なしとげる、果たす、行なう）という動詞の名詞化で、そのような働き・作用を表すとともに、それによって果たされた・なされた成果・業績をも表しているため、研究者のあいだの慣習として「能作」という訳語が使われてきたが、必ずしも日常的に使われる日本語ではない（もとは仏教用語）ので、文脈によっては「機能」「働き」などと訳した箇所もある。

[34] kinästetisch←Kinästhesis ギリシア語の「運動 kinesis」と「感覚 aisthesis」を組み合わせて作られた造語で、当時の心理学界において「ある特別の筋肉感覚」の意味で使われていたが、フッサールはそれを借りて来ながら、『物と空間』（一九〇七年）の講義以来、それを外から説明するための概念装置ではなく、内から感じ取られている「運動と感覚が一体となった現象」を指すための現象学的な用語として使うようになった。

[35] Ichmonade 「モナド Monade」は、ギリシア語の monas（単位、一なるもの）から古代ギリシアに作られた語で「単子」と訳されるが、この語を中心に独自の形而上学を展開したのはライプニッツ『単子論 Monadologie』（一七一四年）であった。ここでフッサールは、

自我をデカルトの「我思う」と結びつけて論じる方向から、それをライプニッツの「モナド」と結びつけて、その多数性において論ずる方向へと展開している。それは、後に『デカルト的省察』で辿ったのもこの方向であり（その意味でこのテキストは、『デカルト的省察』の先駆的形態とも言える）、それが「独我論という異議」に反論する方向でもあった。

[36] Epoché　古代ギリシアの懐疑主義の中心概念で、ふつう「判断停止」と訳される。フッサールにおいては、現象学的態度への現象学的還元の操作の一部を成しており、初め「デカルト的な道」においては、デカルトの「方法的懐疑」になぞらえて説明していたが、「懐疑」と呼ぶのはふさわしくないと考え、この箇所のような語り方もしている。とりわけ「超越論的」な次元を開くものとして「超越論的エポケー」という語も使われるが、それについては本書テキスト五を参照されたい。

[37] Protention　Retention（前述訳注［5］参照）と同様に、「（未来）予持」とは、「今まさにすぐに来たらんとしているものを今すでに予持している」という事態を指している。pro-（前に）という部分に未来へ向かっているニュアンスが含まれているが、未来を主題的に先取りする「予期」に対して、時間的幅をもって現在に地平をなす非主題的な働きを意味している。そのように幅のある現在の内にすでに未来という時間契機が含まれている特有な志向性であることを示すために、「（未来）」という語を半角のカッコで付加した。

[38] “unbewusst”「無意識の／に」という語をフッサールは、ほとんどの場合、ここにあるようにカッコ付きで使っている。フッサールの現象学の出発点となった『論理学研究』

（一九〇〇／〇一年）と同じく、世紀の変わり目に出版されたフロイト（1856-1939）の『夢判断』（一九〇〇年）は、無意識の深層心理を解明しようとする精神分析の出発点となり、その理論はすでに広まっていて、フッサール自身、フロイトの著作を数冊所有しており、ここでは巷に流布しているという思いが、カッコ付きの使い方に現れていると考えられる。

［39］ Assoziationspsychologie　Assoziation は、ロックやヒュームの経験主義において取り上げられて、「連想」とも訳されてきた。この英国経験主義の影響のもとに発展した一九世紀の心理学を特徴づけるのが、意識の働きを原子的な所与としての要素（要素主義）とその合成によって説明しようとする連合心理学であった。すでに英国で、J・S・ミルやハミルトンらが、連合を原理とする経験的心理学を形成していたが、ドイツで実験心理学を創設したヴィルヘルム・ヴント（1832-1920）もまた、その影響下に、連合を根本原理とした。広く言えば、フロイトの「自由連想法」も、この連合心理学から生まれたものと考えることもできる。

［40］ Bewusstseinsleben　「意識 Bewusstsein」と「生 Leben」を一語に繋げた語であり、日本語にはなじまない語であるが、そのまま「意識生」と訳した。フッサールは、「純粋意識」について論じた『イデーン』第一巻でも、デカルトのコギトに対して、Ich denke（我思う／私は考える）と言いながら、それを Ich lebe（私は生きている）とも言い換えていた。意識生という語は、意識が主題的な意識ばかりでなく非主題的な意識からも成っていることを表す言葉として、ますます頻繁に使うようになる語であるが、その萌芽はすでにこのテキ

スト（一九一〇年）にも見られることが分かる。

［41］ noetisch - noematisch←Noesis - Noema　ギリシア語の動詞 noein（思う）の名詞化が noesis（思うこと）で、その過去分詞形が noema（思われたもの）で、ラテン語の cogitatio と cogitatum に対応する対語である。フッサールは、現象学的還元において捉えられる意識の作用とその内容もしくは対象を、自然主義的歪曲を排除して、与えられるままに捉えるために、近代哲学に汚染されていないラテン語やギリシア語を用いて表そうとした。「ノエシス－ノエマ的」とは、そのような相関関係のなかでの考察を表している。

［42］ Leibkörper　「身体」と「物体」を一つに繋げた語で、これについては、前述（訳注［16］）を参照。

［43］ Hyletisch←Hyle　もともとアリストテレス以来、形相 eidos と質料 hyle という対語（ラテン語では form と materia）において使われてきた語であるが、フッサールはノエシスとノエマ（前述訳注［41］参照）のノエシス側に、志向的モルフェー（意味付与作用）と感覚的ヒュレー（感覚与件）とを区別する。

［44］ sich genetisch konstituieren　ここで（再帰動詞を使った）「発生的に構成される」という表現は、この頃（このテキストは「おそらく一九二一年」とされている）から盛んに使われるものである（本書第三部参照）。次のテキスト四（一九一六／一七年）の「根源／起源」の議論も参照されたい。

［45］ Harmonie　ここでは、ライプニッツ哲学の中心概念である「予定調和」を念頭に置い

ていると考えられる。ライプニッツにおいて、この概念は、もろもろのモナドの間、モナドと宇宙の間、精神と身体の間、自然と恩寵の間、これらを繫ぐものとして使われている。

[46] Ursprung　ここで「根源」と訳した語は、「起源」と訳すこともできる。特に、「心理学的根源」については、「実在的な生成 Werden」とか「生じる entstehen」という語で説明されているように、むしろ「心理学的起源」と訳した方がいいかも知れない。しかし他方で、ここでそれと対比されている「現象学的根源」についても、やがて一九二〇年代の発生的現象学の展開のなかでは「起源」と訳した方がいい場面も出てくる（たとえば、『危機』書の付論「幾何学の起源」など）。このあとすぐに、「心理学的発生 Genesis」と「現象学的発生」という対比も出てくるが、これはまさに発生的現象学への展開を予感させるものである。

[47] originär　従来「原的」と訳されてきたが、日本語としてはなじみがなく、「原本的」として「オリジナル」というルビを振った。この箇所の文脈に見られるように、「根源的 ursprünglich」を説明するのに使われる語であり、「根本的 radikal」や「原初的 primordial」（次注および本書テキスト一四参照）とは異なる意味で使われる。なお、別の箇所では、この originär（フランス語から来た形）ではなく、original（ドイツ語の通常の形）や originaliter（ラテン語の副詞形）が使われることもあり、後には使い分ける場面も出てくるが、ここに訳出されたテキストの範囲内では、ことさら異なる意味をもつものとして使い分けているとは思われないので、混乱を避けるため、同様に、「原本的《オリジナル》」とすることにした。

[48] primordial　従来「第一次的」と訳されてきたが、この語 primordial は、ラテン語の

primordium（始まり、始原、原初）から派生した形容詞であって、primus+ordo（第一の秩序）から派生したものではないので、「原初的」と訳した方がよいと考えられる（『現象学事典』参照）。

［49］ phänomenologische Genesis　前述（訳注［46］）参照。

［50］ ursprüngliche Präsenz und Adpräsenz　これらの用語については、後述（次注および第二部訳注［2］）を参照。

［51］ Appräsenz bzw. Appräsentation　ここでは、前訳注［50］の箇所の Adpräsenz が Appräsenz という形にされている。前者が古い語形というだけで意味の違いはないので、あわせて「共現前」のみとした。

［52］ reell　本来、ドイツ語の real（本書では「実在的」と訳した）に対応するフランス語からきた語で、意味上の違いはないのだが、フッサールは両者を使い分けている。従来「実的」、「実有的」という訳語も使われてきたが、日本語としてはなじみにくい。「実在的」とは区別して、意識の生そのものに実質的に属する（内在する）ものを言うことから「実質的」と訳した。

［53］ Neutralitätsmodifikation　信念や臆断という対象存在の判断に依存せずに中立的に「思い浮かぶ」という様態への変様を言う。中後期において、「想像〔ファンタジー〕」の統一は、明らかに可能な経験の統一、ないし経験の統一の中立性変様に他ならない」（『経験と判断』）というように使用され、本質直観のさいの「受動的想像」との連関で活用されている。

[54]　Horizont「地平線」とも訳せるが、主題的に関心が向かっている対象の周辺あるいは背後に、非主題的に広がっている背景の広がりを指している。

[55]　Ich-Du-Akte「我 - 汝」という言い方は、マルティン・ブーバー（1878-1965）の『我と汝』（一九二三年）を思い起こさせるが、フッサールの蔵書のなかにもブーバーの名は出て来ないし、フッサール『年代記』にも『書簡集』にもブーバーの著書・論文は見当たらない。むしろ、マックス・シェーラー（1874-1928）が『共感の本質と諸形式』の初版『共感感情の現象学と理論によせて』（一九一三年）で、「汝の明証一般」や「我と汝に関して無差別な体験の流れ」などを現象学の立場から論じていること（しかも、この書はフッサールの蔵書に含まれていること）からして、フッサールが、間主観性の問題を論ずる早い時期から「我と汝」という言い方をして、「我は汝との対比のなかで初めて構成される」（一九一四年頃の草稿）とすら述べているのも、そのようなシェーラーとの交流から培われた可能性が高い。

第二部　感情移入

21 六　感情移入に関する古い草稿からの抜粋

〈(a)　他我への類比推理に対するリップスの議論への批判。他者身体の統覚がもつ媒介性。心理物理的な自己の知覚。知覚機能としての共現前。他《フレムト》の意識流の経験の可能性の条件〉

私たちは次のように推論するかもしれない。

私の身体とりわけ私の手は私には物として与えられると同時に、身体として、感覚野等々の担い手として、自由に動くもの、心理物理的関係の根本物体として与えられる。身体物体と一体になって心的なものが知覚され、単なる物体性という下層とともに、心理物理的な統一体が知覚される。

他の身体は物体的には、私の身体物体の類似物である。知覚された物体性を通じて、この類比によって、心的なものもまた付加的に要求される〔といった具合にである〕。
ここで要求されたものは、統覚された物体的・精神的な実在の、言わばそむけられた側面であり、おおわれた側面である。*1 ここで、通常の外的知覚が引き合いにだされるかも知れない。というのも、そこでも知覚されたものはただ一面的に統握され、それゆえ「本来的に」与えられたものを越えて、与えられたものと一緒になって現前するものをともに措定することが起きているからである。

しかし、そのような（たんなる物体知覚の）場合、知覚においてともに措定されたもの
22 自身が一次的な本来の意味で知覚可能である。統覚は、証示の可能性を含んでおり、これによって共に統覚されたものは本来的に知覚されるものへと移行することになる。しかし、このことは〔他我を論じている〕ここでは排除されている。

私の身体が、私という心理物理的統一体の物体的な層として与えられるのは、それがまさにこの下層として与えられること、言い換えれば、心理物理的な全体が与えられることによってである。心的なものは原本的な現前の内にあり、たんに物的なものと〔身をもって〕一体になった共現前という仕方で与えられるだけではない。もちろん、与えられたものは「もしこうなれば、こうなる」という仕方でさらなる可能性を指示している。このことが意味しているのは、体験された感覚、作用などはある実在の状態であり、実在的な性

質の現れであるが、この実在的な性質それ自身はいかなる体験でもなく、体験の内で原本的に告知されているものである。

他の《フレムト》物（的身）体〔他者の身体〕、たとえばそれに属する他者の手に関して、私は確かに、身体としてあるいは人間としての統握において、心的な状態や人間的心的性質を共に統覚している。しかし、それらは与えられるのではないし、与えられることはありえない。いまやここに困難が生じる。つまり、ともに表象される心的なものは欠けており、それゆえそれは「経験統覚」ではありえない（いわんや、類比推理統覚ではありえない）と言えるし、そう言われてきたのである。そこにある身体物体が私のもの〔私の身体〕と類似的であっても、私の心的なものがともに与えられているという経験から由来する、心的なものの経験要求は放棄される。というのも、ここにはまさにともに準現在化される（類似の）心的なものが欠けているからである。私はしばしばペンとともにペン立てを経験した。私が新しいペン立てを見ると、ペンをともに思い浮かべる。そして、これは経験においてそれに属するものとして要求されている。しかし、この要求は充実されず、ペンは「欠けて」いて、ペン立てはペンなしでもありうる、という新たな経験によって廃棄される。こうして私たちはここではこう言わねばならないように思われる。すなわち、私の身体に類似の物体は心的なものなしにもありうる。ちょうど、私がある「彫像」をあるいは「人形」を人間に類似のものと捉え、場合によっては、ある人を表した像として統握するが、人間としてではなく、そこには心的なものが欠けている、といった場合と同様である、と。しかし、ではなぜ、あらゆる隣人たちがそのような像として捉えられるわけではない、のだろうか。私には心の働きが（本来的な）知覚において与えられることは決してないのに、23 なぜ私は、人間の形をした像と心的なものを具えた本当の人間とを区別するのであろうか。彫像は血と肉からできていないからだろうか。しかし、これだけで決まるのだろうか。理想的《イデアル》には、私の統握を規定するようなすべての物体的構造をもった、私の物体〔身体〕の正確なコピーが、私はそれを身体として統握できないし、することはないだろうが、ありえないのだろうか。どういうときに私はそうしてもいいし、そうしなければならないのか。そして、どこまで通常の人間知覚は、知覚として、「身をもって与える」定立的な統握として正当とされるのだろうか。それが正当とされるのは、それが自身の内に可能性として輪郭を描かれた証示という仕方を要求するとき、それゆえ、心的なものが原本的な所与として与えられることによる証示を要求しないときのみである。

　身体に類似した物体を身体として統握すること、あるいは、人間の全体をこの身体物体をもった人間として統握すること、それが原本的な感覚、作用などの欠如によって無効にされ廃棄されるのは、この欠如が、心的なものを措定することが自分のすなわち原本的に経験されたあるいはその他の仕方で経験された（想起された、期待された）自分の心的なものと衝突するという事態を意味するときであろう。こうして、物の誤った措定が経験の間の衝突によって、最後には外的知覚との衝突によって廃棄される。しかし、私がそれと衝突することになるような、経験された心的なものはどこにあるというのだろうか。私が「他の《フレムト》〔他者の〕」手を私の手として統握したり、他の身体を私の身体として統握した時にのみ、私はそのような衝突に陥ることになるだろう。このことが明らかにされねばならない。「他の身体」という統覚は経験統覚（それゆえ、私の自己知覚との「類似における」統覚）であるのに、ここで衝突が排除されること、なぜ排除されるのか、それが示されねばならない。つまり、示されねばならないのは、心的なものが原本的に与えられることの「欠如」とは、心的なもの一般の欠如という意味をもつ必要はなく、もし私が私の身体物体を、そしてまた他の身体物体をもそのようなものとして統握するとき、その違いはどこにあるのか、ということである。すなわち、異なる身体物体において措定された心的なものは、「心的なものであるが、私のではない」という性格をもつということが、どこで成り立つのか、ということである。

24

リップスは類比推理の理論と闘っているが[1]、詳しく見ると、それと同時に経験統覚という統覚の理論とも闘っている。しかしそれでは彼によれば、感情移入とは何であるというのだろうか。それを言うのは難しい。もちろん、新たな種類の統覚である。しかし彼は、あらゆる〔変様されていない〕統覚、あらゆる種類の知覚は、その証示と拒否の仕方を伴っていること、そしてこれは理念的《イデアル》な発生をあらかじめ描写していること、こうしたことを明らかにしたであろうか。彼はその理論を可能な証示を詳論することで方向づけただろうか。ここで批判が開始され、それがもっとはっきりさせられねばならない。「説明のできない本能」というのは現象学的には、現象学的な無知の避難所である。というのも、ここで重要な「説明」とは、証示を手がかりにした解明だからである。それゆえ、これは批判的であると同時に事象的な主題である。あらゆる統覚はおのずから《エオ・イプソ》経験統覚である。というのも、ここで「統覚」というのはある超越的な対象の意識を表しており、超越は、「志向」されて動機づけられた仕方での充実を要求するような、意識の形式においてのみ構成されることができるからである。いまやここで重要なのは、ある統覚がこの原本的な〔私の〕身体の主体による身体統握からの類比によって成立するのだとすると、その統覚はどのように構造化されていなければならないのか、ということである。そして、ここで示されねばならないのは、〔「本能理論」に対して〕異なる身体の統覚は原理的には「直接的」で根源的な統覚ではありえず、その点で〔そうでありうるし、そうでなければならないような〕〔自分の身体の〕身体統覚と対立しているということであり、それゆえ、両者の統覚の比較においては、「根源性」の違いがあるのでなければならない、ということである。こうした根源性や直接性という言い方も、明確にされなければならない。というのも、他方で他者の経験は、「知覚」という性格、つまり原本において捉えるという性格をもっているからである。

私の感覚野や運動野をもった私の物体〔身体〕、それに関わる私の心的な状態などをもった私の物体としての自分の身体、要するに私の心理物理的な実在は、「自己知覚」において与えられる。ここで「自己」とはこの心理物理的な実在を意味し、それゆえ、純粋な自我からは区別され、まだ人間が考えられてはいないように捉えられる。というのも、人間というのは、間主観的な統一体として、すでにこの自己と他の自己との同一化を前提し、まさに人間という概念が〈含意している〉あの同等視を前提しているからである。

25
それゆえ、初めに来るべきは、この自己がいかにしてまたいかなる「内容」〔意味〕をもって知覚されるか、という仕方を記述することである。この身体が「私の」物体として知覚される、しかも、この「私の」はまずは、それを他の知覚される物体からきわだたせるような固有の記述されるべき現出の仕方に基づいている。それから、さらに知覚されるのは、しかもこのようにきわだてられたこの物体〔私の身体〕に属するものとして知覚されるのは、あらゆる「心的なもの」であり、それはその物体を「私のもの」として特徴づけるものである。つまり、それは、感覚状態、感性的な快楽や苦痛の状態、主観的な動き（自己運動）、あらゆる物の現出、そしてまた、私の身体物体、信じたり、疑ったり、感じたり、意欲したりという作用、などである。それが「知覚される」とは、ここでは、「印象」として与えられ、（再生的な）準現在化によってではなく、根源的な現在化*2において与えられるということを意味している。物体知覚からして私たちは印象的な現前と共現前（「本来的*3[2]」な知覚と非本来的な共知覚）の違いを知っている。物体はその前面について（それについて「本来的に見られた」ものについて）現実的な根源性において与えられており、それについて私たちは現実的な印象をもち、これが現実に原本的に現在している。この物体についてこのように与えられていないものは、ともに与えられ、ともに知覚されるが、根源的な現在化において（「現実に」現在するものとして）与えられるわけではない。そして、それでもたんにその表面がではなく、まさにこの物体が「知覚される」のである。このことは何を意味しているのだろうか。

それは次のことを意味している。その物体は（私がそう表現するのが常であるように）「身をもって」現在するものとして与えられ、私の目の前に原本において立っており、たんに想起されたり、準現在化されたりしたものとしてではない。その物体は再生としてではなく印象として与えられる、と私たちは言えないだろうか。もちろん、そう言うことができる。しかし、物体のようなある超越が現在与えられていることに関する根源性*4（原本26性、印象性）は、まさに本質的に、物体が出現することに関する一次的な原本性と出現しないものの二次的な原本性（共現前）の間の区別を要求する。対象のこの見えない部分に注意を向けるなら、それは再生的に意識される（非直観的であれ）、と言わなければならない。しかし、物体知覚の統一において、たんに物体のうちの根源的に原本的*5で一次的に原本的に現出するもののみがではなく、まさに物体が知覚されるのである。それは知覚思念において、たんに「本来的に知覚されたもの」に即してではなく、それ自身として身をもってそこにあるものとして思念されている。その物体のそむけられた側面、見えないものは、共にそこに、ともに現在しており、この共現前は本質的に物体知覚に属していて、それがこの機能において物体知覚という意識を作る。つまり物体を原本的に与える意識を作り、それが必然的にまさに一次的と二次的という与えられ方に区別され、つまり、根源的な現前と言わば派生的な現前まさに共現前という与えられ方に区別されるのである。この動機づけ連関における準現在化は、現在化の機能を、しかも現在を知覚現在として可能にするという機能を引き受けることになる。

　この共現前には、私が「特に」知覚している物を越えて広がって行く物の周囲（たとえば、私はこの机を見ているが、部屋全体をも見ており、「見られた」部屋だけではなく、私の後ろにある見られていない部屋、見られていない隣の部屋や向かいの部屋等）も属している。もっと詳しく言えば、私は注意を向け取り出されてつかまれた物体という意味で「特に」見ているものだけを見ているのではなく、また、取り出されてつかまれなかったが、ある面では根源的に出現している周囲であるようなものだけを見ているのでもなく、まったく出現せず、気づいていようがいまいが（そのさい、たんに気づかれていないものが、私にとってはおよそ意識されてそこにあるのではないのに、確かに客観的にはまたそこにあり、すなわち事物連関の内に現にあるものと混同されてはならない）、共現前という仕方で共にそこにあるものをも私は見ているのである。もちろんこの共現前というのは
27 曖昧であり、非常に未規定なのであるが、この未規定ということが、この「共知覚」[*6]における一つの様態なのである。

さてここで、自己知覚に戻るなら、身体物体が知覚され、それはおよそ物体知覚がもちうるような根源性において根源的に与えられるのであって、たんに（物体全体として）理解されるというだけではない。心的なものそのものも、少なからず、たんに理解されるというのではなく、あらゆるその構成的な層において根源的に与えられ、心的な体験は印象であり、たんなる準現在化（共現前）ではない。自己がこのように与えられることは、心-身〔身体＝心理〕的な実在に関する最も根源的な（構成的な）所与である。それは、

一つの実在の所与として、両方の実在層において、さらに類似の所与の連関をさかのぼって示し、先立って示しており、そうした所与のなかで実在そのものが分離されるのである。

他の〔他者の〕自己が与えられることに関して言えば——その所与というのは「私」にとって、すなわち、みずからの自己を「自分のもの」として自己知覚されたものとして見いだし、同時に他者知覚の主体でもある自我にとって与えられることであるが——、その所与は他の《フレムト》身体物体性についても同様に原本的な所与であるが、自己について、あるいは心理物理的な実在についても自体が与えられているわけではない。それは何よりも異なる心的なものであり、その内でまたとりわけ異なる体験であり、私の自己体験がもつ根源性において与えられることはない。もちろん問題になっているのは、共現前という作用であり、それはまた共知覚という二次的に獲得された原本性の役割をもつものである。共現前
28 という仕方で知覚する意識に準現在化される意識ないしヒュレー的な体験は、「別のもの」であり、私の意識ではない。私の意識、私の自己に属する意識は、原本的に現在する意識、あるいは原本的に想起されたり期待されたりした意識である。異なる意識は共現前された体験現在あるいは共現前された想起によって準現在化された過去ないし未来である。共現前の変様は、想起の変様にまで及ぶ。そうした変様において準現在化された過去のあるいは未来の体験は、共現前された知覚に至る、異なる自己の体験であった（あるいはそ

うなるであろう）。私の自己の体験が私の体験流を形成する。それが構成されるのは、私の物体身体との絡み合いと実在化とを度外視すると、私が現実的な体験（それゆえ、印象としての体験知覚）の内でいま体験している体験、そしてそれに属する印象的な想起において想起している体験（そして期待についても同様であるが）、そうした体験の流れとしてである。〔それに較べ〕他者の体験流は私にとって共現前として与えられ、共現前された知覚において他《フレムト》の現在の体験が、共現前された想起において異なる想起が与えられ、こうして異なる体験流全体の統一が与えられる。もっと詳しく言えば、共現前において異なる体験の今がその――たとえ大部分がとても未規定であるとしても――時間地平をもって私に与えられるのである。共現前されたものは、ここでもどこでも、属する――つまり、〈印象として〉知覚されたものに属する――ものとして知覚されたものなのである。

　純粋意識の観点からは次のように言えよう。いずれの意識体験も、本質からすると、現象学的な時間形式において広がっている意識流[*7]に属している、と。

　一つの意識流において、その純粋自我にとって、物体世界が構成され、自分の身体と自分の心をもった経験的な自我（一つの自己）が構成され、また、この純粋自我にとってあ
29 るいはこの意識流において、「他《フレムト》の自己、他の心をもった他の身体」が、それゆえまたこの新しい対象的なものが構成されるとすると、この実在化によって問題はいずれにせよ事

実において解消されている。すなわち、純粋意識ないし純粋自我は、他の純粋自我とその純粋意識についての知をもち、一番下には知覚をもつことができる、という事実である。

逆に、私たちは一般にこう尋ねることができる。一つの純粋意識流の内で、その体験の何か一つの形態において、ある他の体験流について、ないしは、「他の」ものであるような（したがってもちろん、体験の原知覚である原印象としての「体験」によって、また、原再生すなわち原想起や期待によって与えられることのない）体験や体験主観について、一つの経験が、したがってまた、一つの経験知が登場することはいかにして可能であろうか、と。何がそういうことの可能性の一般的条件なのであろうか。

一般的にはこう言うことができる。一種の共現前がここで原本的な現前（原現前）のために力を貸すのでなければならない。流れBの原現前は、流れAの原現前の内でただ共現前としてのみ現出することができ、想起変様についてもそれに対応するものが現出することができる。では、どのような形式において、一般に準現在化は共現前として現れ、それゆえ、知覚機能をもつことができるのだろうか。

体験の原現前という意識は、いかなる確認も必要としない。体験することとは、「十全に知覚すること」である。外的知覚のような実在の原現前という意識は、確認を必要としない。ここに構成的要素として共現前が現れる。共現前はすべて、証示のあらかじめ描かれた形式である確認を必要とする。

私たちはまず次のような法則を立てなければならない。共現前は原現前を前提している。ただし、それ自身一つの体験であり、そのようなものとして体験されたものである（それゆえ一つの十全な原現前である）ことは別にしてである。共現前は共知覚であり、基づけ
30 ている分肢からすると原知覚であるような包括的な体験の一部である。しかし私たちは、とりわけもっと先に行くためには、このより高次のアプリオリな一般性において先に進むことはできないので、むしろまずは特定の類型の共現前を詳しく研究しなければならないだろう。そのような類型がいままさに私たちの研究においては、一方の物体知覚と、他方の他の《フレムト》身体、他の自己、他の体験、等々の知覚として互いに相対している。これによって初めから明らかなのは、たとえ共現前が準現在化であるとしても、知覚との連関におけるその「機能」の仕方は、想起や期待とは対立するある本質的な変様を伴っており、したがって、それによってある新しい形の準現在化あるいはむしろそもそも新たな形式が現れているということである。そしてこの形式には新たな種類の確証（ないしは反証）が関連している。

注記——「他の《アンデレ》」意識というのはもちろん、ただちに他の人、他の物体的・精神的な自己の意識ということを意味しているわけではなく、経験するあるいは確証する自我（私た

ちは端的に自我と言うが）が自分の原現前的なもの、それゆえ体験されたものとしてもっているのではなく、まさに思念しているような一つの体験（しかもそれに属する原現前する純粋自我において原現前される体験）なのである。

〈(b)〉 身体そのもののその感性的な層による構成　〈身体統覚における共現前〉

私の手あるいはさもなければどこかの身体部分が触れられ、この触れることが皮膚の表面に沿って進むとき、ある一連の感覚が広がり、たとえ同じ皮膚の箇所で感覚そのものはさまざまであるとしても、同じ場所に属する感覚はすべて一つの共通した性格をもち、それとともにその皮膚の場所に「属する」。特定の「こうならばこうなる」ということが、すなわち一般に、（一般にはつねに満たされた）触覚野が視覚的なあるいは触れることで根源的に捉えられた皮膚の表面へと特定の仕方で配置されることが、そこにある。ここで
31 は物体知覚（空間的物体的原現前と言っておこう）において、身体部分がその表面をもって与えられ、それとともに感覚態[3]が知覚されている。そして、この感覚態が感覚与件としてのみならず、物体の感性的な層としても、それ自身で原現前しており、この物体が感覚態によってすでに身体となり、特別の身体固有性を得ることになる。それゆえ、身体の二つの側面ないし構成要素が原現前において知覚されていることになる。しかし、私が手を

見もせず触れもしないとき、手の触覚野は原現前して与えられているのに対し、物体〔としての身体〕は共現前している。身体物体は、あらゆる物体のあいだでこのような独特な固有性をもっている。それは、いずれかの物体側面において現前していなくとも[*8]、共現前しうるのである。

しかし、空間物体の与えられ方の記述にとって何かが欠けており、それがここで考察される。それは、根源的には空間構成的ではないような感覚による物体や物体的出来事の「現出の仕方」である。私は物体（車が転がること）を聞くことで知覚する。これは共現前ではない。というのも、転がることはまさに車が転がること、あるいはもっと漠然とある物が転がることとして統握される。そして、この物はたんなる転がることにおいて現出する。もちろん、転がることの統握は「根底にある」、聴覚的に構成されないが、すでに「以前に」視覚的・触覚的に構成された空間対象を遡って示している。もし私がその対象を見て触るなら、二重の現出をもつことになる。私がそれをたとえば暗闇で触るだけなら、それはたんなる一つの層の統覚をもつだけである。しかし、「もし私が明るい所でそれを見るなら、たとえばここから、あるいは立ち上がって、さらに視覚的にふさわしい位置で観察するなら」という仕方で、それは視覚的な統覚を遡って示すことになる。これは共現前ではないが、暗闇のなかで知覚に入って来ない部分や性質は共現前している。

32 身体物体の共現前の場合に戻ると、そこでは身体（たとえば体のある部分）が物体として根源的に現前しているわけだが、その場合、物体が見られるが触れられないとか、別のときには両方がありうるとかいった場合とは事情が異なるということが分かる。もちろん特別な触覚性質はたんに見るだけのときにも共現前しているが、物体そのものがそうなのではない。しかし、身体物体は触覚表面をたんに感じるときに（それが触られたり見られたりしないときも）共現前している。もちろん、ここでは身体それ自身が原現前しているかぎりで、そうなのであるが。身体の原現前は、二つの層の原所与において成立するか、それとも一つの層の原所与のみにおいて成立するか、どちらかである。しかし、触覚表面の層は二次的であり、最初のものである物体を遡って示している。

身体統覚の証示。物体を見ること、物体の原現前、〔それは〕他の原現前と同様〔である〕。しかし、物体を感性的な層によって捉えるとき、わたしは「見ること」へ、ないし、触れることへと移行しなければならない（私は実際、物体について勘違いすることがある。おそらくそもそも何もなかっただろうと）。私が物体を見て、それを身体として統握するのにいかなる皮膚感覚も感じないとき、あるいは、触覚表面と身体部分の間の特定の配属を確立したり確かめたりするとき、私はそれに応じてふるまわねばならず、何かでもって、たとえば触ってみたり、本来的には「触る」のではなく、私の手で触ろうとすることによって、その物体を刺激してみなければならない。この配属は考えれば当然というものではない。その配属が止まるのに、私はまだ触覚野をもっていることが考えられるが、もはや私の身体への配属においてではなく、それゆえこの点では、それはもはや私の身体ではないことになる。

勘違いは次のようにしても起こりうる。すなわち、私がある物体的な物を私の手と統握するのだが、実際はそうではなかったという場合、すなわち、私が下層たとえば感性的な層としてこの物体に関わるのに、私の本当の手は隠されていたとか、私は確かに感覚野をもっているのに、私の手は切断されていた、といった場合である。しかし、次のようなことも考えられる。すなわち、私は確かに物体としての手を私の物体〔としての身体〕との通常の結合においてもっているのに、この手はまったく感じられるようにならない、にもかかわらず、私の触覚野とそのうちの手の触覚野、あるいはもっとよく言えば、感覚野としての皮膚接触野が体験となっている、といった場合である。

ここには本当に必然的なものがあるのだろうか。切断された手は手であり続けることはできないのか。それゆえ、その感覚野やその自由な可動性は維持される[*9]のか。感覚野は一つであって、切り落とされえないし、同様にその上に立てられた運動の自由もそうではな
33 い、と反論されるかもしれない。しかし、これは本当に必然的なことであろうか。あるい

は、手の「私が動かす」に属し、残りの身体とともに手の統一に属している感覚複合体の全体がもつ連続性について語るのではなく、たんなる触覚野について語るということは、許されざる制約であるのだろうか。「私たち」にあって一つの身体性という働きをしているものは、空間世界において分離され任意に動くことのできる〔現象的に動くのであるが〕物体に分配されることができるのだろうか。*10

42

七 感情移入 一九〇九年のテキストから

〈(a) **知覚の二つの根本種類。物体知覚と身体知覚**〉

私たちは二種類の統覚、すなわち、覚知する[4]知覚であるような二種類の知覚をもっている。つまり、

(一) 物質的な事物、空間物体が与えられるような知覚、ないし覚知する統覚。

(二) それ自身同時に物体でもあるような身体の知覚、しかもそれとともに人物〔人格〕

の知覚でもあるような知覚。そのさい、ここでさらに二つの知覚、すなわち身体の知覚と「精神」や心の知覚とが、互いに絡み合ってはいるが、区別されるべきかどうかは、いまは問わないでおく。

身体知覚の本質には、二重のタイプが属している。つまり、自分の身体の知覚と他者の身体の知覚である。

これらを二つの知覚のタイプと呼ぶとしても、それらが本質的に互いに相属しあっており、両者ともに身体の知覚であることは、初めから明らかである。知覚する者は、「自分の」身体を知覚し、原理的には自分の身体と同様に独特の仕方で自分の身体として知覚するのは一つの身体のみであって、いかなる他の身体もそうではない。しかし、それにもかかわらず、他者の身体の知覚は、現象学的にはやはり身体知覚であって、そのことに対して十分な分析がなければならない。

43 〈(b) 外的事物の綜合と身体的統一の綜合〉

(一) 綜合において全面的に現れ、本来的な知覚に至るような事象。この観点では、私の身体も一つの事象である。

(二) 私の身体を身体とし、私の自我の物理的な基体とするもの。そこで「身体」と呼ばれるこの物体は、運動と関節との感覚、共通感覚など、同様に痛み感覚や快適感覚を「もっている」。身体は感覚する身体である。しかし私たちは、身体が感覚すると言うのと同じようには、身体が気に入るとか、身体が判断したり意欲したりするとかは言わない。他方で、私たちは同時に、この身体に「魂を付与している」自我が感覚し、気に入るとか気に入らないとかを感じたり、同様に判断したり意欲したり注意したりすると言う。

自我、[*11]すなわち身体から抽象された一つの自我は、物体や物理的事象のような統一ではなく、知覚の綜合の統一ではない。

〔それに対して〕身体をもった十全な自我。あらゆる事物は自我に対立しており、自我身体としての身体に対してある位置をとっている。しかも、私の身体が事物に対してしかじかの空間的位置にあるなら、つまり、私の身体的器官（感覚器官）がそのさい正しい位置にあるというだけでなく、正しい（正常な）状態にあるなら、私（「思考する」私、精神）はしかじかの事物現出をもち、事物は私の前にしかじかの距離にあり、そのさいしかじかのように見え、私にしかじかの側面を示している。現出において物理的事象が自我所与性に至るのであるが、その現出そのものは、自我によってもたれているものとして自我に数え入れられる。ここ、[*12]私の前、身体の前、上、下、等々。いま。

それと並んで「主観的な」体験、共通感覚、痛み等は、身体の内に局所づけられるが、物理的事物としての身体に数え入れられるわけではない。

おそらく次のことが注意されねばならない。外的事物の綜合にはおよそ、相関的に、
44「主観的」で身体的‐精神的な「状態」の連関が属している。たとえば、眼の運動、触感覚、触れる器官の位置と運動。

このような状態感覚が局所づけによってそこに数え入れられるような身体的統一の綜合には、また、ほかの場合は状態として機能しているような感覚の体系が属している。たとえば、私は私の手が動くのを見て、同時に、手の運動感覚を感じる。それらは私の手に属している。さらに、運動によって生み出された皮膚の緊張等は、触れるときにこの皮膚の箇所とともに生み出される触感覚に帰属せられることも、そうである。私はたとえばひじで触れて、同時に動かす。身体綜合そのものは、みずからの内に通常の事物綜合を含んでいるが、それに加えてもっとある。そこには、ここで固定して組み込まれないようなグループが加わる。さしあたり、内的な器官の感覚がともに組み込まれ、内的器官とそれに応じた外的な皮膚の部分の触感覚と運動感覚と連合する。さらにそれらと関連する快と不快、切られた場所の痛み。痛み感覚はそれ自身局所づけられ、不快がふたたびそれに属するものとして現出する。欲求や燃えるような願望が、ある感覚グループとの連合によって「内

部に」局所づけられる。心の悲しみ。意志と緊張感覚。注意、等。それゆえ、身体と感情、意志、意欲、注意との統一。

さらに、現出を事物に対立させ、現出を同様に「主観的」として捉えることがある。事実、現出はそのような直接的な連合によって結びつけられる身体への局所づけをもたない。事現出「において」、事物は単純にそこにある。私たちは現出を体験しつつ、事物に端的に眼をやっている。私たちは事物に注目し、その性質や部分に注目する。現出そのものは現出する事物とみなされる、と言うのは、もちろん間違いであるが、現出は存在から区別されない。[*13]

45 自我は、事物世界に対して絶えず関係の内にある。自我は事物を見て聞いて、それから妨げられ、それをそこから押しやり、空間においてそこへと動き、それが気に入ったり気に入らなかったりする。それゆえいつでも、身体的に機能し、ある仕方で身体をもって行き、ともに抱え込んでいる自我である。そのさい、ある経験的な連関とそれに応じた統一化がある。ある食事の眺めが食欲を「目覚めさせ」、意志を呼び起こす、等。「純粋に精神的な」自我はそれだけで分けられた綜合をもたない。つまり、それは、《身体から分けられながら、その内で統一的で、それだけで閉じられて構成された客観性》としてそこにあるわけではない。

他の自我と自分の自我（自我そのもの）、私の身体、他者の身体。私の腕が動くと、私は運動感覚をもつが、その他の物理的事物が動いても、それをもつことはない。しかし、建築用の柱が動くと、それと「連合して」運動感覚が「加わって連想」され、ともに統一化される。私が他の人間の身体を見るときには、いよいよより完全にそういうことになる。それは推論ではなく、単純に感情移入による「補足」である。

たんなる物理的事物は、知覚現実性との連関にある知覚可能性、つまり経験可能性の体系である。すなわち、αが経験されれば、βもまたそれに属する、しかも、αがいつもα'に移行するとすれば、βはβ'に移行する。そのときには、しかじかのことが生じなければならない。これらはすべて空虚な可能性ではなく、「実在的」な可能性であり、「動機づけられた信念」において与えられた知覚と想起との動機づけ連関が問題になっている。自我身体と十全な自我についても、同様である。それは物理的事物であるが、そこには期待やさらに帰属することがある。すなわち、それには「主観的なもの」の領土が属しており、そこでは、ふたたびある（動機づけられた）経験連関が支配している。「私のうち」に「ザッハートルテ」〔ウィーンのケーキの一種〕の表象〔イメージ〕が浮かぶとすると、私はもちろん食欲を感じる。しかじかの状況のもとでは、私はまさに意欲し、感じ、判断し、そのように意志する。ここではしかし、こう言わねばならない……

46〈(c)準現在化する覚知と「解釈」としての感情移入。二重の層の統一としての身体。感情移入と想起〉

「感情移入」においては、私たちは統握のある新しい形式を認めなければならない。

私は他者の手を見る。私はそれを、ちょうど私の手と同様に、「外的知覚」において統握する。すなわち、その物質的な事物性（物体性）に関してである。それは、私の手と同種の事物なのである。

私の手を私は「感じる」。それは感覚野の担い手であり、主観的な運動野の一つの野に属する。私はそれを動かし、それが動く。しかも、「私が動かす」という形式で。私はそれを動かすことができる。そして、それは外的な働きかけをするための器官である。私はそれで叩くことができるし、手で何かを押しやることができ、何かをつかんだり、もち上げたりすることができる。私の手は私の身体の一部であり、身体はそれゆえ感覚野や主観的運動の担い手、働きかけの器官であり、また知覚の器官でもある。

〔それに比べ〕他者の手は、たんに物質的事物としてだけではなく、「手としても統握」される。しかし、それはだからといって、顕在的に与えられた感覚野の担い手ではないし、「私は動かす」の基体ではなく、私はそれによって働かせたり、叩いたり、押しやったり、かき分けて進んだりするものではない。それは私の身体の一部ではなく、ここにあるこの物体〔私の身体〕の一部ではない。というのも、この物体は、原本的に与えられた感覚野と結合して統一的に与えられ、諸器官のシステムとして、与えられた〔原本的に与えられた〕心的なものと一定の仕方で一つになっているからである。

こう言われるかもしれない。他者の身体は知覚された身体ではないのか。そのさい、他者の心的なものは「ともに知覚され」、他者の心的なものは他者の身体の知覚的に与えられた物的なものと「ともに要請され」、物理的な身体は言わば他の人間という、全体のたんなる一側面である。他者の心的なものは、ちょうど見えない物理的なものがともに統握されともに措定されるのと同様に、ともに統握されともに措定される（＝統覚される）。一般にその他の共統覚の場合と同様である、と。時計は、私がそれを聞くことができないほど離れたところにあるとしても、やはり「鳴る」のである。

47 しかし、そのような場合には、経験の進行が、知覚的に現出しないものを原本的な知覚現出にもたらすことができる。事物知覚の本質には、それが「不完全」であること、それは事物をたんに「現出」にもたらすにすぎないこと、この瞬間的現出は、綜合的に統一的な一連の現出へと組み込まれ、そこでは見えないものが見えるようになり、そうして、知覚的な所与に至るということが属している。適宜変更を加えれば《ムターティス・ムタンディス》、このことは第一次的な意味で現出する事物の性質（事物的な立ち現れ《ファントム》[5]の契機）についてのみならず、物理学的な性質についても当てはまる。事物知覚の本質には、多様な所与への移行が属しており、そこにおいて、それぞれの部分、側面、性質、物理学的な規定が原本的に証示される、あるいは証示されうるのである。

　他者の身体の特殊な身体性質や、他者の身体に属しともに統握される感覚論的なものや心理的なものについては、事情が異なる。これらは、私には原本的な所与に至ることがありえず、根本的にありえない。共に統握された他者の感覚野、運動感覚や可動性、感官の野といったものを私は自分でもつことができず、〔他者の〕手が触れられたときに、その手に属するきわだった触れられ感覚は、原本的に与えられることはない。対象が〔他者の〕手に当たるとき、他者は当てられるが、「私は当てられない」等々。他者がその手を動かすという統握は、私の手の場合のように、「私が手を動かす」という形式で現れることはありえない。「私が動かす」というのはいつも原本的な「私は動かす」である。それは、私が手を動かしたとか、私は手を動かすだろう、といった形で再生的にのみ措定されることができる。あるいは変様されて、私は手を動かすと私は考える、という具合に。「私」と言うとき、自我と現在の自我のものは原本であって、現在の想起なのではない。他者が動くこと、他者が触れたり触れられたりすること〔他者の「私は触れる」「私は触れられる」）は、私によって、つまり、みずからを措定しみずから絶対的に与えられる自我によっては、ただ準現在化という仕方でのみ措定可能であり措定されるのである。それは準現在化という仕方以外には現出せず、したがって原理的には本来的な知覚において知覚されることはありえない。

48 私が手や足を見て、「私の」〔手や足〕と統握する、すなわち、それらに私の顕在的な触覚野の一切片を、そしておよそ主観的な与件の私の顕在的な状態に属する一切片を割り振るということは考えられるだろう。しかし、間違う場合もあり、そのときには、感覚与件による立証や顕在的な生の統一への関係が間違っているということに、私は気づくことになる。たとえば、私は「私が動かす」ということを遂行し、それがこの連関する与件に属しているのだが、〔実際には〕私の視野では現出する手は動いていない、といったようなことである。他者の手のいずれの「知覚」にも、そのような衝突が属しているのだろうか。*14

私の手の観察つまり任意の知覚において、私は物体としての手を知覚し、さらにもっと、たとえば、手に局所づけられる触覚野や、この手に属する複雑な位置感覚などを知覚する。そして、そこで物体としての手を身体器官としての手へと補うものは、まさに、現出するものであって、たんなる総和的に加わるものではなく、私は全体を知覚するのである。

私がそれを越えて付け加えて表象するものは、知覚されてはいない。しかしいまや、この全体は統覚的な（経験）統一であり、これはたんなる物体の場合のように「可能性」を指示している。たとえば、手のそこやここが触れられたり、あれこれの触れられる感覚が触れることの「継起」において経験されたりする可能性である。すなわち、手が動かされたり、ここやそこへ向けられた運動（「私の動かすこと」）の継起において、机の上の手がしかじかのように押しやられ、しかじかの連続的な触れられ感覚複合と状態感覚複合が経験される、といった可能性である。あらゆるそのようなことが知覚可能性の「集合」として手の知覚統握に属しており、あらゆる顕在的な知覚が、こうした集合の一項を実現し、それに対応する可能性の地平をもっている。

「身体」が物体から区別されるのは、それが二層からなる統一であることによる。物体は「空間事物」という覚知的類型の統覚的統一である。空間的‐時間的統一、物質的事物の実体的な統一が構成される。統一が現出し、現れは可能的な現れの地平をもっている。手
49 という身体の一項は、（身体全体と同様に）その内に基づけられた統一であり、ふたたび、新たな類型の覚知的統一であり、新たに基づけられた[*15]現れと、統覚的な可能性の新たな地平をもった統一である。

あらゆる覚知にはアプリオリに衝突や思い違いなど、あるいはより詳しく規定されたり別様に規定されたりといった可能性が属している。たとえば、物体〔と思われたもの〕が

〔実は〕なかったり、それが以前とは別様であったり、等々である。

どの程度まで、同様なことが私の手についてもあるだろうか。もちろん、私はその物体性についても誤ることがある。その身体性についてもそうであろうか。私は右手と左手や右足と左足を間違えることがある（同様な例を体験したことがある）。

私がそこにある事物を身体の一部と、たとえば私の手とみなすが、それが〔実は〕他者の物体、つまりたんなる物体か他者の身体である（そのような取り違えは、右足と左足の間や、私の足と他人の足の間、等にも可能であるはずだ）、ということもありうる。私はなるほどいつも私の充たされた感覚野をもつが、それを知覚的に与えられた物体との「誤った」関係に置いてしまう。私はこの物体に言わば触覚野の一部を割り当ててしまう。〔本当は〕それにはそのようなものは何も属していないのに、である。そのときには、手の統握に結びついたすべての「可能性」が抜け落ちることになる。

私はそれでは他者の手をどのように統握しているのだろうか。

少し通俗的に言えば、知覚する主観によって顕在的に感覚される触覚野は私の身体に、すなわちその二重の構成において知覚される唯一の身体に分配される。知覚される物体性という下層は上層を「要求」し、二重の統一はあらゆる新たな触れること、私のあらゆる自由な運動、等において確証される。基づけが統一を与え、この統一は「経験統一」である。

見られた他者の手へと、私は「私の」触覚面を移すことができる。というのも、この触覚面はまさに私の手に属しているからである。

しかし、物体性に関する類似性によって、他者の手は手としても「統握」され、それとともに、物体性がこれに属するすべてのものとともに身体性の連関に置き入れられる。こ
50 れはどのような統握であろうか（私はまずは他者の身体を、要するに物体を、ある他なる身体物体全体との連関において見る。場合によってはそれはおおわれているが、それでも物体的な世界の内で経験的にそこにある）。

統握は推論ではない。さもないと、結局、すべての連合は推論ということになるだろう。それはまさに統握であって、しかも覚知的なそれである。見られたもの、つまり、ここでたんに感覚されたものではなく、物体として知覚されたものは、「生気を与える解釈」[6]、生気を与える統握の担い手であり、これはそのようなものの準現在化である覚知的な層をもち込むのであるが、このような準現在化を、私たちは「根源的な」身体知覚である自分の手や自分の身体知覚においてと類比的にもつのである。感覚的な体験の覚知された準現在化の存立と結びついているのは、「可能性」というそこに属する「集合」の仮説的に動機づけられた準現在化である。これらもまた、「私たちの」身体の場合とは別の仕方で意識

され、それらは原本的に構成される可能性の「準現在化」でもある。
それゆえここでは、準現在化が一つの役割を果たしている。*16

もちろん、あらゆる覚知的な知覚において、準現在化がその役割を果たしている。すなわち、わたしが、統覚をなしている空虚志向の複合を明晰にすることに取りかかり、それゆえ、「可能な知覚」へ移行し、私がキネステーゼ的な志向を実現したときにもつであろうような可能な知覚現出の連関に移行するときに、その役割を果たしている。しかし、他者の身体の統覚においては、私は、このような可能な準現在化と並んで、(「もし〜ならば」というもとにある) 現実的な準現在化をもち、しかも必然的にそうである。私が他者の顔や他者の手を見ると、物体性に属する感覚的なものやさらには精神的なものの統握は、非常に暗い可能性はあるが、それはまさに暗い準現在化であり、私が頭を向けたりしたときに与えられるであろう準現在化、アスペクト[7]、現出に対するたんなる仮説的な可能性ではない。

51 事物の裏面、そのさまざまな性質は本来的には「想像《ファンタジー》」において準現在化されるのではなく、統覚は何か「空虚なもの」であり、現在化のたんなる潜在性であるということ、このことについては、私はすでに昔から明確である。手に属する感覚野やそれゆえキネステーゼ的な状況をもった感覚野の全体的統一は、しかしながら、たんに空虚な統握ではなく、たとえ暗いにしても、現れである。しかし、この現れはここでは一つの現れの再生的な変様態であり、そこには潜在的な現れの再生的に変様された地平が属している。準現在化されたものが措定され、準現在化されて措定されたものの準現在化された地平がともに措定される。

ところでしかし、現在と準現在化されたものとが衝突することはないのだろうか。どのような種類の統握も、確証と非確証や「合致と衝突」の可能性を規定する。物体統握の内部で準現在化されたものは、周知の仕方で知覚によって証示されうるのでなければならない。そこには多くの類型が存在する。しかし、一般的にはこう言うことができる。あらゆる準現在化された物体的な現在（たとえば、ルーンス）*17は顕在的な現在でありえただろう。私は事象を知覚できたことだろう。私が物体について見るものは、原理的には私にとって知覚可能であり、このようにして、可能な充実が、すなわち、もちろん「事実的」な可能性ではないような原理的可能性が進行したことだろう。チンボラソ山[8]の頂上はある眺望をもち、それは私には実際には到達不可能であるが、原理的にはこの眺望は可能な知覚の合計である。同様に、物体的とりわけ物質的な存在の領分におけるどのような過去と未来の姿も、原理的には将来的に知覚可能なものである。すでに想起されてはいない物体的な過去はいずれも、想起されたものとなりえたかもしれない。私は当時そばに座っていて、みることができたかもしれない（過ぎ去ったもの＝以前に知覚されることのできたもの）。それゆえ、このことは物体統握の本質に、あるいは、物体的存在の現在、過去、未来の本質に属している。

52 身体的存在や他の人格〔他人〕の場合は、まったく事情が異なる。それらは、意識にとって「感情移入」において、つまり内的理解の作用において構成される。そのさい、特に身体的なものや精神的なものは準現在化によって意識される。準現在化された他者の感覚野は、私にとって原理的には知覚可能ではなく、私の現在や過去や未来の感覚野ではなく、私の体験でもない。他者の作用の生についても同様である。それは、これまで知覚可能ではなかったし、これからも知覚可能になることは決してない。

　このような種類の準現在化する表象をもう少し詳しくみてみよう。それは措定するような準現在化である。それは、想起や期待とどう関係しているのだろうか。すなわち、現在的なものであるが知覚されたものではないものの準現在化もそこに属しているような、広い意味での想起とどう関係しているのだろうか。

　広義での想起はすべて、自分の体験の準現在化を提供する。私が外的に過ぎ去ったものを想起するとき、この想起は「以前の知覚」の再生的変様であり、現出は知覚現出の準現在化である、等々。そこには、変様が貫いている。それゆえ、感覚与件（ヒュレー的な与件）は再生的な変様において意識され、それは準現在化され、同様に、統握、自我対向、把捉、解明、関係、等々もそうである。

準現在化は、しかしながら、いま顕在的な作用であり、それが遂行されると、顕在的な自我は想起された自我に向けられる。私たちは、それゆえ、顕在的ないまの自我であるとともに、いまにおいて準現在化された過ぎ去ったいまの自我であり、（私たちが前提しているように）過去において遂行する自我であった。一方の自我と他方の自我とは同一のものである。過ぎ去ったものが過ぎ去った背景（想起された背景、想起つまり「以前」の対向の背景）となるとき、この背景はまさに過ぎ去った自我に属し、この自我はいまの顕在的な自我と同一のものである。想起における反省は可能であり、それは反省されたものを過ぎ去った自我に属するものとして、可能な過ぎ去った対向の可能な客観として示している。

それゆえ、ここに私はいつも居合わせており、いまの自我は準現在化された自我と「同一のもの」である。これが意味しているのは、現象学的な合致統一がそこにあり、私は反省において同一性を確信することができる、ということである。私が想起志向を果たすと
53 き、私は一連の想起を走り抜けることができ、自分をそこで連続的に統一な自我として見いだす。すなわち、過去から生き生きと流れる今という性格へと絶えず伸びて行くことで

持続するような自我としてである。私は過去の流れをもち、顕在的な今を越えて行くような未来地平をともなった体験流をもっている。この流れは現象学的な時間流（現象学的な時間の形式）であり、この時間に、体験の主観が組み込まれることになる。それぞれの今には、該当する今、根源的なあるいは想起によって変様された今のあらゆる体験に関して、自我の一つの局面が属している。すなわち、遂行し対向する活動的自我として、あるいは、対向されうるようなものとしての自我の局面である。それゆえ、自我がもつ野として、ないし、自我が遍在しているような現象学的持続の野としてである。

〈あとからの補足（一九一四年ないし一九一五年）。他者の身体を方位づけの現出におけるゼロ点に移すことによる身体知覚の直観的な解明〉

私はどうやって他者の身体を、身体の他の主観を、他の人格〔他人〕をはっきりした直観にもたらすのか、私はどうやって私に他者が何らかの物体的事物と同様にかくも直接的に「身をもってそこにいる」という「直接的な知覚」を完全に明確にするのだろうか、と私たちが問うなら、その問いは、「知覚」が問題になっているにもかかわらず、そのような問いが物体知覚においてもよき意味をもつのと同様に、よき意味をもっている。というのも、外的物体が「直接に身をもって〔ありありと〕与えられている」と意識される仕方には、「本来的」に知覚されたものはおぼろげに覚知されたものと絡み合っているということが含まれているからである。そして、知覚の「意味」において見られた事物とは何であり、意味が未規定であるかぎり、何でありえたのか、ということを十分明らかにするためには、私は準現在化する直観を遂行しなければならない。つまり、ここで、一連の「可能な直観」に入り込んで行かねばならない。

「他者の身体」の統覚において、私たちは基づけられた統覚と関わっており、そこでは同様に「覚知的」にともに把握された与件がおぼろげな表象として出現している。物体知覚の上に、私たちはなお、「不明瞭な」ともに覚知された「身体－心理的なもの」の層をもっている。

54 〔それに較べ〕自分の身体の知覚の場合には、私たちはなるほど類似の構造をもっているが、この意味では、いかなる覚知《アプレヘンジオン》もいかなる非本来的な共知覚ももたない。ここでは二層的な知覚の統一の内で自分の物体〔身体〕を知覚しており、自分の心的なもの、自分の感覚的なものを、自分の身体に属しそれと一体になっているような感覚性や運動性の統一として知覚している。より十分な明晰さを獲得し、知覚意味を分析するために、私たちはここでも、「可能的知覚」ないし準現在化による動機づけ連関に入り込まねばならず、そこで感覚性や主観的運動の能力等が直観的にはまさに準現在化によって分析されるような、「こうなったら、こうなる」という関係に入り込まねばならない。[*18]

しかし、他者の身体の知覚において、私たちはそれをどのようにして明晰さにもたらし、またもたらさねばならないかを詳しく見てみると、ここでは、特に身体的および心理的な段階の覚知されるものがさしあたり直観されねばならず、このことは準現在化によってのみ可能となる。そしてそのためには、他者の物体〔身体〕の現出仕方が、方位づけのゼロ点になるような現出仕方へと直観的に移して考えられねばならない。直接的にはこのゼロ現出仕方に関わっているのは、感覚性およびおよそ身体性の直接的に覚知された直観のみであり、あるいは同じことだが、このようにしてのみ原理的に物体的‐身体的な統一が知覚として与えられることができる。準現在化する直観は、可能的知覚なのである。しかし、ここで可能的知覚とは、他者の物体〔身体〕をゼロ点に移すことが、あるいは、物体の原本的に与えられた外的現出をこの物体のゼロ現出に移すことが、「実際に」可能であるということを意味するものではない。というのも、私の意識流の内では同一のいまには、一つのゼロ現出のみが知覚的に可能であるのだから。私の身体はゼロ現出において知
55 覚的に与えられ、知覚的なゼロが占められる。しかし、他者の身体はそこにあり、そこで再生的に表象されるそのゼロ現出は、他者の身体〔物体〕が私のそれとは別ものであるように、私の身体のゼロ現出とは別ものであるはずだ。私の身体現出において占められてい

る場所は、そこの〔他者の〕身体の場所とは別ものである。詳しく見れば、他者の身体は準現在化されたゼロ現出によって表象されるのであり、それはちょうど私が自分をそこに置いてみると、私が私の身体に対してゼロ現出をもたねばならないのと同様である。

八 「感情移入」と「類比による転用」[9]の概念にたいする批判

私の身体、〔すなわち〕知覚された内的現出における物(的身)体として与えられている私の身体、そして知覚されない、想像の上の外的現出において表象可能な私の身体。

身体としての身体は、物(的身)体の統覚による内的現出をとおして与えられている――物(的身)体の《ゼロの方向づけ》〔方向づけの起点ではあっても、そこへの方向づけは取れないという意味〕における現出の仕方であり、この現出の仕方において、感覚性や運動性の担い手として与えられ、主観の身体として与えられており、この主観の統一において、全体の意識生がその意識生の体験として関係づけられてある。

334

他者の物（的身）体、〔すなわち〕身体として、そして第二の経験的主観の身体として把握され、「並存する人間」の「知覚」として結果するはずの他者の物（的身）体。

発生的描出。「『まずは』私が私の身体の知覚をもち、私の身体が身体として原本的《オリジナル》に構成されてあるのでなければならない。そして次に他者の主観ないし身体の経験が生じうるのである」[19]。「知覚」とされるこの経験は、普通の外的知覚という仕方で身体物体を与えるが、原本的に身体を与えるのではなく、さらにいえば経験的主観を与えるのでもない。身体に特有なことや精神的なものが端的な準現在化をとおして与えられている。どうして、たんなる想起や予期として与えられていないのだろうか。自分に固有な身体と自分に固有な経験的主観は原本的に個別的な統一として構成されており、この統一にはたえざる持続において身体物体が持続的に属しており、この身体物体はまさにたえざる下位層であり、精神性としての身体性の担い手である[20]。ここに属するのがすべての想起であり、予期であり、それらは自分固有の身体性とそこに帰属する精神性に関する想起であり、予期である。また同様にそこに属するのが、動機づけられた実在的可能性のシステムでもあり、このシステムというのは自分の身体で起こることや状況によって感覚しうるもの、またどのように自分の四肢を動かすことができるのか、そして[21]現出する外的事物に応じてどうふるまうことができるのか、等々にかかわっている。また、気に入るとか気に入らないとかいう自分の習慣になった特性にもかかわるものである。ここでは、さまざまな抗争が可能である。個体的な統一のタイプは経験にそくした多様性に開かれている。想起による推測や予期はそのとおり満たされる場合もあれば、外れる場合もある。「そのとおり」とか、そうではないというのである。

他者の物（的身）体を身体として把握し、その身体とともに他の《フレムト》主観を把握する場合、この主観には経験的可能性の新たなシステムが属することになる。問題になるのは、自分にとって外に知覚されて現出するこの物（的身）体が経験する統覚の種類である。その統覚によって準現在化する、ともに措定することにおける外なる現出にある内的現出が属することになるが、それは自分に固有なものの想起や期待というあり方における内的現出の私のシステムに帰属するのではない。そうではなく、それはある新たなシステム、すなわちある新たな意識連関、ある新たな身体と自我に帰属するのである。固有な意識流における内的現出は、（動機のシステムにおいてそれ自体で現出する身体を構成しつつ、）意識流に属しつつ、諸感覚性などのシステムとしての身体性を動機づけ、さらにそれに属しつつ、ある新たな経験論的主観を動機づける。

335

感情移入は間違った表現である

人は「感情移入」について語る。「私は他の物（的身）体に自我主観を感情移入する」。しかし、こう語ることは正しいのだろうか。このことは、（準現在化一般というあり方において）「意識を遂行すること、物的身体性と身体性の内的現出や精神性を遂行すること」であるのか、またただ変化した意識内実をともなうような《それ自体を表象する》といったことでもあるのだろうか。準現在化とは、その自我が同一のものであるかどうかは、未決定にしているし、未決定にさせておくことができる。自我が同一でありうるのは、統握の特定の形式においてのみである。すなわち、「過去の（「その」身体の過去の状態をともなった）自我」という形式や、未来の（身体的にそして精神的にそうあるであろうような）自我や、かりに〜であったらそうありうるような、また、そうありえたような可能な自我の形式においてである。しかし、これでもってすべての可能性、すなわち、経験的自我の準現在化がどのように立ち現れうるかのすべての可能性が語られつくされたのではない。

ここには二つ[*22]の問題がある。[*23]

（1）身体的に基づけられた、ないし「経験的な」自我がすでに構成されてあるとしたとき、他の経験的自我は、どのように構成されうるのか。

（2）私が経験的自我として構成されていようが、されていまいが、私は私の（純粋自我の純粋意識の）意識を、つまりその所与性や準現在化されたものやその諸可能性などをともなう統一的な流れをもっているのだ。こうして第二の純粋な自我が表象にいたりうるのだろうか。それはどのようにして、その存在にそくして証示しうるのだろうか。新たな（私にとって超越したものである）自我は、身体性の構成をとおしてという道においてのみ構成されうるのだろうか。[*24]

いずれにしても、わたしが他の自我、〔すなわち〕他の意識を再生産にそくしていつも表象するように、私はそれを自分固有のものと類比的に表象し、それだけでなく私が私の自我にたいして完全に同一の意識内容と同一の経験的可能性をあてがうときに、私がそれを自分に固有なものと同一化し、同一のものとみなすことをとおしてそれを私のものに移行するというように表象しているのである。ここで再度問われなければならないのは、純
336
粋な意識は、[*25]無限の存在において考えられるとき、二度にわたって存在しうると言えるのかという問いである。すべての身体性と経験的自我の構成を度外視して、同一の自我が二度存在することができるのだろうか。そもそもそう考えることができるのだろうか。

当然のことだが、ここで問題になっているのは経験的自我にかんしてのものである。たとえ複数の身体が場所を別にして、完全に同じように、あるいは同じであるとしても、そ

の主観が絶対的に同じではありえない。意識内容は異なっているのでなければならないだろう。各自には「その」世界は、異なった観点（アスペクト）において現出するのでなければならない。《自分の自我との類比において表象すること》が自明のことであるのは、まさに私がある〔特定の〕自我を表象しているのであり、一つの唯一の自我、原本的に与えられている自我は、まさに自我、私の自我であるからである。

そこで私が立てる問いは、いかにして他の物(的身)体の外的現出を内的現出のシステムへと翻訳することができるのかという問いである。発生的なものを度外視すれば、私たちが問わねばならないのは、外的現出が統覚的に作動するそのあり方はいかなるあり方であるのかである。わたしは自分の《ここ》、すなわち他者の物(的身)体の外的現出が関係づけられている私の《ここ》を参照するべく指示されるのであり、そしてその外的な現出が翻訳されるべき、そこに帰属する内的現出へと指示されているのだ。外的な現出の遂行された統覚、ないし遂行された解明ないし解釈という意味において、この内的現出は、私が自分の物(的身)体をそこに置けば（そこまで動けば）、そこで結果として生じるような内的現出に類比的なのであり、それと同様に、ここから見てそこに属するような私の外的な身体現出は、私がここからしてその物(的身)体についてもつ外的現出に類比的なのである。

しかし私は比較しているのだろうか。私は本当に自分のことを考える（考えなければならない）のか、自分を新たにそこに置くこと、自分の身体的な外的で内的な現出を考えているのか。そんなことは必要ではない！　私が遂行するのはまさに「統覚」であり、外的現出をその帰属する内的現出へと解釈することであり、そこで身体性などの内的現出の他のシステムをともなう他なる経験的主観を、諸可能性のシステムとして措定しているのであり、それは私がある物（的身）体に「可能性のシステム」を統覚的に措定するのに類似している。私が与えられている現出に合致させる外的物（的身）体のシステムを私は内的現出などからなるシステムと合致させる。ただ、そこで帰結するものは、他の物（的身）体が、自分の物（的身）体と同一の（一つの知覚的なものである）ゼロ現出へと移行しつつ、自分の物（的身）体に変転しうるとした場合、その他者の主観は自分の主観と合致するのでなければならないことになろう、少なくとも身体性に関しては。しかしわたしは、そのようなことを考えているのではない。

　他方、わたしは自分の顕在的な感性野に関わることのない、また、その表象と幾分か合致していないような感性野を表象することはできない。同様に私は、仮想の世界を、その世界が消滅してしまうようなとき、自分の顕在的に経験される世界に関わることなしに表象することはできず、他の自我を、私の自我がそのさい関わることがなくして、解釈をとおして準現在化しつつ表象することなどできない。

私が他の人を「見て」、その人を理解し、その人の言うことをたどるとき、ある意味でその人において生きることになる。自分の生は打ち消され、ある意味で他の生に反転する。しかしそれは次のような意味でだけである。つまり視覚野で、ある種の抗争ないし競争がおこるとき、〔たとえば〕いま、赤い家を（直観的に）表象するか、それともいま知覚された環境をいわばおおい隠すような生き生きした想起を行なうといったときのようにである。

確かに発生的には、はじめに私に固有な身体が他の身体を「知覚」できるまえに、構成されてあるのでなければならないことに意味がある。〔このことが妥当するのは、〕ある特定の知覚の類型のいかなる準現在化も、それ以前の知覚なしに可能ではないことが真実であるときである。また私が準現在化をとおして与えられているものを明らかにしようとするさい、類比的なものが完全に原本的に与えられるような知覚に訴えるということも自明なのである。そこでは無論、私はいつも私の自我にいたることになる。これに加えて、それによって移行が容易となっているような合致のたえざる関係がある。しかし、正当と言えないのは、他の心の生の理解、すなわち他の身体と精神がそこにあるとする現実存在の経験が、自我の他の物（的身）体と身体上の諸変化（「表現」など）への感情移入を前提にするということである。もちろん、感情移入や他者の立場に身を置くといったこと、自分の身体のかわりに他の身体をもつと考えてみるといったことはある。〔これは〕奇妙といえば、いずれにしても奇妙なことである。私は一つの物(的身)体を別の物(的身)体に変転すると考えてみることができる。私は両者を幾何学的な合致〔合同〕(それは無論、抗争する意識ではあるのだが)にもたらし、いわば色を色にうつしかえるのだ。しかしある身体から別の身体への本当の変転は不可能である。私は物体の色を他の物体の他の色に変わったものと考えることはできるし、最終的にその色に他の物の色を考えるかわりに、ある物を他の物に動かしたり、他の物を「除いて考える」こともできる。とはいっても、一個の個人が他の個人になることは決してできない。[*26] こうして他の人は私になれないし、私も他の人になれない。

私の身体としての現実存在は変化しうるし、私の心の現実存在も部分的に変化しうる。しかし、「変転する」ということ、それによって私が他の人になるといった変転は、端的にいって不可能である。私の過去、私の記憶や経験の世界は消し去ることはできない。したがってここでは、想像による合致のプロセスがみられると言える。実在をめぐる変化ないし変転したものと考えることではなく、類型の内部、すなわち領域にかかわる形式の内部での部分的な変換や類型を別のように満たすことである。

本来、私は他の人に自分を移しこむことはできない。私ができるのはただ、私が他の人であったなら、どのように感じ、どんな気分だろうかと表象することである。もっともそのさい、私は本当は私のままであることはできず、もはや私の同一性をそのまま保つことはできない。したがってそれは想像的な表象なのである。

要するに私が言いたいのは、重ねて言うように、本来、感情移入は生じていないということである。そしてまた、いかなる類比化も、またいかなる類比による推理も、いかなる類比をとおしての転用も生じていないのである。もっとも、準現在化する表象における私の意識野へのたえざる関係づけが、往々にして類比を行ない、解釈してはいる。こうして、他の人がいま思っているのは、同様な状況で私が思うこと、たとえば最近、私がある物を見て思ったことを他の人がそれを見て思っていると類比したり、私もかつてまったく同様
339 に理解したとか、同様の思い違いをしたとか、同様の理由で激怒したなどと類比するのだ。しかし、〔そのような〕類比は必然的なのではない。〔むしろ〕ただちに、他者の心の生の「統覚」が生じているのだ。他の物(的身)体は、その外的な現出にあって身体として〔即座に〕理解される。

私は〔ここで〕いつも「了解」について語っている。「理解した」とはいったいどういうことなのか。一般に「理解する」という把握を、外的な経験という意味での把握に対置して性格づけるものは何なのか。他方、わたしは自分の身体を身体として「理解」するこ

とはない。どのようにして、同じものである身体を二つの仕方の把握で、一つは原本的に、もう一方は理解して経験可能であるようになっているのだろうか。

了解すること、あるいは了解する統握

記号の理解と語の理解、話の理解とはそれぞれどういう関係にあるのか。そこに共通性があるのか。

記号を見る。記号でもって私は、見られた記号とは違う何かを思う。

他者の物〔的身〕体に私は身体性と精神性を理解するが、それらはともに他者の動物的な本質の実在的統一に属している。〔他方、〕記号は記号づけられたものに属するのではない。しかし、他者の主観そのものが身体を「もつ」のであるが、身体なのではなく、身体のもとで、身体のなかで感じるのであり、その身体の器官を制御することで活動するのである。しかし、その主観はそれ自身、なんらかの物〔的身〕体にかかわる出来事なのではない。〔記号と身体の理解に〕共通であるのは、私が身体を見ながら、物〔的身〕体が物理的な世界の物体として受け止めるような仕方において物〔的身〕体として存在しているのではなく、留まっているのではないことであり、その物〔的身〕体の把握は〔実は〕通過〔経過〕と言えるのである。私はまず、外的な物〔的身〕体の現出をとおして促される内的現出による準

現在化する産出へと移行し、次にこの再生産的内的現出において特殊な身体性が基づけられることになり、さらにそこに経験的な人格としての主観の統覚が根拠づけられることになるという経過である。

人間は身体性をもつ。あるいは人間はまずもって物(的身)体性をもち、それでこそ自然の一員であると言える。隣人は身体をもち、それは私にとってあらゆる物と同様、自然の客体としてある。身体とはしかし、了解された（そして了解する諸作用においてさらに証示される）精神性をとおしてこそ身体なのである。了解において生成するのが、他者の主観にとっての、また了解された主観にとっての同一の自然の現出なのであり、それは自分に現出するのと同一の自然であり、そしてその逆も同じである。それは多くの人に現出する一つの自然である。あらゆる主観そのものは同一の（ないし多くの人にとって同一化可能な）身体を仲介にして現出しうるのであり、精神性による理解という相互に連関し、交換できる諸作用の同一性の統一なのである。

私たちは記号の統覚と了解する統覚について語る。理解においては、私たちは知覚について語る。――私は、他者の物(的身)体を見るだけでなく、他の人を見るのである。記号の理解にあっては、知覚については語らない。

どのような意味で他の人は《そこにいる》のだろうか。記号と記号によって表された実在性は一つのものではなく、記号はそれが表現であるときはいつでも、記号で表されたもののいかなる実在的な統一をもつことがないのに対して、身体物体はここでは、まさに身体と心の生の担い手なのである。私は身体物体の知覚とともに準現在化する措定を遂行し、その措定は実在的なものの高次の層で、原本的には与えられていないものを、客観的にそれと一つのものである与えられた物(的身)体性とともに措定している。しかし精確に見ると、これはいまだ不完全な記述である。

私は他者の身体物体の外的な知覚をもつ。すなわち私はそれによってある種の現出の仕方でその現実存在を与えているのである。この現出の仕方はともに措定することにおいて同一の物(的身)体の第二の現出の仕方(ゼロの現出の仕方)を準現在化する。しかも、観察し統覚する純粋な自我にとって顕在性に変転されうるような、知覚的現出の可能性の仕方においてではなく、それによってこの身体物体のゼロの現出におけるその現出をともなう、また外的物(的身)体の現出をともなう第二の純粋な自我を準現在化する。そしてさらに、さまざまな種類の部分的に未規定的な感覚的なものと心理的なものを準現在化する。

しかし、「どのようにして」この統覚に「至るのか」と問うてみよう。あらゆる種類の準現在化する措定は現在化する措定、すなわち知覚への遡及を前提にすることで、私たちは私たち固有の身体性と精神性に遡及的に導かれることになる。私の物(的身)体と私の環

341 境の事物が私に現出するのは、ある特定の仕方、すなわち私の物(的身)体がたえず特筆すべきゼロの現出において、そして他の物(的身)体が外的現出において与えられているという仕方においてである。しかし、ゼロの現出への接近はあらゆる物(的身)体にかんして私に与えられている、ないし与えられうると言える。このことから帰結することは経験にそくして、〈自分の身体を外的現出において表象する……〉理念的可能性が動機づけられていることである。*27

他者とは、理念的《イデエル》に私に関係づけられ、そのさい理念的《イデエル》に私と合致にもたらされることができるような何かなのである。それがそうあるのはまずもって、そこに存在する物(的身)体がここの私の物(的身)体と合致することをとおして、その外的現出が私の物(的身)体の内的現出に移行し、その内的現出がここにおいて類比的な外的現出をもつことになることによってであると言えよう。となれば、そこにともに現出し、ともに与えられているのがその世界現象をともなう一つの自我であり、その世界現象は私の今とここと同一、ないし本質的に同一の現象である。そして移行における《そこ》、すなわちその物(的身)体があってたえず私との類比であるような《そこ》は、その現出の変化を、もし私がそこまで動いていけば、それを私がもつようなあり方でもっているのである。

それによれば、私は他者を自己知覚の(模写と同じ段階にすえることができない)特有な変様において表象しているのだ。

（1）他の人を見れば、その人の物(的身)体を見て、その人を人間として理解して把握する。理解とはここで、「像」をもつことでないのは、事物を見るとき、その裏側を直観的にもつことがないのと同様である。物(的身)体は（見えないことをともないつつ）たんに物(的身)体として把握されるのではなく、身体として把握されるのであり、身体にはしたがって、心的なものも帰属するのである。〔しかも〕そのすべては非直観的なのである。

（2）私がこの統覚の意味を明らかにし、そこに闇のなかにともに含まれているものを光にもたらすとき、私は「内的転回」を遂行しており、外的直観を越えて行なっている。私が直観するものは、明らかに自分に、すなわち自分の自己直観に遡及的に証示されていることである。この直観を私はそこに越えていくかのように他者に転用し、したがって内的 342 直観における変化を行使しながら、それを外的な物(的身)体と「同一化しつつ」、よりよくいえば、合致にもたらしつつそうするのである。そのさいとりわけ私の物的身体の自己直観とそこにある物(的身)体の外的直観とが合致するのである。すなわち、適応した変様のもとでの合致である。それは私の物(的身)体ではなく、また絶対的に同一のものでもない。この合致は真に完全な合致ではなく、類似なものと類似なものとの合致であり、せいぜい同様なものとの合致である。統覚とその準現在化の本性には、それは真の同一化ではありえないということがある。私はともに措定されたものを決して原本的な所与性にもたらすことはできない。

438 九　本来的な感情移入と非本来的な感情移入＊28

〈内容〉原本的《オリジナル》＊29な経験領域についての説や感情移入の理論のための関連する重要な研究。〔この研究は、〕自然科学的な動物学や心理学の主題としての自然化された主観性と、精神科学的（人格的）心理学や精神科学一般の主題としての主観性との区別を明らかにするために、基礎として実行される。

とりわけ重要なのは、本来的な感情移入と非本来的な感情移入との区別である。後者は受動的‐統覚的な感情移入、あらかじめ与えられたものとしての他者の構成であり、前者は（ここで私が言うように）あらゆる社会性を可能にするための基礎である。つまり、〔前者では〕他者の内

439 で他者とともに（とりわけ能動的に）擬似的に生き、擬似的にともに触発され、ともに思考し、

ともに行なうなどする〔ことが問題となる〕。他者の本来的な所与性、本来的な感情移入経験。（統覚に依拠する）本来的な客観‐存在についてのその他のきわめて重要な個別的考察をすることになる。とはいえ、具体的な主観性は原本的な経験への態度に対して、いかなる統覚をも根拠づけることができない。というのも、他者やそれに類したものに対してきわだつことが欠けているか、あるいはただ背景からきわだつことがあるにすぎないためである。

感情移入する経験と自己観察との並行性。

並行論についての詳論。

結論――学問の区分。

間主観的還元や超越論的なものへのそのほかの転換についても。超越論的間主観性についても。*30

〈第一節　三段階の心理物理的経験とその相関項。付属物としての主観をともなった脱精神化された純粋な自然〉

自然は事実上、さらには本質上でも、驚くべき仕方で分節されている。周知のように、自然は物理的自然という狭い第一の意味での自然と、心理物理的自然という第二の意味での自然とに区別される。純粋な物理的自然を抽象してみよう。動物や人間の身体がそこに組み入れられているが、そのときそれらはたんなる物理的事物とみなされている。それらはもともと、物理的経験という特別な経験の仕方において与えられるのであり、この経験なくしてはそもそもいかなる自然も存在することはない。こうした経験の意味付与は、延長している純然たる延長するもの《レス・エクステンサ》、その経験特性、さらには延長に本来的に預かっている特性を包括している。しかし、身体を身体として経験しなければならないときのように、この経験の仕方は変化するのであり、新たな経験の層を獲得する。これに対応するかたちで、物理的身体がいまや新たな特性を、独自の身体的な特性を受け取ることになる。身体事物が身体であるかぎり、触覚野、視覚野、聴覚野などの担い手という規定とともに経験

440

される。身体事物というのは、そこに属する一群の感覚与件の担い手であり、そうした感覚与件は直接的ないし間接的に、物理的身体のうえに、あるいはその内に局在化されて与えられる。さらに身体事物は自由な運動的感覚器官、触覚器官、視覚器官等の体系でもあり、そうした感覚器官は、どのような物理的経験の場合であっても、機能する器官という性格をもっている。そのようにして、さらに多くのことを論じることができる。そのなかでもたとえば、こうした感性的与件というのは、それはそれで感性的な快や苦の感情の担い手でもある。また、身体というのは、自由な運動性という身体のみがもつ特有性ゆえに、心的なものを越えて外部へと、身体の外の物理的な世界へと影響を及ぼしていく心理物理的因果性のための器官である。

こうしてやはり私たちは、新しいことを引き入れている。身体には、自我生、自我受動性、自我能動性、表象すること、感じること、意欲することなどが、心的状態や特殊な自我作用として属している。他人の身体的ないし心的な生は、物理的経験を前提とするような生体学的《ソマトロギー》[10]かつ心理学的経験を通じてのみ経験されうる。しかもそれは、「感情移入」という形式において経験されうるのであり、この感情移入はたしかに、この他人の心的なものを現実の知覚のなかで接近可能にすることは決してないが、共経験という性格をもっている。他の人間は全体として経験されるのであって、たんに考えられたものではない。その心的生やその身体的な層までもが、ともに把握されているのである。このような根源的な経験の仕方がなければ、私たちにとって、いかなる隣人や動物もこの環境世界に存在することはないだろう。こうした経験の仕方を脱構築して、純粋な経験として捉えることができる。

全体として私たちは「脱精神化された純粋な自然」をもっている。（一）物理的自然、（二）物理的な自然の上に散在し、そのうちに配属された身体的かつ特に心理的な自然。こうした高次の段階に特有のことは、いまや間接的に空間的秩序や空間的延長をもち、すなわち、物理的身体を通じてもつことになる。

私は「脱精神化された自然」という言い方をした。そのなかの構成要素として、やはり人間があり、それゆえ自我主観やその自我体験、その理性作用すらある。にもかかわらず、ここではそれらは自然対象となっており、いうなればそれは完全に規定されるものである。
441 おそらく次のことに注意すべきである。人間や動物のような対象に根源的に意味を付与するような三段階の心理物理的経験の統一によって、空間時間的世界の内部において、物理的事物の付属物としての人間主観が私たちに与えられる。この空間時間的世界は、とりわけ世界全体と同じように、やはり、主観性の、しかも空間時間的ではない主観性の意味形成体である。

〈第二節　《我－あり》という反省的経験〉

ここでは「超越論的」な難題に立ち入ることはできない。ただ次のように言っておこう。私の顕在的な生の自我としての私、すなわち私がそれであるところの私は、しかじかのものを経験し、思考し、感じ、努力するあいだにも、客観ではなく、心理物理的経験の対象ではなく、そうした経験によって客観的意味規定を獲得してもいない[31]、と。生きて、表象し、思考し、意欲しつつある私は、たしかに、私自身や私の生を反省できる。そのとき私は、そのような仕方で生きることにおいて、客観やその規定や目的などに向かっていない。しかしながら、私がそうするとき（そのようにしてのみ、私は私のことを知る）、この反省的経験は決して心理物理的経験ではない。私の自我や私の作用、私の体験、私が被ったり行なったりすることは、他の人間を経験するときのように、身体の付属物として与えられているわけではない。むしろ、私の身体物体は、物理的経験において私の客観として与えられるのであり、この物理的経験を私は私の体験として見いだすのである。私は私にとって、まさに主観として与えられるのであり、この主観が客観を経験し、経験という体験をもっていて、経験する意識生のうちを生き、この生の内で「空間内の物理的身体」という名称のもとで意味付与を遂行し、この身体や他の身体に関して作用を遂行し、それらによってより高次の規定的意味付与などを遂行する。この自我は決して人間ではないし、決して身体的－心的な客観ではない。それはまさに自我であって、それ以外の何ものでもない。その意識生は意識生であり、私は表象する、私は判断する、意欲するであって、それ以外の何ものでもない。それは主観なのであって、その経験においてあらゆる客観が、あらゆる可能な対象が根源的にその意味を獲得するのであり、その主観にとってこの意味において現に存在する対象として、その経験の内で引き続き証示されるものとして意味を獲得するのである。それゆえ、この自我が自分自身にたいして存在するのは、心理物理

442 的経験においてではなく、《我－あり》という比類なき経験においてである。この経験を新たな反省においてふたたび同じように把握できるのであり、そのさいには、私すなわち

《我－あり》が、私すなわち《我－あり》を把握したことを、私が認識する。「我－あり」（知覚し、思考し、感じ、意欲する）というこうした経験においては、私はみずからを空間や客観的時間の内に存在するものとして把握するわけではない。むしろこの世界全体が、空間と時間というその形式もろとも私の世界経験の内で客観になっており、経験という規範性格において措定された意味となっている。*32

〈第三節　人間としての自己経験の間接性と純粋な反省における他《フレムト》の《我－あり》〉

しかしながら、私はみずからをやはり世界内の人間として経験できるのではないか。さらには、私は他の人間やそれとともに他《フレムト》の自我をも経験する。それゆえ、私は自分と他者を客観的に経験する。確かに――こう私は答える――、私すなわち《我－思う》は、経験する知覚のうちで生きており、そのうちで意味に応じて、他の身体が、また、そのうちに基づけられ、それとある仕方で結合した自我と自我生が、物理的知覚に基づけられた感情移入によって私に相対しているのである。しかしながら、まさにこの結合は、経験意味に属するものとして受け取られることで、その他人の自我と自我生を空間時間的自然における客観にし、あらゆる自我作用が客観的時間のなかにその位置、その始まりと終わりをもち、時計によってはっきりと測定できるその時間持続をもつようになる。とはいえ、自我それ自身は、そうした他の自我は、純粋な自我反省においてみずからを見いだすものである。自我それ自身だけがみずからを実際に、現実的な自己経験において見いだすのであり、みずからを決して空間時間的な客観としてではなく、まさにただ《我－あり》として見いだすことができる。しかし、私が「私」を人間として見いだすのは、どのようにしてであろうか。そうしたことが成立するのはただ、私が私の身体を、他者の身体の場合のように、空間内のどこか外的なところにあると考えるような仕方においてのみであり、感情移入と 443 いう仕方においてのみである。私が私の身体をいわば疎外し、なおもそのときその周りに全世界が外的世界として集まるような中心的事物現象という比類ない仕方において実際に私に与えられるものとみなす場合にのみ、私は私を人間として捉えることになる。こうした間接的な心理物理的統覚において、私の自我は感情移入された自我として身体に組み入れられる。私が私自身を人間として見いだすのは、私の身体を自己疎外するという道を経由してなのである。

ここで状況がひっくり返ることになる。私の自我や私の意識生について、私は、私だけが、現実的な、根源的自我経験をもっている。同じように、身体としての私の身体について、私だけが根源的な身体経験をもっている。他の自我の場合に、私は必然的にこうした経験をもつことはなく、感情移入が現れる。しかし、それとともにまさに、他者について心理物理的経験を私はもっている。その特有の構造には、身体事物の物理的経験が属しており、しかも、身体論的なものや自我的なものについて感情移入する統覚が属している。他方においてたしかに、私は私について、私の生体学的《ソマトロギー》身体性や自我体験をともなった私の自我に関しての原本的《オリジナル》な経験をもっている。しかし、経験的な人間としての私について、いかなる根源的な生気あるもの《アニマーリッシュ》[11]の経験を〈私はもっていない〉。むしろ、そうした生気あるものの経験のすでに間接的なヴァリエーションをもっているだけである。そのようにして、どんな人間も多様な経験の仕方の内に与えられるが、そうした経験の仕方は意味付与に応じて同一化へと通じている。誰もが自分自身にとって、他者とは異なる仕方の心理物理的経験において与えられている。

〈第四節　**生気あるもの《アニマーリッシュ》の（心理物理的）経験という媒介を通じた、他の《我－あり》の認識。絶対的に感情移入して知ること**〉

さらには、誰もが、自分自身にとって、自分自身にとってのみ、みずからの《我－あり》における自我として与えられている。他の自我や《我－あり》について、私はただ、心理物理的（言い換えれば、生気あるものの）経験という媒介を通じてのみ知識を獲得する。こうした経験は根源的には、その明証において、こうした他の自我についての私の現

444

実措定を正当なものにする。私は次のことを認識できる。つまり、他の自我は存在しており、それは、純粋にそれ自身においてその自我が内的に遂行しうる《我－あり》においてその自我が見いだしうるもの以外の何ものでもないということを。もちろんさらに、純粋なものとしてのこの自我それ自身の内に属しているものは、みずからの意識生の内で生きる自我としてのまさにそうした自我に属しているということを。純粋な精神、純粋な精神的自我と生は存在しており、絶対的な自己を、それ自身をもっている。しかしながら、私は次のこともまた認識できる。すなわち、客観的に経験する自我としての私が自分についての統覚として遂行するような、経験的に客観的な統覚（空間時間的統握や物理的な身体事物との結びつき）と、他の自我がみずからの身体や心的生との関係において間接性という相対的な形式において遂行しうる客観的な統覚とが調和するということ。さらには、私たち二人は純粋な自我主観にたいして、そのなかで同じ空間時間的な人間〔という意味〕を正当に与えていたということを。そして、私たち二人が人間として認識する第三の人間に対しても同様であるし、さらにはそもそも全自然に対しても同様である。私たち、つまり互いに感情移入によって知り合うことになる自我たちは、現実的および可能的な交換可能な経験の自我主観であり、そうした経験はすべて、その意味からして同一の自然を措定し、同一の世界全体を含んでいる。*33

あらゆるこうした主観の自我生に属し、自然に意味と権利を与える経験や認識の範囲内には、次のような可能的経験も属している。その経験とは、あらゆる自我が他の自我を純粋自我としてのみならず、心理物理的な付属物として物理的に経験される身体性に属する自我として統覚するときの経験であり、同時に自分自身をそうした経験のヴァリエーションにおいて統覚しうるときの経験である。そのようにして、絶対的に存在する同じ自我主観たち、あらゆる意味付与作用（それゆえ自然経験）の主観たち、あらゆる超越的な措定に「先立って」、それゆえ主観をすでに前提にする意味付与にたよることなく存在することをみずからの本質とする主観たちが、まさに二重の仕方で「存在」している、ということになる。一方では、そうした主観たちは、端的に存在する自我として絶対的に存在しているのであり、その場合にそうした自我たちは生きており、自分自身への絶対的遡及関係において自分自身に対して自分を絶対的な主観として見いだす。他方では、客観として与えられている。しかもその場合には、自我や自我生ではないものすべてと同じように、絶対的自我によって遂行されているないしされるべき意味付与の客観として、経験されるべき措定の客観として与えられる。しかもその際に、感情移入された自我が心理物理的経験に入り込み、それを通じて身体事物への心理物理的な付属物という意味を獲得し、それと
445 ともに空間時間的世界のなかの人間‐自我（あるいは、動物的自我）という意味を獲得す

るのであり、そうした世界はすべて絶対的主観性に対する客観なのである。*34「自然に即した[12]」という意味での「純粋な」経験は、心理物理的自然を生じさせる。それが自然科学の客観（領圏としての世界）である。

絶対的な自我経験というのは、単に経験する自我の自己経験にすぎない。それには、絶対的に感情移入して知ることが対応している。こうしたことは何を意味するのであろうか。

私が他人と相対しているとき、私は彼を他人についての私の心理物理的（生気あるもの）経験という意味付与の媒介のうちでもっている。そうした経験は経験として正当化を行なうか、または、他の身体という物理的事物の現実存在に対する正しい措定であって、この経験の意味からして、それは可能な経験の統一として、絶えざる要求をもつ同一的な「超越」として、さらなる開かれた経験を指し示している。同じように、他者の身体論的な身体性やその自我的なものの現実存在も、ある意味で超越的に経験される。すなわち、ともに措定されるもの、他者の生体学的なものや特殊な自我領分の自我的なものは、指示されるもの、表現において表現されるものという仕方で、ともに措定される。これは〔過剰な〕要求であり、さらに続く経験を指示している。さらにそこには、「心理的なもの」と物理的なものとのある種の経験的な（それゆえ、統覚的な、意味付与的な）連関も属しており、この連関は、さらに可能な経験を指示するような開放性や開かれた未規定性をもっている。しかし、いまや〔問題なのは〕指示される自我そのものがある。それは超越的に構成されるものではなく、指標という超越によって指示されるものである。自我それ自身（絶対的なもの）は決して「構成されるもの」ではなく、根源的な自我生もそうではない（感覚与件や現象学的時間における作用という「主観的存在」さえ、構成されるものではあるが、客観的ではなく、「内在的」な領分の構成されたものである）。

446 心理物理的（生気あるものの）経験は根源的に経験する指標[13]という仕方で自我を所与にもたらし、しかもこうした指標という特別な仕方で、こうした経験が、自我に、物理的事物に生じる出来事を通じて指示されるものという意味を与える。そこでは、独自の「因果性」、受動的依存性という仕方で、自我は事物やその事物的な出来事と絡み合っている。そうしてことを通じて、この事物は非物理的な因果的特性をもつようになり、自我は非心理的な特性を、すなわち、こうした経験意味を通じて、物理的なものとの経験連関を通じてその自我に課された意味の層、経験の層をもつようになる。しかしながら、それ自身は自我であり、「我－あり」と語る自我であり、みずからの《我－生きる》を生きている自我である。

〈第五節　人格としての絶対的自我ならびにその瞬間的所与という絶対的な様相〉

もちろんここでは、自我の絶対性というより詳しい特異性を顧慮することはなかった。そうした特異性というのは、反省的な「我‐あり」において把握されるものであり、さらには、自我が恒常的に変遷する仕方のなかでもっている志向的内容の内で、自我がみずからの内で担い、新しい作用とともに受け取る志向的な内容の内で把握されるものである。そこには、自我のなかであらかじめ描かれている全構造、とりわけ人格という言葉が意味するものが含まれている。自我は触発と反応の中心である――しかし、習慣的自我としての自我は、しかじかに習性的に反応するものとして統覚される自我と理解される（したがって、統覚的な経験、「超越化する」経験があり、そのおおいが私を同一的な自我としておおうことになる。その場合、私は主観としてこうしたおおいをもっているわけではなく、主観としてまさに統覚を遂行する）。（一）あらゆる自由な活動の放射中心としての自我、活動的な自我、さらに、（二）私は、他者と同じように、みずからを「外的に」、帰納的‐経験的に、普通にしかじかと決断するものなどとして統覚する。（三）しかし、それらから区別されるのは、私が私の確信や私の決断などの主体としてみずからをはっきりとみなすような自我であり、「内」から見られた習慣的な自我である。私はしかじかにふるまう自我であるが、自我それ自身は放射点であり、源泉点である。この自我がしかじかに行為
447 するのは、「自我がよくなす、それがよい」と言うのがまさにこの自我だからである。自

我－因果の主観としての自我。ここではまだ因果という言い方はできないが、いずれにしても、作用の生成があり、内容的には、自我からの生成があり、自我が行為すると私たちは言う。それを主観的な働きかけと呼ぶならば、そのときには、作用動機づけの全領圏を、特殊な作用因果性の全領圏を射程にもつことになる。働きかける主観はそうした領圏に属し、そこで中間点そのものになっている。自我は自然に即した（外的）統覚と内的統覚という異なった統覚（経験的に超越化する統覚）に入り込むが、やはりその自我は絶対的なものであり、自己把握のなかで絶対的に明証的に与えられるものである。そのさい、自我はまたその自我をおおう統握意味の核にもなっており、この統握意味が自我にたいして、ある種の超越的な性格づけを、それ自身が超越的な要求としてあり、経験の開かれた連関を示すような性格づけを与えることになる。[*35] 適宜変更すれば《ムターティス・ムタンディス》、感情移入においても事情は類似している。

〈第六節　感情移入における二重の態度。間主観的還元〉

私は感情移入のなかで二重の態度をとることができる。

（一）一方で私は、物理的経験という地盤の上に立ち、空間時間的世界を措定し、この物理的な身体を措定し、心的存在を、身体と経験的に結びつくものとして、経験的因果性によって身体と経験的に共属するものとして、身体と実在的に一つになっているものとして措定する。私は身体を措定し、経験的な「自体」としてもち、その身体に属すものとして対応する心的なものを措定するのと同様に、私は心的なものやそれとともに心の自我を身体的なものに条件づけられたものとして措定する（その反対もある）。

（二）別の態度においては、そこにいる人間はたしかに私にとってそこにいる人間であるが、しかし、私はもっぱら感情移入する特有の措定の地盤の上に立っている。私は純粋に、指示される自我主観やその生を措定するのであり、その自我の措定意味をその自我の措定意味として、その自我の現象をその自我の現象として、その自我の周囲世界をその自我の周囲世界として、つまり世界の与えられ方として措定するのであり、つねにその自我のものとして措定することになる。

そのようにして私は、私や私の生や私の現出の仕方を措定し、私によって措定されたものを、私によって措定されたものとして措定する。もちろんこのとき、私は世界をともに措定しているのではないか。世界というのはやはり、この私の環境世界〈として〉しかも、確実な経験される存在という信憑《ドクサ》的様相において与えられている。やはりそのことを何も変えることはなかった。私は他者を措定し、他者に眼を向け、経験的な指標を通じて私にとって現に存在する他者を、指示された絶対性において措定する。その場合に、私は背景信憑《ドクサ》に関して何らかの変更を加えることはない。

　しかし、次のことがまさに区別される。事物や事物世界が知覚される準備段階にあり、あらかじめ与えられているものの、主題的には措定されていない場合――その場合には、とりわけそうしたものは自然科学の領野としてあり、それゆえこの規定の領土を純粋に守り、自然を研究しようという意志とともにある。それとも、私が私を、私の「主観的な」環境、私の「現象」、意味、作用などを主題的に措定する場合。後者の場合には、みずからの「そこ」にあるそのつどの事物は、その規則的な動機づけの連なりにおける現象を示唆するにすぎない。そしてまた、私が他者をまさに同じように視野に収め、他者それ自身を措定しているような場合。この場合には、私は他者の身体を私の現象の指標《インデックス》としてもっており、彼が自分のものとしての身体について手にするであろう「同じ」身体についての現象に対する指標として、また同様に、あらゆる外的事物に対する指標としてももっている。

　一九一〇年の講義〈「現象学の根本問題」〉[*36] ですでに、さらに先立って一九一〇年のものとして見つかった紙片[*37]においてすでに、感情移入説との連関においても、私は次のような考えを展開していた。私は客観的な経験措定をいわばそのままにしておき、その地盤の上に立たないことができる。そして私は純粋に現象の主観性にとどまり、そうした主観性を措定しながら、「現に存在する」経験客観を通じて示されている動機づけ連関を追って行くことができる。経験現象へと眼を向けながら、私は経験現象を見いだし、その志向性とともにさまざまなアスペクトを、同様にそれなりの仕方で経験する。そのさい、体系的に
449 示される連関の内で他のアスペクトを正当に秩序づけて動機づけており、すなわち互いに指示しあって、アスペクト存在としてのその存在は、対応する（《私はできる》の）自由な運動の《こうならば、こうなる》の内に正当に根ざしている。事物の全現出体系は、そうした現出そのものによって、ある仕方で存在するものとして動機づけられている。

　感情移入に対してもこうしたことを実行するならば、さしあたり次のように言われよう。あらゆる身体物体（身体事物）は、そうした準備ができている（「存在する」）現出連関であり、しかもまずは私の身体事物がそうなのである。そして、私の身体事物は感覚野や自我的なものが属することを動機づけている。他者の身体の了解的‐類比化的な経験統覚の内に、準現在化を通じた示唆が根拠づけられており、それによって、「内的世界」全体、自我の現象性が示唆されることになる。それゆえ、こうした自我をともなった自我環境全体が措定され、正当に措定されている。こうしたことすべては、私の自我と自我環境とのあいだで、示唆される自我とその環境のあいだで純粋に働かせることができる。この主観的な領域において、固有の仕方の存在根拠づけが正当に動機づけられているが、それはも

ちろん、超越的な経験的自然の相関措定を暗黙の内に含んでいる。ただ私はまさに反省的に態度をとるだけである。すると、事物、自然は、「存在する」アスペクト連関において正当に現出するものであり、そのなかでそうしたものとして理性的に措定されるものであり、主観の、あらゆる主観の、そしてその（「存在する」）現出体系の正当な措定意味である。こうしたことは、当時の私に強い印象をもたらした驚くべき思考の歩みである。しかしながら、当時の私はこれを完全に使いこなすことはできなかった。そこでは、改まった現象学的還元がなされてはいないが、根底にはあったのである。それどころか、この還元の考え方は『イデーン』の還元に対して長所をもってさえいたのである。

〈第七節　実践的生の態度と学問の態度。「脇におかれていた精神性」が自然に参入する〉

いまや問題になるのは次のことである。私たちが人間として人間に向かって態度をとり、
450 たとえば日常生活のなかで行為し、互いに交流し、規定し合う人間として実践的に人間に向かって態度をとるとき、私たちの取っている態度とはどのようなものだろうか、歴史学や精神科学の態度とはどのようなものだろうか。生きている実践的な人間として私たちは、存在している事物それ自身へと態度をとることもあるし、見かけのうえの現出の仕方へと態度をとることもある。後者の場合には、美的考察におけるように、私たちは現出の仕方

に没頭し、ときにはそうした現出の仕方について判断をくだすこともある。そのようにして私たちは、事物と現出の仕方とを互いに関係づけながら措定している。さらに私たちは、もろもろの主観に注意を向けることもあるし、そうした主観に感情移入することもあるが、その場合には、そうした主観の身体性はたんに指示されるにすぎない。たえず空間時間的世界が現に存在しており、そこにいる人間や動物たちがこの世界のなかでその位置で動いている。あるいは、私たちが彼らのほうへと動いたり、彼らから離れるべく動いたりするが、彼らはそこから同じ世界を見て、それなりの現出の仕方をもち、実践的な行為や努力において、私たちが私たちの位置からするように自分の位置を占める。経験にあらかじめ与えられているものはすべて、ときにはこのものが、別のときには別のものがそのつどそのつど顕在的に措定されており、どのような経験によってであろうとも、経験されるものはすべて、こうした物理的な時間‐空間‐秩序を通じてその連関をもち、それと心理物理的に結合した主観性をもっている。空間内の事物、とりわけ人間と動物、そこに含まれる自我や現出をともなう体験流は他のものを示唆しており、それだけで考察されうるが、あらゆる他のものがともに存在し、他のものと一つになっている。どのような自然な学問に携わろうと、こうしたことに変わりはない。ここで問題になるのはただ、どのような経験の仕方のなかで、予見する者としての私が理論的に、みずからに統一的地盤を与えることができるような足場を見いだすのかということだけである。それゆえ、物理的な自然科学者としての私の足場が問題になれば、事物経験がそれにあたる。そこには別の経験がもちろん一緒になっている。私の身体、他者の身体、自我は現に存在する。私の身体は機能する身体であり、知覚するものとして機能し（知覚器官の機能）、私の自我は、経験するもの、思考するもの等として機能する。

こうしてある種の理念が構築ないしは思考される。あたかも、自然自体という理念のようなそうした理念が指導的であるかのようになり、そのときには、あたかもいかなる主観も存在せず、働きかけないかのようになる。第一に（歴史上でも近代において）物理的自然のなかにたんなる自然としての理論の設置が生じ、第二に心理物理的な自然科学が生じ
451
ている。前者で問題になる一連の真理の連なりは、純粋に物理的な真理であり、物理的自然をその自体存在において規定する。後者で問題になるのは、心理物理的自然であり、それゆえ、動物と人間であり、その心理物理的な存在の「客観的な規定」である。

さしあたり、身体とは何だろうか。この身体やあの身体はどのように規定されるのだろうか。身体は身体の状態に対して、持続する身体的な特性に対して何をもっているのだろうか。ここで私は、諸々の触覚野などが物理的身体に共属すること、そこで生じる感覚野が物理的身体的自然の出来事に依存すること、つまり、あらゆる経験的な連関へと向かう

のであり、あるいは、物理的出来事をともなった現象学的環境の領分に行きつくことになる。当然ながら、経験そのものの意味にとどまっていなければならない。自分の根源的な身体知覚（自分の身体についての知覚）において直接的な統覚的統一を私がもつのは、局在化という現象の内で感覚野、感覚与件、感覚感情のような生体学的な性格と物理的身体的な出来事とのあいだにおいてのみである。それゆえ、他者の生体学的なものを示唆することも、「表現」や表情などを通じて、怒り、喜び、不満、疑念、意志の決断などを示唆することとは本質的に別のことである。私に直接的に与えられるのは、《私は私の手を動かす、私の指を動かす、私は押す》などの現象である。このような現象は順調に進むこともあれば、そうでないこともある（抵抗や抵抗力）。そうした経験の意味を追究し、さしあたり拡張しながら、物理的身体性と《私は動く》との隠れた連関へと行きつくことになる。身体の内的構造が、主観的に行なうことを可能にしながら、通常の経験には入らない生理学的構造が、明るみに出されなければならない。そうすることで、より詳しく規定された経験的な関係が手に入る。固有本質性や絶対的閉鎖性の内にある主観的なものは、経験的な統覚に引き入れることで、経験的な覆いを、統覚的な意味付与を獲得するが、そうした意味付与は主観的なものを決して曲げないし、その固有本質性に関して、精神的な「因果性」の固有な連関に関して、変化させることも覆い隠すこともない。むしろそうした意味付与は、主観的なものを、物理的経験の物理的なものと経験的に関係づけるのであり、主観的なものにたいして、経験的な「共属性」や身体性‐物体性への規則的「結合」を構成する意味の層を授けるのである。[*38] こうした純粋な固有性における主観的なものは、もちろん、それだけとりあげて研究されねばならない。しかも、まずはアプリオリに、純粋に現象学的に、ついで示唆という道において経験的に研究されねばならない。「経験的」というのは、統覚的な共属性、自然身体との結合をも含むような事実性の内にあるということを意味する。物理的自然、それゆえ身体的自然が構成的な意識の多様性（そのたんなる志向的な相関者が物理的自然である）を示唆することが、超越論的現象学によって認識されるが、このことによって、あらゆる経験的な自我にたいして、主観的に「合法則的に」規則づけられた層が生じる。同様に、心理物理的な依存性の層が生じる。[*39] さらにアプリオリに洞察されうることだが、そうしたことでもって主観性を論じつくすことはできない。自我それ自身、その生き生きした作用、行為する自我、特殊な意味で作用を遂行する自我を論じつくすことはできない。すべての「脇におかれた」ものが、自然の内に入って来るだけである。ここでは「脇におかれた」精神性と言おう。作用が遂行されるときには、なにかが「脇におかれて」いる。そこでは内在的に時間的なものが、さらには習慣的なものが構成される。

〈第八節　心理物理的な並行論の限界。自我の予測不可能性〉

453

適切に見るならば、並行論が成立しうるのは、次のような場合のみである。すなわち、物理的身体性という形式において物理的自然の層が存在し、そのなかであらゆる「脇にやられた精神性」が物理的に示唆される（そのようにして、知られていない「表現」を作りだす）。それゆえ、エネルギーの原理が妨げられることなく、エネルギー作動の方向性がつねに新しく打ち出され、それによって自然物理的エネルギーが形成され、その経験的類型や特殊性のなかで、精神的なものが、物理的なものに介入する因果性のなかで告知される（それゆえ、構成する多様性の規則のなかへと遡及的に及んでいく）。物理的自然はそれ自身において一義的であるわけではなく、「みずからをゆだねた自然」としてのみ一義的である。自然考察は、それ自身においては、それゆえ自然に即した統覚に従うかぎり、（活動的ないし触発的な自我における）自我という特殊に精神的な領域において進行するであろうものを、前提にはできない。あらゆる感性的なものだけが身体性に確固として帰属している（感覚野における感覚与件）。そして、あらゆる受動性、あらゆる受動的な動機づけ、受動性へと移行したあらゆる能動的な動機づけ、習慣性というその成果は、並行するものをもっている。こうした並行するものが知られているとすれば、そうしたものは、能動性のかつてあった精神的なものを示唆できるかもしれない。すなわち、経験的統覚の解きほぐしや経験的な推論が生じる場合のように、経験的に示唆できるかもしれない。しかし、自我が行なうもの（自我が何もしないときに自我の内に受動的に形成されるものではなく）は、推論されえないのであり、そうした仕方（経験的な推論）においてあらかじめ描かれることもないし、描かれえないのである。そうしたものを予感できるとすれば、私が精神性という地盤に立つことによってであり、経験的に指標される他の自我を自我として追理解する場合のみである。

しかしながらやはり、すでに述べたように、他の自我はまさに経験的に示唆される。そこでは、たしかに、自我が自我主観性として精神的な環境とともに経験的統覚（心理物理的統覚）に入り込むことを正確に考察するのは大切である。しかし、どのようなものが心理物理的に規則づけられたものとして、規則づけられた様式、それゆえ地平を類型的にあらかじめ描く仕方の内に属するものとして示唆されるのか、それゆえ、経験的統覚に引き入れられるのかが問われねばならない。そこでも、あらゆる経験的統覚の場合と同じように、私は私の開かれた地平をもっており、その地平は未規定であるが、類型的構造に応じてより詳しく規定されうる。感情移入という類比化によって、自我とその主観的なものが、さらには経験的に規定されて指示される若干の規定性が、あらかじめ描かれている。実際に与えられる身体性の指標的契機を越えて、どのようなものがこの感情移入のなかで見いだされるのか。もしも既知のものになっているとすれば、精神性はどこに指示されるのであろうか。精神性に直接的に「対応する」のは何だろうか。こうしたことを教えてくれるのは、学問的な経験研究だけである。しかしそれはやはり、先立つ経験に応じた予描であって、それがどのような種類であるか、それは精神のどの程度のものを、どのようなものを包括しうるかが検討されなければならない。しかし、どれほど身体と結びついても、それゆえ心理物理的依存性（それが構成される受動的動機づけ）の規則のなかに置かれても、自我それ自身はそこでもやはりそのような事実ではなく、むしろそこでつねに「前提」されているということは、あらかじめ洞察できないのではないか。同じように、自我それ自身から「生じる」もの（作用の主観としての自我から作用や能動的動機づけとして派生し、そこから流出するもの）は、こうした規則のなかに置かれえないということも、あらかじめ洞察できないのではないか。あらゆる感覚与件は身体性という器具のなかで、神経プロセスから中枢器官にいたるまでの感覚神経と関係していて、感性的記憶の受動性の先行条件である「物理的痕跡」をとどめるかもしれない。こうしたことは、連合と再生産という意識受動性における規則である。まさにこうしたことから、あらゆる感性的統覚は身体性と絡み合っており、この統覚それ自身も、感性的与件のある種の様相として、同じ中心へ

455

と遡及的に働きかける因果性の内にある意識という立脚点からは、そこで沈殿を作り出すかもしれない。さらには、こうした感性的なものに関係する自我作用もそこで同じようになっている。結局のところ、さまざまな仕方であらゆる作用がそのような感性的な関係をもち、それどころか言語は精神的なものに感性的な身体を作り出し、通常は感性的統覚が精神的「色づけ」を受け取るので、こうしたものすべてが「脳内に」沈殿するかもしれない。そのとき、新たに登場するあらゆる作用が対応する古い沈殿物を呼び覚ますだろうし、他方でそうした沈殿物は合併をうながすことになるだろう。それゆえ、それらは発達した人間のなかでは、特殊な精神的作用や刺激反応はどれでも、ときには怒りや疑いなどといった外的な現れをもつ習慣全体の内で反映されるかもしれない。*40

だが、それでも、いかなる自我も予測可能なものではない。私が自我を追理解するやいなや、私はその自我の行為を理解できる。そうするときに、私はたしかに、経験的指標を通じて自我への通路を、特定の状態にある自我への通路を手にする。しかし、〔一方における〕経験知識を追究し、身体的‐心理的な経験因果性を計算しなおし、そのほかの経験を通じて学問的認識を構成することと、〔他方における〕私が自我への通路を獲得した後に、自我の内に自我とともに生き、知覚し、外から触発され、反応し、思考し、評価し、意欲し、行為することとは、まったく別のことである。

〈第九節　独自の根本様式の経験に対する源泉としての本来的な感情移入。感情移入と再想起〉

これ〔前述の後者〕が本来的な感情移入である。これは外から動機づけられているけれども、やはりまったく特有のものである。*41

第一にそれは、自分の《我‐あり》の様相化であり、《私は生きる》、《私はそれを被る》、《私がそれを行なう》、《私は感覚する》、《私は感じる》、《私はしかじかの現出をもつ》、《私は決断をくだす》といった様相化である。それは、私が私の想起の内で生きる場合とまったく同様で、〔想起において〕私は客観の側で知覚現出の準現在化による様相化――それ自身過去の知覚として提供されるもの――としての「想起像」をもつだけではなく、そのさい、私が過去の生の主観として生き、知覚の過去の主観であり、過去の主観として「当時の」環境世界の内でしかじかに思考し、評価し、決意しているのと同様である。そのさい私は、同時に顕在的な自我でもあり、この自我が過去や過去の自我の内に入り込んで生きている（「私はそのときに知覚し、行なっていた者である」）が、そうした面でも同様である。〔想起において〕顕在的な今の自我も過去の自我も対象的ではなく、それどころか「想起像」でさえも経験の対象でさえもなく（こうしたことは無限遡及に至るかもしれない）、それらは反省において、現在における反省や想起「における」反省において、対象となることができるが、そうした面でも同様である。想起の内にみずからを置き入れることは、その経験的な動機をもっているが、そうした面でも同様である。このように同様だと私が言うのは、感情移入にかんしてである。他者の身体性は、心理物理的経験にお
456
いて私にとってそこにあって、感情移入を呼び起こし、それはある仕方で感情移入に属している。[*42] 作用としての感情移入はたしかに、私の過去の内で生きることではないが、何か類似したことである。それは、現在の内で生きること、あるいはむしろ、《現在の〈私は生きる〉を生きること》であるが、《擬似的-生》という様相にあり、私がみずからを感情移入する自我は私の自我ではないのである。他方において、私は同時に、顕在的な様相化されない自我であり、この自我が他者のうちへとみずからを置き入れ、「いわば」そのなかで生きる。そしてある種の反省が可能であり、私つまり様相化されない感情移入する自我への反省と、感情移入される自我への第二の反省が可能である。それとともに新たな種類の経験を、感情移入から生じる経験をもつことになるが、その際、感情移入それ自身が、これまで想起がそうであったように、あらかじめ与える意識なのである。[*43] これによって他の自我が対象的になる。こうして私は後からの反省の内で（それはほかならぬ「他者の内で遂行される内的観察」であるが、これはもちろん、他者それ自身が観察するわけで

はないから悪しき表現である。それはまさに、感情移入する者のみが遂行できるような、内的観察の様相化である〕、私がまさに追理解した、他の自我から生じたものを記述し、能動性というその個体的因果性を理解できる――さらに一般的な経験的規則形式にもたらすことができる。そのようにして、人間たちが、すなわち、同じ人間ないしこの状態の人間の経験的な特有の様式が、しかじかの状況で活動的にふるまうようになる。しかも彼らが共通の自我様式をもっているために、そうなのである。個別の自我を理解するように、自我の様式を理解することができる。作用の源泉としての自我それ自身の内には、一つの様式がある。作用を観察することによってのみ、そうした様式を把握できるのであるが、それは作用の内実に含まれているわけではなく、主観がまさにこうした主観であるゆえに、そうした作用をおのずから生じさせるということの内に含まれている。*44

457

〈第一〇節　もろもろの作用の主観および「実体」としての自我〉

もろもろの作用の主観としての自我〔とそれら作用と〕のあいだには独自の関係がある。それはたしかに、実在的な基体とその徴表、事物と性質などとの関係を思い起こさせるが、しかし他方ではまったく異なっている。自我はそうした意味での「実体」ではなく、解明によって明らかにされる「徴表」として作用や状態などを含んでいる同一の具体者ではない。心、つまり自我生の流れも、そうした実体ではない。それ〔心〕がどれだけ具体的な統一であり広がっている領野であって、「現象学的時間」という形式の内で心理物理的因果性における対立部分を提供するものであるかは、とくに詳しく論じ、検討しなければならないであろう。しかしいずれにしても、自我がこうした野に現れることはない。自我は基体ではないし、「担い手」でもなく、自我、源泉点なのである。やはり、どんな比喩も本来は使うことができない。

〈第二一節　自然科学的心理学の経験としての非本来的な感情移入――精神科学の経験としての本来的な感情移入〉

心理物理的学問、自然科学として、自然に即した物理的経験やさらには心理物理的経験という地盤の上に立つ学問は、たしかにいつも感情移入を遂行し、感情移入経験をも遂行しなければならない。しかし、すでに述べたように、ここでいくつかの感情移入の働きが区別される。(一) 非本来的な感情移入経験[*45]と、(二) 自我やその活動や性向に向かう本来的な感情移入(同様に、私たちの主観性への反省のなかにも、ⓐ自分の感覚与件への反省、私の環境世界の客観の独自の現出の仕方への反省と、ⓑ《我‐あり》における私自身への反省、私の自我から作用として生じるものへの反省、私の《私は働きかける》、私の《触

458 発される》、《反応する》、《規定される》ことへの反省）とがある。*46 自然科学的心理学者のフィールドは、身体性と受動的主観性にともに与えられるものとの経験的な連関の内にあり、主観性内部の経験的な連関の内にある。

　他方では、自我やその作用やその所有物への本来的感情移入においてあらかじめ与えられているものは、本来的な人格的経験の主題となる。人格的学問や人格の営みについての学問としての精神科学はすべて、こうした経験に根ざしている。*47

〈第一二節〉補足――〈最初の心理物理的な所与としての私の身体性。人間についての自然科学的な研究と主観についての「内的」研究〉

　しかしながら、これまで性急に述べたことのなかでは、本質的な点を指摘してはいなかった。

　事物統覚や自然に即した経験と名づけるような、自然に即した統覚は、事物を実在的-因果的統一として構成する。

　生気ある《アニマル》ものの統覚は、物理的身体と主観性との心理物理的統一を構成する。主観性の側面には、現象学的還元において私が「内的知覚」のなかで見いだすものがある。私はそこで、自我やあらゆる段階の現象の、私の受動的ないし能動的な「体験」の私の流れを見いだすのであり、あるいは、私の体験とつねに新たな私の自我作用を、受動的ないし能動的な動機づけにおける、そのノエマ的‐存在的内実とともに見いだすのである。

しかし、生気あるものの統一は、生気あるものの統覚の内で実在的‐因果的統一として構成される。*48 ここでも出発点である心理物理的なものの最初の所与は、私が私の身体のもとで身体として遂行するものであり、私の身体性における身体性の最初のもっとも根源的
459
な統覚である。私の身体が私によって事物として措定され、心理物理的に統覚される。そこには、私の主観性のある層は、しかも「私とは異なる《フレムト》」感覚与件の層は、さしあたり「因果的に」身体と結びついていることが含まれている。ここには二つの別々の統覚があるわけではないし、物理的な事物身体統覚がそれだけではじめにあるというわけでもない。むしろ、身体はまさに、物理的規定に因果的に依存する規定の層をもっており、*49 私の身体だけがこうした層を直接的に経験に応じて（印象によって）手にするのであり、他者は「感情移入」経験を通じて手にすることになる。したがって、私たちは、動物や人間を実在的‐因果的に探究するような一連の学問的研究をもっており、それらを外的に、「自然因果性」にそくして、純然たる事物が示すような因果性（精密な規定性）に応じて探究する。それに対して、「内的」探究は、動機づけにそくした探求であり、とりわけ自我としての主観やその意味付与の能作の探究であり、個別にまたは自我としての相互関係におい

て探究する。

〈第一三節〉 上の点についてのその後のメモ*50 〈感情移入という自然化する統覚に先立つ自体存在や独自存在としての主観性の存在。自然の規定と主観性の理解〉

　物理的自然は経験世界の最低層である。経験は直接的な知識に対する表現であり、しかもそれは直観的である（知覚という有体性の意識の内にある）。あらゆる感情ないしは評価、意志から生じる統握の層は取り去られている。

　この最低層は現象学的に見れば、単なる感覚触発の質料に基づく客観的な統覚の最も低い形成体である。統覚は（動機づけとしての）受動的な連合の営みであり、絡み合わせるものである。他方において、恣意もしくは対応する「私はできる」の要素がそこに属して
460
おり、詳しく言うと、主観的な「私は眼を動かす」、キネステーゼ的な「私は変化させる」といった要素が属しているが、それらはたんなる連合的な感覚に依拠する絡み合いには欠けている。

　自然は客観的統覚一般の領土〈であり〉、物理的自然のうえに心理物理的自然が築かれる。意志的なものの要素は、ここではたしかに身体に該当する。しかしながら一方で、私は身体に触る（私自身に触り、他者に触る）ことができ、そのときそこでしかじかの感覚

与件が生じるのであり、他方では、私は他者に発言するようなうながすことができるし、他者に語りかけたり、何かで妨げたりできるし、私は他者がどのようにふるまうかを観察しているが、そのときにはもちろん、感情移入しながら確認しているのである。

自然化された主観性は、客観的な統覚に入り込んでいる主観性である。「主観性」はさしあたりは自我として理解されており、客観的統覚の主観であり、客観的統覚を「体験」としてもっている。他方において、主観性つまり私自身は、客観的統覚をもっており、そのなかで物理的自然が現出している。そして、この自然と結びつくことで、他の自我や自我生、心理物理的統覚の統一における他の「心」が現出する。それは、客観的に心理物理的に現出するものとしての自我である。

正確に見れば、こうしたものは、純粋に物理的な統覚の場合の事物と異なって、統覚によってはじめて構成され、もっぱら統覚と感覚与件によって構成されるような、超越的なもの（因果的特性のXとしてのカテゴリー的意味での実体）ではない。むしろここでは、「心」はそれ自体において何かあるものであり、それが統覚されるに先立って内容的にそうあるところのものである。この統一（これはその存在においてみずからの存在についての意識である）はアプリオリに、他者にとって、たとえば私にとって、感情移入によってのみ与えられることができる。[*51]

さしあたり私のもとでも、私の生と私の物理的世界の内的光景のなかで（他者は除外されている）私の身体が特殊な身体層をもっている（この身体は自然のようにはまだ客観性をもっていないけれども）。私はそこで特別な形式の統覚をもっており、それが私に、私の主観的な環境世界のきわだった客観として、感覚所属性などをともなった物理的事物を構成するが、このとき感覚野の与件も構成された統一ではなく、内在的な所与性である。次いでさらにグループをなしてそこに加わるのが、私の感情、触発、私の連合、記憶、たとえば喫茶店などで私の思考を軽くすることなどのあいだの経験関係である。私の「心的生」はかなりの程度私の身体に依存している。一般的には私の主観性が身体に依存しているが、そうした主観性というのは、主観的アスペクトを包括し、当然のことながらいかなる「客観的なもの」としても与えられることはなく、私の生として、またそのうちで《多様な現出を私がもつこと》として与えられるのである。

私の心的生は生というその統一をもっているが、私にとって決して「客観」ではない。[*52] それはいずれにしても、私が想起の内で巡る私の現象の統一として、私にとって反省の内で与えられる統一である。そのさいに私は、さまざまな方向で内的反省を遂行することができるし、現在のなかにおいて、触発するしかじかの外的刺激にみずからを差し出しては、ふたたび反省することができる。しかし、そのさいに私が私の心を「客観」として獲得することはない。それどころか、外的客観として獲得すると言うつもりもない。もちろん、こうしたことが何を意味するのかをはっきりさせるのは困難である。感覚与件は完結した客観であり、存在者であり、内在的客観である。事物は客観であり、存在者であり、規定可能なものであり、そこに確固として属する述語の基体である。事物の与えられ方は、超越的なもので、留保つきのもので、未規定の地平をともなっている。私はそれを展開する
462 ことができるだけである。[*53] その普遍的な生の統一において内的に把握される主観的なものは、感覚与件でもなければ事物でもない。それは、感覚与件のように、内在的に完結した十全的知覚において、完結して与えられるわけではない。それは原理的にそのように与えられることはありえない。したがって、それは超越的に与えられる。しかしながら、それは事物客観のように与えられることもできない。事物の意味に属していることだが、私は事物がより詳しくはどうなっているのかを調べることができるだろうし、事物を規定にもたらすことができるだろう。もちろんそこにも困難がある。しかし、感覚与件は時間客観であり、内在的時間のなかを持続している。それは個体的であり、その時間位置やその時間持続に関して同じものとして、その個体性において同定可能である。自然客観も同様である。しかしながら、私は私にとって決して時間客観ではなく、現象学的時間における無限の体験流をもっており、この体験流からしてすでに完結した時間客観ではない。時間客

観はすでに所与の点で特有の超越なのである。[*54] ところが、この現象学的時間性はやはり、その充実において受け取ると、主観や主観の生ではなく、現象的にそこに属しているものにすぎない。したがって、これ（意識流）はまったく独自の超越である。[*55] たしかに、自我と自我生は《自分自身を意識する》という仕方においてのみ存在している……。

　ところでいずれにしても、客観は根源的には非‐我である（モナド的主観性ではない）ということが、何より一つの区別である。私、すなわち認識するものは反省の内で、私自身（それは自我極である）とその統一の内にある私の生を捉え、客観を他のものとして（直進的に）把握する。私が私の身体を把握するとき、客観とそれに関連する内在的与件を把握するのであり、その与件はそれ自身で客観性をもっている。さらに私は、身体という客観の経験的性状を把握するが、それは純粋に客観的ではなく、客観的‐主観的であって、すなわち、身体が私の心的生へと影響し、経験的に関係することが、客観（身体）の内で性質として沈殿する。そのさい、私の内面性においては、同じような意味で何かが沈殿することはない。

463
　感情移入とともに初めて心的生を客観化する端緒をもつことになる。他者の身体は身体として統握されて、この身体に経験的に（反省的に把握される超越というきわだったスタイルにおいて）帰属している自我生を示す。このような他の自我生は、認識する者にとって、私にとって「経験」され、[56]客観的に、非‐我として、私の環境世界の何かとして経験される。いまやこうした他の主観は、その身体がそれにとって外的性質であるような経験性質を自体でもち、しかも外的因果性の沈殿をもっているように、「他者の身体」という客観との関係において〈経験される〉。

他の《フレムト》主観は客観として「超越的経験によって知られ」、連合的に規則づけられた指標、因果性によって指標となるものによって知られる（統覚によって因果性を経験する）ことになる。しかも、他の主観は人間主観として客観となる。同じことだが、それは自体的に存在する。[57]しかし、他の主観が自体で存在するのは事物的意味においてではなく、すなわち、客観であることに汲み尽くされるわけではなく、それが主観であるという意味においてである。同時にそれはそれ自身だけで存在する！　そのさい、自分自身を経験するのは、未規定的な範囲においてその[58]身体に因果的に依存するものとしてであり、さらには身体をもその物理的な変移においてみずからに依存するものとしてである。他者の客観的な統覚からしてこの依存性は客観的な依存性として、「呈示」というある仕方で統覚される。私は私の原本的な環境世界において他者の身体を呈示するのであるが、その仕方は、他者がみずからの内でその身体を経験するのとは異なっている（こうした経験の仕方はその身体に適合しているけれども）。その場合に、私は他者を感情移入という仕方で、置き入れと

464
いう仕方で与え、逆に他者を経験するものとして私を与えたのである。

いずれにしても、因果性というのは心的生にとって、そこで規則づけられているものにたいする外的な規則を意味している。どんな外在性も理解されるものではない。物理的事物にとって、理解する解明においては、因果性とは立ち現れ《ファントム》の規則を意味しており、これは、それ自身がふたたび超越的なものであるような固有の本質内実をもっている。ここにおいて私はつねに、そのような外的（連合的）規則やそれによって超越的に構成される統一へと至る。しかし心的なものの場合には、私は主観性それ自身を、究極的には内在的に感性的なもの（感覚与件）に関係してもち、これは内在的な自我によそよそしいものではあるが、やはり自我に関係するものでもある。主観性は経験統覚の内で超越的に構成される統一ではなく、そうした統覚につねに先立ち、つねに新しい経験の層を受け取るような主観性である。この主観性はそのようにして因果性の層を、因果的性質の層を、客観的に帰属するものとして受け取る。しかしそのとき、主観性それ自身は、瞬間的な状態――呈示する多様性の構成された統一としてのみそれ自身は存在する状態――のなかで実現される因果的性質の基体にすぎないというわけではない。こうしたことすべてを、より詳しく考え、論述しなければならない。しかし、ここで根本区別が生じるということまでは明らかになっている。かりに身体が存在していなくても、また、これまで存在しなかったとし

465 ても、それとともに、経験的な心理物理的な層全体が脱落したとしても、何らかの変化にもかかわらず、自我極が存続できるということ、そこにすでに、区別が現象学的に生じている。そのときにはもちろん、主観は客観として存在するわけではないが、やはりなおも、主観であるだろう。しかし、物理的事物はただ客観だけである。因果性を取り去るならば、いかなる客観ももはや残らない。そればかりか事物についてはもはや何も残らない。

人間は第一に、内面性をもっている。この内面性を、私は私自身の場合に、知覚において手にすることになるし、〈他者の場合には〉後から生きることで、その内的な動機づけを解きほぐすことで理解する――内面性への没頭は自然措定を必要としない。それゆえ、私は還元できる。*59 第二に、人間は客観であり、その外面性をもっている。純粋に帰納的に受け取るならば、この外面性、帰納的客観性、自然を規定できる。このとき私は、（超越的な措定を遂行しながら）たしかに内面性へと入り込んで生きるが、しかしながら、条件づけるものと条件づけられるものとの外的関係にのみ目を向ける。こうした関係が身体と内面性とを結びつけ、内面的なものを相互に結びつける。

理解することは内在的に認識することであり、自然を-認識することは超越的に認識することである。私は事物を理解できず、自然は外的にのみ認識できるのである。因果連関を調べることで事物を記述できるし、私が把握するままに因果性を記述することもできる。一般的な因果法則を確定できるし、それによって個々のものをその位置において説明できる。その場合に、構成的な動機づけへと遡及することによって、こうしたことすべてを超越論的に理解することができる。客観としての主観は身体との因果連関において与えられているが、私はこの身体を確定し、この因果性の規則を求めることができる。とはいえ、こうしたことは外的認識である。内的認識は心に対してさえも、こうした外的な因果性を動機づけへと転換するのであり、そのときはじめて、そのほかの動機づけ全体も生じるようになる。動機づけの転換を因果性によって説明しようとすることは背理である。動機づけを理解することと内実それ自身を記述することによって、私はまさに主観性の固有本質を認識する。あらゆる因果的な認識は、心理物理的な認識も動機づけの指標にすぎず、心理学的なものとしてのみその意義をもっている。

470

一〇「内的経験」としての感情移入――モナドは窓をもつ[14]

私たちの熟慮をとおして、精神科学と心理学の連関が完全に明晰になっている。人間が、経験の対象として一方は自然の方を向き、他方は精神の方を向くような、いわば二重の顔をもつように、あるいは、よりよくいえば人間が心理物理的本質として自然に関与し、他方で心理的主観と自我として精神性をともに担う者であるように、そのようにもろもろ
471 の探究もまた〔二方向に〕区別される。前者は自然科学につながり、後者は精神科学につながると言えるが、むしろ後者は精神科学〔そのもの〕である。というのも一義的に精神は、人格的自我、ないしは先人格的自我（つまり動物の自我でもある）それ自身だからである。そのほかに精神的であるといわれるすべてのものは、自我の作用の主観としての自我の内に、そしてこれら作用の能作の内にその根源をもつ（したがって根源はここで、再度、精神的意味をもち、そのなかにおいて物的自然の内に根源をもつものはなにもない）。精神としての人間にたいする態度は、内面性への態度として、よく特徴づけられるのにたいして、自然としての人間への態度は、外面性への態度として特徴づけられる。この言い方は、隣人が私に、すなわち心理学者としての私に、ある意味で外的に与えられていると

はいえ、正しい言い方である。というのも、わたしはその人の身体を経験し、感情移入という仕方でその人の精神的主観とその低次の心の働きに身体経験という方法ですでに到達していなければならないからである。したがって、その人が自己に固有な本質の内で精神性を、より一般的にいえば内的生をめざしているときですら、その人は他方で、外面性をとおしてそれをもつことになる。ちょうど一人の心理物理学者であるように、なんらかのかたちで心理的なものそのものをもたねばならず、その内面性の内で、それ自体をもつことができるのと同様である。しかし、外面性と内面性について語ることで、別のことをも考えることができる。外的であるとは、経験的に超越するものであることであり、「現出」や描出の多様性を通じて、事物というあり方で統一的に自己描出するものとして与えられているものである。これは非精神性という意味での実在性の領域である。この領域には、すべての心理物理的なものとその因果性もともに算入されている。内面性は、しかし非実在的な内在の領域であり、その固有な本質存在性において志向的に機能する絶対的生として与えられている、ないしは与えられるべき領域である。それはまた、それを生きる私にとっての固有な内的生のように、反省的に自分のものとする生であり、反省によって、すなわち反復される明晰な再想起やこの再想起をもとにした反省によって、その固有な本質存在性において学ぶことができる生である。また私は、同一のことを感情移入という媒体をとおして、他者において学ぶことができるのである。このことは、感情移入がじっさいに目的に導き、それを保証するかぎりにおいてであり、また私がそこで理解するかぎり、すなわち絶対的心的生をその固有な本質存在性において理解するかぎりにおいてである。あるまったく別様のものが、すなわちある根本的にことなる態度の存在が指摘されねばならないだろう。(a)純粋に物理的経験の内で、私を物理的自然の地盤に立たせること、〔すなわち〕私の理論的意図を物理的客観性に向けること、そしてこうした態度において、心的なものを心理物理的因果性(ある超越的因果性)の観点においてのみ考察すること。472 そして、(b)自分を純粋に、心の原本質性の地盤に立たせること、したがって純粋な経験を境界づけて、主観性それ自身を越えてひろがるようなすべての「超越」は、それが主観性の内で措定されたものであろうと、あるいは、ただ心理学者としての私によって措定されたものであろうとも、経験の措定の外部に留まるようにすること、〔この二つの態度である〕。確かなことは、かりにわたしが他者の身体の現実存在と他者の表情の動きや身体的な表現を通じて生じるような告げ知らせるものにかんする経験の確実性についてまったく経験がないのであれば、私はいかなる感情移入も遂行することができず、他者は現実性として私にとってそこに存在することができないということである。しかしここで言われているのは、私がこの経験をとおして、探究の基盤それじたいを規定づけるということなのではない。この経験は私を感情移入へと導くことに貢献するだけであり、ただ感情移入のみが、理解するという精神科学的な心理学にとっての経験の地盤を提供する経験なのである。外面性の心理学と内面性の心理学における経験のあり方が、本質的にことなっているかぎりで、心理物理的心理学が「外的経験」に基づき、精神の心理学が「内的経験」に基づくというように並行関係において述べることができる。

しかしながら、この内に向かう経験は通常の意味でのたんなる内的経験、〔すなわち〕内的知覚のようなものではない。この経験は後者の意味の経験を包括しているのである。そのさい見落とされてならないのは、まさに態度のあり方であり、またこの経験は同様に感情移入も包括しており、しかも再度、その固有な本質存在においてみずからを呈示する心理的なものへのこの同じ態度において、そこで内在的に支配する動機にそくして包括しているのである。さらに重要な点は、一貫して見落とされてきたことが自明的なものとみなされてはならないことである。それは内面性の心理学が個別心理学であらねばならないといったことや個々人の間のすべての精神的関係を通じて社会性が確立されるといったこと、また心的に本来生じるものが個々の主観の内でのみ生じるとされることで、個人を越えて広がるすべての精神的統一が、いってみれば虚構のようなものであるとされることなどである。このことの依拠するところは、再度、固有本質的な意味における心理学を、心理物理学とすり替えるところにある。心理物理的なものは、個々の心とそこに属する身体への個々の心の結びつきにおいてのみ起こっている。心がじっさい、自然の断片以上のなにものでもないならば、すべての実在的な心的出来事もまた、個々の心における出来事ということになろうし、心相互の結びつきは、まったく間接的な結びつき、つまり身体相互の物理的連関をとおして媒介された結びつき、〔すなわち〕媒介する光の振動や音の振動等々ということになろう。

しかしこれらすべてのことは、まったくの誤りである。このすべての個別心理学はまったくの虚構である。このようなものはまったく存在していない。確かに考えうることとして、私が独我論的に生き、みじめな精神性をもたねばならないといった、みじめな現実存在の内に他者の主観が決して入り込んだことがないといったことが可能であり、個別心理学も、そのような可能な唯一の自己の心理学として考えられることもありうる。しかし人間世界と動物世界における人間の個別心理学と、動物世界と人間世界における動物の個別心理学とはまったくのナンセンスなのである。先に述べられたように、個別心理学の理念
473 が前提にするのは、心が閉ざされたモナドとされること、〔そして〕その生の連関が、それじたいで実在的に閉ざされた連関であるということ、またそれが前提にするのは、いかなる実在的連関も、それだけでなく動機づけの関係の固有本質的な形態の関係もまた、閉

ざされたモナドと他のモナドとの間に創設されえないようなあり方であるということだ。そのときに私たちがもつこととなる不合理は、一方で人が経験世界の内で友達の関係、恋愛関係、団体、国民、国家などをもち、それに応じてつねにこれらについて理にかなった経験の真実であることを要求するような言明を行なうのにたいして、他方であらゆる人間が唯一の自己にされてしまい、生き生きした共同体の現実性のさなかでの独我論者にされてしまうことである。ライプニッツはモナドは窓をもたないといった。しかし私はどの心のモナドも無限に多くの窓をもつと考える。つまり他者の身体を十分に理解する知覚がそうした窓であり、私が友達に話しかけたり、願いごとをして、その人が私に分かりやすく答えてくれるそのたびごとに、私の自我の自我作用が私たちの開かれた窓から他者の自我へと移行しており、そしてその逆もまた同様なのである。交互の動機づけが私たちの間で、ある実在的な統一、まさに真の実在的な統一を作り上げているのである。そして愛は現実に心を突き抜けて心に到達し、そして命令においては、一方の意志が真剣かつ直接に別の他者の意志に働きかけ、ないしは一方の意志の主観が他方の意志の主観に働きかけているのである。私がある物をみているだけで正しく述べることができる唯一のことは、その物が私への直接的な関係の内にあり、私からその物に向かう唯一の直接的な心理的関係という実在的な関係の内にあることである。ここに心理物理的なものを混入させるのは誤りである。こうした直接的関係とならんで、まったくことなった因果性の形態をもった間接的関係もある。

さらに物としての身体がそこに存在し、それが延長実体として、空間の内で事物として心とともに結びつくことはありえないにもかかわらず、〔なお〕心と身体の実在的な統一について語ることは正当である。ここでは経験が心理物理的因果性という意味との固有な結びつきを示しており、この結びつきは非実在的で、〔かつ〕実在的な結びつきである。というのも、こうした経験のあり方は、まさにそのようなあり方によって、〔実在的、非実在的両面が〕一致したあり方で確証されうるからであり、そしてそれが一貫して行なわれる以上、この結びつきは疑問の余地がないのである。このようにして「私の身体」という事物は、私に直接あたえられており、私はそれを任意に動かしており、〔また〕このように、私の実践的自我とその作用が私の身体に直接関係づけられ、身体に直接働きかけ、身体を介して間接的に外的事物に働きかける。しかしこうした媒介は、自然因果性という心理物理的媒介ではなく、このような媒介については、ここではまったく語られていないのである。

同様にここで示されるのが、感情移入の固有な経験と、感情移入によって可能になる《我-汝-作用》という社会的作用の経験であり、一つの自我から作用として放出された

474 ものが、別の自我に的中することである。この出会いは経験の内で確証され、応答する諸作用と両者の交互作用の全体的な一貫性において確証されるのである。[*60] この確証によって、他者はたんにわたしの経験が表象したものではなく、現実に存在するものとして証示され、他者への働きかけは私のたんなる主観的なふるまいではなく、疑う余地のない働きかけとして証示されるのであり、その働きかけは私の眼をみつめ、私の言葉を聴く他者に行使され、直接、他者に向けられている。すなわち他者は私の言葉を聞くのであって、物理学者のいう空気の振動や生理学者のいう神経プロセスを聞くのではないのである。

当然のことながら、私を動機づける他者は、そのさい準現在化する表象の仕方でのみ、私に現在的であるのであり、それは私にとって、過去が想起する準現在化という形式で、いま現在的であるのと同様である。しかし、ここでも言わなければならないことは、〔たとえば〕昨日私が罪を犯したことで後悔するとき、私を動機づけるのは現在、私が罪を想起することではなく、私が昨日罪を犯したというそのことなのである。この動機づけは、この悪行が準現在化によってのみ私のものとして意識され、意識としてもつことによってのみ、動機づけとして生じることができるのではあっても、〔まさに〕そのように起こるのである。[*61] そのかぎりであらゆる心はモナドである。モナドに意識されているもの以外のなにものも、モナドを動機づけることはない。したがって他の自我は、私に意識されていなければならず、私が意識としてもつことにおいて対象的にあらねばならないのであり、もちろんそこでは、次のような本質規則が妥当することになる。すなわち私のものである私の意識としてもたれるものや、わたしの内在的与件や体験も、そのどれもが他者のものではありえないことである。しかしこの意識としてもつことこそ、それを通じて私が他者へ接近し、私の動機づけによって他者に到達しうるような窓なのである。[*62] そして私の動機づけ、すなわち私から発する光線は他者に直接、出会う。というのも、動機づけにかんして動機づけによるもの以外の別の間接性をさらに述べたところで、なんの意味もないからである。動機づけが間接的であるのは、〔たとえば〕わたしが使者を介して友人になにかを伝えるときであり、そのとき動機づけは、まずもって使者に直接向けられる。また間接性がみられるのは、私が自分の精神的産物として手紙を書き、その手紙にいわばわたしの望みを託すときである。そのときそこにあるのは、通常の現出の仕方で意味の担い手と仲介者となった事物なのである。[*63] とはいえ、つねに重要であるのは、単一のモナドや心の意
475 識内在に存続する諸連関を学ぶことであり、そのさい中心的なことは、意識の媒体を通じて間主観的動機づけが生じるということである。この動機づけは、両者の心の間でただようような体験なのではなく、ある志向的能動性であり、それはある自我から、そこで他の自我が準現在化しているような意識を通じて、他の自我にかかわっているのである。[*64]

他《アンデレ》の自我は私にとって他の人間として、身体と心の統一としてそこにいる。しかし私は、この具体的な統一をも、その与えられ方において受け取らねばならない（手紙のように。原注63参照）。たしかに私はそこに、ある「それ自体」をもつと言える。すなわち物理的事物としての身体にとっての、また心理物理的統一にとっての因果性のそれ自体の規定づけである。しかし経験される人間とは、私にとってその人の与えられ方をもっており、その内にその人はいるのであり、いかなる錯覚でもなく、このようにしてその人は、現実にその人自身として、直接、私との関係に入って来るのである。

原注

＊1　この文章は、後に、疑問文に変えられた。「ここで要求されたものは、統覚された物体的・精神的な実在の、言わばそむけられた側面であり、覆われた側面なのであろうか？」——編者注。

＊2　後に、「原現前における」が付け加えられた。——編者注。

＊3　〔「共現前」を指す語として〕"Kompräsentation" は、後に "Appräsentation" に書き換えられた。——編者注。

＊4　後に、「原現前」が付け加えられた。——編者注。

＊5　「根源的に原本的」は後に「原現前」に書き換えられた。

＊6　次のように言うこともできよう。私は個々の物だけを知覚するのではなく、開かれた、最終的にはまったく未規定の多様な物としての（私の身体物体の周りに中心化された物世界）をも知覚している。しかも、共現前という仕方で、ここでは、この物世界の知覚において取り囲んでいる物の全体が包括されている。この物世界が知覚され、その内でこれら取り囲んでいる物が共現前的にともに与えられている。共現前という概念は明らかに相対的である。というのも後になってまたこう言われることになる。周囲の客観として人間が共現前的

にともに与えられ、他の人間がそれと相対的に原本的に与えられる、と。

＊7　これに純粋自我（一種の形式でもある）が対応している。

＊8　後に次のように付け加えられた。「そして、それが周囲の物体と同じ仕方で共現前すること――これが本来は二次的な共現前なのであるが――なしにも」―編者注。

＊9　自由はキネステーゼ的なものにのみ属するはずだ。

＊10　内在的な与件、感覚与件によっては、他の主観性が類比的に動機づけられることは決してありえない。客観性が構成されていることによってのみ、異なる《フレムト》主観性が私にとってそこにありうる。

＊11　「自我」はあとから、「心的な自我」と補足された。―編者注。

＊12　《ここ》というのは、しかし、方位づけの点である！

＊13　ここに再現されたテキストの草稿断片の裏面にフッサールは次のように書き留めている。「私の意識における他者の自我の構成としての感情移入の問題は、これまでのすべての分析によっても解決されていない。構成された客観性としての人間」。この注記は、おそらく、ここに再現された個々のテキストのみならず、テキスト三番として印刷された、もともとは一九〇九年の夏に執筆された内的に連関するあらゆるテキスト（いわゆる「大学宛文書」）にも関係している。―編者注。

＊14　もちろん、そんなことはない。

＊15　「基づけられた」というのはまったく具体的でない。なにしろ、（触れるという場合、）

部分的には同一の所与が二重の統覚的機能をもっているからである。

＊16 この文と続く二つの段落（「潜在的な現れ……属している」まで）は草稿では削除されている。――編者注。

＊17 ルーンスというのはゲッティンゲンにあるレストランのことである。――編者注。

＊18 知覚された物体的なものや心的なものは、たんにともにあるというだけでなく、互いに属し合っている。したがってまた、両面に対して与える（そして両方に対して与える）「現出」等もまた「相属しあっている」。

＊19 ここに記されていることの詳しい記述。

＊20 もっとよく言えば――身体は原本的経験全体の統一の内にあり、そこから不可分である。

＊21 後に「原本的に」が付け加えられた。――編者注。

＊22 「二つ」は後に「三つ」に変えられた。――編者注。

＊23 もちろん問題の順序は変更できる。

＊24 第三の問題――「感情移入」は私の原本領野にある――感情移入されたものの内容および構成的な連関にしたがってそこに本質的に属するのは何であろうか。

＊25 後に「純粋な具体的主観性」と付け加えられた。――編者注。

＊26 しかしもちろん、そこに違いがあるのではないか。ある物が、限られたときではあれ、別の時に別の物に変化することはもちろんありうる。両者は一つの物に属するのである。

＊27 草稿のもとの連関からして、おそらくここに草稿が一枚欠けている。――編者注。

＊28　この番号のテキストにフッサールは次のようにコメントしている。「一九二〇年の倫理学講義のためのものであり、六月二十八日に仕上げられたが、もちろん読み上げられることはなかった」。一九二〇年の夏学期にフッサールは「倫理学入門」という講義を行なった。この講義のあいだ、彼は自然科学と精神科学の関係についての大きな論述にも取り組んだ。ここで編集されたテキストはこうした問題設定の連関のなかにあるが、講義草稿には用いられなかった。——編者注。

＊29　後に、「原初的」が付け加えられた。——編者注。

＊30　以上の内容要旨は、おそらく一九二七年執筆と考えられる。——編者注。

＊31　これは超越論的な生の超越論的な自我である。

＊32　そこには現象学的還元の遂行がはっきりと表明されずに含まれている。すなわち、私は表立って反省的‐方法的に実施することはなしに、反省的態度を遂行している。

＊33　ここでは純粋な自我極という言い方ではなく、純粋に精神的な（人格的な）主観の経験的に実在的な客観化という言い方がされる。

＊34　絶対性の内にある自分自身における精神と心理物理的統覚の内にある精神とが、ここでは関係づけられる。後者の遂行主観となっているのは、精神、純粋自我であり、これがそうした統覚のなかで他者や自分自身に経験特性を「課し」、人間として統握する。人間はみずからの内に存在し、超越的に構成される自然へと関係する経験客観として、客観的‐実在的な経験特性を担っている。

＊35　《我‐あり》、自我の明証の特別な様式、この人格を、そもそも存在する必要がない、事物である必要がない事物的存在の明証と対比的に特徴づけることは、やはり独自のテーマになるだろう。人格としての私は、特殊な人格的特性について判断を誤る可能性があるが、私、この人格が存在するという点において誤ることはない。そのため、どれほど誤りがあるにしても、人格的特性や人格の習慣についての十全的に明証的な、現実的な自己経験が可能である。実在的な事物特性の場合にはそうではなく、無限のものに向かう要求であり続ける。

＊36　全集第十三巻　テキスト六番（本訳書テキスト一）参照。

＊37　全集第十三巻　テキスト五番（本訳書テキスト二）参照。

＊38　しかしそこでさらに、自我的‐心的なものの内でも、私たちは連合的な示唆や身体との間接的で外的な結合をもっている。内面性におけるあらゆる本質連関は、内的動機づけからのあらゆる結果は、やはり連合を根拠づける。

＊39　こうしたことはやはり、連合の外的な規則をも生じさせる。

＊40　こうしたことのすべては十分に明確ではなく、主要な点を新たに取り組むべきである。

＊41　非本来的な感情移入は、他の主観性の受動的連合的な示唆である。本来的な〈感情移入〉は、能動的にともに行い、ともにこうむり、自我的に動機づけられうることであるが、根本においては、連合ではなく内的動機づけを追究することである。自我生や自我所持の内在的な流れとしての心は、あらゆる経験的に示唆されるものをもたらし、それゆえ、自然科学的心理学のフィールドになっている。

＊42　よりはっきりと示すべきだが、経験的な示唆や因果性は物理的なものから心的なものへと及ぶことになるが、しかし、心的連関をも支配し、そこで考察されうる。他方においては、固有本質的な動機づけも追究することができる。

＊43　ここではつねに、みずからの本質をもっているものが、中心としての自我が優先される。しかし、自我性の受動的な基盤も連合的‐経験的な観点で考察されない場合には、非自然の領域である。

＊44　メモ。反省する感情移入は、経験として自己観察と同等である。そして、自己観察には構想という純粋な様相化が対応することが明らかである。反省する感情移入は、自我一般、多数の自我一般、人間一般などを形相的に考察するための基盤を形成する。

＊45　受動的で経験的な指示の感情移入。

＊46　ここではやはり適切な術語が必要である。

＊47　これでは不十分である。ここでは、連合的に経験的なもの‐固有本質的なもの、その動機づけ、自我作用など、厳選などとしての自我という対立を示しているにすぎない。

＊48　これ以上のことを述べるのは、拙速ということになるかもしれない。純粋な「内的経験」――私たちのオリジナルな経験への抽象態度は、私たちにとってすでに展開されたものということになるだろう――において、私の身体物体やあらゆる物体は主観的に構成されており、当然、私の知覚しながら支配することから「事物」が構成される。ひとたび客観的‐間主観的な世界（それゆえ他者たちさえも）が現に存在するならば、私はさまざまに態度を

とることができる。オリジナルな経験において物体性と身体性が構成されるが、後者は心に対する身体性として構成されるわけではない。というのも、私の「心」はまさにすでに構成されているわけではないからである。

＊49　ここに問題がある。身体が身体として分離するような二重性は、いったいどのようにして構成されるのだろうか。死せる事物と身体との構成の相違はどのようになっているのだろうか。

＊50　一九二二年六月二十二日。

＊51　これは超越論的な考察である。いかなる純粋な主観性——そこには同じ事物の経験統覚の多様性に対する「能力」が、そうしたものへの現実的な動機づけが成立している——も存在しないと想定するならば、事物は何ものでもなくなるだろう。事物はその「可能な知覚」の統一としてのみ、そうあるところのものである。しかし、人間についてのいかなる可能な客観的統覚も知覚もないとすれば、まさにいかなる人間も存在しないことになるだろう。しかし、そのことによって純粋な主観性が廃棄されることはないだろう。事物の非存在によって、ある種の主観的な構成要素が廃棄されるにすぎず、自我主観（純粋に心的なもの）は別様であるかもしれないと言われるだけである。同様に人間の存在を廃棄する場合にも、主観的なものは残される。しかも、ここには何も残されないわけではなく、どんな人間についても、その純粋な主観性がある種の変更のもとで残される。

＊52　客観というのは、ここですでに、間主観的に同一の基体を意味すべきではない。

＊53　客観は、統覚によって独自の統一として、明示できる規定の基体としてあらかじめ与えられ、すでに構成されているものであり、それゆえ、それが触発するときには、開明によって知ることという意味で経験されるものである。私がまだ他者をもっていないような発生を虚構してみるならば、物体と私の身体とを獲得する。後者はすでにかなり完全な意味において身体であるが、やはり完璧ではない。いま主要な事象となっているのは次のことである。私の主観性の具体的な統一は、そのなかですでに構成されるもの（物体、身体）とともに、統覚における統一として構成される。私のモナドはあらゆる統覚に対する環境であるが、心はまだそうではない。

＊54　しかし、世界全体も時間における客観などではない。

＊55　無限の自然や一般的には客観的世界は、個々の事物の超越と比較して、完全に独自の超越である。

＊56　その自我生は「私のもの」とは「別のもの」である。そのようにして、それぞれが相互の対照性において対自存在を獲得する。経験統一もしくは新たな様式の統覚を形成するための基礎が与えられている。

＊57　主観性は人間的な主観性として、たしかに、自体的には客観である。すなわち、主観性はそうしたものとして、みずからの可能な客観であるようなあらゆる主観にとって、経験可能であり、任意の多くの主観によって同じものとして同一化されうる。しかし、人間的主観性はまさに主観性でもあり、したがって、それは自体でかつそれだけ存在し、みずからにと

ってそうあるところのものである。事物はただたんに客観である。客観は主観に対する客観である。人間は客観でもあるが、この客観はそれ自身の内に主観をもっており、それはこの主観にとって客観になる。つまりそれは、まさに内面性を、自我をもった客観である。しかしさらには、あらゆる客観は未規定的な主観性を指し示し、あるいは、その客観がそのなかで構成されるような主観性の開かれた多数性を指し示している。この主観の多数性はもはや決して客観ではない（そうしたことは不合理であろう）。人間的な客観は、ただ主観の開かれた多数を遡及的に指し示すだけではなく、こうした主観の特定の多数をも指し示す。このような構成する主観は、みずからの自体存在と対自存在における人間の心それ自身である。その場合に、こうした自己存在に属していることだが、この心はみずからの統覚を通じて、事物やさらには自分の身体を経験するのであり、この身体の心として経験することによって、自分自身を全体的に経験するし、そのように隣人などを経験する。自我は反省において（内的に）自分自身を把握し、客観的統覚において（外的に）自分自身をみずからの身体に依存するものとして、身体と一つになったものとして経験する。この自我はその自我をそれなりの仕方で客観的に経験するものとして、他の人間を外的に人間などとして経験するし、内的に感情移入において入り込んで生きることにおいて、内的に経験する。身体の心としての自我は、存在する事物へと、身体へと関係しながら存在しており、身体と「結合」して存在することで、空間内に局在化されて、世界の、客観的世界の項となる。しかし、こうした客観的世界の全体が、純粋な主観性における、私や他者における「現象」なのである。こうしたことすべては困難であり驚くべきことであるが、理解可能なことでもある。客観的な経験の態度においてすべてを最後まで考えるなら、世界が存在しており、そのなかにあらゆる自我の心があり、現実的および先行描出される可能的な統覚をともなった独自の生やその他の体験がある。超越論的にはそのなかにおいて、世界が志向的に措定され、認識可能なものである。そして同時にそれはその真の存在である。世界の素朴な所与性のなかでは、心は構成要素になっている。しかし、こうしたことをより詳しく検討し、物理的存在をカッコに入れることで超越論的態度の地盤に身を置くならば、心理物理的世界というのは、主観性それ自身が客観化され、統握される際の一つの様相であることが分かる。

*58 後に「間主観的に客観化された」が付け加えられた。—編者注。

*59 「内面性への没頭は自然措定を必要としない。それゆえ、私は還元できる」はあとから消されている。—編者注。

*60 この働きかけは自我の作用であり、働きかけられたのは別の自我の作用である。特殊な意味での働きかけは、活動的な《わたしが-意志すること》であり、これにたいして他者の受苦は「反作用」を行使する。すなわちこれがわたしの新たな行為の動機となる。

*61 私の自我の現在の内で、私は過去の自我とその過去の自我の悪行に直接関係づけられている。ただし、本質的には過去へのいかなる働きかけもないが、とはいえ過去から現在への働きかけは可能である。

*62 同様に、私の過去の自我は現在のわたしに接近することができる。

＊63　この事物が私に手紙として直接はたらきかけるのは、ただ手紙を適度な間隔に保ってながめ、眺めるなかで文字を区別し、単語と文を理解できるときである。すなわち私がこの客体を現実的なものとしてたえず眺めながら、近さと遠さという区別をもち、眺められた客体それじたいは、そのどの方向から眺めるかによる違いをもっているのではあっても、その違いは「そのものにそくした」違いではなく、私にたいする違いなのである。このようにして、そもそも存在する客体があり、私にたいしてそこにあり、私の任意の〔立ち位置の〕変化に従属する「与えられ方」をもっている。このことは、私が「内面性」において、存在する客体に直接関係づけられていることで、なんら変わるもの[15]ではない。

＊64　動機づけは客観的に精神的な動機づけと、現出論的な「動機づけ」とが区別されるべきである。

訳注

［1］リップスが感情移入論を展開するのは、何よりもJ・S・ミル以来の類推（類比推理）説を批判するためであり、ヒューム『人間本性論』（一七三九年）のドイツ語訳者でもあったリップスは、それを「共感 Sympathie」とも結びつけて論じていた。しかし、それが「本能的」な次元にあると考えたことが、このあとの箇所でフッサールが批判するところになる。

［2］Präsentation und Kompräsentation　前述（本書第一部訳注［50］参照）の対語と同じ意味の対語である。この前後の編者注からも分かるように（ただし、同じような語句の修正

が多いので、翻訳にあたっては、煩雑さを避けるために、すべてを訳出せず、代表的なものにとどめた)、フッサールはこのテキストで、現前もしくは「原現前 Urpräsenz」と「共現前」との対比を表す語に迷いが見られ(原注3を参照)、「Kompräsenz/Kompräsentation」という語から次第に「Adpräsenz/Appräsentation」へと移って行ったことが分かる(両者を日本語で訳し分けるのは困難)。従来、Appräsentation に対して「間接現前」や「付帯現前化」(『現象学事典』)といった訳語が使われてきたが、「間接(的)」や「付帯(的)」とするのは必ずしも適切ではないと思われる。「現前」がその内に分裂を含み、「原現前」と「共現前」の協働・絡み合いによって成立しているという意味をこめて、また、このテキストに見られるように、初めは Komprasentation という語を使っていたのを次第に Appräsentation という語に変えて行ったという経緯もあり、できるだけシンプルに「共現前」と訳した。

[3] Empfindnisse　フッサールは、たとえば、手で机の表面をなでているとき、机から受け取っているさまざまな「感覚 Empfindungen」(すべすべした、ひんやりした、等の触感)から、手にその感覚が広がっていくことによって手の位置/ありか/広がりを感じている「感覚態 Empfindnisse」を区別している。「再帰的感覚」といった訳語もあるが、必ずしも適切とは思われない。

[4] apprehendieren→Apprehension　前述(本書第一部訳注[19])参照。

[5] Phantom　この語は日常用語としては「幻影、幻」といった意味で使われるが、フッサールは特殊な意味で使っている。すなわち、「色と形をもった物」ではあるが、まだ「実体

性や因果性」をもたないような物（の次元）を指している。「延長物」に対応するとも言えるので、ここでは「立ち現れ」と訳し、「ファントム」というルビを振った。

［6］ beseelen 「生化する」「賦活する」などとも訳されるが、もともと、「(死せる物体に)魂 Seele を吹き込む」という語源から来ており、ここでは「生気を与える」と訳した。

［7］ Aspekt 前述（本書第一部訳注［31］）参照。

［8］ 標高六三一〇メートルのエクアドル最高峰の山。

［9］ Übertragung 日常用語としては、TV放送の「中継」といった意味で使用され、「移すこと」という原意をもち、「転移」という訳語も可能であるが、ここでフッサールは、自分の身体の外的現出と内的現出の連関を他者の身体のうちへと類比的に転用するという把握の仕方を批判している。そういう文脈なので、「転用」と訳した。

［10］ somatologisch←Somatologie 一八世紀に「物(的身)体 Körperlehre」に代わる語としてラテン語「物(的身)体 Somat」とギリシア語「学 Logos」から作られた語で、自然学の一部として心理学 Psychologie と並ぶ学問分野と考えられていた。

［11］ animalisch 通常「動物的」と訳される語であるが、前述（本書第一部訳注［28］参照）のように、フッサールは「物質的自然の構成」「精神的世界の構成」の間に「動物的（生気ある）自然の構成」という次元を構想している。「アニマ（魂／心）をもった」という語源を意識しながら「有心的」と訳すことも可能であろうが、ここでは、「生気ある」として「アニマーリッシュ」とルビを振り、animalische Erfahrung は、「生気あるものの経験」

とした。

[12] natural　フッサールは「自然な natürlich」（本書第一部訳注［1］参照）と区別して、「自然に即した natural」という語を使っている。前者は、「日常的な」「普通の」「当たり前の」を意味するが、後者は、「（自然科学の対象としての）自然に関わる」を意味し、これが一層進んだものが「自然主義的 naturalistisch」とも呼ばれる。文脈によっては、この natural という語を「自然的」と訳したところもある。

[13] Anzeige　フッサールは『論理学研究』第二巻第一研究「表現と意味」の冒頭で、「表現 Ausdruck」と「指標 Anzeige」を区別していた。前者は、あるものが記号となって意味を通じて対象を指示するのに対し、後者は、あるものが何かを象徴するものとしてそれを指示している。しかし、ここでは、「指示されるもの Angezeigte」〔すなわち〕表現において表現されるもの Ausgedrückte」とされ、必ずしも、その区別を踏まえているとは思われない。

[14] ライプニッツにおいては、モナドには物が出たり入ったりすることのできるような窓がないにもかかわらず、モナドがそれぞれの視点から宇宙全体を表出していながら、それぞれの表出の間に対応があり、同一の宇宙を表出していることは、神による「予定調和」に委ねられていた（本書第一部訳注［45］参照）。それに対してフッサールにおいては、モナドは、「実質的《レエル》」（本書第一部訳注［52］参照）には「窓」をもたないが、「志向的《インテンチオナール》」には——「実《レ》質的《エル》」と対比的に「理念的《イデエル》」という語を使うこともある——「他者経験 Fremderfahrung と

いう「窓」をもっている、と主張される。

[15] phansiologisch←Phansiologie（Phansis+Logos） この「現出論的」探究は、「思惟する《コギタ》こと《チオ》をその実質的存続（体）に関して解明する」探究とされ、意識位相に実質的に与えられる存続体の探究を意味することから「実有位相論的」とも訳しうるが、フッサールがギリシャ語の φάνσις にそくして、「体験としての現出そのもの」と表現していることから、「現出論的」という訳語を使用した。

第三部　発生的現象学——本能・幼児・動物

112

一一　脱構築[1]による解釈としての幼児と動物への感情移入

考察の出発点となるテーマ——直観の世界（独我論的に構成された世界）はことなる主観にとって、ことなって見える世界でありうることから、存在論も同様に、各人にとってことなるものでなければならないのか、と問われることになる。

この考察は、事物、身体、主観の諸関係により深く進展し、（低次の動物への）感情移入の説への寄与を提供することになる。

証示する可能性のある経験の事物としての事物を存在論的に分析するにあたって、次のことを注意するのは重要である。

個々に認識する者である私は、経験から出発しつつ自由に経験のなりゆきを斉一的に産出することができ、そうした事物や事物一般を、可能的経験の有体的統一としてその必然的なエイドス〔形相〕において明らかにすることができる。

この存在論はここで、次のような本質必然性を、つまりそれが可能的経験の対象性や直観の対象性に属していて、しかも私がそこで可能的経験の全性を直観的綜合にもたらすような私の直観の対象性に属するような本質必然性を、きわだたせる。

さてでは、私たちがコミュニケーションをとおして結びついている主観の多数性に移行するとき、事態はどうなるだろうか。

あらゆる主観は、その閉じられた経験、〔すなわち〕経験と経験可能なものの宇宙をもっている。感情移入の連関のうちに立つ者が、経験をすべての相関関係にそくして「投射」しうるかぎりでは、なんら新たなものも到来することはない。他者が経験することは私自身も経験することができるだろうし、私はその人が経験したものを受け継ぐことがで
113 きるのである。しかし他者は私がもつことのない直観的事物の感覚状態をもつことができる。他者は私が理解することのできない異常なことを経験できるかもしれない。このことは経験の存在論にいかなる影響を与えることになるのだろうか。私は他者が認識し、私が追認識しえないような存在論的命題を妥当させることができるのだろうか。

しかしそこで注意すべきことは、存在論が可能的自然一般の形式を探究することであり、

私が与えられている自然をもっているのであり、その自然のもとで、自然の形式をそこに属する方法によって獲得できることである。ただ、その場合私は、現象学的にいって形式に依拠するのでなければならず、ヒュレーを形式とみなしてはならない。いかなるヒュレーも（私に与えられたヒュレーの類においても）私は創作することはできず、それを私は経験するべきものなのである。この経験されたものを越えて、私は境界を越えたもの《プルスウルトラ》の可能性についての類比的予料をもつ。もちろん、すでに独創的なヒュームが認識していたように、ここに開かれた問題がある。〔つまり〕このようにして、他者も私にとって「途方もない」感覚の領域をもつことができ、それに応じた現出の仕方等をもつことである。ところが自然の形式はこのことと無関係である。*1 もちろんこのことは高次の意味であろうと低次の意味であろうと、認識にとって非常に多くのことを意味する。他者は私が述べることができないような非常に多くの事実を述べることができる。他者の感覚は私の感覚が与えないような事物の差異を与え、事物の差異は私が明示することのできない連関を明示できる。

ところで私はいったい、いつ自然を経験することができるのだろうか、いったいいつ、私なりのあり方であっても、そこで私に物質的なものが与えられているような自然の可能的経験の領土をもつことになるのだろうか。もし私がクラゲだとしたら、私は自

114
然の経験をもつと言えるのだろうか。コンディヤック[2]の彫像のように、私が嗅覚だけをもつとした場合に、私はなお自然についての経験をもつのだろうか。

この思惟するクラゲは自然の存在論をももつことがあるだろうか。ほとんどの人が言うのは、私たちはあらかじめ自然の理念をすでにもっており、「私たちの」自然が十分に完全な自然であることは確実だ、ということであるかもしれない。ということは、私たちが循環に陥ることを意味するだろう。

無論、〔そこで〕私たちは自然の理念を「生得的なもの」としてもっている〔ことになる〕。しかしこれが言っているのは、ただ私たちが自然の経験をもち、現実の経験が自由に変転するなかで、ノエシス、ノエマにそくして可能的経験の理念を形成する能力をもつということだけである。私たちは自然の経験と自然のエイドス〔形相〕を、本質共属性にそくして洞察しつつ把握する。私たちがこれを把握すれば、そこにおいてそれは絶対的に妥当する規範をもち、その規範にそくしてあらゆる隔たりをもつ感情移入の所与性、たとえばクラゲの経験が自然の理念に属するかどうかといった感情移入の所与性を測定することができることになる。

クラゲが自然の経験をもつということはその場合、二重の意味で理解することができる。

（a）つまりまず言えることは、クラゲが現実的で完全な自然の統覚をもつとすることからクラゲがカテゴリー的思惟の能力をもつならば、自然の理念と自然の完全な存在論、そして自然経験を手に入れることができるだろう、ということである。

（b）しかし、私たちが自然の統覚の変転の内で認識できるのは、可能な変転のシステムにおいて、相対的に連関するシステムも形成されることができ、それが〈超越的な〉経験の統一を同様に〈構成する〉ということである。というのも、ここで問題になるのは、自然の統覚の類型を（その変転として）内的に保持するような統覚だからである。しかしここでまさしく区別が行なわれなければならない。完全な自然の統覚へ組み込まれるすべての可能的統覚は、ある共通の類型をもっており、それは統覚とはつねに現出の統一と射映や最適なもの等をとおした描出の統一とを構成する統覚であることである。しかしこの構成されたものは、私たちがもつような「完全な自然」である必要はなく、低次の段階の統覚であってもよいのである。すなわち構成されたものは、統覚のある〔特定の〕地平を欠いたものであり、他方では、その統覚の地平の全体の内実によって、私たちの統覚のうちにいわば入り込むような統覚でありうる、つまり私たちの総体的経験のうちに含まれている可能な経験の連関するシステムを、その統覚の地平によって指し示していると言えるのだ。[115] しかし、このシステムは私たちの総体的経験のうちに、たえずより広範な地平を担っており、したがって充実する経験の内容のより包括的なシステムを指示しているのであり、他方、こうした指示やその可能的充実は「クラゲの経験」には欠けていると言える。

私たちは上記のことを発生的にも語ることができる。私たちの経験の内部や、私たちのあらゆる事物知覚のうちには、可能的経験の地平があって、それによってその可能的経験は、その段階の形成をもっていなければならないような経験の発生を指示しており、この発生に相応して、低次の統覚や低次の経験のあり方が、制限された地平とともに展開し、さらに新たな経験の連関を通じて、新たな経験の統一、すなわち高次の地平をとおして経験の高次の段階が展開する等々である。〔ここで〕私たちは自分の完全な経験（知覚、経験の原的な統覚）を、ある意味で体系的に脱構築することができる。私たちが熟慮できるのは、ある経験をこの発生から排除するとき、したがって経験のあるグループが決して可能ではなかったとしたら、その知覚は地平にそくしてどのように成り立っていると言えるのか、ということである。たとえば私たちはキネステーゼを制限し、その場所から動くことができず、動くことが決してできないと仮定し、「ある対象への接近と、そこから離れること」が決してできないと仮定する。このようにして言うことができるようになるのは、私たちはそのとき視覚的に「眼球運動の」事物世界のみ構成されたものとしてもちうるであろう、等々ということである。

私が発達において、自然と自然の理念に属する統覚の諸層のなんらかのもの（たとえば

116

地平のなんらかのもの）が欠けているとしたとき、当然のことながら私はまさしく自然を認識すると語ることはできなくなる。また私が可能的経験の超越的統一としてそこに与えたものが自然の低層であることや、十分な意味で自然についての経験である、ということも語りえないことになる。私がこのことを正当に言うことができるのは、私が完全に成長した人間主観であるときであるが、そこに属する超越的統覚を備えた私の胎児や子どものときの発達にかんしても（上述の意味で正当に解釈されたうえで）十分に言うことができる。つまり私が言えるだけでなく、〔現に〕言うことになるのは、幼児は私が見ているのと同じ事物を見るのだが、幼児はそれらの事物について、いまだ完全には形成された統覚をもっておらず、高次の地平もまだ欠けているということである。また幼児は、それをとおして当の事物を私たちが見るようなものとして見るしかじかの新たな動機を受け取り、自分の経験を組織化することがいまだできていないということである。また低次の動物との関係においても同様である。

　感情移入を通じて私たちは、有機的個体を生気を与えられたものとして統握し、私たち自身が生きるのと同一の環境世界[3]にそれを関係づける。しかし私たちがこのことを私たちの動機において正当に行なうのは、私たちがその個体の身体性がもつ、私たちの身体性にとっての様相化に対応する統覚の段階を、その有機的個体に感情移入するという仕方においてのみなのである。生体学的統握もまたその諸段階をもっている。私たちは、「触れている表面」の刺激のもつ敏感度と、主体的反応の運動と解釈された刺激による運動とを、私たちのもつ徴候にそくして類比によってとらえる。ある生物においてキネステーゼのシステムとして解釈することのできる運動のシステムに、私たちの自然統握の諸層にとって本質的に構成的な意義をもつ運動のシステムが欠けている場合、私たちはこの生物にこれらの諸層を解釈して与えることはできないだろう。私たちがその生物に解釈づけることが許され、また解釈づけるべきとされるものは、変転した身体性に相応した私たちの自然の統覚の変転を通じて規定されるのである。あるいは、たとえ非常に未規定的であったとしても、私たちがその機能を類比的に追理解できるような、知覚の器官の存続に相応した私たちの自然の統覚の変転を通じてこそ規定されうるのである。生体学的なものに関係するこの理解は、（クラゲ主体といった）当該の主体にとってそこにある「環境世界」のあり方の理解との機能的な連関のうちにある。学問による規定性は、それが可能であるかぎり、現象学的システムを根拠にした諸層の遮断による、私たちに固有な統覚の脱構築のみが与えるのであり、このような諸層にかんしてキネステーゼの動機づけ、ないし感覚的器官（たとえば眼）による動機づけを欠くことがあるのである。「光に敏感な」箇所、すなわち主体にとって刺激に敏感であると把握されるかぎりで、眼のような箇所がある場合、問われるのは、このような箇所が未知の心的主体にとって「自由に使える」と解釈できるような、そこに帰属するキネステーゼ的システムとどのような関係にあるのか、ということである。そしてこのシステムの退化したあり方にそくして（豊かに組織化された私たちのシステムによって供与されている諸々の動機づけの脱構築によって）、私たちはこの動物が〔まさに〕見ていると解釈するのである。すなわち私たちはどのような「事物」がこの生物にとって視覚的に構成されているのか、ないしは「事物」総体の視覚的な層が
117
そうした生物にどのように見えているのかを追理解するのである。〔ここで〕明らかなことは、往々にして、きわめて離れた類比性にしたがいながら遂行される（動物の系列における類比の段階づけにしたがうことなく）感情移入は、きわめて漠としたものであり、完全に規定され、形成された地平をともなう経験ではないことである。私たちによって根源的に獲得され、体系的な発生の内で根源的に構築されたものとしての自然の対象についての私たちの外的経験は、このように未規定であるだろうし、その経験の仕方は漠としてもいよう。しかし、統覚の本性にみとめられるのは、いかなる場合であれ、事物あるいは事物の経過や事物の数多性等にかんする十全な存在論的形式が前もって描かれていることである。ただし、この地平はいまだじゅうぶん満たされてはおらず、あいまいさやさまざまな可能性の重なり合いが付随しているのである。となれば、私たちは二つの重なり合った

地平をもつことになるが、とはいえ各々の地平は、〔それぞれに〕その存在論的構造をそなえている。それは「事物」ではあるのだが、ただ馬なのかロバなのかはっきりしないとか、形は決まっているが色がはっきりせずあいまいだ、等々ということがある。それとはまったくことなっているのが、動物の、しかもとりわけ低次の動物の統握の場合であり、高次の動物の場合のように、固有の器官や器官のグループの合致や、相応したキネステーゼのシステムの合致のもとで、いわば身体的に寄り添わせることも伸び拡げることもできないのである。ここですでに「脱構築」が必要とされているのだが、その必然性はすぐに認められることはない。人は幼児のとき、まずもって〔すべてに〕人間を当てはめ、動物のふるまいに人間のふるまいであるかのような証拠と確証を期待する。私たち人間として成長したものは、馬などをながめながら、「まるで」隣人であるかのように、豊かに分類された特殊化の内で類比による合致を遂行するのだが、そこかしこで不明瞭であって、合致ではなくて別様の規定が必要とされたりする。

私たち人間〔成人〕にかんしても、まず言えるのは、《まったく私たちと同様》[4]ということであり、経験の内ではじめて他者が個別的になり、ある意味での脱構築が生じている。しかし、この生体学的統覚のうちに、同一の類型の身体と同一の有機的「種」である身体についての経験がある。私たち固有の世界（周囲世界であり、たんなる自然の世界ではな

118
い）の構成にとって構成的に作動しているあらゆる器官には、つまり私たち自身にとって身体の器官として構成されている私たちの身体の四肢には、他者における同じもの〔器官〕が相応しており、同様に、私たちの器官のすべての配列と結合（機能的な配列と結合）には、他者における同じものが相応している。[*2] このように統握がなされているのである。この統握はまさしく、たんなる事物ではない作動する器官システムとして（隠されたものの内で作動するのではなく、もっぱら考察されるものの内で、構成的に意義のある開示性の内で）与えられる私たちの身体の統握にしたがっており、そしてそのさい統握は、機能類型の個別的な同一性における経験される変転の多様性のうちに与えられている。まさしくこの機能類型の同一性こそ、人間という種を統覚的に規定するものである。

高次の動物にかんして、この種、すなわち身体性（身体性の「種」）としての身体性の類型はすでにことなっており、猿にかんしてはこの〔人間との〕違いはとても少ないが、足として働く手やまた手でもある足は、〔私たちからの〕変転をすでに必要とし、尻尾はなおのこと、私たちとは疎遠な器官である。ここでは、統覚の先行描出の拡張を私たちのつかむ機能の器官との類比を変転させることで企てることができているのである。しかし、低次の動物にさいしては、この特定の存在論的先行描出はごくわずかであり、現象学的にいって動物（感情移入によって生物として経験されうる存在として）の限界が設定されうるのは、まさに私たちの身体性との何らかの類比が統覚的にいまだ力をもっているかぎりにおいてである。[*3] それは、皮膚の敏感さや皮膚の引きつりといった反応の運動との類比を想い起こすだけでもよいのであり、また一見すると、私たちの皮膚に触れられるようにみえたり、刺されるといったことが起こりうるようにみえ、私たちは、〔現に〕そこが触れられたり、刺されたりするとき、額にしわをよせるようにビクッと皮膚をひきつらせたりする。したがって、感情移入のこの未規定性は、漠とした経験における事物の未規定性、ないしはなじみのない人物の未規定性とは（ここでとくに問題になっているように、純粋 119 に生体学的にみて）まったくことなっている。むしろある特定の統覚、〔たとえば〕私たちの自分の身体の統覚と隣人の身体の統覚のように、原本的統覚が育ってくる一方で、動物の経験は間接的経験、すなわち場合によっては非常に離れた類比における私たちの身体類型の変転をとおした経験なのである。したがってここでは、より詳細な規定づけがまったく別の方法をもっているのである。その方法とは、私たちの地平のうちにすでにある存在論的構造を充実させることではなく、適切な形式的構造と調和した地平を新たに形成することである。

　次のようにも言わねばならないだろう。すなわち達成されている統覚の創作が、たんなる進展する経験から生じないということは、現実の統覚が根源的な産出の内で獲得されるということを意味するのではない。そうではなく、私たち固有の身体‐周囲世界‐統覚の直観的「脱構築」という方法による組成をとおして創作されるのである。すなわち、経験における手がかりを欠くような、私たちの統覚のもろもろの動機づけを遮断することで、私たちの動機づけシステムの変転が産出されるのである。〔ある種の〕退化、同一のもののもろもろの方向における退縮と、このように退縮した動機づけシステムの統一とが（それがまさしく成功するかぎりで）直観的に組成される。それはたんなる空想ではなく、経験にそくした動機づけにおいて、経験されるものを手がかりにして確信〔ドクサ〕による先行描出が遂行されるのである。

400

一二　他のエゴと間主観性における現象学的還元

純粋な自己経験の方法が開始されたあと、ただちに純粋に主観的な他者経験の方法、すなわち他の人間や動物における純粋な主観性を経験する方法も与えられる。私は他の人間を、私と同じようなものとして経験する。他者の意識生にかんして私がいかなる原本的経験をもたないとしても、彼の身体的表現を主観の生の告知として理解する経験を私はもつ。この理解を私は明瞭な直観的準現在化の形式のうちへもたらすことができ、したがって、他者が知覚すること、思い出すこと、思惟すること、朗らかであること、怒っていること、楽しげであること等へ、私を明瞭に移し込むことができる。明らかにそのとき、私はこうした仕方で他者のうちに「移し込まれて」、他者の生をいわばともに生きながら、私固有の原本的作用に現象学的還元を行使するのと同じような仕方で、他者と他者の意識の作用に現象学的還元を行使することができる。

当然のことながら、他者にかんする私の経験知はまずもって、私自身についての経験知に比べてひじょうに不完全である。しかしながら、追理解する経験の進展につれて、まずは非常に未規定的な表象にそくした存在が次第により完全に規定されるようになり、この進展のさなかで私はたえざる現象学的還元のもと、たえず完全になるなかで、一貫した主
401
題としての他者の純粋な主観性に到達する（その後、私は私の自己認識にとって非常に多くの利益を他者の認識から引き出す）。動物の世界全体にかんしてこうしたことを行なうと考えるなら、私は純粋経験の内でただこの経験の純粋な主観だけをもつことになる。また同様に〔純粋経験のうちに〕すくなからず、同じ方法ですべての人間と動物を考察するような人間をもつことになる。

しかし人間は、一定の限定性はあっても動物もまた、たんにばらばらに分離して生きているのではなく、社会性を生きている。また、どの社会性も純粋に主観的な経験の観点のもとで主題化されるとき、社会性は個々の純粋な主観のたんなる総和以上のものを生みだす。私のとる純粋に主観的なものに向けた態度において、私は自分自身にとっての私の純粋な主観だけをあてがうのではなく、他者の主観、つまり親しくしている人、一緒にグループを作ってきた人、市民として社会的に結びついている人々など、他者の主観をもあてがう。その人々が諸主観として、純粋な主観として還元されて、私にとってそこに存在することでそれらの人々は私とともに意識の諸関係として一つになっており、このことは明らかに社会性に属するのである。そしてこの意識の諸関係もまた、現象学的還元をとおして純粋な間主観的諸関係に還元されている。私が他者にたいして、彼によって望まれた、ないしは自分にうながされた遂行の義務を負うならば、私の自我作用としての自分に義務を負わせることは私の主観性に属し、現象学的に私の純粋な主観性に還元されている。もちろん、同様に〔純粋な主観性に還元されているのは〕、こうした作用に由来する習慣的な意志の方向づけや私の留まり続ける決意性である。この決意性はあれこれの新たな作用、つまり意志をもって受けついできた当該の行為の作用としての作用に働きかけている。当然のこと、私の純粋な主観性に属するのは次のような意識である。それは他者がそれぞれ特定の客観的連関の内でそこにいるという意識であり、他者が彼は彼で、意識にそくして私に関係づけられているという意識、また彼が特定の要求を私にたいして向けているといった意識である。

私の意識生の枠内に属するこれらすべてのものは、現象学的還元においてもっぱら私にとって固有なものとして生じる。そのさい私が意識していた他の人間の存在や客観的世界全体は、現象学的エポケーのものとなり、失効する。私と私の意識生に純粋に属するものとしての私において経験の確実性があり、あるいは何らかの仕方で、間接的な伝達をとおして生じた他者の現実存在についての確実性がある。この確実性の体験そのものは、私にとっての主観的なものであり、存在する他者にとってではない。つまり、私はもっぱら私の純粋主観性のみを追求しようとするときには、もちろん他者の存在を活動させてはならず、あるいは勘定に入れてはならないのである。自分の関心を拡張させて、できるかぎり私の純粋な主観と主観生と同時に他者の生を存在の妥当の統一へと結びつけようとするとき、このことが意味するのは、私はまずもって、私の意識のうちに現出するあらゆる客観性を妥当させないようにして、私の純粋な総体的意識をとざされた統一の内で明確にすることである。しかしそのとき、私が私に現出している[*4]他者の身体性に現出する他者の主観性の表現に導かれながら、まさにこの他者の主観性を存在するものとしてともに措定していることも意味している。私が他者の主観性を現象学的還元をとおして、あらゆる客観的なものから純粋にたもち、私の純粋な主観性と私の内で意識された他者の主観性だけを妥当させておくのであれば、そのとき私は両者をたんに個別化のうちにもつのではなく、出発点での諸例が素描する事例におけるように、私と他の純粋な主観を純粋な主観的関係のうちに見いだす。他者の要求を満たそうとする私の意志は、いまや、たんに私における私の意志なのではなく、他者は私にとってそこにいる者であり、還元によって遮断されているのではないことから、私の意志は他者との統一の関係においてあるのである。同様に、他者に属する意識、つまり《我‐あり》として他者の意志を受け継ぎ満たすという意識は、他者から私に向かう逆向きの関係なのである。

したがって社会的な結びつきが構成されるのは、個々の主観の作用〈として〉意識にそくしてエゴから他のエゴに向かい、包括しつつ合致するような相互作用において、〔すなわち〕自我と他の自我を統一へもたらすような交互に向かう作用のうちにおいてである。わたしの意志は意識にそくして同時に他者のうちにあり、また逆も同様である。このことがとりわけ明らかになるのは、主人‐従者の結びつきができあがっている事例においてである。従者は自分のためにそこにいて、あれこれを行なうのではなく、他方また主人も、自分のためにそこにいて、他者によってあれこれがなされるという願望や意志をもっているのではない。そうではなく、並列関係の代わりに私たちは社会性の相互内属性をもっており、この社会性はそれを表現する主人と従者という言葉の意味に明らかに共属しているのである。従者としての従者の行為は、隔離されたたんなる私秘的な行為ではなく、主人の意志要求の充実こそが彼の意識された行為である。主人の命令は従者の主観性に向けられた意志であり、従者による充実によって現実に達する意志である。しかしこのことは、主人と従者両者において意識にそくして〔行なわれる〕。これに応じて主人は、従者の行為を考慮して、まったく正当にも、これが私の意志だと従者に言う。逆に従者は、これは私の主人の意志だと言う。このように社会性の内で、主観性は自己を越えて他の主観性に達し、個々の主観の生はそれぞれの主観にとってそうあるのではなく、経験の確実性の内で他者の主観の生と意識にそくして編み合わさせられており、そのさい相関的な作用が相互に関係する作用として、どの主観の生にも属している。次のように言うこともできる。私の純粋な主観性のうちで起きる間主観的経験が私にとって存在している他者に橋を架けるやいなや、また他者のうちで意識にそくした対応する経験が私に橋を架けるやいなや、そして両者が一つになって、一方が他方を知るというのではなく、交互にお互いについて知る者として自分たちを知るやいなや、思惟し、愛し、憎み、欲求し、意志するといったあらゆる仕方の作用は、私たちを交互に結びつける作用として生じることができ、このようにして私たちの主観は主観として結びつくことができるのである。純粋な主観性への還元はしたがって、次のように遂行されうる。〔まずは、〕還元する者としての私が純粋な主観性のみを妥当させ、その他の何も妥当させないことである。そして次に、私固有の主観性だけでなく――まずもって、私の固有の主観性を周知の自我論的方法において妥当させるのではあるが――、他の主観性をも、およそ他者の主観性をも妥当させるのである。というのも、他者の主観性は、私自身ではないすべてのものと同様に、私の《我‐あり》の内においてのみ、すなわち私の意識生の内においてのみ、私自身の内で実行された経験の確実性からして、私にとって存在するものとして妥当するようになるからである。いまや私は、私の意識の内で表現をとおして現れている他者を、純粋な主観として妥当させるだけでなく、すべての純粋に主観的なものにかんして拡張された私の関心の内で、私の自我だけでなく、他者の自我も同様に、それらのその他の孤立性から解放する意識の編み合わせをも妥当させるのでなければならない。すべての非主観的なものを遮断し、すべての自然と、私と他者における自然に付随するすべての客観性を遮断することで、すべての社会的作用も純粋に主観的な作用になり、その《我‐汝関係性》といったあり方において社会的な作用は、私の純粋な主観と当の他者の主観をある純粋な主観的統一へと結びつける。

いまや私たちが目にするのは人格の「結びつき」という言い方であり、したがって人格の数多性を人格の全体として統握することは、決して非本来的な言い方ではないことである。人格の「結びつき」という言葉が使われるとき、そのまなざしは（それが、具体的な身体的心的人間の数多性を包含するとはいえ）とりわけ心理的主観にそそがれ、この心理的主観をあれこれの社会的作用の内で、純粋に主観的なものにのみ基づいて結びつけているような全体へと心理的に結びつけるものにそそがれている。生の実践は現象学的還元をなんら必要としていない。現象学的還元が実行されると、還元は私たちを純粋な個々の主観にかんして純粋な個々の主観から見る者にし、〔そして〕社会的な《我‐汝‐関係》によって形成された主観全体にかんして、すなわち高次の秩序の主観性、純粋な個々の主観から組み立てられた複合的な主観性にかんして見る者にする。

現代の心理学の自然主義と哲学の自然主義に依拠することから生じる無能力さ、また主観性の徹底した本質、つまり主観性の意識生やその志向性に正当性を与えることができないような無能力さの根拠となっているのは、この心理学がこのように組み立てられ、主観的全体性へと結びつけられた個々の主観にかんしてまるで盲目であったことである。ドイツ観念論の影響のもと、百年以上も前に構築されたあらたな精神科学は、共同精神という言葉を好んでもちいた。この言い方が神秘主義やたんなる虚構的なものとして誹謗されることほど俗悪なものはない。しかしこの誹謗は根本的に誤っており、〔それだけでなく〕

この誤りを凌駕するようなより大きな錯誤がこの誤りに密接に関連する物質主義的な錯誤である。物質主義的な錯誤とは、狭義の意味の自然の実在性のみを世界における本来の実在とみなし、すべての心理的なものを物理的なものにおける幽霊のような想像上の随伴現象として取り扱うことであり、要するにまったく意味のない統握なのである。たしかにある種の優先が、物理的なものに、しかも客観的世界の経験における物理的なものとして、ふさわしいと言える。すなわち主観性はその自我論的経験野にある物理的身体性において、表現をとおして明らかにされることによってのみ、だれにでも経験することのできるものとなりうるというかぎりにおいてである。経験の進行において現出する身体が、たんなる幻覚に変転するとすれば、それによってそこで表現されている主観もまた、たんなる仮象
405 に変転する。しかし、［そのとき］客観的世界に属する主観の物理的な、より詳細には有機体的な身体性における《存在基づけ》[5]は廃棄されることなく、主観の客観的現実性がそこなわれることはない。こうした主観をその固有本質的なものの内で観取することに習熟すれば、それらは純粋な間主観的経験のもっとも直接的な事実として生じ、主観全体への主観の社会的結びつきも、現実の結びつきとして、すなわち純粋な主観的なものの内で創設される結びつきとして生じる。

簡単ではあるが、ここでなお指摘しておくことができるのは、こうした結びつきがたん

に社会的作用をとおしてのみ確立されうるわけではないことである。個々の主観がみずからの能動性を、暗くて盲目的な受動性を基礎にして展開しているように、同じことが社会的能動性にも妥当する。受動性、〔すなわち〕本能的な衝動の生がすでに間主観的連関を確立することができている。このように、性の共同体がもっとも下層の根底において性的な本能の生をとおしてすでに確立されているのであり、その充実の内ではじめて本質的な間主観性が露呈すると言えるのである。そのさい注意されねばならないのは、この受動性もまた純粋な主観性の枠内に属すること、そしてこの受動性も現象学的還元においてそれそのものとして探究可能であることだ。

　さらになお指摘しておきたいことは、あらゆる結びつけられた間主観性も、たしかに主観の全体であり、ある意味で個々の主観から組み立てられた主観性であることである——それは、物理的なものの全体が物理的客観であって、もろもろの部分としての物理的客観から組み立てられているのと同様である。しかし、他方あらゆる間主観性が個々の人格から組み立てられた人格性なのではない。より正確にいえば、個々の主観に固有な自我中心化は共同化された間主観性の内で現実の類比物をもつことはできたとしても、それをもたねばならないのではない。社会的人格性について語りうるのは、ただ私たちが個々の主観にたいしてある種の自我中心化と中心化した共同体の変わることのない習慣性についても語ることができるときだけであろう。都市の行政によって一体化した団体や都市の人間、統一的な憲法や行政によって統一化した国民、これらは高次の秩序の人格性の事例である。というのも、現実的で本来的な意味で国には、よりよくいえば国民には、市民のあらゆる
406 個々の意志から区別された国の意志が属するからである。国の意志は、とどまり続ける社会的な意志の方向づけであり、そもそもが習慣的に働き、個々の自我との類比の内で自我的に中心化する作用の方向づけである。国はある意味で、《国‐自我》である。ダンスの団体のような結びつきの弱い団体には、こうした伸び拡がる人格性が欠けており、同様に仕事上の活動や作業で一時的に自分を結びつけることにも、あるいは意見が同じであることやともに同情しているといった場合に自分を結びつけることにも、こうした人格性が欠けているのであって、「私たち」とはいっても、ただ一時的に《自我となっていること》を示しているにすぎない。

　私たちは、ただたんに世界を事象として具体的に考察する態度において、〔さらに〕抽象的な自然に即した態度において、普遍的な世界構造である自然を獲得してきた。世界における純粋に主観的なものに向かう抽象的な逆方向の態度において、今や私たちは自己自身から出発して、私たちにそのつど出会われる主観と主観の共同体に拡張された現象学的還元を行使することができる。それによって純粋に主観的な、ないしは同じことだが、純

粋に心理学的な経験を一貫して実行することができた。とはいえ、ある差異がここで感じられやすくなっている。純粋な自然についての手早い構造的考察であっても、それが私たちに示しているのは、空間時間性のような、また留まり続ける自然の実在性に結びつく、それらすべてを結びつける普遍的な自然因果性のような統一化の普遍的な形式である。自然は進行する経験の内で段階的にのみ認識されるとしても、それ自身統一されている。こうした観点において、全精神との関係はどのようにあるのだろうか。客観的でそれ自身において存在するのがあらゆる個々の主観であり、それがそうあるのは、あらゆる個々の主観が可能な経験のうちにあるあらゆる人々にたいして、客観的に存在する身体物体の内で表現されるかぎりである。しかし、経験の内で主観から主観に結びつけられて見いだされうるような結びつきに関係するものは、必然的に間主観的作用による結びつき、「すなわち」社会性の作用による結びつきである。とはいえ、すべての主観が社会的にすべての主観と結ばれているわけではなく、全世界にかかわる主観は直接的にせよ間接的にせよ、社会的作用によって統一されているとはいえ、総体的にそうあるわけではない。まさしく、ここで前提にされるのは、この主観が直接的にせよ間接的にせよ、主観の純粋な経験をとおして相互に結ばれていることであろう。このことは、この地球のすべての人間に妥当するだろうが、特定の地上の人間やあるいは他の惑星のひょっとしたら人間に似た生き物に

407
は妥当しない。ところでいずれにしても、本能をとおした結びつきがまだ残っていると言える。しかし私たちは、意識の受動性の暗い低層における、すべての世界主観間のこのような普遍的結びつきを仮定する経験の根拠をどこにもっているのだろうか。
したがって、私たちが言いうるのは次のことのみである。それは私たちの周囲をへめぐって無限の遠さに伸展する周囲世界のうちに、また純粋な主観の観点で、私たちの周囲において中心化された統一化のうちにも、多様な社会的結びつきがそこにあることである。そして同時に、主観性の本質に横たわるこうした統一化の拡張の可能性が無限にそこにあることである。
少なからず客観的世界の内実に属する純粋な主観性が明示されることで、ないし私と私たちの内の各々を理念的に一貫している純粋に主観的な経験の野が明示されることで、きわめて重要ななにかが獲得されているのだ。かなり古い時代から、私たちは心理学を心と心の生の学問として自然科学に並行する学問という課題を担うとしてきた。こうした意義を現実に満たすため、心理学はとりわけ心的なものの純粋経験に、したがって意識と意識の主観性の純粋経験に関係づけられているのでなければならなかったことは明らかである。こうした経験が一貫して形成できるのであれば、純粋に主観的なものの普遍的な記述もまた可能である。ここから自明であるかのように生じるのが、少なくとも純粋な記述心理学、つまり普遍的な学問的記述であり、この記述の学問性を配慮することは、当然、学問的記述の正当な方法についての熟慮という課題であると言えよう。最初から明らかなのは、客観的心理学が純粋な主観性の心理学より以上に達するのでなければならないのではあってもなおこの純粋な主観性の心理学は第一の基礎的な心理学であり、本来は純粋心理学であることである。このことは並行関係からして、当然のように自然科学にかんしても同様である。世界のたんなる諸層としての自然は、みずからを越えて指示しており、自然的なものに主観的なものが編み合わされている。したがって、具体化の内で立ち現れてくる自然的なものと主観的なもの（ないしは同じことであるが、物理的なものと心理的なもの）の実在的連関に関係する探究や学問的研究が、同様に、存在するのでなければならない。反対の側面からしてのみ、同じことが心と純粋な社会性にも妥当する。ここにおいても私たちは、心理物理的連関に、したがって純粋な物理的探究と純粋な心の探究を互いに前提にする両者を接合する探究に向かうのだ。

ところが、休暇前にすでに述べられていたように、心理学はこの真正の並行関係の意味において歴史的に発展してはおらず、現象学が初めて現象学的還元の方法をとおして、純粋な心理学、まずもって純粋に記述的な心理学を可能にした。こうした心理学の計り知れない意義は、心理学に真正のまさしく必然的な方法を獲得させること以上のことにある。

というのも、こうした心理学から導かれるのは、現象学的還元の超越論的世界統握の徹底した根拠づけへのはっきりした変更であるからであり、この超越論的世界統握は、普遍的で徹底した学問的な世界認識が可能であるとするとき、唯一可能な世界統握として証明されるものなのである。

しかし、ここでまずもって自然な世界考察の地盤にとどまり、純粋な心理学的領域に立つとすれば、そのとき問われるのは、自然の並行関係と同様、純粋経験、〔すなわち〕純粋な心の経験の地盤において何が遂行できているのか、という問いである。すでに述べられたように、純粋経験は純粋記述へと導く。ここを越えてそもそも学問はいかなる真理を探究するというのか。とりわけ問われるのは、学問的心理学が経験の真理の領土を、数学的と称する近代の自然科学と同様に、乗り越えることができるか否かである。両者ともに、純粋な経験の地盤の上での記述は、まずもって個々人の経験の事実の記述を意味する。両者ともに、超個別的な必然性をともない、アプリオリな記述について語ることを許容するような必然的であらたな記述の概念が存在すべきではないのだろうか。

こうした考えを究明し、それによって純粋経験の世界の構造にかんする全体の学説を高次の水準へと高めるまえに、私たちはこの学説そのものをさらに補完し、完成させねばならない。

172

一三　構成的発生についての重要な考察*5

〈内容〉（一）心理学的に（「人間的」であって人間の環境世界をもつ）エゴのうちにある世界妥当の基づけの段階の発展。これは幼児の発達へと導くが、早期幼児期や胎児の発達には立ち入らない――ト・ティ・エーン・エイナイ〔そもそも何であったか〕[6]。〈（二）〉そこからみた生物学的な諸問題。――それは同時に次のような「感情移入」の問題でもある。（一）心理的なもの、直観的に追理解しうるような心理的なもの、その心理的なものからして世界はすべての人々にとって、すべてが理解しうるものである。（二）変化した感情移入、すなわち人間に類比的なもの、まずもって成熟した人間に類比的なものを生みだすような変化した感情移入。また変化した感情移入は、幼児性の発達段階――成熟した人間、早期幼児性、等々――へと変化している。変化の限界。「象徴的に」構築された段階。類比はどこで終わるのか？　類比化の極限。そして、このすべては私の世界構成、エゴの世界構成へと関係づけられている。種の発達、原細胞、等々。

（一）世界性における構成的発生——人間的なものとしての現象学的エゴのうちにある発生——心理学的発生。（二）世代性への遡行における生物学的〈発生〉、そして種の発達としての世代性の発生。他方、早期幼児性への遡行。このことは本質的にことなった感情移入の諸概念へと導いていく。

（一）世界は存在するものの宇宙として構成されている。構成とは諸段階における構成であり、すでに存在するもののうちに、より高次の段階で存在するものがその基礎を置いている。構成とはここでは主題化する能作であり、もろもろの命題の内でその結果が現れている。それ自身さらに構成されていく存在する世界の「発生」。この世界の存在とは、構成する主観性のつねにあらたな能作において、たえず引き続き構成する働きである——しかしそれはつねに世界、すなわちまさしくこの世界なのであり、すべてのあらたに構成された存在するものはこの世界に属する。この発生上の初期段階は、先世界的存在を、すなわちこの意味における先-存在を構成するような能動的な能作である。

（二）これにたいして、もう一つの発生ともう一つの先-存在と「構成」〔とがある〕。

第一の発生において、私たちは私たち人間にとっての世界をもち、この世界は私の内での発生、つまり世界確信〈をもつ〉者として「人間的」であるようなエゴの内での発生で

173 ある。存在の基づけの段階としての妥当の段階そのものの解体、そしてエゴの内で証示可能であるような存在の先段階への発生的遡行。心理学的に構成するものとして証示可能ないもの、これはそれ自身、世界性において心理的なものおよび作用と作用の命題をその本質としており、それらは世界妥当を基づけるものとして前提にされている。

世界的ということは、私たちが通常の人間の世代性の内で存在し、またそれに加えて、幼児性やあらゆる人間 - 自我とその世界の幼児性からの発達の世代性において存在していることなのである。しかし「人間の幼児性」〔ということがある〕。現実の幼児性とその心理的な発達はそこには属していない。この心理的なものは、〔私たちの問題にする〕当の感情移入なのではない。すなわち、私たちにとっての人間と、すべての人間にとっての世界を分かりやすく、直観的にして、世界構成（存在する世界の構成）に属する主観的相関者として明らかにするような感情移入ではない。人間の能動性とは、世界がそれに由来して「存在する」のであり、世界が私たちにとって現にそこに、そのつどの内容をともなって存在するようにしている。しかしまた、世界はつねにすでに、あらゆる能動的な把握のさいに存在していたのであり、その能動的把握において、私たちにとって顕在的に何かが存在し、すでにあったもの（つねにすでに存在していた存在）として世界が前提にされているのである。

その段階における早期幼児性、世界をもつ幼児性にいたるまで。早期幼児性――そして動物の存在。動物種、より高次の、またより低次の諸動物がいて、人間からの隔たりと人間による理解可能性という段階性において〔考察され〕、成熟した人間の通常の世界と平行して、その動物種にとってのそのつどの成熟した動物の世界がそなわっている。またそれに属する幼児性と早期幼児性の初期段階がそなわっている。これはすなわち、人間の世代性に動物の世代性が並行していることである。諸動物の宇宙があり、なお人間との心理物理的類比をなしているのである[*6]。しかしそのさい、生まれる幼児以前に、生まれていない幼児と生殖の時点にいたるまでの心理的発生〔がある〕。感情移入による解釈の変化の限界。象徴的に後から再構築することとしての発達段階。すべての動物にあって、人間の類比物とされる並行的なものとして、もろもろの身体が人間と同様、感性的器官をそなえている。しかし類比はどこで終わるのだろうか？　単細胞生物もまた、心理物理的ではないのか？　それらもまた、その身体を自身の「自我極」の器官としてもっているのではないのか？　しかしこの類比はそこにおいて極限にある。他の並行的なものは、全体的な種の秩序とその種の発達ということである――系統発生的には原組織へと遡及している。

先‐存在、先‐世界、先‐構成するものとしての先‐主観性、先‐発生。しかし、すべてが私たちの人間の世界に組み込まれており、すべての先構成それ自身、基づけるものとして世界構成の普遍的統一に属している。

一四 原初性〔7〕への還元

〈第一節 世界——主観的な与えられ方における自然。間主観的認識にとっての基礎としての間主観的経験の道〉

(一) 私の知覚における物(的身)体、私自身に固有で現実的で可能的な経験における物(的身)体。それは私に原本的《オリジナル》に呈示されるものとして、そしてその物(的身)体が私にそのように呈示されるであろうその一切において、また、同様にその物(的身)体が私にたいして呈示されていたこと、もしくは呈示されるであろうことにおいて〔存在する〕。さらに私がそれを知覚していたか、それを知覚するさいに、私にたいしてそのつど原本的に現出するであろうことの一切において〔存在する〕。したがってその物(的身)体は、その原初性において〔存在し〕、それは私の、そして唯一私の自己呈示的な現出の統一として、そして唯一、現に私にとって現実的で可能的な自己呈示へと至り、さらに至ることになるものに応じた統一として〔存在する〕。

（二）客観的世界の物（的身）体、正常性におけるすべてのものにとっての世界の物（的身）体。他者たちは彼らが原初性において経験をかさねている。私は彼らとのコミュニケーションにおいて、私の原初性における物（的身）体それ自身として、私に原本的に与えられ、
527 私の経験の進行において証示可能であるその同じ物（的身）体が他者によって経験可能になっていることを確信する。あるいはその物（的身）体についての私の原初的な現出のシステムの斉一性において経験の進行が維持されるさいに、そのつど他者に相応する斉一性の内で、その物（的身）体が他者によって経験可能になっていることを確信する。そして確かに、現出の諸システムは、完全な一致の内で合致しているのである。

同一化されているのは、感情移入における現出のシステムであり、それと相関的にそのシステムの統一も同一化されている。すなわちそのつど同じ物（的身）体が同一化されているのである。誰もが同じ物（的身）体をそれぞれの現出の仕方においてもっているが、それはその物（的身）体が私にとって持続するものである一方、私がさまざまな主観的時間においてその同じ物（的身）体を経験し、さまざまな現出の仕方においてその物（的身）体を経験するのと同様である。その物（的身）体が持続しつつも変化せずにとどまるのであれば、私

はその同じ物(的身)体を、他者の現出の仕方と同様な現出の仕方において見てとる。ただしそのさい私と他者は、そのことに相応しいキネステーゼ的な変転、〔すなわち〕位置の交換によるキネステーゼ的変転を実行している。

記述がいっそう困難となるのは、異常性が引き入れられ、それによって現出がそのつどの固有な身体性へと関係づけられることによってである。しかも差し当たり述べられうるのは、「通常《ノーマル》（正常）の場合」私たちすべては同等な身体性をもっているが、誰もが偶然、みずからの身体性が異常なものに変化するといったその仕方をもっており、それによって現出のシステムが異常なものを引き受けるということである。とはいえ通常の場合、このシステムは、すべての同等なものにとっての異常なものの可能性とともに反復されている。統覚の同等性、すなわちたとえ他者のある種の異常なものが、私が一度も経験したことがないために私にとって現実的に理解不能であるにしても、可能的には、私の身体のもとで今は起こらず、告示されてもいないような異常なものが存在しうることは当然であり、ましてや、恣意的に産出される「心理物理的」な因果性や現出の経過に影響を与える身体的変化が存在するのは言うまでもない。

いずれにせよ、物(的身)体は作動する身体性とのかかわりにおいて現出するものであり、現出の統一である。それら統一は、統一として、斉一性の内で現実的で帰納的な現出をもたらすであろうもの、もしくはもたらすものへの顧慮においてのみ認識可能となる。そして現に他者の現出も同様に、私の固有な現出として考察されるに至る。

〔ここで〕存在と様相存在への志向は、私がそれを所持し、自由に能力可能的に形作ることができるような自己に固有な現出の内で充足することはないのである。初めから私は他者とともに生きており、私の生の関心をもっているが、それは私たちに共通に経験される世界とのかかわりにおいて、そしてその世界における客観的な関心、そして同時に主観的に、私とともに世界生の内で作動する関心としての世界それ自身とのかかわりにおいてな 528 のである。したがってつねにすでに問題となるのは、私たちが自分たちにとって斉一的で間主観的に妥当する諸事物へと到達し、間主観的な認識を獲得するということである。またさらにこの認識において、私たちにとって現に存在するものとしての、また私たちが共有する労働にとって、あるいは努力や抵抗等々といった私たちの共同性にとっての材料であるものとしての同一の存在や様相存在へと私たちが至るということである。

事物それ自身は、私の、そしてすべての可能な共同主観の現出の統一においてである。それは、その真理において、私たちのそのつどの全体的共同経験を帰納的に先行描出する宇宙の内で進展しつつ、たえざる修正、すなわち相対性において、私たちによって確証にもたらされうるものである。

私たち自身は、世界の実在としてみずからを見いだし、お互いを見いだす。そして私たちは世界の生としての生の内でつねにすでに実在として存在し、少なくとも地平に囲まれることで存在妥当の内に存在している。世界は、たえずあらかじめ与えられるものとしての開かれた無限性において、他者の開かれた無限性を包含している。私はそのときどきの自我として、私の目覚めた生において身体として存在し、必然的に意識野の中心であり、世界の無限性の中心にいる。また私は、私を取り囲み方位づけるものとしての共同主観の無限性の中心にいる。

自然な世界の生において私たちは、実在としてそれ自身「客観的な」現実である。したがって誰もが、私自身もまた、私と私たちすべてにとっての自己呈示の多様性の経験統一として存在する。したがってくり返し私たちは、自己呈示のシステムを手に入れているのでなければならず、人間であれば誰でも、みずからの実在的存在とすべての他の人間の実在的存在のシステムを（つまり卓越した意味で、誰もが可能的経験のシステムとして）手にすることができている。そして客観的に存在するすべての人間には、そうしたシステムが、多様な仕方で帰属する。それは経験しつつ作動する主観として考えられうる人間が存在するかぎり、そうあるのである。

〈第二節　原初性への還元〉

原初性へと私たちは還元する。私はしたがって、私と他者にかんして私が所持しているすべての現実的で可能的な経験を、私の原本的に固有なものへと制限する。それによって私は、自分自身を能動性と触発性における私の自我的なものへと還元する。それは存在の意味の内で純粋に行なわれるが、私の純粋な自己反省が、私の自我極も含みつつ、その意
529 味を生じさせるのである。この自我極から作用が照射され、この自我極においてそれらの作用はいまだ妥当しているとする様態へと生成する。またその極へと触発が向かい、そこにおいて気分が感情づけられる等々とされる。私は私の「純粋な」体験領域を、つまり純粋に内在的な時間流の体験領域を獲得する。さしあたり、流れゆく体験現在と体験の準現在化の一切〔が存在し〕、それを通じて私にとっての固有な体験の時間性が意識される。体験流には、私が自分の作用において方位づけられているもの、あるいは私を触発するもののすべてが志向的に存在しているが、それと同時にいっさいの自我的なものそれ自身は、この流れにおいて体験にそくして出現する仕方をもっている。体験や志向的体験やもっとも広義の意味での意識の仕方が含まれるこの流れのうちに、今やさらに個々の、そして綜合的な結びつきにおいて、世界的なものについての意識のすべてが存在し、普遍的には世界についての意識のすべてが存在している。それは世界が私にたいして――世界の《何》

と《いかに》において流れつつ、変転することで——存在するということ、しかも《何》と《いかに》という仕方で存在するということを意味する。さらに特殊なこととして述べられるのは、目覚めた生において決して中断されることのない世界を知覚する体験が存在し、それには（直観的であれ、非直観的であれ）想起の様態等々が付随するということである。この体験において体験されたものはそのようなものとして〔存在する〕。しかし今や（思惟《コギト》と思惟されたもの《コギタートゥム》という）これらすべては、私が他者とのコミュニケーションに「負っている」すべての意味の存続体から抽象的に解放されている。このコミュニケーションは、私自身にかんしていえば、私がある種の準現在化する体験を所持し、その存在の妥当性においてそれら体験を遂行することによって成立している。この存在の妥当性が他者に関係し、それによって私にとって、そもそも初めて他者がその現実存在を手に入れるのである。感情移入のおかげで、私の固有な原本的経験の対象に他者が関係づけられることになり、それによって彼らの知覚、彼らの対象の知覚が私に意識される。そしてそのような同意のもとで他者において経験する生は、彼らの妥当性を可能的に引き受け、そしてそのさいに私の経験客観が彼らに妥当する意味の存続体も引き受けることになる。しかも、私自身にとっては意識されておらず、妥当してもいなかった存続体が引き受けられることもある。私は感情移入する準現在化の間接性に基づいた意味存続体を抽象し、自分自身を

もっぱら以下のものに制限する。すなわち私が本来的な自己呈示〈例えば端的に「現実的
に知覚された」事物の側面として〉において所持するもの、あるいは私の具体的な知覚す
るものの存在の意味としてのこの事物の全体の意味に属しているものへと制限する。しか
もそれは、私にとって原本的な自己呈示、そして自己確証に至りえないとおもわれるもの
や、至りえなかったといえる等々のものを考慮に入れることなく実行される。とはいえ見
530 すごされるべきでないのは、感情移入が私の内在的な体験として私の純粋な意識生の具体
的成素に属しているということであり、それは意味形成や私の妥当性の仕方の一切がそう
であるのと同様である。

〈第三節　自然な態度および超越論的な態度における原初性への還元[*7]〉

原初性への還元は、私の自然な世界の生全体に関係づけられた方法による固有な行為である。自然な世界生において世界とは、私の関心いっさいの、そして私の習慣的な関心、また生の進行の内であらたに創設される関心いっさいの普遍的で絶対的な領野である。それは決して中断されることのない世界経験の流れにおける「端的な」[*8]存在確実性である。それこの世界には、世界における人間としての私自身の固有な存在と同様に、他なる人間という世界の共同存在が含まれている。それによってそもそも、私たち人間の生の共同体が、

共同体化された関心や共同体化された働きかけと創造のうちに基づけられる。そこには、歴史的な共同体化における理論的な世界についての関心が学問上の作業共同体として帰属してもいる。したがって同様に、その世界についての関心は、個々のどの研究者においても、そして私においても、素朴にそこへと流れ込みつつ経験する生を通じて、その生の恒 531 常的に素朴な世界の妥当性に基づいている。この関心をもった生き方から、その固有の仕方で私の原初的な妥当性の生への還元が現れてくる。還元を実行するものとしての私は、自分の世界の生全体、およびそのすべての関心や活動を越え出た地点にみずから身を置き、すべての存在の妥当性を抽象する。この存在の妥当性を通じて、他なる主観は経験し、思惟し、感じ、活動し、私を関心づける他なる現実性となっているのであり、私においてまさに現実的なものとして、否応なしに妥当しているのである。したがって私は、私が素朴な世界所持において共同主観としての他者に負っているもののすべてを抽象〔捨象〕する。つまり、私が彼らについての経験確実性や思念、理論、それ以外の目的形成体として受け入れていたものを抽象〔捨象〕し、そして私自身によって経験され、思考され、目的づけられたもの等々、あるいはともに規定するものや、今や私にとってともに妥当するものでさえも抽象する。

この抽象は今や明らかに、私がその感情移入のうちに存在する他者についての存在の妥当性の一切にかんしてエポケーを行使することにその本質がある。*9 このことは、私の生ける現在におけるまさに顕在的な感情移入にだけ該当するのではない。今、顕在的に経験されている周囲世界の地平意識のうちにいる人間は、私にとって周知であった、思い出すことはできてもいまいない人間であったり、私がかつて出会えた人間やもしくは出会えるであろう人間であったり、さらには他者が出会ったか、出会いうるような人間であったりもする。このエポケーの行使は、私にとってたえず妥当する世界に、人格的に相互に絡み合う人間の開かれた無限の多様性をともなった無限の世界という存在意味を、完璧にまた本質的に与えることになる。しかしそれによって、たえざる世界妥当性における私の世界についての意識、〔すなわち〕私の世界の所持を放棄するのではなく、世界妥当性における世界所持はそれ自身でとどまり続けるのだ。しかしすでに述べられたように、この普遍的妥当性の内でたんに生きる代わりに、私はこの全体的に包括的な理論的構えの内で*10、この 532 世界の生を越え出た地点に身を置くのである。その理論的構えとは、場合によっては他者の存在と私がみずからの世界意識において他者に負っているもののすべてについてその理論的使用を行なわないこともある。たんに（当然、この普遍的に理論的な構えにおいて）、私自身が直接経験したものやかつて経験できたもの、そして経験しうるであろうものや経験できたかもしれないもの等々だけを妥当させるという理論的な意志でもありうる。私が一貫して習慣的にもっぱらこの態度にとどまることで、[*11]私は経験する述定的な存在妥当性の閉じられた連関に到達する。あるいは言いかえれば、(私たちすべての世界という共同体的意味をもつ)自然な意味での世界、すなわち私の自然な生の世界についての何ものも問題となることがなく、[*12]それについてどんなことも語られることのないような理論の閉じられた本体へと到達する。この理論はしたがって、完全にすべての世界についての学問的理論の外部に、つまりすべての実証科学の理論の外部にある。たしかに私は、私の言明のすべてを以下の形式にもたらすことができる。すなわちこの発言とは、「私が純粋に私の意識生の内在において、世界にかんして自己に固有な、現実的に原本的《オリジナル》な自体能与(知覚)へともたらすもの、もしくはもたらしうるであろうもの等々」について述べる言明である。そのように語ることで私は、もはやこの新たな理論的態度を、純粋に内的に維持しているのではないことになる。〔というのも〕私は、「その世界について」語っており、それによって私は、世界を存在するものとして要求している〔からである〕。そこでは、その存在は私にとって存在の意味をもっており、人間の実存や人間のコミュニケーション的な協力を世界の存在妥当性のために前提にしている。私は原初性の純粋に理論的な態度にとどまる代わりに、自然な態度と原初的な態度のどちらをも実行し、それら両者の妥当性を綜合的に結びつける態度へと移行しおわっているのである。一方の態度に存在するもの

533
と他方の態度において存在するものとが、結びつけられた存在、すなわち《一つになった妥当》へともたらされているのである。*13

ここには注意深く扱われなければならない困難さがみとめられる。それは当然なこととしてこの新たな態度が、自然な態度を前提にしていることである。私たちが強調したのは、自然な態度において端的に妥当する宇宙としてのこの世界が、およそ私にとって非妥当的なものではなく、少なくとも疑われておらず、自然な語の意味では問いに立てられることもないことである。原初性への転換、すなわち経験し、判断し、認識する原初的な生の純粋な活動への〔態度の〕転換は、私の同一の自我の活動性である。この自我は自然に生きているのであり、自然な仕方で世界を妥当性のうちに所持し、みずから自身と他者とを人間として同じ世界のうちに所持している。しかし実際のところ、この非常に奇妙なもの、つまり他者とともに存在することを抽象するという主題のもとで見いだされるものとは、いったい何なのであろうか。素朴に没入して生きている世界をそのつどの主観的な与えられ方においてもち、実践的もしくは理論的に、私に素朴に妥当する世界の内で活動する——つまり素朴に、したがってまったくもって非反省的に〔活動する〕——代わりに、私は普遍的反省を遂行する。その妥当する世界、つまり端的に現にそこにあるものについての反省を遂行するのである。それによってまなざしを遡及させるのは妥当することそのもの、そして流れゆく現出の仕方と思念、自我活動性等をともなった流れゆく体験である。その世界では、その世界がまさに私にたいしてもつそのつどの「内容」と「意味」において私にとって存在し、私にとってそれがそうあるように存在している。この反省を普遍的に概観すると、私は初めに世界を妥当している私の妥当性として、そして存在の意味として 534 発見する。この存在の意味とは、世界の意味をそれ自身においてもち、それ自身においてつねにあらたに形態化する私の意識生の存在の意味である。私はそのさいまた、私の普遍的な世界の妥当性がそれ自身において、私とはことなる主観を把握することを発見する。その存在はもっぱら、私によって妥当なものとして措定された存在である。私がそう認識せざるをえないように、世界が「すべてのものにとっての世界」という存在の意味をもつのであれば、私が恒常的に素朴な仕方でもっている世界の存在妥当性は、私自身において遂行される他者の存在妥当性を越えて行くその途上で初めて実現される。[*14] したがって、普遍的で流れゆく私の生にかんする反省としての私の普遍的反省は、私の世界妥当的な生には該当しない。この反省は、他者の人格的な意識生と区別される私の人格的な意識生とはことなっている。この人格の区別はそれ自身、世界に帰属する区別であり、その世界はあらかじめ私に妥当する。私はその世界の相関項である具体的な妥当性体験全体をともなった「妥当すること」へと反省的に遡及する。したがって私の生とは、そこにおいてなによりも初めに人間と人間によって共同体化された経験や思惟などが妥当性をもち、そしてつねにあらたな妥当性を獲得するのである。*15

したがってこの普遍的反省は、素朴性にたいするあらたな存在地盤を創造する。その地盤はもはや、私がそこにおいてすべてのものを見いだし、それとともにいつでも私が前もって所持しているものの世界ではなく、とくに理論的な実証‐科学的認識の主題性を前もって所持しているような世界ではない。むしろその地盤とは、私に妥当するものとしての「世界」、〔すなわち〕私の妥当する生の存在の意味としての世界である。あるいは、そうした顕在的で習慣的な妥当する生の主観としての私自身でもある。また私における妥当性の相関項として、しかもそこにおいて構成される現実的で可能的な確証の統一としての世界でもある。その同じ世界が、素朴性においては、私にたいして端的に存在するものとして在ったのであり、私の生の存在地盤を差し出していたのである。いまやしかしこの存在地盤は主観性であり、その内に存している意識能作とその相関関係をともなった主観性で
535
ある。それによってあらかじめ端的に存在している世界は主観的に構成されたものとなる。

いまやここで述べられうることとは、この普遍的な反省の遂行の内で問題になっていることが、これまで多く語られてきた現象学的還元以外の何ものでもないということであり、この新たな地盤が私によって名づけられた超越論的主観性なのである。実際私たちが原初

性へと至るために、必然的に生起しているものが本来なんであるのかについて、根本的に最後まで考え抜くとき、私たちはまさに正当に超越論的‐現象学的還元へと至ることになるのだ。[*16] 私たちがそのことについていまだ分かっていないとされるのは、私たちがあまりにも性急に、世界の存在と様相存在について「知っている」もののすべては、まさに私の「知識」であり、私の意識によって意識されたもの、〔ないし〕私の経験によって経験されたもの等々であると述べるときである。私は世界についての知識にかんして多くのものを、大半のものではないにしても、他者に負っている。――私は今や、他者の存在を「抽象する」とき、私が純粋に私自身に負っているものはいったい何であるのかという問いがたつ。そのように前進することで、私たちは原初的に固有なものを獲得し、この原初的な態度においても、私たちがいまだ人間であり、あるいは思惟するものとしての私であり、私はいまだ人間として、つまりは人間としての存在の妥当性の内で私にたいしてなおも存在しているものであるという考えに最終的に至る。このようにして私たちは、〔実は〕[*17]この原初性をすでにまたしても乗り越えてしまっていることに気づかないのである。私たちが原初性への還元という課題をたて、この原初的な領域に純粋に理論的に私たちをとどまらせるという要請を課すやいなや、私たちを人間として共同の妥当性のうちに維持することは絶対に断念されることになり、ほかの人間や世界一般として共同に妥当させることも同様に断念されるのだ。

原初的で理論的な態度は、明らかに超越論的‐現象学的還元からは区別される。[*18] すなわち理論的関心がもっぱら原初的なものであるのにたいして、普遍的で現象学的な還元は、——普遍的な——超越論的主観性、つまりエゴ（その相関項は存在する自然な世界である）へ向けられた、たんに基づける普遍的な態度であるにすぎない。私たちはこの普遍的な態度にとどまることはない。私たちはただちに、超越論的主観性を普遍的な理論的主題とすることなしに、制限された主題としての原初的に還元された自我へとみずからを制限する。しかし私たちが即座に結論へと至るような解明を行なう徹底した反省を遂行したさいには、この原初的主観性が、[*19] それ自身で閉じられた存在主題性、つまり純粋に原初的な存在主題性をともなった具体的な超越論的エゴの抽象的な一つの層であることが明証的になる。[*20] 自明なことではあるが、あらかじめ具体的なエゴを理論的主題にする（端的にただちに生じる必要がないにしても）超越論的な普遍学は、原初的に還元されたエゴもまた理論的主題になるということ、そしてこのエゴが実際には基礎的主題であることを要請して[*21]いたのである。そのようにして原初的な態度はそもそも抽象的なものとして、自我論の具体的な態度へと先理論的にそして理論的に組み込まれているのである。

もちろんこのように物事を徹底して最後まで思惟することは、哲学や心理学の素朴な伝

537 統の内に存立しているものにとってはほとんど不可能であり、現象学的還元とその方法論の行使によって初めて、原初性への還元を現実的に実行することが本来、可能になる。*22
そのあとで初めて、心的内在と心理学的内在それ自身の意味の内部で、心理学的なものの原初性への還元の可能性とその超越論的な意味とが問題となる。自然な態度へと戻ることで私は、私という同じ自我を、世界における人間のもとでの人間的なものとして見いだすが、おのおのの他の自我も、私を現象学的還元を事実的に行使するものとして追理解することで、現象学的還元を行使できるようになるのであろうか。ここで差し迫った問いとして浮上するのは、私は自分自身が現象学的還元を行使することなく、あるいは少なくとも、還元を実行するように迫る動機づけに私が巻き込まれることなく、他の人間の現象学的還元を理解することができるのか、ということである。このことは私が他者の判断や他者の激怒を、それと同じようなことを今、現実的に遂行できる能力をそもそもたずに追理解する場合とはまったくことなっているのであろうか。かりに私自身が現象学的還元を現実的に行使していなかったとしても、世界における私にたいしての現象学的還元は生起しうるのであろうか。

しかし私が還元をとおして現象学者となり、つまり超越論的自我として私自身に内的になり、それによって超越論的相関項としての世界が私にとって確実になるやいなや、私はこの先もこの知の失われることのない習慣性の内で存在し、素朴な態度への帰還は、もはや現実的な素朴性を形成する世界所持の仕方を獲得することを意味することはない。それはいまや、私の先‐現象学的な世界所持にかんする超越論的に理解された素朴性なのであり、その超越論的に理解された素朴性は、端的な意味での素朴性なのではない。とはいえ、生き生きとした現在においてこの世界生へと回帰することがいまや意味するのは、普遍的な現象学的存在領域の内部で、「世界」という相関項へと一時的、一面的に狙いを定め、私の能動性にとっての存在地盤〔を確保すること〕のために相関存在者のこの領界を受け取ることである。しかも、超越論的な反省を活動させることのない直截的な遂行の仕方においてである。

しかしこの領界において私が登場し、その私が他者のもとで他者に並んで他者とともにいつでも活動し、どんな仕方でも同じ世界に志向的に関係づけられており、そのことを、場合によっては能動的な自己反省において私自身が意識しているということ――このことは自然な反省によるものである。

超越論的‐反省的な態度への移行は、自然な仕方で意識にそくして世界内で生きるという私の素朴な世界所持にとって、現実存在の妥当性とその内実を構成するものとしての意識生への普遍的で徹底した反省を意味するだけではなく、この生を遂行する仕方のあらたな様態を意味してもいる。*23

一九三三年二月二十八日

超越論的態度の遂行の仕方と自然な態度の遂行の仕方。匿名的な構成段階の遂行の仕方

〈第四節　主題とエポケー。超越論的態度の遂行の仕方と自然な態度の遂行の仕方。匿名的な構成段階の遂行の仕方〉

世界の「存在」に関する超越論的エポケーは、普遍的で強固な決意で行なうことを意味している。そしてそれは、そのつど経験され、そのつど何らかの仕方で意識され、存在確実性のうちにある世界にあるものを主題にすることなのではない。また普遍的にであれ、個々のものにおいてであれ、世界をそれが普遍的に存在し、個々のものにおいて現に存在するものとして認識し、価値づけ、取り扱うのでもない。むしろこの主題とはもっぱら、私の普遍的な意識生と、この意識生の自我極として私に係留する存在であり、またそのすべての仕方であるだろう。その仕方とは、「世界」が受動的にそこへと入り込み流れることにおいて、そして自我極からの触発性と能動性において、諸客観の宇宙としての「世界」が恒常的に経過する意識綜合の同一性の極として、存在確実性へと至るその仕方である。あるいは確証する綜合において、存在確実性が確証され、斉一性が非斉一性へと変転すること（様相化）において、その非斉一性がくり返し修正され、調整される等々のことである。世界を普遍的で主題的な領野[*25]として所持することとは、すなわち自然に世界の内で生きることである。しかしこのことはまさに、《世界の‐内で‐生きること》を意識能作として本来的に形成することであり、そこにおいて世界は私にとって存在し、私自身は人間として活動し、受苦したりする。しかもそのさいには非主題的にである。まさにこの生は、志向的なものとしてそして志向的な綜合を遂行するものとして生成し、徹底した普遍性において主題的になる。[*26]そしてそれと相関的に、その生の内で構成され、さらに先へと継続しつつ構成される妥当性の極のシステム——斉一的な同一化の極——が世界なのである。明らかなのは、素朴な自然な態度の変更とともに世界の意識所持を遂行する仕方が、あるときには匿名的に、だからこそ根源的に作動し、またあるときには主題的で反省的となるが、この両者は本質的にことなるものであるということである。そしてそれによって、明らかにまた世界という《私に‐とっての‐存在》と、世界へと関係づけられた主題の一切とが変化を経験する。

見過ごされてならないのは、これまで述べられたことのすべてが密接に関連している次のことである。すなわち、私たちが素朴性において「世界についての意識をもつこと」と「世界の内で生きること」と名づけること、そして超越論的態度における世界の意識生と呼ばれるものとが、同じ事態ではないということである。一方で、存在するものとしてあらかじめ与えられて存在する世界の内部での人間の存在と生があり、その生は人間の心理的なものとして、したがって私が自分について語るさいには、私の心理的なものとして、世界の出来事それ自身である。しかし〔他方で〕超越論的な生は人間の生ではなく、エゴの生であり、そこにおいて人間と世界におけるその生が、そしてその普遍性における世界それ自身がその存在を構成してきたのである。

超越論的態度から自然な態度へと戻ることで、自然な態度の遂行の仕方が回復される。ここでしかし補足して述べねばならないのは、問題になっているのは自我の能動性の区別であり、普遍的な意識連関全体が変転するその仕方である。またそのさい自我が遂行する作用において、しかもその双方において同一の統一極へと関係づけられる作用の内で遂行の仕方が変化するその仕方である。*27 自然な自我はその作用においてみずからが形成してきた習慣性による結合のうちで活動し、新たな諸作用を通じて連続的にたえず形成されるものである。自我はみずからの関心をそのつどの覚起のうちで手に入れるが、それらの関心に能作をとおして寄与する仕方があらたな作用となる。*28 そこにはまた、想起の直観と知覚のすべての様相化における直観という機能が属している。またそれとともに自我の過去と
540 未来の作用、および現実的で可能的な作用においてみずから自身に直観的に気づき、みずからをその習慣性の自我として解釈する能力可能性という機能もそこに属している。

とはいえ、自然な態度の覚起と直観化の限界が現に以下のことにあるといえる。すなわち、実在的なものや実在性にかんする進行しつつ妥当する宇宙としての世界には、習慣となったシステム的な構成が帰属しており、その構成はつねに新たな作用におけるたえざる形成へと至り、システム的に確固たる構成のスタイルをたえず維持するということである。それは、普遍的な構成にそれ自身帰属するものであったり、場合によっては、習慣性という様式が地平にそくしてつねに先行描出されることで存続したりしている。この習慣的な様式は、そこにおいて自我の能動性が経過し、活性化される意識生全体が、内容にかかわる存在の意味を妥当させつつ所持するものとしてその構成的な構築の内で極度に複雑なものとなる。そしてつねにその最高次の形成体において覚起され、活性化され、それら形成体に基づくあらたな能作であるものにおいても覚起され、活性化される。恒常的に役立つ諸能作や基づける習慣性は、つねに同じような仕方で最終能作への通路として作動する。その最終能作へと自我はもっぱら方位づけられ、当然のことながら展開した自我の関心もまさしくそこへと方位づけられている。恒常的に通路として役に立ち、目的として関心が向けられないものは匿名的にとどまる。なおさら匿名的にとどまるのはまさに、すべての生にとっての統一根拠である原連合的な受動性である。

私はみずからを現象学を行なう自我として確立し、自分の意識生と習慣性を世界へと方位づけられていることの内に普遍的に概観し、世界をその生の現象へと変える。*29 その生の内で世界は、統一的意味となるが、そのようにして私は初めて、私の人間としての現実存在（他の世界の現実存在のもとで）を、私の志向的な能作による形成体として発見するのである。しかも、以前は匿名的で非主題的だった能作の普遍的な連関の内で発見するのであり、それら能作において、私にたいして構成される妥当性の形成体である世界が、斉一的な意識綜合の同一性の極のシステムとして恒常的に存在している。この普遍的に能作を行使するエゴは、その能作する普遍的な生においてきわだつのである。つまりそのエゴは、その生において世界一般と人間としての自我を能作形成体とするようなものとして、《我－人間》という形成体からきわだつのである。とはいえこのコントラストにおいて問
541 題になる自我は、エゴとして私と同じものであり、人間的な人格としての私でもある。

〈第五節　**《我－人間》と超越論的エゴ。絶対的意識の超越論的自己統覚としての心**〉

ただしくり返すが、それにもかかわらずその私は同じ私ではない。というのも私の人間として《我－であること》は、実証性の言明にかかわる閉じたシステムにとっての表題であり、超越論的エゴはそれとはまったくことなるシステムにとっての表題であるからである。その超越論的エゴのシステムにおいて、実証性の言明一切と諸特性を備えた人間とし

ての人格的な自我という実証的な存在の基体は、そのたんなる一部分として引用符つきという意味変更の内で現れるにすぎない。超越論的態度において私は「自分を」現象として所持する。――ここで注意されるべきは、「現象」の宇宙への超越論的反省とそこにおいてそれらが現象となる普遍的な意識生への超越論的反省は、同時にこの生の自我への反省であり、個々のものであれ、普遍的な統一連関においてであれ、普遍的な現象として世界に帰属する習慣性いっさいを備えた自我への反省でもあるということである。

すべての個々の現象に主観として帰属しているこの超越論的自我は、この《人間－我》としての私にとっての超越論的自我でもある。私の超越論的存在と生の超越論的観察者としての私が洞察するのは、世界におけるこの人間としての自我と人間の自我生が、確かに私の超越論的形成体ではあるが、この形成体〔そのもの〕がその世界において超越論的自我の自己統覚という特性をもっていることである。この自己統覚をとおして超越論的自我は、統覚的で超越論的な能作へと入り込み、その能作は自我に帰属する超越論的習慣性のおかげで当の自我に特殊な世界としての存在意味を与えることができる。〔その自我は〕純粋な自我極というものではない。これは抽象された何ものかにすぎない。その自我がそうあるところのものは、その触発と活動において、そしてそれに相応する習慣性と自我の意識流の具体的根底の全体において存在する。統覚されているのは、人間の自我としての超越論的自我の総体であり、それはつまり、みずからで特殊な相関的具体態を構成し、現実的で可能的な自己統覚の、それ自体で閉じられた多様性を習慣的な形態の統一において構成する。その恒常的な自己知覚のおかげで、《我－人間》としての連続的な自己統
542
覚が実現され、その変転においてたえずそして斉一的に私の同一的な人間存在が意識されるのである。これはしかし、当然ながら絶対的具体態といえないのは、この全体が私の普遍的な超越論的主観性とその普遍的な習慣性の統一連関において、その動機づけの環境をもち、そこにおいてだけ存在意味を所持し、維持しうるのであるからである。しかしまさにこのことが自然な自己知覚なのであり、超越論的宇宙が匿名的でもっぱら自我そしてその人間の関心の統一として構成され、しかも存在する世界の広大なそしてみずからに普遍的に閉じている連関において構成される、ということなのである。

今や見て取れるのは、人間としての自我は、超越論的自我が超越論的に主題になった後には、それと合致せねばならないということである。それは同一の極であるが、超越論的な宇宙ではたらく統覚においてのみそうである。同様なことは人間の意識様式についても妥当する。私の人間としての志向性、私の知覚、感じ取ること、意欲することなどは超越論的な志向性である。それらは一定の超越論的統覚を引き受けているのであり、私のものであれ、他者のものであれ、その超越論的統覚における特殊な統覚の顕在的ならびに潜在

的な流れる多様性の統一であるか、もしくはそのように生成しうるものである。あるいはすでに習慣的に、すべての世界的なものにおいてと同様に準備されていると言える。私の人間としての統覚のいっさい、また心的出来事として世界に帰属しているもののすべては、超越論的に統覚された統覚であり、超越論的統覚をとおして、心的なものの存在の意味を所持する。それらは包括する統覚の契機であり、契機として「すべての心的意識体験を統一する心的生の統一の内で生きる人格的に心的な自我としての自我」という心的統覚の統一に属している。この具体的に心的な自我（その具体態には意識生とその習慣性が属している）は、より高次で完全な具体態の契機である。それは私の身体の活性化である。それを媒介にして、私の心的な自我は外的身体的な世界への関係を手にする。すなわちこのことは、統覚されたものとして、総体的な世界統覚における統覚された世界の形式を特徴づけている。場合によっては、統覚する意識の恒常的な形式を特徴づけ、その形式において世界は統覚されたものとなる。当然のことながら、「私という人間にとっての世界」は、身体性における私の心的な支配を媒介にして恒常的に私に方位づけられ、内的‐外的に呈示される世界を所持している。しかし、この私の人間としての世界統覚と流れゆく現出の仕方の様相において統覚されたその世界は、それ自身超越論的能作であり、超越論的統覚において統覚されている。その統覚には超越論的還元によって初めて接近可能となるが、その構造においてそれを純粋に解釈することは非常に困難を極める。人間の自我の純粋に心的な構成要素の全体、つまり自分の身体の知覚を形成するものやあるいは世界的なもの一般についての意識である知覚のいっさい、そして最終的に、私の心的存在にかんして人間としての私が所持する自己反省的な意識も含めて、すでに上述されたことではあるが、それらの本質に固有な特性のすべては、どの心的体験においても、それらに対応する超越論的な意識体験と合致している。当然のことながら、心的意識体験は（現実的な原本性それ自身において証示されうる）直観的な核となるものの内で、それらに対応する超越論的な意識と同一のものである。しかしこの核は、普遍的な意識体験から、統覚的な存在意味を引き受け、しかも恒常的に影響力をもつ習慣性の内でそれを引き受ける。それそのものとして絶対的な意識は今や、心的体験と心的生という意味を私の物（的身）体としての身体の内に局在化したのである。

〈第六節　意識の一般的な「再帰性」としての志向的変様と超越論的エゴの世界化〉

超越論的生はある連関、つまり意識体験が相互に絡み合ったものという外的な隠喩のもとで並列的なものや離散的なものとして把握されてはならない。たとえ多次元的なものであってもそのことに変わりはない。そうすることであたかも、感覚主義の根本的な誤謬が、あるいはより正確には白い紙や「暗い空間」といったロック的な隠喩によって表明される自然主義（「意識の自然化」）の誤謬が克服されるかのように理解されてはならない。たとえブレンターノがそうしたように、体験与件が志向的体験（「心的現象」）として指摘されようともである。というのも、志向性の本質の内にある、無数の形態において発展し段階的に連続的に反復される意識生の「再帰性」[8]が理解されないのであれば、それによって決定的な歩みが現実的にはいまだ遂行されず、その端緒にとどまったままとなるからである。この再帰性はあらゆる連続的な（過去）把持的変転においてもすでに関与しており、より高次の段階ではそれと連動して働く（未来）予持的な地平形成においてもすでに関係している。それはすべての再想起と先想起、そしてすべての統覚における多様性においてもそのようにあり、ほとんどめまいがするほどの志向的含蓄の多様性と普遍的な世界統覚における能作の統一の内で、その含蓄が相互に重なり合って関係づけられていることにおいてもそのようにある。私たちが志向的変様という一般的な表題によって特徴づけるものは、原様相の新たな様相への変転であり、上述の言語使用からいえば、再帰的な様相のことである。様相化された意識にそなわっているのは、他の意識への「関係」であり、その意識に「含蓄された」原様相への関係である。世界化はしかし、たとえば再想起といった単純な志向的変様なのではない。それはすでに「構築されたもの」の恒常的な志向的変様のもとでの最高度に絡み合った基づけの建造物である。ただし、離散的なものの世界から取り出されたすべての言葉、たとえば基づけ（基礎づけ）や構築等々は、その言葉のままに受け取られてはならない。明らかに自然はすでに構成されていなければならず、それによって心もその意味をもちうるのであり、その自然にたいしては固有な身体性が先行している。他方でその身体性はそれにもかかわらず、「すべての物(的身)体と同様な物(的身)体」という意味を受け取らねばならない。自然な態度から出発し、反省するものとしての私がそこから進むことで私は世界を所持するが、それは「完成された」構成されたものである。しかしそのさい、この「完成済み」ということは、現出の仕方の内在的な継起における恒常的に流れる生動性なのであり、この生動性をつらぬいて世界はさまざまな《何》と《いかに》をともないつつも、同じ世界として意識されるのである。

私が（通常の意味での自我の反省や自我が自己自身とその反省することへと自己を方位づけることで）反省作用において反省するとき、私は自分を世界の空間時間性における人間として見いだし、しかも私の場所と私の時間位置に身体として存在し、身体と一つになって心的に存在していることを見いだす。すべての現出の仕方、すべての私に特有な自我的なもの、私の作用、私の触発、私の気分等々は、この身体に心的に帰属している。したがって流れゆくすべての内実におけるこの世界意識とその世界意識によって人間の人格で

ある私は、世界について知り、その世界が正しいのか、誤っているのかを信じ、〔まさ
に〕私が信じているものを信じるのである。この世界意識は心的なものであり、実在的世
界における実在的な身体にかかわる出来事である。しかしそのさい、世界の確実性と、と
545 くにそこでの普遍的自然における物(的身)体としての身体の存在の確実性は、恒常的に自
明な前提となっており、正確には世界として自然として自明な前提となっている。それら
はそのつどの意識生に基づいて私にとって存在し、意味をもつのであり、世界は意識生に
おいてその意味を獲得し、それを所持する。

私が意識生を実際に普遍的に受け取るやいなや、そして超越論的エポケーを行使しつつ、その意識生を超越論的なものとして受け取るやいなや、それをとおして私はそもそも世界を妥当性統一として所持する。そうすることで世界という前提が——成長した自我にたいして確固たるスタイルをもつ習慣性として世界が恒常的に遂行されるという前提が——、素朴な世界措定の「エポケー」のもとで意識生という前提へと変化する。しかしそののち、私は自分の普遍的な意識生がまさに直前まで私が自明な仕方であらかじめ存在する身体の付属物として想定していたその同じものが、自然や世界一般と同様に、その身体をまず初めにそれ自身において構成していることを見てとる。

したがって本質に固有な純粋性における私の心的生は、私が超越論的態度への変更を遂

行し、世界についてのエポケーを遂行するかぎりで、それ自身超越論的生なのである。しかしだからといってこのことは次のことを変えるものではない。〔すなわち〕私が私の意識生において世界を妥当性の内に所持しているのであり、私が自然な態度をとり、あるいはふたたび自然な態度へと遡及することで、私にとって世界が妥当性へと至るその意識のいっさいを、どんな場合においても世界における心的なものとして見いだすということである。たとえ世界が、この意識生の能作から、あるがままに存在するにしてもである。それをとおして世界が構成される主観的生や意識生は、それ自身世界の内部で経験可能であり、心的生として経験されるということが一般的に語られるのを耳にする。しかしそれによってその生は不合理なものとして現れることになる。この無理解さは理解へと変化しなければならない。

以下くり返しになるが、他の形式で述べてみることにする。すなわち意識生は志向的体験の組み合わさったものではない。あるいは意識生とはそれ自身にとっての意識流なのでもなく、その意識流においてそれとは区別される、もしくはすべての意識から区別される超越が構成される、といったことではないのである。すなわち自我と意識が世界構成的であるのだから、それ自身がそこで構成される世界へとあたかも入り込みうるようなことはない、とはいえないのである。もちろんその意識生における主観性は、物理的自然を形成

546

体として、つまり主観性の形成体として構成するが、その自然とは意識に関する何ものも、つまりその存在意味においてすべてを構成する主観性に関する何ものも想定することのない自然として構成するのである。とはいえ意識生とは、自然という意味の統一の根拠に基づいてさらなる構成を遂行するのであり、その構成において意識それ自身が客観化され、自然化されるのである。構成された世界は空間時間的な自然という存在意味をもつが、そこにおいて物(的身)体としての身体は自我による制御の場所となり、生理-心理的に結びつけられ、規則づけられた意識生の場所となる。世界はたんなる自然であるだけではなく、心理物理的な自然なのである。

超越論的自我において、そしてその超越論的に作動する意識生の普遍性において、世界は意識生にとって存在するものとして構成され、しかもこの意識生全体がその世界においてみずから現れるようにして構成される。この構成する意識は自己自身を構成し、客観化を遂行しつつ自己を客観化する。しかもそれは空間時間性という形式とともに客観的な自然を創設するのであり、この形式において私の身体と心理物理的にそれと一つになった構成する生の全体およびエゴの全体が、意識流や自我極や習慣性にそくして構成される。しかしここでいまや困難が現れる。

〈第七節　パラドクス〉

私は自分自身を自然な態度において人間としての自我として見いだす。つまりその意識生において世界を意識している自我として見いだす。その世界は経験の内でそして非直観的な意識において、あるいは能動的、受動的、背景的、地平的な意識において、私にとって存在する世界として私にとっての意味をもち、またもちうるものであるような唯一の世界として意識される。しかしこの私にとって存在する世界とは、私たち人間すべてにとっての共同的な世界ではないのか。私に妥当するものは誰にとっても妥当し、誰もが自己の意識生をもち、自己が見いだされるその人間性から出発することで、現象学的還元を実行し、みずからの超越論的エゴを見いだすことができるはずではないのか。私にとっての私は自己の意識生を生きるが、そこにおいて世界にかんするものとして私に意識されるものは、他者の助けや私の意識と他者の意識との共同体化をとおして獲得されるのではないのか。あきらかに一般的に誰にとっても妥当するものとは、そのように獲得されるのではないのか。誰かにとって世界として妥当するとしても、もっぱらその人固有の意識能作によるのだとすれば、それはいかなる者にとっても存在するものではない。私たちは並列的に分断された世界認識を獲得するのではなく、つねに必然的に意識共同体化において一緒になって世界認識を獲得する。とはいえ私は再度以下のように述べたい。つまり、他者につ

547

いての（意識妥当性のすべての仕方というもっとも広義の意味でつねに把握されている）私の認識とは、それによって他者が私にたいしてそもそも現に存在するようになるものであり、それを媒介することで、私はまさに私に妥当するものとしての他者と「関係」することができる。――私たちはこうしたことといっさいにどのような結論を出せるというのか。

　しかもこれですべてというわけではない。自然な態度から出発することで、私は世界における人間としての自分を見いだし、その世界で心理物理的に存在しながら、私の意識生全体において、さまざまな主観的な様相がつねにその場で作動するのと同様に、そこにおいて世界一般を主観的に所持するものとしての自分を見いだす。私はしたがって以下のように述べることができる。つまり私は自然な態度において世界を、私にとって心理学的に妥当し、私の純粋な心的意識生において妥当するものとして構成されるものであることを見いだす。超越論的態度に移行することで、それにたいして必然的にいわなければならないのは、人間の世界意識および世界認識としての心理学的な構成の全体が、世界一般と同様にそれ自身超越論的に構成されているということである。そして超越論的態度から出発することで、くり返し以下のように述べねばならない。すなわち私にとって理念的《イデアル》に認識可能な真理における世界そのものは、自然な態度では心的形成体であり、理念形成体である。誰もがみずからの理念形成体である世界を所持している。とはいえ私が自分の認識世界における他者の現実存在を私の意識生の内に包括し、認識することで、その真なる存在は私の世界理念の内に包括された理念となり、しかもそれはそこに含まれた他者の世界理念でもある。しかしこの理念は私の世界理念をもそれ自身の内に包括しており、場合によっては、他者の認識生とそこで構成される世界理念がそれ自身で私の意識生を私の世界理念とともに志向的に包括する。私の意識生とすべての意識生のそれぞれは、その生にとって現実的で可能的に存在する共同主観すべての意識生を包括するのであるから、あるいは誰もがみずからに妥当しうる唯一のものとしての世界において、その世界に存在する人間のいっさいを包括するのであるから、その世界理念はもろもろの世界理念の無限性を包括し、どの世界理念もそれ自身、他の世界理念の無限性を包括することになる。[*30]

私がさらに熟慮することとは、私は恒常的に目覚めた自我としてそのなかで私が生きている世界についての意識を、存在妥当性およびその変転する現出形態において所持するということである。世界はそれ自身、その真理においてこの意識生の内で恒常的に思念されるものであり、理念として確証する認識の現実的で可能的なテロス〔目的〕である。とはいえ奇妙なことに、この流れる世界現出の内には、私の自己現出、私の身体の自己現出、私の心の自己現出もまたそこに存在しているのである。この最後の主題〔私の心の自己現出〕のもとで、私の意識生はそれが今や流れゆくものとして示されるような瞬間的現出として〔存在する〕。私はすでにここで、つまり今そこに示されるままとしての私の意識生というところで行き詰まってしまっているのではないのか。しかしこのことこそ、いまみずからを示すもののすべてが私に示しているものであり、それが私にいま妥当する世界、しかもその規定内実の《何》とその与えられ方の《いかに》において妥当する世界なのである。したがってそこにおいてこそ、私に現出する身体と私に《いま‐流れるもの》という様態においてみずからを示す意識生――私の心的生が〔示されている〕。そこにおいて世界と心的なものとが私にとっての存在意味をもつようになる、まさにその意識がいったいどのようにしてそれ自身世界的であり、またそれ自身心的なものであり、それ自身現出の仕方の統一でありうるのか。このことに応じて私は以下のようにも問う。私の意識生の流れることをつらぬき、そこにおける確証統一として場合によっては理論的な真理統一として構成される理念は、いかにして私の固有な存在、すなわち私の意識生の存在を、その真理における部分理念として包括できるのか。

私たちは自然科学的な考察の仕方へと逸脱することで以下のように述べてもよいのだろうか。つまり、世界には普遍的で因果的な法則性が支配しており、その法則にしたがって、当該の実在的な状況のもとで私の物体的身体は、その物理学的状態をもち、その状態へとそのつどの瞬間的な意識生が規則づけられて結びつけられている、と。あたかも、この意識生においてのみは、すべての自然認識や物理学的で世界に実在する法則性が、すなわちそもそも世界が意味をもって存在妥当を保持することはないかのようにである。

549
　では私たちが超越論的態度へと移行すると、事態はどうなるのであろうか。*31 その態度において私は超越論的生の超越論的自我であり、その生から湧き出る超越論的習慣性の超越論的自我である。その超越論的な《流れること》において世界は存在意味として構成され、その世界において同時に、この超越論的生それ自身が世界化されたものとして構成され、引き続き構成されて行く。すなわち私の人間の意識（もっとも広義の意味での認識の生）という形式においてである。

〈第八節　新たな始まり――心と超越論的意識。他者の構成。素朴な認識問題と超越論的還元の動機〉

　自然な態度において世界はたえず前もって与えられ、前提されており、そしてこの前提にたいして構成する生の全体が隠されたままにとどまる（そこにはまた瞬間的現在の地平意味の内に内含された以前の生、もしくは将来的なものの等々として予感された生のすべてが帰属する）一方で、いまやこの普遍的生がまなざしの内に入って来る。とはいえこのことは、自然な態度において私の意識生を主題化するように、あたかも私がつねに前もって与えられている世界という地盤のうえで恒常的に前もって与えられた身体性と自然のもとで、身体の内に客観化された心的生を人間の世界意識と世界認識として主題的にし、前進しつつ露呈するかのように生じるのではない。そうではなく、一気に完全な普遍性において意識生が主題的になり、世界一般が最終的にこの生のたんなる存在意味として主題的になるのである。私は存在する身体と存在する周囲世界をあらかじめ手にしているのではなく、私の意識生をその身体の経験的な付帯物として所持するのでもない。一言でいえば、私は存在する世界とその世界での空間時間性の形式的枠組みのうちに身体的に局在化された私の意識生をあらかじめ所持するのではない。そうではなく、現象としての世界と普遍的な意識生を、そこにおいて世界が存在意味となるものとして所持する。*32 しかし私は〔そこで〕二度にわたって意識生の自我を所持していることになる。私は〔以下のように〕二重の仕方で存在する。一方で私は超越論的な自我として、つまり世界を「現象」として意
550 識して所持し、超越論的に構成する〈自我〉として存在する。そこでは世界が調和的な諸現出の斉一性における超越論的統一として、遂行されうる理論的認識の能力可能的なテロス〔目的〕として超越論的に構成される。他方で〔私は〕、現象における自我と意識生として、つまり世界客観性の内部で身体と一つになって、したがって人間として客観化されるものとして存在する。ここで区別されるのは、超越論的内在、つまり固有な内在的時間

性における超越論的に内在的な意識生と心的内在、とりわけ心的な意識生である。さらにこの意識生は、物(的身)体としての身体とともにこの心的生に統一を与えるいっさいのものから（したがってすべての心理物理的統一化から）の抽象のもとで、つぎにこの全体をそれ以外の世界と関与させるもののいっさいからの抽象のもとで純粋に理解することで、その本質の固有性においておのずから区別されてくる。世界において実際のところ、一つの心とは抽象的であり、したがってそれはある具体態における非独立的契機なのであるが、その具体態自身も相対的な具体態であるにすぎない。純粋な事物もまた、そのような実在的なものの一般も「唯一の」ものとしては存在しえない。この抽象的で心的な生、とりわけ内在的意識流とその習慣的な固有性および能力とともにある抽象的な自我は、いまや超越論的自我と合致し、超越論的な意識流と超越論的習慣性とも合致する。

さしあたり奇妙な仕方ではあるが、この絶対的に具体的な超越論的主観性は人間としての心的な自我と完全な一致を見せる。つまり現象学的還元を行使する私、すなわち「純粋」自我としての私との一致を見せるのだ。ただしこの純粋性は世界における抽象であり、いっさいの心理物理的なものからの抽象をとおして獲得される。自然な態度への遡行においても私は私の超越論的存在を純粋に心的な固有存在と必然的に同一であるものとして見いだす。世界における一つの不合理とは、同時に具体的でもありうるような抽象的なものであるが、この抽象的なものはその明証的な矛盾をつぎのような形式において消失させる。その形式とは、世界にかかわる抽象的なものが現象学的還元をとおして、超越論的にその抽象的なものに繁茂してくる心理物理的な具体態から解放されねばならない、ということである。しかしこの超越論的自我がみずからを現象学的還元において存在妥当へともたらすことで、あるあらたな超越論的な妥当性の意識が生じるが、この意識はふたたび一挙に客観化され、私の人間としての自我のあらたな心的行為として世界現象へと組み込まれる。
551 したがって自然な態度へと戻ることで私が述べうるのは、ここに座っている私である自我が、たったいま現象学的還元を遂行したのであり、そこで超越論的自己認識を獲得し、この自己認識を私はいまだ継続する習慣的な妥当性の内に所持しているということであり、私はこの世界における現象学研究者である等々といったことである。

いまやここですべての問題が行きつくところは、どのようにして世界構成がどのような超越論的機能と能力において実現されるのか、しかもその存在全体、つまり私の純粋な心や私の純粋な人間としての自我としての超越論的エゴ全体の自己客観化の「不可思議な」形式において実現されるのかを、現実的に個々の場面においてそして体系的に示せるかどうか、というところにある。

しかもこの解明ではあらたな「驚異」が、つまり私の内で遂行される他者の構成のパラドクスが解明されねばならない。他者は私にたいして構成されるとはいえ、世界構成の共同の担い手である。というのも彼らは私にとっての世界の意味をあらかじめ所持しており、私は世界にかんすることを他者による伝達に恒常的に負っているからである。このことには以下の問題が含まれている。すなわち世界が私において構成された存在意味であり、私の理念形成体として、私に、つまりこの超越論的エゴに帰属するものであるということ、〔また〕他者の理念形成体もそれとして私の内に〔帰属し〕、しかも彼らなりの仕方でそもそも私に「内在的」なのであるが、私の構成する意識生および意識習慣性として内在的なのではない、ということである。とはいえ「形成体」としては、つまり統一極、場合によっては私の理論的認識の内在的テロス〔目的〕としては〔内在的である〕。それはまさに世界全体がそのような統一極の宇宙として、そしてそれ自身、諸極の極という宇宙として〔内在的である〕のと同様である。とはいえ他者とは他なる自我のことであり、そのことで重要なのは、彼らもまた現象学的還元を行使することができ、超越論的エゴたちとしてみずからを発見するということではないのか。私の超越論的エゴは超越論的エゴたち一般の宇宙における一つのエゴなのではないのか。この超越論的宇宙が世界に対して構成する総体的な主観性であり、その主観性は私の人間としての存在においてだけ完全に世界化されるというのではなく、人間の数多性において初めて、より正確には、人間の心の一般性において初めて世界化されるということではないのか。この一般性は世界にかんして抽象されたものであるのに違いなく、それは純粋に受け取られるのであれば、超越論的間主観性それ自身としてしか露呈されることはない。ただそれは、超越論的な意味能作に隠されており、まさに世界化する意味能作、あるいはそれをとおして心理物理的な宇宙としての世界に一つの心的なものの層が含まれるようになる、そうした能作の内に隠されている。

ここでくり返し示されねばならないのは、世界の自然な存在妥当性において理解される、世界内における不合理なもの、つまり不合理な調和不可能性とは、超越論的態度へと入り込むことで可能性と必然性へと変転する、ということである。ここで問題になっているのは、内的なものと外的なものとの調和不可能性であり、それが何重もの役割を演じている。自然な態度において私は世界の内に存在し、私の心的な生は私の人間性という具体態における一つの抽象的な契機である。〔それにたいして〕超越論的態度における世界や空間、時間、もしくは空間時間性に係留する実在的なものの全体性は、私の「内に」存在することとなり、しかも構成された形成体としてそうなる。自然な態度において私の心、私の意識、私の認識は世界へと関係づけられ、この意識の外部の物(的身)体としての身体へと、あるいは身体にとって外的であり、心的なものにとっても外的であるような外的世界であるその他の世界へと関係づけられている。この世界は私にたいして統一極として心理学的－志向的に「構成されている」。しかし現に私の心に極として帰属しているものは、その極が心の実在的な帰属物として特徴づけ「られる」かぎりで、世界それ自体ではありえない。それはただしばしば表現されるように、世界表象でありうるだけである。こう語ることは明証的な区別を行なうときに、二義性を帯びることになる。その区別はこれまでどの心理学も行なってこなかったものである。すなわち意識（思惟すること《コギタチオ》）と、意識それ自身から分離されえない思惟されたものとしての思惟されたもの《コギタートゥム・クア・コギタートゥム》との間の区別である。さらにくり返しになるが普遍的には、流れゆく思惟すること《コギタチオーネス》の全体的統一としての普遍性における意識と、その普遍的な思惟されたもの〔との区別〕であり、そこにおける斉一的で能力可能的に産出されうる可能的な思惟することの普遍的統一として、再度この宇宙からは分離されえないもろもろの思惟されたものとの区別である。それらは妥当し、確証される世界そのものとしての普遍的統一である。そのとき世界表象はあるときにはそのつどの流れゆく普遍的な意識となり、またあるときには、その能力可能的な変転いっさいにおける意識の流れの全体であり、またあるときには《～として》の思惟されたものとなる。そしてまさにこの思惟されたもの《コギタートゥム》は、どの心にも内在的であり、しかもそれはそもそも理念が心に思念されたものとして内在的であるという仕方で〔内在する〕。そして理念の明証としての主観的な理念視において思念されたもの、つまり心から分離されえずに存する極としての明証それ自身において明証的なものとして〔内在する〕。

今やこの普遍的な極の統一、すなわちそのつど認識され、理念的に総体的に認識される諸特性の内で私にとっておよそ認識され、それそのものとして実在性である多くの極の統一は、世界それ自身ではありえない。心は世界の内に存在する世界の存続体であり、したがってまた私の世界表象と私の表象的な世界そのものである。とはいえ世界表象がしかもそれとして表象されたものという意味において、世界それ自身から切り離されるやいなや私たちは、どのようにして世界一般の認識が可能になり、しかも一つの世界の存在の認識だけが可能になるのかという謎の前に立たされることになる。

素朴性の内で表象された世界が存在するものそれ自身とみなされつつ、素朴な者が日常的な認識の相対性に気づきながら、学問的な認識の仕方へと移行することで、実証主義的な科学者としての彼にとって（彼が不幸なことに哲学者たちによって助言されることがなければ）一挙に、その学問的認識において規定される世界が世界それ自身として妥当することになる。場合によって彼は、このことも無限なものの内に存する認識の極にとっての接近であるにすぎないことに気づき、その後にまさにこの極が彼の認識に近似する世界として妥当するようになる。

とはいえ哲学者（心理学的認識理論家、場合によっては志向的心理学者）が、そもそも

553

認識形成体や最終的には無限なものの内に存する認識の極とは主観的に心的な形成体（それらはくり返しただ「必然性」として、あるいは「必当然的〔疑いの余地のない〕明証」としての主観的な特性をともなっている）であることに気づくことで、認識の客観性という問題が謎として直ちに浮上することになる。すなわちどのようにして認識する人間はその認識内在においてみずから自身を超越させ、ある超越的な存在に気づくことができるのか、ということである。問いの設定の地盤としての素朴な世界所持をそのままにしているかぎり、この謎は解くことはできない。心理学的に内的なものと心理学的に外的なものとは、決して現実的に同一ではありえない。とはいえ世界が私や私たちが認識するものとはことなっており、そして理念的に語れば、完全な仕方で認識するものともことなっているということは、どのような意味をもちうるのか。理念的な認識の極は内在的な認識形成体であるのだから、世界それ自身ではありえない、というのはどのような意味をもちうるのか。認識と真理のすべてをともなった心的内面性の彼方に、世界がそれ自体で存在するかどうか、それは私たちにとって認識不可能な世界であり、決して認識できない特性をもつ世界、すなわち原型的知性《インテレクトウス・アルキテウプス》だけが認識できる世界がそれ自体として存在するかどうかという問いだけで、そもそもどのような意味をもちうるのか。これら可能性と問題性のすべてがそれ自身ふたたび、心的な形成体ではないのか。あらゆる他なる世界、すなわちあらゆる可能的な他なる《それ自体》が、そもそも思考可能であるとすれば、それは可能性としての私たちの認識形成体であり、そもそも正当で有意味であるとすれば、私たちの内で形成された明証統一、すなわち私たちが所持する世界の変転としてのみ、それらは正当なのではないか。しかし一つの世界にかんして、実存とその《何であるか》、またその個体的な本質にそくして知るものはすべて、まさに私たちの知識であり、それは、私たちの意識生における意味と存在確証を維持するものとしての内実をともなって存在しているとして私たちが述べるとき、以下のことが忘れられてはならない。すなわち世界に属するものとしての認識する働きと認識されたものとをともなう私と私たちの人間存在と心的な存在は、今や普遍的に問いに付されるということである。そしていまや意識が、すなわちそこにおいて普遍的な問いが生じ、私たちの心的存在が存在意味と存在権利を獲得するその意識が、《疑わしい人間的なもの》ではありえないということである。

このことがもちろん、超越論的還元とそこにおける超越論的探究を強いる動機である。そしてこの現象学的還元をとおしてのみ、超越論的に内的なものにおいて外的なものの世界が構成され、内的なものと外的なものとが相互に排除し合うのではなく、お互いを必要とすることが理解され、しかもこのことが超越論的志向性の一般的知識にすでに含まれているということが理解できるし、理解されるのである。志向的な生とはその流れにおいて、多様な仕方の志向的変様をとおして恒常的に能作することである。どの志向的変様も内的なものの内に外的なものを構成する。例えば想起において表象された想起の過去性は、実は過去とまったくことなるものであるのかどうかと問うことはほとんど意味がない。ただ問いうるのは、あいまいな想起において想起された過去が正当なものであり、確証する明証性への移行をとおして正当とみなされているのかどうかである。想起はそれ自身の内に過去という意味の存在の極を可能な確証の極として担っている。この極が過去それ自身なのか、あるいはその背後になおも《それ自体》が存在しているのかと問うことはまったく意味をもたない。総じてそのようにあるのである。〔すなわち〕世界とはその背後に別の現実性を設定することが不合理で、矛盾したものとなるような世界の現実性を意味しているが、この世界——世界それ自体——が、その存在意味を確保する能作の体系論の超越論的解明において、いまや以下のことも理解可能になる。すなわちなぜ認識する働きと認識されたものとの（つまり実在的に存在するもの、可能的なもの、すべての種類の存在様相
555 において認識可能なものとしての）心理学的な内在が、内在的に認識されたものに対応するはずの超越論的な《それ自体》についての意味のある問いを決して許容しないのかが理解可能になる。[*33] それにはさしあたり、自然主義的な誤謬が振り払われねばならない。というのもこの誤謬にそくして、経験的人間あるいは心理物理的実在性は、たんなる物理的実

在物との完全な類比において自然主義的に実在的なものとして把握されてしまい、魂の実在性において身体化されている心的なものの本質固有的な意味にたいする配慮を欠いたまま、実在的なものとして把握されるからである。心的構成要素、たとえば何らかの意識体験や心的作用、受動的で志向的な体験等々は、ある物体の構成要素であるような心の部分的断片ではなく、したがって心全体も、二つの物理的に実在するものが、全体の断片を組み合わせることで物理的に一つになるというのと同じ仕方で、物(的身)体としての身体と一つになっているのではない。通常、志向的心理学として紹介されるものとはことなり、心的なものがその固有本質性において理解され、意識を志向的能作として遂行するかぎりで、当然のこととはいえ、心理学的に正当な心的なものの考察がそれとしてもたらされる。しかもその心的なものは世界の具体態においてその身体性と一つになり、世界における心はそれらを空間時間性の内にともに局在化する身体によって、ある離在性〔分散していること〕を形成するという事実が妥当性にもたらされる。それによってどんな志向的形成体であれ、それは他の心の志向的形成体から区別されて与えられ、一つの心の認識において認識された世界そのものもまた――そして認識されたものとして(認識の極として)認識された実在的なもののあらゆる個別性において――、他の心によって認識された世界とは区別されるのである。この離在性において同一性が働きうることと、そのうえ同一性が明証的にもなりうるということは、どのように理解されるのであろうか。

とはいえ超越論的態度において、世界の真なる存在とその世界に帰属する実在性のいっさいは、志向的な確証統一以外のものとしてはありえないことが明証的であり完全に理解可能となるとすれば、また私の固有な心的存在は超越論的な具体的エゴの客観化であるこ
556 とが認識されるのであれば、そのとき超越論的に認識されたものと同じものだけが心理学的な形式において反復されるのであることもまた解明されるのである。すなわち心的に世界化された認識する働きにおいて認識される実在的なものは、それがその認識における認識の極であり、その認識に内在するものとして存在するのではあっても、実在的なものそれ自身なのである。より正確にはその実在的なものは、認識する具体的な主観性の内にその志向的な能作の総体性のおかげで包含されるにもかかわらず、また無論、志向的客観という固有な仕方においてだけではあるが、まさに実在的なものそれ自身なのである。この志向的な（認識にそくして確証しうるものの理念としての）内部は同時に外部なのである。

613 一五　静態的現象学と発生的現象学*34

〈内容〉　人間の歴史的世界としての私たちの世界、さしあたりは故郷世界として。故郷と他国との相対性、諸国民や人種の相対性。大人の人間としての私たち。幼児たち。誕生。私たちの世界において、人間の世界において、動物。

世界——内省する者としての私にとって、いまの内省にあって妥当している世界——はできあがって構成された世界である。この世界は私にとって客観的な世界、すなわちすべての人々にとっての世界——ともにいる人々の開かれた際限のない地平に属するすべての人間にとっての世界であり、その地平においてこの世界は私にとって妥当する世界となっている。そのさい世界は、そのつど私たちの各々にとってその主観的な妥当アスペクトをもつ世界であり、そのつど変転しつつ存続する確信の世界、すなわち自分に固有な世界と他なる世界として各人において変転するものの、やはりまさしくこの一つの存在する世界なのである。つまりここでは、たんにそのつど思念されている実在的なものにそくした特殊な内実によってその確信が妥当している世界というだけではなく、真に存在する世界でもあるということである。つまりこの世界は、誰にとっても一定の仕方で妥当する確実な

614

ものということを越えて、各自にとって開かれた未規定の――普遍的な妥当地平をもっている。また誰もが各自の様相地平、つまり可能な修正の地平をもっている。しかもこの修正の地平とは、妥当の共同化とその共同化されたものの不一致による様相化の共同化へと関係づけられた相互に調整しあうこととして、相互に遂行することもできるような修正の地平なのである。各人にとって理解できるのは、世界経験の歩みにおいて生じてくる固有の不一致や相互の不一致の変転をとおして、真理自体が次のような意味で貫徹していることである。すなわち斉一性が作りだされうるという意味においてなのである。そしてその斉一性は一般的に、現にたがいに相争うことをとおして、事実上作りだされているように、一度作りだされた斉一性もまた、その変転において後に矛盾において解消してしまうかもしれないものとして、何度もより高次の修正する斉一性が獲得されうるといった意味で貫徹するような真理なのである。世界それ自体、すなわち最終的に現実的な世界は決して与えられていない。経験される世界、すなわち経験する生にもとづいて間接性において帰納的に妥当する世界はいつも必然的にそのつど思念された世界である。その世界は世界のたんなる妥当の観点なのであって、相対的な真理と相対的な非真理との間、ないし存在と仮象との間の揺らぎの内にある。

すでにこのことは、妥当の基づけをあとから考慮することの一環であるとも言える。そのときどきの存在確信の様態におけるどの世界も、また意図にもとづく証明によって修正されるどの世界も、自身の背後に以前の主観的に確かな「諸世界」をもっている。それらの世界の修正はこれらの確信——以前の確信、この今において否定された確信——に基づけられているのである。どの様相化も様相化されるものの変転であり、こういったものを発生的に遡って示している。しかし開かれた可能性のどれもが、そして未来の修正にたいする多様なそのような可能性の地平全体が、たえざるあるいはときおり出現する不一致の行程における動機づけを発生的に遡って示してもいる。これらの不一致はやはり〔本来の〕能力可能性によって、ないしは明断な決断にむけての理性の意志において、斉一性にすなわち修正による斉一性になったのである。遡行的問いは明らかに妥当の基づけにかんするたえざる問いであり、そのことによって発生への遡行的問いである。しかしもちろん、さまざまな発生についての問いである。

私が私の究極的で本源的に原初的な生、すなわち世界妥当の生としての生へと遡行するならば、この生はさしあたり本源的現在の具体的な生である。私が私の「原初的世界」へと還元するならば、あるいは世界をその世界についての私の本源的な生の内で、原本的に知覚や想起において描出されているものに還元するならば、この描出されたものは完全に妥当している世界における(完全な存在の意味における)一つの妥当の層なのである。こ

615 の妥当の層は他者たちの存在妥当を基づけており、この他者たちの存在妥当が再度、共同世界としての客観的世界の存在を基づけ、さらに人間の中での人間としての私固有の存在を基づけるものとなっている。ではさらに間主観的な実践や共通文化としての事物の文化はどのようになっているのだろうか？　もちろんそうした実践〔の世界〕や文化はすでに世界の中での人間を、たがいに世界の中に没入して生きる者として、またたがいを考慮に入れる者として前提にしている。私が人間の行動を私の原初的なものに還元するならば、とりわけ他者との行動、すなわち彼らが従事している行動、あるいは彼らとの約束などにおける行動である共同体の空間における行動を原初的なものに還元するならば、そのとき一つの基づける層が残る。それはたとえば、感性的な行動や実践であり、いわば人間のあるいは文化的な目的のために役立つ下層——そこに何ら最終目標がないような通過のための諸層である。

具体的な完全な妥当の内にある妥当の基づけ、妥当の諸層。これらはその「目的」やその存在意味をもち、この目的や意味にかんして、私たちの妥当を現実化する行為を「動機づける」ということができる。——したがって〔ここで〕基づけとは逆向きの（顕在的な、現実化する経験における）動機づけなのである。より高次の存在意味の発生が妥当の基づけを証示するさいに問われているのではない。つまりまるで主観的‐内在的な時間性における基づけから、基づけられるものが覚起されたかのようになっているのではないのである。

静態的現象学の理念。すなわち世界妥当の普遍的構造、妥当する世界そのものの構造としての存在論的構造への遡及的関係における妥当構造の露呈。妥当構造＝妥当の基づけの体系。しかし存在論的な普遍的構造がすでにその秩序を妥当の諸層にそくして保存しているのではないか？　妥当する宇宙〈としての〉世界、世界を基づける核たる自然、自然の内には動物性、いやむしろ動物的な主観性が基づけられており、別様の仕方で文化が基づけられている……。存在論的に理解された世界は、どのようにして超越論的なエゴにおいて妥当の基づけの体系が展開するための導きの糸であるのか？　私はどのようにして第一のものとして原初性からの離脱へといたるのか？

他者は私にとって彼の物(的身)体を前提とすることで根源的に存在する。すなわち他者は「知覚」される、すなわち彼の物(的身)体は知覚されるが、彼の心的なものは彼の物(的身)体と同じように原本的《オリジナル》には知覚されない。

精神的な意義をもつもの、文化的なもの、物(的身)体、他者たち、文化を創出する活動。

616 他者の意味は私を、すなわち身体としての私の物(的身)体を前提にし、私が身体を支配していること、つまり身体を「もつこと」、身体によって知覚すること等々を前提にしている。[*35] 意味は創設における基づけにあって、存在妥当における意味として「生成」する——発生。完全に構成された存在意味はその構築体をもち、意味の段階や意味の基づけをもつ。すでに創設された存在意味——統覚と帰納、到達可能なものとしての意味の存在者からなる地平。

すでに創設された世界、〔すなわち〕世界の可能な客観の類型がすでに創設されてある。直接的経験と直接的な統覚の核、「知覚」、可能的経験の地平——過去の存在者からなる地平としての過去、知覚された他者にとって知覚されていたもの、到達可能であったもの、そして開かれて可能であるもの等々。

妥当の基づけの構築、まずもって存在確信の基づけ。注意すべきはまさしくこの世界についての存在確信の基づけであり、それと相関的に私にとって存在する世界、〔すなわち〕その存在基づけをもつ存在意味としての世界である。基づけるものは、基づけられたものが経験されうるようにできあがった世界において経験されているのでなければならない。世界経験の体系的な行程、世界を直観へともたらすこと、可能的な世界を直観的にすること、しかも体系的に完全に完全性を無限に保証するような一つのプロセスにおいて直観的にすること——理念。完全な世界観の問題、〔すなわち〕可能的経験の世界としての世界を完全に明晰にするという問題は、したがって妥当基づけの普遍性の問題と等価物な

617

のである。したがってこれは静態的現象学である。私は存在論的に世界という存在意味を分析し、それと相関的に存在確信についてしかも具体的にその与えられ方について問う。存在論的な分析は相関的な存在妥当の分析にとっての導きの糸である。

　まさしく静態的現象学において存在論的な基づけという導きの糸にそくして妥当の基づけが証示されるのであるとしたら、いかにして静態的現象学は発生の現象学へといたることになるのか？　妥当の基づけとは経験としての経験の可能性の条件であり、この経験は経験されてあるのでなければならず、その経験を可能なものとするための現出構造をもっていなければならないような経験である。

　この両原稿〔本書テキスト一五の冒頭から前行まで〕の主題と帰結。発生的現象学にたいする「静態的」現象学。（一）存在論的構造＝意味の基づけにおける世界という存在意味の構造。この存在論的構造は（二）遡行的問いの導きの糸としてある。すなわち意味の基づけに相関的に相応するのが内世界的なもの、および世界についての可能的経験の基づけである。（三）世界経験の可能性の構築はしかし、たんに意味の基づけを存在妥当へと反転させることで、抽象的に把握されているにすぎない。このたんなる「定立」は私が以前につねづね述べていたように、与えられ方の内にあると言える（存在するものがどのように与えられているのか、元来、どのように現出されているのかにかかわる）。したがって経験の可能性の条件についての問いは、多様性と統一性との問題へと導く――そののち、原初性としての本源性の問題等々へと、そして最後には本源的現在へと導く。

シュルフゼー、一九三三年八月／九月

「静態的」現象学――完全な世界観を構築する組織的方法〔であり〕、この方法はそれを可能にするための諸条件の必当然的な認識とともに一つになっており、――世界を経験する主観性の本質構造を追究することである。この本質構造は世界についての一つの完全な直観、すなわちそもそも可能な――その存在論的な本質構造からする世界の構築のための可能性の条件なのである。つまりこれらのことは、すべて共属的であり、分離不可能なのである。私はまた次のように言うこともできよう。〔ここで〕私たちに固有な世界の存在妥当にたえず属している妥当の基づけの完全なシステムを包含する妥当構造が前提にされており、――この妥当構造は、こうしたそのつどの妥当を引き続き保持するはずであり、また斉一的な経験において一貫して保証しうるはずである。

現象学の二重の相貌。私が静態的現象学において解釈するのは主観性であり、私の主観性、また私から見た私たちの主観性、〔すなわち〕その無限に前進していくすべての人間の共同体化における人間の主観性である。人間学。人間性はそれ自身、世界に属し、世界

618 を存在論的に解釈することは人間性を世界の内で、その全体的で具体的な構造において解釈するということである。しかしこの世界のうちにはその構造があり、この構造は可能的に経験されうるものの世界、可能的経験の世界としての世界の可能性の相関者なのである。このことに含まれるのは可能的な実践的世界生などであり、すべての能力やすべての知識を獲得する（どこまでも前進していく直観の）能力、すべての実践の能力、ないし人間性の実現に努力する理想に向けての人間の実践能力である。

超越論的現象学――超越論的主観性の現象、〔そして〕超越論的エゴの現象としての世界、このエゴの内には複数のエゴの超越論的な全体性等々が含まれている。

世界は存在的な時間性における世界であり、この世界には人間が、すなわち私と誰もがその内在的で心的な時間性の内にある。そしてどの共同体も、私たちとともにどれほど遠い間接性においてであろうと、そのつど世界について思慮するものであり、世界について語るものであることで、（もっとも広大なものとしての私たち人間として）共同化されているかぎりでその「歴史的」時間をもつのである。この歴史的時間は全‐人格性（全‐心的なもの）の内面性に属する時間である。内面的にそして純粋に内面的に見れば（「純粋に人格的な」、「純粋に心理学的な」態度においては）、動機という普遍的な「規則」が支配している。普遍的な《私たち》は、世代的に（地上において）閉じられた一つの人間連関である。もちろん忘れてならないのは、自然史が動物世界の系統発生的な連関を指し示し、周縁的な推定（また周縁的な問題）として「有機的な」世界一般の連関を指し示しているということである。覚醒と眠りにおけるすべての人間の生は、つねに新たに構成される普遍的覚醒の統一に属している。すべての覚醒における出来事、つまりすべてのそのつど覚醒した者のすべての触発と活動は、唯一の時間内部的な（歴史的‐時間的な）動機連関の統一の内にある。この動機連関は一部は同時性の動機の錯綜であり（これはあらゆる同時的な自我主観が同時的に結合しているということではない）、一部は動機の継起の錯綜である。この意味においてすべての人格性は一つの普遍的な発生の内にあるのである。しかしこの言い方にどれだけのことを要求できるか、〔また〕この発生が体系的にどのように明晰化され、その構造においてどのようにきわだたせられうるかは途方もない問題である。考慮されるべきなのは、どの自我主観も自分固有の歴史性をもっており、そのさいその「誕生」をもち、内面的に見れば、世界をもつ人間の幼児としてのそれぞれに特別な誕生をもつ、ということである。ここで自我主観としての覚醒した存在には、想定されうる誕生という問題、〔すなわち〕いまだ世界を経験する者としてではないが、そうした誕生という周縁的問題がともなわれている。

619 覚醒の出来事の連関を考察してみよう。そのさまざまな様態における作用の連関や、触発やもろもろの感性にかかわる行動の仕方の連関において考察し、それも私の固有の生における時間流の統一において、また結びついた（直接的あるいは間接的に結びついた）主観の統一や、そのおのおのにとって接近可能な間主観的時間の統一においてそれら諸連関を考察してみよう。しかしそのさい問われるのは、能動性や自我に特殊な行動や共同体での行動などがすでに前提にしているのはなにか、という問いである。他方、作用からその獲得物が結果として生じ、また自我の側では能力の創設が生じてくる。また《できるということ》の地平としての地平、すなわち信頼できる存在とその存在を取り扱う《できる》という能力の地平や普遍的な価値性と無価値性についての信頼された通常の形式の地平が生じる。

妥当の基づけは、私たちに妥当するものとしての世界に属するのであり、明晰にすることのできるものとしての世界に属する。その世界とは可能的経験の世界として、その相関的な存在論的構造における可能的認識の世界としてである。*36 この妥当基づけは、世界をもつ主観性の普遍的構造にたいしてどのような関係にあるのか？　この世界をもつ主観性とは、その覚醒の生と眠りの生との発生の内にあり、また個別的にはその能力や獲得物の発達の内にあるのであり、どの自我も自分の誕生をあの二重の意味においてもつような、そのような世界の獲得の発生においてある主観性である。私たちは世界についての解釈をもち、私たちにとっての世界の存在や可能的世界一般の解釈をもつ。そのさいすでに獲得された世界は、相関的な能力や事実的に経験する世界の生の必然的に従属的な歩みとともに不断の世界確信において展開されていく。ここでは人間や人間性が解釈されるのであって、存在論的に世界の側からであろうと、あるいは機能の主観性（すでに存続する能力を働かせたり、その機能を制御したりすること）としてであろうと、それぞれに解釈されるのである。しかしもろもろの基づけの体系は、作用のそれであろうと獲得物の再現実化のそれであろうと、あるいはまたあらたに形成されうる世界獲得物や能力のそれであろうとも、確かにたえざる発生を含んでいるのである。しかしそれはすでに生成し‐なお生成する、そしてそこにおいて存在する人間性と世界所持とをつねに前提にしている。完全な発生とは人間のそして人間性の発生であり、人間と人間性にとっての世界の発生である。前者の発
620 生の内では人間の幼児性以前にあるすべてのことは問われないままにとどまっている。

　無論ここでこのことは本当に正しいのだろうかと問われることになる。私は私にとって妥当する世界を相関的に解釈しつつ、特定の課題をもつのではないか。すなわち私にとって赤ん坊をその内的生活において理解可能なものにし、彼が「世界についての表象」を獲得するまでの発達を理解可能なものにする、という課題をもつのではないのか？「早期幼児性の心理学」。そして再度、問われるのは、すべての段階の動物たちの心理学もま

しかしながらここにはまさしく根底的で本質的な切断面がある。このことはある意味では正しい。しかしながらここにはまさしく根底的で本質的な切断面がある。現実的および可能的な世界としての世界は自体能与、自体証示という本来的な意味での経験が及ぶ範囲にまでひろがっている。あるいはそれと等価なことであるが、世界経験は世界統覚がその前もって描かれたものの地平を可能な知覚についてもつかぎり、可能な間主観的に遂行されうる経験においてひろがっている。この間主観的経験は前もって描かれたものを、それがあらたなものであろうと、古くから知られたものであろうと、自己把握へともたらされうるだろう。私たちの世界は人間の世界であり、人間は自分自身およびたがいを世界において知っており、世界をもつものとして世界の存在論的な構造を、現実的な経験から予料されるなじみのある類型といったあり方で、また可能な経験にかんして自我によって制御されたあり方においてたえず意識しつつもっている。それもそうした構造をたえざる主観的な世界地平としてもっているのである。この地平においては古くからなじみのものが再認識において現れたり、あらたなものも立ち現れる。しかも類型において既知であったり、継続してより詳しく規定するものとしての統握の生き生きした動機づけにおいて現れてくるのである。

存在論的な様式は、私にとって普遍的なものにそくして可能的経験の不変的な相関的地平として規定されている。こうした可能的経験は、それ自身において斉一的に、ないしは修正をうけながら、たえず総合的に合一する経過のなかで、世界という存在意味の同一性を自身の内に担っているのである。相対的に存在する〈諸統一の〉地平が、諸活動からすでに獲得されたものとしてそこにあり、そうした諸活動とは、以前に類似の能作を遂行していて、いまやなじみ深い習慣的に《なしうること》となり、そのつど再度、再活動しうる等々の活動のことである。私はある特定の能力の自我、特殊な能力のシステムの自我であり、それらはつねにすでに創設されている。たえず私は新たな能力を形成しつつあるが、それはある確固とした様式においてである。この様式はそれ自身、たえず疑う余地のない確信において先行描出されている。すべてのあらたなものは特殊化であり、熟知しうるものとしての個体的なものについての具体的に動機づけられた先行描出である。何がそこにあるか、それがどのような性質であるかについての知識の獲得という、通常の意味でのい
621 かなる経験も、すでに存在論的な世界経験の様式や世界様式を前提にしている。経験はまた次のような意味で、それが実在的なものとして現れるかぎりで、すでに存在論的な地平を前提にしている。すなわち経験は実在的なものが私にとって、ないしは私たちにとってそれをより詳しく見つめる前にすでに「経験のなかに入ってくる」という意味での経験である。また経験はすでに私たちにとって、たとえば知覚領野において帰納的に予想されうる何かとして、いま予見的に到来するものとして知りつつ獲得される準備ができているこ

とを意味し、また場合によってはその知識の習得が修正されるような準備がすでにできているることを意味するのである。覚醒のどの瞬間においても、私はすでに私がたえず存在していたとおりに、世界地平の内に存在している。私は私の《こことしいま》から発して方向づけられた世界をもつ。私が出会うものはすでに前もって描かれているものであり、すでに直接的に現出している実在的なものの存続であって、私が取り組む《あれこれ》のものである。このことの本質には私がまた可能的経験と可能的世界との相関関係を一つの世界観という形式において現勢化する能力をもつ、ということがある。世界は能力で特徴づけられる。つまり体系的に経験することができ、その経験の途上で同一的な存在意味を保証することができる能力、またそのさい不一致なものを排除し、その代わりに適正なものを組み込むという能力である。その能力がそのようなものであるのは獲得された能力としてそうあるのであり、そのようなものとして私はその能力の現実的な実行以前に、ないし「じっとしたまま」私が今なしうることを熟慮することができるのである。その能力には可能的な私によって現実化され「うる」活動と、活動による獲得物としての能力可能性が相応する。どの能力にも《〜かのように》における能力的活動の構築としての能力可能性の解釈の能力が相応している。可能な活動、〔すなわち〕「私はあれができる、私はそれができる、私はここから出発してこの多数のもの、この全体的なものができる」ということは活動の基本的な様態であり、いわば活動の体験のたんなる想像による変化なのではない。世界経験の能力、および全体的なそれに基づけられている世界意識という私の能力は、他者による経験と彼らの世界経験の能力でもあり、また共同体による世界経験の能力、すなわち経験の基礎における、またその基礎に基づく共同体によるあるいは個人的な世界へのかかわりの能力でもある。世界は私たちすべてにとっての世界、〔すなわち〕私たちの周りに方向づけられた全体性の概念における人間性にとっての世界なのである。誰もが世界経験の能力と人間の世界生の能力をそなえており、そこにはすべての他者の能力が志向的に包括されている。

しかし世界は私たちにとって傍らにいて、程度はことなるが（その程度は動物種ごとに
622 変わる）、私たちとともにいる動物たちをも含んでいる世界でもある。動物を経験する私の人間としての能力、したがって動物の心的生を経験する能力や赤ん坊とその心的生を経験する能力はどうなっているのだろうか？　最後に狂気の人々。彼らはすべて「心的な」本質として、自我主観として経験されるが、そのようなものとしてなおも世界のうちで——一つの世界において——生きるものとして経験されるのであり、この世界において私たち人間は生きており、この世界において私たちは経験し、思考し、生成し、行為するという私たち人間の活動において、そして私たち人間の能力にもとづく私たちの自我的な現

実存在をもつのである。したがって彼らは私たちによって経験されるのであり——自分自身、世界において自身の能力の内で生きるものとして——現実存在というあり方において経験されるのである。

しかしそこでまずもって問わなければならないのは、私はなぜ、動物を動物と呼び、それらを人間から区別するのかということである。類型的にまったく別の彼らの身体性による、といったことだろうか。しかし『ガリバー』の馬たちは、もともと人間ではないのか、そして私たちの馬はこれらの馬の身体をした「理性的本質存在」と本質的にことなっていないのではないのか？

あらゆる人間——私と同じ人間。どの一人の「他者」、すなわち誰もが私自身の変化として理解されつつ経験されている。他者は他のドイツ人であり——そこには類型的な身体性による典型的に自己表現する（類型的な表現の仕方、ドイツ的な仕方における）身体性における特殊類型がみられる。どの国民も自身の類型をもっている——さまざまな諸国民、さまざまな人種、すなわち普遍的な類型、身体的および心的に普遍的な類型。他者の理解にあってよくみられるのは、他者をあらかじめ彼らの類型において経験するか——もしくは、彼らをたんなる異国人として理解するかのいずれかであるということだ。しかしそこに理解ということ、そして同時に無理解という霧が存在し、あるいはたとえば身体性にかんする（物（的身）体の類型的な現出の仕方が「標準的な」それを「逸脱する」ものであるにもかかわらず）本当の理解の層がみられ、（同時に）理解されないものの空虚な空間がみられるとき、このことはある程度どの他者にも当てはまることなのである。標準的類型があって、そこにはたえず理解と無理解の緊張が属しており、それに特有な効力をもっている。すなわち故郷の人々の（その特殊類型をそなえた）類型であり、南ドイツ人、北ドイツ人、シュレージエン地方の人、等々の類型であったり、ドイツ人、ヨーロッパ人といった類型であったり――日本人、中国人、インド人、あるいはもっとも漠然とした普遍性において、まったくの異国人ではあるがやはり人間であり、もっとも普遍的な類型であるといったふうにある。私たちはどんなにまったくの異国人であるとはいっても、その異国人を動物とみなそうとは思いもつかない。

家畜、故郷の世界の動物、ヨーロッパに分布する動物、等々。わたしたちのもっとも身
623 近な故郷、あるいはより広がった、またもっとも広い意味の故郷において、私たちは動物をまったく疎遠な生命体としてではなく、よく知られた類型であって、牛、馬、ツバメ、等々として経験する。故郷の動物にたいして私たちになじみのない動物もいて、彼らは人間と同様に、世代的なそれなりのあり方で社会的な本質存在として把握されている。彼らが故郷の動物として、なじみ深いのと同様、動物はその種にそくしても把握され、――ど

のなじみのない動物も〔まさに〕なじみのない種類の動物として把握されるのである。

種としての動物はそれに固有の相互にとっての存在と相互にともにいる存在というあり方をもっており、（内的に見れば）彼らの間の内的な統一を意味するような彼らに固有な世代的な連関をもっている。彼らは感情移入の関係のうちにあり、種にそくしてたがいを理解し、その本能と経験によってたがいに既知であったり、未知であったりする。——私たちは彼らを少なくとも「より高次の」動物である場合にそのように理解し、経験している。他方、ことなる種の動物の間にはもろもろの関係や理解の関係がある。——わたしたちはそのように観察し、そのように経験し把握することができる。——ときには友好的な（あるいは非友好的な）関係、ときとして敵対的な関係がみられる。このような関係にあるのは人間と動物の間でも同様であり、あたかも人間が他の動物種の中の〈一つの〉動物種であるかのようである。私たち人間は動物をまずもって、私たちとともになじみ深い環境世界にいるものとして経験し、また危険なもの、ときによっては危険なもの、また興奮した、邪悪なといったふうに、あるいは危険でない温和なものとして経験したりしている。そしてそれに応じて私たちはともに存在するということのなかで動物を理解している。もちろん私たちは世代性にかかわる衝動や経験をまずは私たち〔人間〕のもとでもっているのであり、そこに発して動物が相互にともに世代的にどのように生きているかを、しかも外的経験と内的経験の両面において理解し、あるいは理解していると信じているのである。しかし私たちはいつも経験を拡大している。私たちにとって存在する世界の内には、人間と動物、すなわちさまざまな人種の人間、さまざまな種の動物があらかじめそこに存在し、彼らが世界に属しているのである。この世界は私たちにとってなじみある、あるいは不慣れであるといった、そのつどの主観的な様態において与えられている世界である。したがってそこでは動物世界もまた、つねにすでに先行描出されていて、そのより正確で的確な類型は人間世界と同様、経験によってはじめてよく知ることができるのである。

　動物の類型にもまた人間の類型にも属するのが、その与えられ方の類型、すなわち私たちにとって既知になるという行程とともに既知であることと未知であることとの類型である。このことはまずもって、すべての実在的なものと全体における世界にあてはまる。私たちは全体として故郷世界とその段階、および他なる《フレムト》ものの地平といった構造をもっている。すなわち、故郷世界そのものが経験によってつねに解明される一方で、初めは未知性の大きな地平をもって理解されるが、やがて次第により知られ理解されることになる他なる《フレムト》ものが編入されることによって拡張されるというあり方をもっている。このことはすべての事物に——故郷の事物また異郷の事物としての統握の類型において——当てはまる。しかしここにはもろもろの区別がある。私の故郷の同胞は彼らに共通にあてはまる故郷世界への心の結びつきをもっており、おのおのはたがいを自我主観の一般的構造をもって経験するが、それだけではなく人間として、しかもすべてがなじみ深い故郷世界の人間として経験するのである。故郷の同胞はだれでも、異郷《フレムト》の人をまさしく異郷の人として理解する。これは確かに自我主観としての空虚な普遍性における理解ではあるが、故郷の人間の心理的な固有性をともなったものではなく、むしろ未知の〔異なる〕故郷世界の人間としての理解である。つまりその異郷の人の能力や関心の習慣性、経験可能性や実践的な可能性の主観的構造等々をもった人間として理解されるのである。異郷の人は異郷のものの心理的な個体的類型において、またその国民にかかわる特殊な故郷的類型においても、私や私たち故郷の同胞たちすべてにとってまったく未知なのであり、まさにこれらのことが、彼に〔特有な〕存在の具体性をもたらしているのである。私は私にとって未知の故郷〔つまり異郷〕の同胞をただちに〔自分の〕故郷の同胞の構造全体によって統覚する。私たちのなじみ深い故郷の領分においてこそ、異郷の人はその行動にそくしてどんな人であるかが決まってくるのであり、その人のことがよく分かるようになるのである。この類型は故郷の領分で大人になった人間としての私が熟知するようになったすべての知り合いの熟知の仕方と同様の類型である。しかしこの熟知の仕方は異郷の人にかんしてはことなっている。私は彼にとって存在する故郷世界を自分のものにするより他に、彼を知りようがない。彼にとっての故郷世界とは、その世代的な生において正常に成長し、彼の同胞たちにとってよくなじんでいる世界なのである。しかし人間として日々を暮らしている者は誰でも、その世界を有限的な世界としてもっており、必然的にさしあたり故郷世界としてもっている。この世界の有限性を彼は取り除くこともでき、広い世界へと異郷の人々に向けて出ていくこともできる。しかしこの異郷の人々も、一般的にはふたたび人間なのであって、それらの人々にとってこのあらたな世界領分はそれに相応する有限性における故郷世界なのである。異郷の人々のなかへと出て行くことで、私はたしかに異質《フレムト》なものを自分のものにすることができるが、それは故郷の事物、動物や植物、文化等々をそなえた故郷として自分のものになっている統覚の類型にもとづいて、故郷の外にあるものを統覚するという必然的なあり方で自分のものにするのである。そのとき私はたしかにこの領域の異郷
625 の人々と同じ世界、その有限的な世界領分の内にいるのではあるが、だからといって私はすでにこのあらたな環境世界を故郷としているわけではない。また決してこの環境世界の内部の人々を私の故郷の人々と同じように、いともたやすく熟知しているわけではない。彼らのこの世界にたいする行動の仕方が、彼らがこの世界をどのように理解し、彼らにとってこの世界がどうあるのか、またこの人々がおたがいにどのように存在しあっているか、そのありのままを熟知しているわけでもない。にもかかわらず私は彼らを人間として、ま

た私たちはおたがいを人間として理解するのであって、生き生きした交流において私たちはそれに相応する以下のような一つの層をおたがいに持ち合うことになる。すなわちこの層は相互的な感情移入において規定され、斉一的な保証において存在確信の意味の核として、また無理解の核としても理解されるのである。この確信と無理解の核は人類と人類にとっての世界とをその自然な相対性においてはじめて具体的なものにしている。私たちすべてはこのことについてよく知っており、交流において直ちに気づいているのだが、まさにこのとき方法にかんする諸問題が生じてくる。それはここにおいて具体的な理解や相互理解を作り出すときの問題であり、したがって相対性においてなじみのある世界と人間からして異郷の人々が分かるようになり、なじんだものにする方法の問題である。したがって私たちがどうにかして異郷的《フレムト》なものをあたかも故郷であるかのように故郷のようにする、あるいはそのように直観的に追理解できるようにするその方法の問題である。——もちろんそのさい、そのような認識の限界についての問いをともない、この認識の固有の相対性の諸段階についての問いやまた故郷領分におけるのと同じくらい完全な理解という理念の権利についての問いもともなっている。

ここで動物を議論に引きこもう。彼らは一定の範囲ですでに前もって故郷の世界にともに属している。したがって私たちはこれらの動物を外部で生きるものとして統覚するためにことさらこの世界を越えていく必要はない。しかし再度みとめられることは、私たちが自身の内にそれをとおして故郷世界がその意味をもち、その意味を獲得するような心的構造として担っているものは、そのまま動物にたいして了承されうるようなものではないことである。〔しかし〕そこでもまた感情移入が遂行されるだけではなく、感情移入はたえざる保証の領域をもっていて、動物は私たちにとって心理的本質としてたんに枠組みとしてのみ妥当するのではなく、私たちにとって明証的にそのようなものとしてそこに存在する。すなわち明証的に理解可能な事物にたいする自我的な対処の仕方、また私たちやおたがいにたいする自我的な対処の仕方によってそこにいるのである。動物が（私たちは、まず「より高次の」動物を取りあげる）見るために眼をもち、彼らが耳をもち、足をもち、彼らが立ち、横たわり、もちあげ、運び、食べ、たがいをそのようなものとして理解するということ、また動物が私たちをもそのようなものとして理解する等々ということ、そしてこれらすべてのことがその相互の理解や自己確認の内にある明証において明らかであり、
626
動物にとっても私たちにとっても明らかなことである。理解し、感情移入する経験が保証されているとするこの層は、異郷の人々の場合のように何よりもまず身体性そのもの、身体における身体をとおしての身体に外的な制御に該当し、根源的な世代的生の類型的なもの等々に該当する。

課題とされるのは、この相互にとっての存在、〔すなわち〕なお疎遠《フレムト》に留まりつつともにそこにいる人間やともにそこにいる動物にとっての相互存在の本質をなすものを、学問的に解釈することである。この観点で動物が、ことなる人種の人間とは区別されて現出すること、たとえば私たちヨーロッパ人にとっての黒人、メラネシア人等々と区別されて現出することは、たんなる程度上の区別にすぎないとはいえず、〔もしそうであれば、〕それらの人種は依然として人間でありうるとは言えないことになってしまうだろう。ここで問題であるのはそのもっとも一般的な領域的本質において人間性をなすものは何か、いわば身体性の形式のために要求されるものは何かということである。それは、その形式がどれほどことなると考えられようとも、またどれほどことなった形式をもち、ことなった働きをもつ諸器官においてであろうと、たとえば触る手の代わりに〔昆虫のように〕触るための触角をもっていたり、「遠隔」器官としての視覚器官の代わりに嗅覚器官をもっていたり等々であろうとも、ということである。というのもこれらすべてのことはいってみれば、下位に位置する従属する区別であって、ある特定の類型、すなわち心的機能やそれらの機能のある種の協働によって規定された運動可能なもろもろの器官の調整における類型に左右されるものだからである。

私たちがどのようにして動物を経験するということにかんして、またその動物をその自我的で心的なあり方にあるものとして経験することにかんして、再度、明らかになるのは次のことである。すなわち動物はその特有な仕方で統覚する心理的なあり方をもち、その構成的機能から有限的な環境世界や世界地平のそれなりのあり方をもっている。そのあり方は私たちのあり方ではなく、いかに制限されて受け取られた私たちの環境世界であっても、それは甲虫や蜂や鳩などの環境世界なのではなく、また家畜（無論、人間により飼育され、人間性の特徴を現に身につけている）の環境世界でもない。私たちは動物を理解し経験するのであって、〔そこに〕統一にかんするもろもろの現出の仕方のうえで共通なものが存続しているのでなければならない。しかし動物の心的生を追理解し、継続してより完全な経験へともたらすという課題はどうなっており、またその生の可能性についての直観やその心的生にとって存在する世界そのものやその心的生にとって存続する生の関心、目的、目標などの直観にかぎってそれをなし遂げるという課題は、どうなっているのだろうか？

627 私たちがその課題をうまくこなせないならば、そのさい私たちの世界は結局のところ本質的な未規定性をもつ、ということにはならないのか？　世界は私たちにとって、現実的および可能的な経験からなる世界ではないのか、したがって世界は世界に属するすべてのものにおいて経験可能なものとして考えられうるのでなければならないのではないのか？

したがって動物の心的生の観点からしても、また全体的な動物の種に属する彼らにとって存在する世界の妥当構造の観点からしても、そのように経験しうるものなのではないのか？　動物が固有の存在をもち、心的な本質として《自分にたいする存在》とその存在において私たちにとっての世界において現に存在するということ、このことの可能性の条件とは何であるのか？　しかしそもそも、まさしくこの世界、これは私たちにとっての世界とは別物なのだろうか？

わたしたちは次のように言うことで満足すべきなのだろうか？　すなわち私たちがここで語ってきた世界とは、つまり私たちドイツ人にとっての世界であり、せいぜい私たちヨーロッパ人にとっての世界である、と。インド人や未開人たちはそれぞれ自身の世界をもつのであり、どの動物種もまたその世界をもつ、と。

しかし私たちはたったいま自分をドイツ人として動物と一並びに置いたのであり、インド人や動物等々を、世界の実在性として統覚したのではないのか？　したがってこれらのものはドイツ的な統覚的形成体であって、存在と様相存在からして私たちドイツ人に妥当するものなのではないのか、そして私たちは彼らにその主観的な変化した統覚や妥当を帰属させているのではないのか？

174

一六　世界と私たち――人間の環境世界と動物の環境世界[*37]

（一）なじみある環境世界における――生の地平としての故郷世界における――人間の自然な世界生。〈自然な世界生〉とは原初の第一の意味においてであり、その生の内では、人間にとってなお、理論的な生、つまりその担い手である学者たちと学者の共同体をともなう理論的な生が欠けている。また欠けているのはなお、学問の成果やそれを人間の環境世界へと受け入れることによって条件づけられた人間性とその環境世界との変化〔である〕。

（二）学問に関心を向けた生はまずもって、個々人において習慣的な「理論的関心」をもち、理論的行為が行なわれるといった原創設にいたるのである。これらの関心は確固とした学問の成果に向けられており、この学問の成果はつねにたえず高次の段階の学問の成果のための前提となっている。そのような行為の個々の人格への働きかけ、および次第に拡大する「理論家」の共同体の創設におけるそうした働きかけがみられる。関心の類型が多様化するなかで、第一の意味の自然な関心による生と、それとともに人格性やグループの類型(「職業」もそこに含まれる)は、いまやその普遍的類型において変化する。その変化が生じるというのは、ある新たな職業、すなわち理論や学問にかかわる職業が、その類型的な関心とともに職業の枠組みのなかに入ってくるかぎりにおいてである。この第二の意味における自然な世界生、〔すなわち〕実証的学問に影響された自然な世界生〔がある〕*38。

人格としての人間がその人それぞれの時間性をもつのは、それぞれの人格がさまざまな「重点のことなる」関心をもち、そのどれもが「その人それぞれの」時間において有効性をもち、また有効性をもつはずのものであるといった形式においてである。人格の生が統一しているのはその人格のすべての関心がその人の内で一致しているかぎりにおいてであるが、それらの関心はたんにまとまりとして一致しているのではなく、またたんに外的に人格の時間の内で交代しているのでもない。場合によっては、周期的に、つまり相対的に正確なあるいは不規則に生じる周期性(たとえば、仕事の時間や平日の時間など)において交互に替わったりする。それらの関心は相互に内容的に絡み合って、複合的でより高次の段階の関心になっており、それらは影響し合って、関心のどれもが最終的に生の全体の行程と人格全体の習慣性を変化させるのである。

これについてなお詳しく述べる必要がある。関心にそくした生とは意志の目的に向けた

175 生であり、実践的な生である。そしてこの生は成功や失敗における生であり、そこには可能性の考慮や選択等々のための動機づけがその本質としてある。そこに属しているのが、存在や非存在についての内省、また存在確信の様相の除去について内省することであり、したがってもろもろの実践が要求するかぎりでそのつどの実践に役立つような臆断を生きる生なのである。ここには「それは本当だ」とか、「それは本当にそうだ」、「それは間違っている」、「ただの見かけだ」、「そうではない」、「それは可能だ」、「それは不可能だ」等々が生じている。――しかしそれは理論的な意味でそういわれているのではない。

この理論的実践をそこに含まない通常の意味での実践的な生は、すでにそれなりの真理をもち、それに相関するものとして、さまざまに変わる意見にたいする現実性、すなわち知覚上の（あるいは再想起の）所与性といった場合にでさえも可能な現実性、あるいはたびたび現れる統握の変転や主観的意見の変転にたいする現実性をもっている。それはそれそのものにあって、またそれそのものにとって現実的であるものである。

理論的な自体〔それそのもの〕、すなわち理論的‐述定的な真理に相関するものは、ある意味で理論外部の、また理論以前の真理が高度化したものである。この高度化は存在と様相存在、しかも個別的ではなく全体的な存在と様相存在への純粋な関心としての理論的関心に由来している。それは個別的な実在にとってこの個別的な認識、あるいは特定の類型の全体的様相存在にかんする完全で全体的な認識、したがって完璧な認識にかかわる関心であると言える。またそれはまずもってその内的な規定において、次に他の実在的なものとそれによって条件づけられた相対的な規定にかかわる実在的相関性における関心であり、このようにして無制限に世界へと拡張されていく関心である。あるいはこの関心は、はじめから非実践的に環境世界全体へとかかわり、無制限なものに向かい、存在するものの類型の全性と普遍的形式に結びつけられている。この普遍的形式とは、これらの類型、ないしその類型においてくりかえし呈示される個別的な実在やそのグループや類型的な配置等々にかかわっている。この関心は普遍性から発して、具体的特殊化へと伝播していきながら、そのつどあらたに考察のなかに入ってくる個々の個別的なものを、すでに獲得された普遍的な認識のもとにより詳しく規定しながら、その個体的な特殊性のうちへと入っていく。他方ではもろもろの意見の相対性の克服がある。経験すること、とりわけ観察の方法やそのつど到達できない遠隔のものの帰納による推論や、方法論的方策をとおして確証していくこととしての経験することによる相対性の克服がある。それは確実な確信や少なくとも蓋然性をめざすためである。言語の観点からして理論的な言語の形成があげられ、それはたんに伝達に役立つだけではなく、客観的に誰にとっても到達可能で誰によっても確かめることができる獲得物の確保にも役立つような言語の形成である。またそれはそれ自身言語によって記録され、確定されるような確証可能な方法において客観的に役立つような言語の形成なのである。

これらすべては学問すなわち世界あるいは世界の諸領圏の理論としてある。第一の意味での学問、相関的に第一の意味での理論的関心、真理、真の存在（自体存在）。すでにこの学問によって、自然な第一の環境世界および人間の世界生は形態化され、この学問は自身の統覚の内に、さまざまな段階における理論的なものを受け入れる。この理論的なものはあらゆる学問の学び手によって、彼にその能力があるかぎり受け入れられる準備ができており、また彼の主観的な誤解等々によって条件づけられてもいる。

176

（三）この理論的関心、この学問、この真理はしかしある点からするとなお相対的－主観的である。世界は各人にとっての世界であり、各人によって各人とのつながりにおいて同一化可能なものである。世界は私にとって存在する。つまりこの私とは世界について語る私であり、また何らかの取り組みのなかで自分の関心がそこに向けられている個別的に存在するものにたいする私であり、普段の実践的態度から宇宙にたいする普遍的態度へと踏み込んだ私である。このような私にとって世界は地平として前もって与えられている。〈世界とは〉私から出発する地平、すなわち私の身体と知覚にそくして与えられる、身体の中心から発する実在的に現前するものの地平なのである。この地平とはまずもってますます遠く、ますます不完全になる直観性において与えられる知覚の地平であり、はてしなく続いていく実在の可能的経験の領域なのである。これらすべては可能な個別経験および私たちすべてにとっての共通経験としての可能的経験の領域としてある。私たちすべてにとってというのは、私とともに可能なコミュニケーションの中に入ってくるあらゆる人にとってということである。またこのことは私とともに経験しつつ経験の獲得物を交換しあい、思考しつつ思考の獲得物や共通にすでに妥当している獲得物を交換しあったり、修正することにかかわっているあらゆる人にとって、ということなのである。

　私は直接的および間接的な、また現実的および可能的な他者との共同体の開かれた地平をもっている。〔また〕この他者それぞれがたがいに可能な共同体のなかにあって、他者にとっての他者たちとの開かれた共同体の地平をもっている。私はそのようにしてたえず存在の確信をもちながら、私の他者たちの開かれた宇宙、すなわち私の普遍的な私たちをもっており、この私の普遍的な私たちは自我としてのあらゆる他の自我も〔同様に〕、この私たちを他の自我の側でその人にとっての私たちとしてもっているのである。*39 これは主観性の宇宙、すなわち共同体の宇宙として、「コミュニケーション」の内にある人格の宇宙として普遍的な主観性なのである。この主観性に関係づけられているのは、私にとって存在する実在的世界が、私たちすべての世界であり、〔また〕どの人にとっての世界でもあるような私の世界としての世界である。この各人にとってというのはその人々に固有の原《ウア》-原本的[9]な経験からみて、ということである。とはいってもこれらの経験からだけではなく、その人にとって増大してくる実在性をたえず補足し修正することをとおして他の人々の経験を自分のものにすることによる各人にとって、ということでもある。——各人にとって存在するとは、さらなる固有の経験およびコミュニケーションをとおしての経験による修正が変更を要求しないかぎりで存在する、ということである。この不断の地平性における世界、すなわち存在する宇宙として予料されてはいても、いかなる事実的経験によっても決定的で全体的な存在意味を獲得することのない宇宙としての世界には、もろもろの主観が属している。そしてその主観それ自身、おたがいにとって心理物理的な客観としてたえず経験され、経験可能なものとしてである。

　私たちの世界と私たちとの相関関係、つまり私たちの世界と、世界を認識し世界へと意
177 識にそくして関係づけられ、世界のそのつどの存在意味を形態化する主観性としての私たちとの相関関係は、それ自身ひとつの「発達」*40-分岐である。この発達分岐はこの相関関係の意味の開かれた変化、ないしは私たちの変化、およびそれとともに世界の存在意味の変化にかんしており、私たちにとって存在する世界、〔すなわち〕私たちが人間として生きる世界の存在意味の変化にかんする発達分岐なのである。

私たちはここで言われていることをまずもって以下のように明らかにすることができる。《私たち》とここで言うのはもちろん私たち人間のことである。人間として私たちは存在し、人間として私たちは互いにとって人格として妥当し、そのことの本質にはそれぞれの人間性をもつ人格ということがある。すべての人格が一つの同じ人間性をもつ人格というわけではないが、とはいえやはりそれぞれの人間性の理解にそくして同じ人間性をもつ人格とは言える。そして世界が私たちすべてにとっての世界であるとすれば、それは「私たちすべて」ということがそれぞれ理解されるそのされ方によって、世界が現実に具体的に同じもの、あるいは同じでないものとされる、ということなのである。まさにこのことに相応して人間性が唯一の意味を含む一つの意味をもったり、複数の意味をもちうるような意味をもったりしている。後者の場合にはどの人間性にもまさにその世界が属しており（私たちはそのさい彼らの生活世界[10]、彼らの環境世界と言う）、すべてのこれらの環境世界がその発達や内省において、唯一の全体としての世界を「形成」している。あるいはむしろ、この唯一の世界は唯一の世界のもろもろの「現出の仕方」として、これらのもろもろの人間性に妥当するとした場合にも、これらさまざまな人間性にとって原理的に同じ意味における環境世界、すなわちあたかもそれが現実的なものとして前提された「私たち」の一つの相関するものである、とはみなせないのである。しかしこれらすべてのことはまずもって必要とされる示唆であるにすぎない。

　私たちは人間と環境世界についての理解を一歩一歩つみ重ねていこうと思う。動物や動物的本質は私たちと同様一つの意識生の主観であり、そうした意識生のなかで彼らにとってそれなりの仕方でその「環境世界」も、彼らの環境世界としてその存在確信において与えられているのである。主観存在はそのような本質の魂〔アニマ〕に関係している。純粋に動物として理解された彼らの意識生は中心化されている。「意識にとっての主観」、意識をもつことにとっての主観という言い方の内には、あれこれの思惟された《コギタートゥム》ものについての思惟すること《コギタチオ》をもつ人間的エゴの類比物の本質、ないし普遍的なものの本質がある。〔しかし〕このことにかんして私は適切な語をもっているとは言えない。[*41] 動物もまた自我構造のような何ものかをもっている。しかし人間はその自我構造を、他のすべての互いに類縁関係にある動物の自我の特殊性にたいして、唯一の意味においてもっていると言える。人間の自我――通常の意味における自我――は、人格的自我であり、このことに関係して人間は自分自身にとって、またすべての隣人にとっての人格なのである。しかし人間は他のもろもろの人格のなかでの人格であることによって、人格という語がすでに意味しているように、彼自身の内に閉じてはいるのだが、そのつどの人格にとって《開かれた - 果てしない地平》[*42] として意識される人間性をもつ人格、すなわち「私たち総体」という全体性の

178 人格なのである。

どの人間も、自分の世界意識の内に生きるかぎりで、あるいは自分にとって確実にあるものとしての世界にたいする自我主観であるかぎりで、自分自身にたいしての人格である。またこの人格ははてしなく開かれた世代的な連関、さらには諸世代の連鎖や分岐における人格である。そこにおいて人格は存在し（自分自身を知っていて）、両親の子として、あるいは大人として、つまり両親や大人同士のコミュニケーションをとおした共同主観による教育によって大人となったのであり、いまや彼自身がともに教育する者として活動しつつ、一般的にそれらの人格的存在を、それらの人々との直接的および間接的なつながりのなかでともに規定するのである。また場合によっては、すでに自分が父親であったり母親であったりもする。世代的連関は新生児や「早期幼児」一般、本来の意味での幼児の前段階と理解されるいわゆる胎児をも包括している。本来の意味での幼児は成熟以前の段階においては先人格である。成熟とは人格という類型における完成点を意味している。幼児はすでに意識にそくして、実在的な環境世界について（胎児の段階とちがって）、何らかのものをもっているのだが、まだ完全に「私たちすべて」や人間性へと関係づけられた世界をもっているのではない。しかしこのことを厳密に表現するのは困難である。この人格存在はまだ完全な現実的な人格存在ではなく、むしろ成人してはじめてそうした存在になるのである。他方、こういった事柄はなおより明瞭になることだろう。

さしあたり強調すべきことは次のことである。《私たち》と《私たちの世界》は、私たちにとって存在確信のある、具体的に完全な（心理物理的に理解された）世代的な連関を指示しているのではないことである。そのさい排除されているのは幼児であり、他方では精神を病んだ人々、および一般に病気の人々も同様に、彼らが異常性の内に生きるかぎりで排除されている。少なくとも彼らは勘定に入れられてはおらず、彼らの《ともに生きるということ》が、部分的に他の人々や完全に標準的な人々とともに活動しているかぎりでのみ算入される。通常の人間の人格として、大人だけが自分たちの人格による時間性の統一形式をそなえつつ、コミュニケーション的生の統一連関においてある。このような大人が世界にとっての主観なのであり、この世界が彼らの世界なのである。そのさいどの主観も考えに入れていると言えるのは、自分の（世代的‐コミュニケーション的な時間の広がりの）時間的存在において、ただその人の正常性においてのみ自分がそうあることである。その人のこの正常性においてのみ、「まさにその」世界にとって構成的なものが働いているのである。つまりこの形式において「まさにこの」世界、すなわち「私たちすべてにとっての」存在者としての存在者の宇宙が機能しているのである。「老いた人々」もまた、彼らが退職し、引退し、とりわけ彼らがもはやいかなる助言も活動もしたりすることがないかぎりで、ここでは病人たちと同様、標準的ではないとされることになろう。

しかしいまや、どのようにして「一つの」人間性とその環境世界の統一について記述してみることができるのだろうか？　人格としての私にとって、また私とともにいる人格に 179 とって、つねにすでに意識にそくして構成されている人格的総体性が、総体性という形式における内的な純粋に人格的な結合性としてどのように記述されるのか？　また、世界にたいするこの全体的主観性と世界そのものはどのように対照的に述べられるのか？　というのも、この世界においては同時にあらゆる主観が身体をそなえた内世界的な実在であり、心理物理的な実在であって、そこに人格的なものが心として、自然のすなわち自然的世界の空間時間性において局所化され時間化されているのだから。またそれによって、人格的時間と実在的‐自然的時間とはどのように対照的に述べられるのだろうか？

超越論的にこのことに相応するのは、当然、全モナドの形式としてのモナド的時間とそこで構成された世界の時間である。——ここには人格的なものと実在的なものとの注目すべき二重性がともなっている。そのさい注意すべきことは、人格の結合された全体にたいして相関的であるのが、すべての人間の人格を包括することなく、おたがいに「異なる《フレムト》」ものとしてのさまざまな人間性や環境世界に分与された全体であること、また超越論的に相応するモナド全体も、一つの特殊な全体であるということである。

しかしここにはまだ考慮されていない超越論的な問題系が開かれていることも見てとれる。すなわちもろもろの人間性は、私たちが実在性に向けた態度においてではなく、人格主義的態度において考察するならば、たがいに〔たんに〕並存しているとはいえないのだ。また故郷の人間性となじみのない人々との関係が一つの志向的な妥当関係であっても、国家を越えた統合へと導かれなければならないように、超越論性の本質には（すでに構成されている）モナドの存在において問題となるような志向的な編成がある。そしてその超越論性の本質にある傾向は、なじみのあるものとして働くどの全モナドにおいても、なじみのない人々を自分と結びつけて考えるようななじんだ世界を越えた総体性の構成、すなわちより高次の段階としてのなじみのある故郷を越えた総体性のたえまない構成という傾向である。そしてそこにあるのは、地域をとおして進展する有機的‐動物的世界をともなう故郷を越えて広がる自然の構成である。とりわけそれに該当するのが、全モナド的な時間の構成と一つの実在的時間、〔すなわち〕空間時間の構成であり、その両者が構成された無限性においてあることである。そして、この無限性とこの超越論的で、また人間的‐人格的でもあるプロセスの究極的な意味とは何なのか〔と問われるのだ。〕

「最高次の動物種」としての人間、動物学的に‐主観的に。

人間や動物といった種の世代的連関と、次にすべての動物種を系統発生的に世代的統一へと発展し、一つの系統の統一へと、最後には有機的本質一般の統一へと結合しつつあること、このことは生物物理学的に追究されるが、また生物心理学的にも追究される。*43

これに対して他の世代性や「子孫」ということがあり、それは人間、すなわち人格的本質にもっぱら固有であると言える。人間は人びとの間の人〔格〕として生きつつ、彼らと人〔格〕として意図的に結びつき、つねに成長した人〔格〕として自然に結びついている。
180 より高次の段階の自然的結合の部分や層としての自然な人格的な結合は、最終的に一つの全体的な結合、すなわち国民としての人間において頂点に達する。*44

ここには基本的な問題がある。動物の共同体、動物の交流の生――純粋に精神的な関係において考えれば、どの種も彼らの「環境世界」のなかで生きながら、その種的な環境世界の内に生きている。どの個々の動物も、胎児の始めから成熟にいたる「精神的な」発達をもち、この発達においてその動物にとっての意識にそくしたそれにとって「現に存在する」環境世界が構築される。しかし動物は人格にまで成熟することはなく、環境世界も人間の環境世界ではない。また人間の環境世界はたんに一つの特殊な動物の環境世界なのではなく、一般により低次の動物とより高次の動物との間に区別があるように、その環境世界が差異化されただけのものではない。ここで言えるかぎりのものは一つの抽象的に区別可能な層があるということだけである。すなわち人間の環境世界およびその主観としての人間の内には、そこにおける動物的なもの、ないしは動物と共通なものとしてきわだたせられうるかもしれないような区別可能な層があるということである（これはまずは、より詳しい探究を必要とする）。

私たちが動物と人間を比較する場合（両者は人間の環境世界の内に見られるが、彼らにとってそのつど妥当する環境世界の主観として理解されている）、ざっと見るだけですでに目につくのは以下のことである。すなわち人格としての人間は文化世界の主観であり、この文化世界とは人格的な普遍性の相関者であって、この普遍性においてどの人格も自分自身を知っているのである。そのさい人間にふさわしい、人間がそこで生きている文化世界へ関係づけられていることを知っているのである。動物は文化世界の内に（自身を知りつつ）生きるのではない。このことに明らかに属すると言えるのが、人間は歴史的存在であり、「人間性」の内に生きており、この人間性は歴史的な歴史を創出する生成の内に存在していることである。この人間性は歴史的世界の担い手としての主観性なのであるが、これはそのさい歴史的に生きる生、歴史を構成する生といったことを意味する表現ではなく、環境世界的な相関者を人間性にかかわる環境世界として特徴づける表現である。つまり人間から、すなわち全体的な人間性から出発する精神的な意義をみずから担いつつ、実在性の存在的な特質およびその存在的な歴史性という表題としての意義と人間の行為や関

181

心や目的、および目的の体系からする意義をもっているのである。

どの動物の世代も、その共同体化した現在にあって、その種に固有な類型をそなえた種的な環境世界をくり返している。人間の文化世界は継続する発展の内にあり、どの人間の現在の文化も、人間性の新たな世代の新たな文化創出のための地盤となっている。私たちはそれを《前提》ということもできる。目的にかなった〔文化〕形成体は世界のなかでその目的意味を特質として自身の内に担いつつ、世界の内に存在する。そうした形成体はその目的意味において理解されるとき、新たな目的を古い目的に基づいて動機づける、ないしそれらの目的の実現の形態化を動機づけていると言える。世界の文化的相貌は一つの類型をもっており、この類型は具体的には一定の仕方で繰り返す、ないしはくり返すように思われる。人間にとっては「時は移り変わり、私たちも時のなかで移り変わる[11]」ということが当てはまる。もろもろの時間とは統一された人間の時間のなかで実在的に充実された時間なのであり、そのつど目的にかなった形態化された実在によって充実されているのである。具体的な類型はくり返しにおいて変化している。いくつかの具体的な類型は脱落していくが、とはいってもこの変化は、環境世界や社会的な人間の現実存在といった普遍的な全体の類型がその変化のなかで維持されて残り続けるというように生じているのである。

人間の製作物はあらかじめ表象され、能力可能性として人間にとって妥当する可能性にそくして行為しつつ獲得される。人間は計画をもち、妥当するもろもろの可能なものの間で選択をなし、最善のものとして認識されたものへと決断する。人間が他の人々とつながり、共同体にかかわる行為へといたるのは、意志することとその目標とを共同化することにおいてであるが、これらの目標とはその人にとっての目的であり、個人的(私的)な目的や共同体の目的であったり、集団の目的等々なのである。

動物は共同体において「本能」を現実化し、動物の行動は本能的であり、欲求の共同化は本能的である。蜂は行為するのではない。つまり蜂は目的をもっておらず、蜂の集団は何ら目的共同体ではなく、この集団は人間のような目的をもつ生といった生の統一の内にあるのでもない。目的をもつ生とは目的の担い手を主観の内にもつのであり、その主観はその目的を習慣的に、またその意図を再想起する仕方でたえず新たに活動させ、それらを同じものとして同一化する等々のような主観なのである。

動物はその生の統一において、その生を発達として経験するような精神的な獲得のシステムを創出することはない。動物は世代をこえて伸び広がる時間の統一を歴史的時間としてもつことはなく、その時間をつらぬいていく世界の統一をもつこともない。動物は時間の統一を意識において「もつ」ことはないのである。私たち人間は、蟻の世代の無限の連続や枝分かれといった連鎖を存在妥当の内に、私たちの世界のうちにもつのである。〔それに比べ〕動物そのものはそこで意識において生きるようないかなる世代的世界をももたず、世代の開かれた無限性における意識における現実存在をもたない。またそれと相関的に、私たち人間が動物を擬人化して動物に帰属させるような現実存在すなわち本来的な環境世界における現実存在をもたないのである。*45

182

　私たちが動物を私たちの世界のなかで見いだすのは感情移入によってであるが、この感情移入は、人間との間の感情移入が同化によって変化したものである。しかし人間的主観との類似化は、もちろんまずもって動物の身体性そのものの理解にかかわり、そもそも感情移入の根底層にかかわると言える。この根底層は私たち〔すなわち〕ともにいる人間を一つの共通の環境世界の内に生きる人間として構成する。そもそも感情移入が実現するために、感情移入された自我にとって必然的に自分に固有のものでなければならないもの、それがまさしく「根底層」なのである。他者の身体物体を私の固有の身体と同様な身体として同化すること、すなわち知覚器官と実践的な器官のシステムとして諸器官システムを統握することがあり、それをとおして動物にとって知覚的な周囲が現にそこに存在している。そしてこの環境世界は同一の事物からなる統一的領野として、その領野のどれもがもろもろの現出の仕方の統一なのである。しかし同時にこれらの現出の仕方はただたんに類似しているにすぎない。それが類似しているのは私が現出の仕方をもち、どの人間もそれをもつのと同様であるということであり、それらが他の人々の経験をとおしてたがいに交換され、そして低次の層では人間に共通な自然が生みだされ、現出の統一からなる一つの宇宙が生みだされているのと同様なのである。これら現出の統一はたんに私の現出の仕方ではなく、私たちすべての共同化されうるような現出の仕方、現実的で可能的な現出の仕方なのである。この全体の人間のシステムと人間の自然は、私たちが動物を動物として経験し、感情移入を動物についての知覚として獲得することができるためにすでに前提にされている。人間の原世代的な発達は、人間が最初の自己意識および周囲の意識へと、すなわち最初の「自我と環境世界」へと成長するというものであるが、その発達はこの最初の自我をすでに一つの私たちの自我として、そして環境世界をこの私たちのもつ共通のものとして生みだす。他者たちはたんなる自我の連続した分割によるものではなく、〔他者への〕適応がつねに〔自我による理解を〕修正するような変化を要求しているのである。そしてあらかじめ他者たちは個別的に類型的な核をそなえた未規定の普遍性における類比物として理解されている。しかし事物の現出の仕方そのものがこの類比物の理解に属しており、また地平そのものがある仕方で具体的な類型をもち、その類型の内に「その輪郭が描かれて」いる。まさにこの類型は動物の現実存在への感情移入の遂行のさいに一定の仕方で変化している。このようにそれぞれの〔種における〕動物はそれぞれ感覚しているので

183

あるが、私たちと同様に感覚しているのではない。しかし動物が彼らの仕方で知覚するのは同じ事物なのであって、そこではやはり同化ということが起こっており、同じものについての現出があり、支配する自我がその類比的な身体において保持されている。そしてそのさい要求された類比のもとで、そのまま確固として存続するものや変化においても除去されないものがそこにある。どの動物種にとっても「自我と環境世界」の変化した類型があり、私にとってすでに「私たち人間と環境世界」という類型、したがって《私たち》における動物的自我の変化した類型がある。私たち人間はすでに、具体的に類型的に同じ身体性をもつことにおいて、《私たち》においてきわだっている。自我や私たちとしての構成において、私たちはすでに世代的起源によってこの類型的な身体性において構成されているのである。すなわち私はすでに自己意識においてこの類型的身体の自我としてある。私はまえもってすでに私の人々とともにある地平を、私の家族などの類型の内にもっており、私の身体はすでに私たちすべてにとって普遍的な類型的なものという存在意味をもっている。

動物という問題。動物は一つのあらたなある別の主観であり、私たち人間とは別様にある。しかしそれが別様であるといっても、動物はそれでもなお私たち人間が人間たちのなかにいるのと類比的なのであり、ライオンはライオンたちのなかにいる等々と言えるのである。また動物は私たち人間の世代性の類比物としての生の世代性の内に存在する。ところで世界の内に生きること、〔ここで〕ライオンの世界の内に生きることは、ライオンにとっては現出にそくして統一的に構成しつつ、生に没入して生きることを意味する。すなわち欲求をもつこと、欲求を満たすこと、飢えや渇きをもつこと、食べることや飲むこと、性的に交合すること等々である。このことは端的に同化されていっているのであり、そもそも人間の世代性と環境世界にあって、人間の生が類比化において進行し、この類比化を経験において確証するかぎりにおいて同化されているとも言えるのである。

しかしそこにおいて本質的な差異が生じてくる。蜂はそれらの環境世界において私たちと同じように世代的に生きているのだろうか？　問うことがゆるされるのは、蜂は私たちの「幼児」が精神的に大人の世界に育ってくるというように発達するのだろうか、という問いである。あるいは類比において私たちにより近い動物たちを取りあげるならば、すなわち私たちにとって身体性としての物(的身)体性において近似する哺乳類であるシカの子や家畜の子、子馬等々の場合、この哺乳類の幼獣は人間の幼児と類似の発達をなすような幼獣なのであろうか？　生物物理学的には——それは何ら大きな困難をともなわないが、心理的には〔その類比は〕困難といえよう。私たちはそこで本能的なものに突き当たるが、すでに人間の場合にもそれら本能は幼児の発達においてのみならず、たえずその役割を果たしている。本能とはさしあたり、外的に性格づけられるべき事実をあらわす表題であり、内側から考察するとき、その理解の困難さにぶつかる。その理解の限界はどこにあるのだろうか？　蜂の巣はその「合目的性」における本当の意味で目的形成体なのだろうか？　明確に目的合理的な形成体、「理性的な」目的設定の成果や手段の算定等々と言えるのであろうか？　「蜂の国家」、蟻の国家、蟻の奴隷使用、蟻の戦争等々――これらの語の用法にみられる類比的な解釈はなりたちうるのだろうか？

　ここで問われるのは、動物は*46（家畜を除いて）本来的な再想起を、〔すなわち〕直観的にくり返す再想起をもっているのか？　そして彼らは私たちと同じ意味で直観的な想像表象をもっているのだろうか〔という問いである〕。

　彼らは私たちと同様、直観的に明晰にすることができるような地平をもっているだろうか？　彼らは目標表象や目的表象、〔すなわち〕未来のものを代理表象するような範例と
184 してもっているのだろうか？（あるいは、それが可能な場合）〔それらを〕実践的な道のりの終点、また直観的に表象可能な道の終点、ないし充足するものとしてもっているのだろうか？

　これに代わって暗い衝動が衝動の充足をともなって登場してくるということがありえないだろうか？　この衝動は表象となることはなく、つまり衝動のあらたな顕在化にあって

表象とはならないということがありえないだろうか？　人間の原幼児性という時期における根源的な時間化がまさしくこのような動物的な種類のものであろうか？　流れの時間化における世界時間化はまずもってヒュレー的な内実の時間化としてどのように形成されているのか？　原幼児の場合、すでに現実の時間化――存在するものについての時間化――なのだろうか？

動物の段階は、はたして「生得的な」事物表象や世界表象や多様な知覚現出をもち、それらが正常に働き、ともに進行して斉一的な統一へといたるのだろうか？　他方でときとして、非斉一的なたがいに妨げ合う諸現出もあり、そのことによって個別的な目標が妨げられるという性格をもつ、といったことがあるのだろうか？　すなわち純粋に衝動的なものと理解され、衝動にそくして斉一性へと向けられていると理解されるような志向性があるのだろうか？

したがって動物は私たちが素朴な感情移入において彼らに帰属させるような環境世界について何ら知らないのではないだろうか？　動物は過去をただ、（過去）把持性としてのみもち、事物の自同性を第一次的な再認識の形式においてしかもたない。この第一次的な再認識とは、いまだ再想起（疑似‐再知覚としての）における過去への遡行を知らず、存在するものとしての事物の個体性を可能にするような時間位置と場所位置の同一化を知らないのである。

　動物は自分がそれをとおして存在する世界についての意識、すなわち知をもつことができるような能力可能性をもっていない。この存在する世界とは時間のなかで、〔すなわち〕諸状況のもとでの変化における因果性のなかで確実に存続する事物の世界である。そしてそのように個々の事物は同時に普遍的な時間空間性、すなわち時間位置と場所的位置をとおして、また過去と予料され－準現在化される未来にそくした同一化が可能であることをとおして統一的に与えられている。〔ここでは〕よく知るということ、可能性の先行描出、意志すること、生みだすこと、働きかけること等々、また作品、目的形成体、何度でも同じものとして伝達可能にするような伝達組織、これらすべてが排除されている。動物はより狭い意味でも、もっとも広い意味でも、「命題」をもたない。動物たちはたがいに意思疎通をし、音声的な表出を理解してはいる――しかし彼らは言語をもたないのである。

　人間の場合には、まさしく受動的志向性の能動性へのたえざる変化が反復の能力によって遂行されている。このようなはっきりした区別は本当に正しいのだろうか？　どのように以下のことを理解できるようにすることができるのだろうか。すなわちなぜ動物が本来的な想起をもたず、くり返す知覚以外にはくり返す直観をもたず、「何度でも」という能力があっても、そのことで時間性という存在形式において存在するものの構成をもつことがないのか、という問いである。人間は「理性」をもっている。ちょうどいま言われたことは「理性という特性」の最低次の段階の特徴なのではないのか？　人間、すなわち理性《アニマ》をもった動物《ルラッィオナーレ》は、まずもって必然的に「盲目の本能的な」志向性や純粋に衝動的な志向性を環境世界を構成するものとして解釈する。すなわちまるで動物が実際、より劣った人間の一種であり、またまるで動物もまた存在するものや存在連関をもち、存在するものへと185向けられ、前もって与えられた環境世界へと向けられた目的や存在すべきであるものについての表象をもつかのように解釈する。またまるで動物は、盲目的な衝動の生におけるたんなる様態であるその感情の代わりに、人間的な価値づけをもち、価値や財産へと向けられているかのようである。

しかし家畜はどうであろうか？　家畜はすでに人間の現実的な類比物、あるいは現実にすでに人間的な非常に低次の人格性の内に存在するものではないのか？　ただ私たち人間の幼児のように、自分たちの初期段階を越えてさらに発達するような能力がないだけなのではないのか？

こうして心理学は第一の本来的な経験に立脚する心理学として、原理的に人間の心理学である〔ことが判明する〕。動物の心理学は純粋に構築的なのであり、この心理学はその構築の正当性のために現実に志向的な人間心理学を前提にしているのである。

604　一七　幼児――最初の感情移入

最初の活動――何がその「基底」なのか？

自我はすでに「世界地平」を、〔すなわち〕根源的な始まりの地平をもっており、そこでは人間の世界地平が含蓄されて生まれるのであり、それは時間化の根源的な始まりにおいて時間化の地平がすでに含蓄されているのと同様である。その時間化には、つねにくり返しあらたな時間化が含蓄されて存在し、そのようにしてみずからの位置において、それそのものにおいてより先なるものの一切が含蓄されている。

根源的地平、〔すなわち〕遺伝資質はその根源的な意味において空虚地平である。第一のヒュレー、この最初に触発するものは最初に把握されるものとなり、最初の対向においてそれは最初に充実するものとして最初の主題となる。

この目覚めに先立つ自我、つまり先-自我はいまだ生き生きとしてはいないが、にもかかわらずそれなりの様式ですでに世界をもっている。つまり先-様式においてその自我の非顕在的な世界をもっているのだが、その世界の「うち」で自我は生き生きとしてはおらず、その世界に「対して」目覚めてもいない。それは触発されるのであり、最初の充実としてヒュレーを獲得し、すでに目覚めて生き生きとしている自我主観たちの世界への最初の関与を手に入れる。彼ら自我主観は相互にすでに生き生きとした結びつきの内にあり、彼らとともに先-自我はこうして最初の出生期の結びつきへと入り込む。すなわち先-自我には両親がおり、彼らは彼らが所属する歴史的な遍時間性における生き生きとした自我の遍共同体の内に存在している。生き生きとしたものが生き生きとしていないものを目覚めさせる。

原-幼児。どのようにして幼児は自我として最初の与件へと極性をもって方向づけられ、
605 どこにおいて彼の「本能的」な習慣性が成立するのか？　胎児はすでにキネステーゼとキ
ネステーゼ的に動く自分の「諸事物」をもっている。原段階において形成される原初的な
領分をすでにもっている。

乳児、新生児。どのようにして乳児は、彼の与件の自我として、そして触発するものとしてのこれら与件によって、さらに自分自身にとっての自我作用によって構成されるの

か？　乳児はすでに高次段階の経験する自我であり、母体にあったときからの経験の獲得物をすでにもっており、知覚地平をともなった知覚をすでにもっている。それに並んで、新奇の与件や感覚野におけるきわだち、あらたな作用、あらかじめすでに獲得されている基底に上積みされるあらたな獲得物が存在し、この自我はすでに高次の習慣性の自我であるが、みずからへの反省を欠いており、形成された時間性も、自由になる再想起も欠けているが、（過去）把持と（未来）予持をともなう流れる現在が存在する。原初的な「事物」の構築、原初的な身体の構築、キネステーゼ的に運動する個々に分離された諸器官の構築。原初的に物体的な統一としての母親〔がそこにいると言えるか〕？　とはいえこれはあまりに早急すぎるといえよう。キネステーゼ的動機づけにおける個々の統一の形成。再認による動くものの同一化における知覚野全体のあとからの形成、ただし形成ずみの想起の反復は存在していない。視覚的および触覚的統一としての母親――「感性的像」の変化は、〔母親の〕頭部の見え方に関係づけられる――は、たんにキネステーゼ的に動機づけられた統一ではない。幼児は正常な「見え」における母親を強く欲し、その見えにおいて幼児の根源的な欲求が充実され、幼児は意図することなく泣き出し、多くの場合、それが「有効に働く」。かなり遅れてからようやく幼児は空間物体とともに空間をもち、その空間野における物体としての母親をもつ。この最初の母親が同一的なものであり、再認されるものであり、欲求の充実にとっての「前提」である。母親がやってきて、そこにいることで充実が起こる。感情移入にかんする何ものもまだ存在していない。本能的なものが存在するのは、幼児の固有の身体、すなわちすでに構成された固有な器官や唇や語りにおける眼や眼球運動などがもつ母親の唇の動きや語りかけ等々への関係においてである。身体と感情移入としての他なる身体。

最初の感情移入——それがどのように成立するかを理解することの困難さ。外的事物にとっての身体が器官として構成され、またすでに感覚器官の機能が構成されたあとでさえも、この困難さには変わりがない。母親の身体や母親の手、歩行しつつ彼女の空間で活動することなどのさいの彼女の歩行と私から遠ざかること。固有な身体をはじめてもつこと、静止し、動かされるものとしての事物の外的空間の第一の所持は、身体のキネステーゼおよび器官の機能のもとで生じる。この自我は自我として主題的でないかぎり、隠されている。しかしそれは触発と作用の中心であり、同一化と能力可能性の中心である。他者における反復、その綜合——同じ世界的なもの。他者と私の原初的な領分における他者と同じ身体物体。《我-汝-結合》。作用において結びつけられること、自我中心の綜合。共通の事物について話し、それを名づけること。記号が産出され、それとともに他者はその記号を認識し、それとともに記号は自分の行為や彼らへと向けられた自分の意欲の伝達として

606 彼らに理解される。先行する帰納、あるものが他のものをある種の状況において思い起こさせ、その後そうした想起の標識の意図的な樹立が起こる。とくに根源的に不随意的な音声の発話は帰納的な覚起として、また物事の経過への指示やもろもろの主観にとっての意味の指示として生じるのであり、このもろもろの主観のもとでそうした発話が立ち現れている、等々である。

交流、伝達をとおした結合。この伝達はみずからの背後とその基底にその前提があり、共通の事物にとっての名称がある——感情移入なしに。

人間にとっての名称。幼児は母親によって話される音声を名づけられたものへと誘導する指示や記号として理解することを学ぶ。

おそらく以下のことが留意されるべきである。すなわち幼児は不随意的なキネステーゼを用いて不随意的な音声を発話し、それを反復し、同じものを随意的に産出するということであり、（そもそも一般性において用いられる）自分の音声を反復しようとすること、そしてそれを随意的に産出することのすべてを学ぶということである。彼の音声に属するのは能力可能的なキネステーゼである。他方で母親は彼女なりに似たような音声を、さしあたりは幼児の音声をまねて発話する。幼児はそれを聞き、それをもつのだが、そこには帰属する連合的に覚起されるキネステーゼが、そこにともにあることなしにそうあるのであり、その代わりに、そこからその産出が始まるようなゼロのキネステーゼがそこにある。幼児はみずからそれを反復し、母親も同様に反復する。このことはどんな役割を演じうるのだろうか？

名称はさしあたり、その前提に客観的世界をもっている。*47 幼児は母親や父親を名づけることを理解するように学び、彼らを指示する名称を理解することを学ぶ。また一方〔たとえば父親〕が他方〔母親〕を名づけること、幼児が母親を呼ぶように、一方が他方を呼ぶことを理解することを学び、母親に何かを欲し、それをもらうこと、あるいは母親が不機嫌であることを経験すること等々を学ぶ。他者はお互いに、個々人の名前で呼び合うのではなく、その幼児とのつながりのなかで「ママ」や「パパ」などの名称で呼び合う。

幼児は初めに「ママ」や「パパ」などを名称として学ぶ。母親は幼児に、「〔私が〕すぐくるよ」、「これ、〔私が〕もっていくよ」というのではなく、「ママ、くるよ」、「ママ、もっていくよ」と話しかける。幼児は、どうやって「私」というようになるのだろうか。どうやって話しかけられるときの「おまえ」や「彼」、「私たち」「あなたたち」といった人称代名詞を理解する、すなわち、幼児の周囲の人間が幼児自身にたいしてではないが、お互いに語りかけながら人称代名詞を使っているとき、それを理解するようになるのだろうか。それに加えて、人へと方向づけられたものを名づけつつ指示するすべての言葉、すなわち「ここ」と「今」、「近い」と「遠い」、「右」と「左」など（私からみて、私たちからみて、過去からみてなど）、また「現在の」、「過去の」、「未来の」などのそれとして主観的‐相対的なすべての言葉の理解や、主観性に属するすべての段階の関係性において、したがって最終的に歴史的な周囲世界、私たちのものとしての現在の周囲世界、過去のものとしての周囲世界など、また他なる人々にとっての周囲世界などを作り上げる言葉〔の理解の仕方が問われる〕。

だからこそ主観的なものの現象学が、〔すなわち〕主観的な現出の仕方における客観的なもの（相対的に客観的なもの）の現象学が、つまり主観にたいして《みずからを‐描出するもの》の様相、およびそれに相応して《他者の主観にたいして描出されるもの》（そこにすべての時空的な方位づけが属する）の様相における客観的なものの現象学が遂行されてあるのでなければならない。

私の流れる生、流れる世界意識における自我、進行する私の能動性、成人にとっての世界での実践である私の実践における自我。――自我にそのつど恒常的に妥当し、与えられ方の変転の内で妥当する世界における実践。私の生、妥当的生、意味とともにある妥当、能動性から獲得されたもの、つねにくり返し意味へと入り込むことによる解釈――再活動化、作用地平をともなった諸作用など。私の世界における世界的なもの、私の生における世界に属する人間としての他の人間と私。実在的なものはすべて私の生において、世界の妥当地平におけるそのつどの様相の内で私に妥当するものであり、世界とは《そのつど性》における私にとっての地平である。私の行為、〔すなわち〕私の全体的な能動性は存在するものへと関係づけられているが、その能動性は志向することと成し遂げることにあって、純粋に主観的な連関において経過する。

存在的 - 主観的様相の統一としての存在的なもの、主観的な与えられ方の統一としての存在的なもの、それら与えられ方には経験する与えられ方の核や可能的経験の連関、能動的な方位づけ、目標をめざすことがともなっており、経験や自体所与、充実、斉一性をめざす目標化の様相がともなっている。他者はすでに人間であり、すでに客観的なものである。しかし〔それは〕他者の生や能動性、妥当性、目標化といったものの主観であり、それとして客観的なものの流れる現出の仕方をとおして存在する。――他者はそれら客観的なものを、彼らの現出の仕方における妥当性の内でもち、目的としてもち、そして私もその同じものをもつのである。

私が行為し、私が考えるというように、私は自分の能動性の内にある。――他者とのつながりの内にある私の能動性。経験の根本的つながりにおいて、同じ客観が私の現出の仕方と他者の現出の仕方、私の存在妥当性と他者の存在妥当性において経験される。そのさい現出の仕方や存在妥当性は相互のつながりにおいてある（ともに妥当としつつ、他者の内の私、私の内の他者、我－汝－結合）。変更する行為におけるつながり、実践的な一致、実践的抗争、相互の実践的な行動をとおしての実践的な抑制、それとともに新たな変更された客観が産出されるが、この客観は今やすべての人にとって存在することになる。私にとっての意味特性、多くの人、すべての人にとっての意味特性、しかしそれはそれぞれの主観への関係性をともなっている。共同体の内部。

事物世界、人間（そして動物）、客観性の相関としての間主観性――人間の客観化以前。各人にとっての客観としての人間。現出の仕方における人間――誰もが他者にかんしてそのつどの現出の仕方をもっている。どの人間も事物と同様に客観であるのは、人間という現出の仕方がみずからに客観的に帰属するという仕方においてである。相互内在における地平をともなった無限性。私は他者を私の現出の仕方においてもつが、私には彼の身体が原初的な現出の仕方の地平における物(的身)体として現出する。それは感情移入の基体として現出するのであり、この感情移入において当の物(的身)体が他者には彼の特殊な与え
608 られ方において身体や器官として現出している。さらにその他者は、彼の現出の仕方において周囲世界をもっており、その世界の内で私はその他者の野において、彼についての私の意識様式をともなって現出するものとして〔彼にとって〕現れ、この意識様式には私が

彼について彼の意識に含まれていることとして述べたことのいっさいが含まれている。まさにこのようにして物事が進行する——それは無限の交互に入れ替わる「鏡映」であり、当然ながらそれは志向的な含蓄としてのみ存在し、感情移入の諸段階にかかわる潜在性の反復なのである。

原注

＊1　そのさい以下のことが注意されるべきである。同じように形式に属するのが、あらゆる感覚がその諸層においてどのように自然の対象の構成に寄与するのかということ、そしてこの諸層がその対応やその交互の指示をどのようにもっているのかということである。また同様に、正常性と異常性とがいかにして補完して全体を成すのか等々である。もしわたし自身が「異常性」を経験しない、あるいは一つの感覚のみが作動し、そこにはない（見ることが欠けている）他の感覚が持続しつつも、始めから欠けているようなことを経験しないのであれば、私は他者にいかなる「異常性」も、またいかなるあらたな感覚も感情移入できないだろう。

本質的なものが存在論的な事物形式に属し、また構成的形式にも属す。形式がさまざまに分離可能な仕方で充実可能であること、このことが与えられることでそのさい確保されているのは、各自が形式的なものを自己自身の内で十全に把握できることであり、またできなければならないことである。間主観性にかんする形式的なものは、感情移入をとおして交互の理解を通じた他者との共同体において、各自の内部で十全的に把握できることなのである。

＊2　少なくとも身体的に目にみえる異常性によっては、他者がそれとして突出することはな

いといったあり方で。

＊3　私たちが植物を心的に生気を与えられたものとして統握するとき、本来、〔心的なものを〕借りてきたもののようにしてのみ行なう。幼児がテーブルなどをみて、それが生気を与えられた生き物と本気でみているわけではない。

＊4　私に現出しつつ、私において自我論的に証示しつつ――しかし、このことは〔ここでは〕あまりに早急に片づけられている。

＊5　フッサールは、この手稿に後から一九三三年と書き込んでいるが、おそらくこの手稿は一九三一年の一月に由来するものである（解題一三参照）。フッサールは一九三三年の八月および九月に類似の諸問題に取り組んでいるが、そうした問題がこの手稿にも含まれており、それでおそらくは誤った時期を付したのであろう。―編者注。

＊6　これにたいして植物はどうあるだろうか？

＊7　さらなる詳細についての導入。原初性への還元についての暫定的なさらなる考察。さしあたり（私がとりあえず自分で思いつくこととは）、還元は自然な地盤からの「純粋な」還元として可能であり、それはすでに気づかれてはおらず、非理論的にとどまっている超越論的で普遍的な還元へと通じる通路を要請するように思われる。とはいえ、構成する意識生全体とそこにおいて構成される世界への普遍的な態度が必要となることが示されているのであって、この態度はいまだ普遍的な相関、つまりエゴが最終主題となるような本質をそなえた現実的な現象学的還元なのではない。世界が残り続けるのであれば、すべての主観的なもの

は相関的に世界という最終主題となり、それは心理学的なものとなる。世界の最終妥当性にかんする、つまり習慣的で端的な意味での世界の存在にかんするエポケーが必要なのである。そうだとすれば、原初性への還元もまた、超越論的‐普遍的還元が遂行されないかぎり、たんなる心理学的‐認識論的なものとなり、その抽象にすぎなくなる。しかしこの原初的な領野が、理論的には絶対的な存在地盤となるべきだとすれば、あらかじめ現実的な現象学的還元やそれにさいしての普遍的還元――世界存在のエポケー――が遂行されねばならない。そうすることで原初的な主題性の純粋性が生じ、それについての叙述がさらに行なわれることになる。それは、超越論的エゴ内部の超越論的‐原初的な問題性以外の何ものでもない。そのあとにこの枠内において遂行される抽象、つまり超越論的抽象が問題となる。

＊8　この「端的な」が意味するのは、世界の妥当性が最終妥当性であるということである。

＊9　留意されるべきは、これはすべての抽象にそなわっている「エポケー」のことであり、それは世界についての主題的な存在のエポケーではないということである。この後すぐに述べられていることを参照。したがって、この表現の仕方は危険である。

＊10　しかし留意されるべきは、世界とは私にとってたえず端的に存在する宇宙であるということである。この宇宙は私の世界意識、〔すなわち〕世界認識を認識主題とし、そこにおいて抽象的に制限された私の原初的なものを認識主題にするという、私の理論的な企図にとっての地盤である。

＊11　生と思惟は、もっぱら一貫性をともなって純粋に内的に維持された原初的な態度の内に

ある。しかし留意されるべきは、ここでは純粋に原初性における理論化が、——世界の自然な存在地盤において——原初的なものを絶対的な主題とする理論化と取り違えられていることだ。このことはただ、私が現象学的なエポケーを行使し、それによって心理学的純粋性が超越論的純粋性になるさいに、純粋で心的な意識生全体を問題にしうるにすぎない。

＊12　私が超越論的エポケーを行使していたのであれば、そのとおりである。そうでなければ、私は純粋に心理学的な領域にいることになる。

＊13　これにもあらかじめ留保が必要である。私が心理学者として原初的な抽象を実行したのであれば、私は世界の存在妥当性を原初的な抽象を通じて「一瞬の間」、原初的なものの確定という相対的目的のために変化させるが、他方で〈私〉はそれを「維持している」。なぜなら、後にその維持された世界妥当性をふたたび正常に活性化させ、両者を綜合的に結びつけるからである。事実的な世界の抽象的で心理学的な成素という原初的なものは、そのようにしてだけ存在する。ここではしかし、「純粋に」原初的な態度が遂行される。この歩みにおいて私たちは、原初的なものを「純粋に」確定することを前もって考えていたのであり、それは絶対的に措定される原初的なものそれ自身にとっての理論的な関心において純粋にそうだったのである。後になって、世界への実証的な態度が実行され、そして原初的なものが、世界や具体的な人間、あるいは私の心的生の内部における抽象的契機となる。すなわち私が世界の存在意味にかんして、つまり私の完全な「世界表象」にかんして抽象的に「私自身に負っているもの」がその原初的なものとなる。心理学的認識理論家としての私はおそらく、

習慣的な仕方で私が世界について私の原初的な経験から把握し、知りうるもの以上のことを述べる。とはいえ逆に一般的に先行していなければならず、また先行しているものとは、まさにこの認識理論的で心理学的な関心である。すなわち私が存在し、そして私は理論的な関心において実証的に態度づけられたままにとどまるということである。原初性への移行において私は一時的に、この実証的な「態度」を失う。しかしこのことが意味するのは、私が私の人間としての存在と私の世界認識への具体的で実証的な関心の正常な活性化を抑制し、原初的な活動性だけを行使するということである。その後に、私は人間学的な実証性を再活性化し、そしていまや綜合的な合致が起こるのである。すなわち原初的にきわだたせられたものが、世界の抽象的な「部分」、つまり私が世界について原初的に認識しうるものとなる。

＊14　たしかにこのことは、端的に存在するものとしての世界の存在の先所与性をカッコ入れするための考慮である。しかし意識生への普遍的反省は、私が世界を端的に所持している間は、超越論的な反省ではない。

＊15　とはいえ私の純粋な意識生と純粋な存在へのこの普遍的反省は、私の純粋な心以外の何ものも生じさせない。その反省の存続体には、私の流れゆく世界経験が属しており、そしてその経験を原初的に還元することで、私は私の心における原初的な領域を獲得する。世界は絶対的なもの、端的に存在するものにとどまり、それは自然および自然における私の物(的身)体に先立つ。私の意識生を普遍的にへめぐることで、どの意識体験も、どの主観的なものも、存在する身体物体に関係づけられ、それによって実在的に存在するものとなり、そう

することで普遍的に意識の全体性が心的なものとなる。私が世界についてのエポケーを行使し、世界が端的に‐存在することを一挙に遮断することで初めて、私はそれと同様に普遍的に、私の意識生を、つまり私のエゴを絶対的に措定することができる。

＊16　直前の文章の帰結は、フッサールによって後に以下のように変更されている。「……私たちはまったく緊密に、超越論的‐現象学的還元へと至る」。そして後続する文章――「原初性をすでにまたしても乗り越えてしまっていること」（本書次頁参照）という箇所までは、フッサールによって後に削除されている。そのことへの注記として「現実性においては、そもそもすでに現象学的還元であるとは言えない。というのも、当然ながら反省的に概観される普遍的な意識生と相関項としての世界は、それゆえにこそいまだ唯一の、独立的な領野、絶対的で主題的な領野になっていないからである。現にまず初めに、本来的な現象学的エポケーが開始される。絶対的なものとしての純粋に原初的な理論は、当然ながらそこでの世界に関する超越論的エポケーを前提している」。―編者注。

＊17　後に「純粋な」がここに挿入されている。―編者注。

＊18　以下に続く「制限された主題としての原初的に還元された自我へと」（本書のすぐ後を参照）という箇所までの文章は、フッサールによって事後的に削除され、下記の文章が代わりに挿入されている。「明らかに、純粋な原初的で主題的な態度は、その主題的領野にそくして超越論的現象学的還元から区別される。ただしそれはその範囲にかんしてだけである。「純粋性」における原初的態度。つまりこの純粋性とは、絶対的で最終的な妥当性の地盤、

つまりそこに付け加えられるだけのすべての妥当性にとっての妥当性の地盤としての自然的で普遍的な世界妥当性（世界所持）の抑止を意味している。それに代わって、超越論的‐主観的宇宙が最終主題的な領野となり、そこにおいて限定されたものとして、原初的で適正な仕方について述べられねばならない。つまり普遍的で超越論的なエポケーを通じて初めて、この「純粋な」原初的領分とその理論的主題性にとっての可能性が創り出されるのである。——編者注。」

＊19 事後的に「純粋な」が挿入されている。——編者による注。

＊20 この「抽象」を遂行するのは超越論的反省の自我であり、しかも超越論的な存在領域においてである。

＊21 以下に続く段落の終わりまでの二つの文章は後にフッサールによって削除された。——編者注。

＊22 心理学的および心理学的‐認識理論的な還元としてはすでに〔行なわれている〕。

＊23 さらにより多くのことを意味している。すなわち普遍的で心理学的な反省は、明確な直観において現実化され、私が心理物理的な確定をしていない場合には、そこで直観的に生成するものの一切が統覚的な存在妥当性における身体へと組み込まれる。しかし超越論的には自然はカッコ入れされており、心理物理的な統覚はそれ自身、絶対的な措定へと至る。そしてどんな反省においてもそれが開始されるやいなや、つねに超越論的「意識」として措定される。もちろん私が普遍的で純粋な心理学を実行しているとすれば、私は最終的には、世界

の存在が私から構成された存在であり、この自我がこの〈存在〉を普遍的で純粋に心理学的な生の内に含んでいることに気づいていなければならないであろう。私は心理学的還元から現象学的還元への変転へと、そして超越論的観念論へと至ることになるであろう。

＊24　後に「絶対的な」が挿入されている。―編者注。

＊25　後に「端的に」が挿入されている。―編者注。

＊26　それは絶対的で主題的な宇宙となる。

＊27　この自我は必然的に自我の関心のなかで生きている。しかし必然的にすべての自我の関心は、その仲介の内に統一を所持しており、しかも自我にたいして絶対的で端的な存在野への関係の内に存在している。そしてその野へと、すべての形成体や現実化される目的が存在するものとして入り込む。

＊28　自然な関心の主観であり、自然な作用と作用能作の主観である自然な自我は、人間のもとでの人間という習慣的統一としての習慣的な関心野においてみずから自身を見いだす。この自然的生が現在的生なのであるが、それだけではない。

＊29　後に「それを絶対的な主題にする。そして」が挿入されている。―編者注。

＊30　したがって、そのような統覚的な仕方とともに、世界は超越論的に構成される。たえざる反復とたえざる再帰性における構成。原初性における想起の反復、第一の自己時間化。感情移入と他の《フレムト》自我としての原初性の反復、そして同一化と共同体化する補完のもとで誰においても構成されているものの反復。さらに共同主観の開かれた無限性を含む世界の統一、誰

もが誰においても理念としての世界を反復しつつ、同一化しているのであるが、誰もが極としての世界へと没入して生きている。

＊31 以下の文章（本段落終りまで）は、フッサールによって後に削除されている。―編者注。

＊32 ここで示された文章の最後の部分は、フッサールによって後に以下のように変更されている。「そうではなく、エポケーにおける世界を、つまり現象としての世界とこのエポケーを通じた普遍的な意識生を、絶対的な主題として、すなわちそこにおいて世界が存在意味となるものとして〔所持する〕」。―編者注。

＊33 無論、真正な志向的心理学の意味を原理的および体系的に考え抜くことで、しかも志向性の普遍的な心理学として考え抜くことで、同じ理解に到達すると述べることもできる。というのも、そうすることで人はおのずから超越論的な転換へと強いられ、普遍的な心理学が、素朴な実証性における学問としては不可能であることを認識せざるをえなくなるからである。

＊34 次を参照。存在するものとして前もって与えられた世界構成を解明することとしての第一の現象学は、より深い層の現象学から区別される。前者では、先存在するものが視野に入ることがないのに対して、後者は、先存在するものの（能動的ではない）構成にかかわる。以下のテキストで私たちは、第一の現象学の内にいる。しかしもちろん、誕生などの問いにおいて、私たちは先存在に突き当たることになるのではないのか？

＊35 しかし「前提する」ことは「生成する」ことではない！

＊36 意味構造としての世界という妥当する存在意味の内にある妥当の基づけ――存在論。

＊37 〔全集第十五巻の〕テキスト一一番〔「超越論的主観性の必当然的構造。正常性からする世界の超越論的構成の問題」〕の問題の続行と深化。それは、世界の時間化についての論説の深化でもあり、この世界は、まさしく人間の世界であることでその意味をもつような世界である。すべてが重要である。

＊38 ここでいわれる「学問」とは、さしあたり自分の故郷の人々の間における学問であり、異郷の人々のことは考慮されていない。異郷ではこれらの学問に携わる人は狂気の沙汰とか、愚昧な、気のふれた、また異常な人々のようにみなされ無視されるかもしれない。

＊39 私の故郷世界、自国民。故郷世界としての第一の形式における宇宙は、すでに他のもろもろの故郷世界や他の諸国がともに地平の内に存在する場合にのみ、意味としてきわだってくる。もろもろのなじみのない生活環境世界の地平のなかの生活環境世界、なじみのない諸国民に取り囲まれている自国民。

＊40 「発達」という語は、以下のことを意味しうる。（a）既知の異国民の開かれた地平の歴史的発達やその可能性として、その異国民自身がさらに彼らにとっての異国民をもつこともありうるし、この後者の異国民が場合によってはさらに別の国民をもつ等々がある。……〔そもそも〕最終的に行き着くところはあるのか？ このことは、思考されないまま残されているのかもしれない。あるいは他の動機づけがこの無限ということをもたらすのかもしれない。（b）具体的な交通の発達。すでに（a）にさいして固有の領土を越えて広がる「自然」（地面、天空、植物、動物）の構成がみられ、それを基盤にして異種の生命の領野が広

がっている。（b）の具体的な交通をとおして、固有の生活環境世界と（部分的にのみ理解された）不慣れな生活環境世界との妥当性をめぐる総合の必要性が生じる。

＊41　普遍性はまさしく類似化する統覚（同化）として――そしてそこにおいて志向的変様という根本的なあり方として生じる。

＊42　この「開かれた‐果てしない」というのは、絶対的反復や簡潔な意味での無限性という意味における隣人（共人格）のくり返しを意味しているのではない。このことに相応するのはある種の量と言えるが、この量は主観にたいして呈示される最終的な部分をもっているのではなく、そのことによって「数え挙げられること」（もちろん数学的な意味においてではないが）のできないような量である。したがってそのようにして自然に構成された人間性は、その人格にとって、既知のものといった事実上あたえられている総体ではなく、未規定的な数なき全体性なのである。

＊43　しかしまた、この語は純粋に心理的に、純粋に「モナド的に」も追究されるが、ここでは超越論的に理解されてはいない。

＊44　したがって、どの成熟した人格も「国民」という全体的地平をもっている。この地平において、次には（国民としての人間の）世界生において、すべての目的結合やすべての取り決めなどが生じている。すべての「社会的」行為と「社会的な」結合は、国民という地平の内にある。

＊45　これらのことは無論、まずもって人間の環境世界をそなえた人格と人間性についての本

来的な解明のための指標なのである。それに続くべきは、人間性の有限性や故郷と異郷との区別やわたしたちの人間性、国民とそうでないもの（異郷《フレムト》の人間性）との区別の解明であり、さらには人間性における相対的に統一的であるグループとして、《私たち——他の人々》という区別がある。

さらに、環境世界から「無限なもの」へといたる連鎖についての予料、またつねに自分に固有の世界から出発する「感情移入にそくした」世界にもとづいた、国民を越えた世界の構成の予料がある。無限性をめぐる問題、そして普遍的な自体存在の理念としての、一つの無限の世界の理念——普遍的な無限に精密な自然とその自然に関係づけられた人間性、無限の内にある一つの人間性と一つの文化へといたる無限の道の途上にあること。しかしこれにたいして、現実の人間性、地上の人間性、そして運命と偶然。

（a）第一の意味における学問。（b）無限性へと関係づけられた第二の意味における学問は素朴な構築としてある。（c）第三の意味における学問、絶対的学問。同様にして、（a）自然的な第一の有限な生。第二に第一の学問の導きのもとでの生。第三に無限の自然という地平における生。第四に超越論的地平における生。

＊46　〈以下からこの論稿の最後までは〉一九三四年七月ないし八月における補足。

＊47　「もっている」は、「である」と書いていたのを、書かれたのと同時期に訂正したものである。初めに書かれていたのはしたがって、「名称はさしあたり、客観的世界の前提である」であった。——編者注。

訳注

［1］ Abbau 「脱構築」は発生的現象学の方法とされる。静態的現象学の本質直観をへた構成層の全体から、特定の構成層の能作を作動しないものとして取り除いてみる方法である。それによって他の構成層との生成における時間秩序、時間的基づけ関係が明らかになる。このような文脈から、通常「解体」とも訳せる語を「脱構築」と訳したが、一般に流布しているデリダの「脱構築 déconstruction」と直接は関係ない。デリダの用法は直接はハイデガーの（存在論の歴史の）「解体 Destruktion/Abbau」に由来するものであるからだが、ただし、デリダの出発点が『フッサール哲学における発生の問題』（修士論文、一九五三／五四年）にあったことを考慮に入れると、間接的には関係してくると言える。

［2］ コンディヤック（1715-80）は、『人間認識起源論』（一七四六年）で、人間の一切の認識は感覚に由来することを説き、知性の受動性と能動性を区別し、後者に言語の記号的使用をみた。「コンディヤックの彫像」とは、『感覚論』（一七五四年）で描かれている、人間のあらゆる認識を感覚へと演繹する仮定的思惟を指す。そこでは、人間の外観をした観念をもたない彫像が仮定され、嗅覚を手始めに、諸感覚が段階的に開示されていく。

［3］ Umwelt これまで本書テキスト九などでは、「周囲世界」と訳してきたが、このテキスト一一では（後のテキスト一六も同様）、人間と動物の対比が問題になっているところから、「環境世界」と訳した。というのも、これはフッサールの同時代の生物学者ヤーコプ・

フォン・ユクスキュル（1864–1944）が使って有名になった語であり、フッサール自身もユクスキュルの書を読んでいた可能性が高く（フッサール文庫に保存されたフッサール所蔵の本のなかに含まれている）、あるいは、後に、『宇宙における人間の位置』（一九二八年）においてユクスキュルのこの概念を取り上げたマックス・シェーラー（第一部訳註［55］参照）から、『年報』の編集を一緒にやっていた頃に話を聞いた可能性もあり、それを念頭に置いているとも思われるからである。ちなみに、この語は、現代では環境破壊や環境保護などという文脈でふつうに「環境」という意味で使われている語でもある。

［4］ 原文では、フランス語で tout comme chez nous と書かれている。

［5］ Seinsfundieren　後出する「妥当の基づけ Geltungsfundierung」や「意味の基づけ Sinnesfundierung」と同様、静態的現象学における解明の研究対象であり、そこでは「妥当の構造」、すなわち「妥当性の普遍的な存在論的構造」の解明が課題とされる。それにたいして発生的現象学では、それら基づけの構造の発生と発達の時間的秩序が問われることになる。

［6］ τὸ τί ἦν εἶναι　アリストテレスの重要な術語。「何であるか」「そもそも何であったか」などとも訳される、いわゆる「本質」を意味する。文法的には ἦν は不完了過去形であり、文脈からして、ここでフッサールはこうした過去時制の含意を強調しつつ、〈人間性の本質の中に含蓄され遡って示されるかぎりでの、発生的先行段階としての子供〉を示唆する語として使用していると推測することができる。

［7］ Primordialität←primordial 前述（本書第一部訳注［45］）参照。

［8］ Reflexivität 「意識生の「再帰性」」とは、意識にそなわる「反省」の働きを意味しているが、意識体験の事後的反省を意味するのではなく、『内的時間意識の現象学』で原意識と（過去）把持が先行しうるので通常の反省が働きうるとされるときの、原意識と（過去）把持においてすでに働いている意識生の再帰性を意味している。

［9］ uroriginal これは「ur-」と「original」から作られた造語である。フッサールは特に一九二〇年代から発生的現象学を論じるようになる（本書テキスト一五参照）が、そのなかで「ウア Ur-」（原＝根源的）という接頭辞を頻繁に使うようになる。静態的現象学における「根源」を指していた「原本的《オリジナル》」という語に、発生的現象学における「起源」を表す「原《ウア》」が重ね合わされてできた造語といえよう。

［10］ Lebenswelt ここはこの語が本書のなかで唯一登場する箇所（『危機』書とほぼ同じ時期の一九三四年執筆）であるが、文脈からして、フッサールがこの語を Umwelt（周囲世界／環境世界）と近い語として使っていることが分かる。

［11］ 原文はラテン語で tempora mutantur et nos mutamur in illis と書かれている。

解題

第一部

一　現象学の根本問題

原典のタイトルは、「一九一〇／一一年冬学期の講義「現象学の根本問題」より」（全集第十三巻　テキスト六番）。本稿は、次の二つの草稿から成っている。一つは、講義のために速記で書かれた資料（一九一〇年のクリスマス以前に執筆）である。もう一つは、一九二四年ないし一九二五年に、当時フッサールの私設助手だったラントグレーベによって作成されたもので、彼がもとのテキストを凝縮し、一部、フッサールが一九一〇年および一九二一年に執筆した付論をテキストの流れに入れて加工したものである。前者が収められた封筒には、フッサールの手で、「一九一〇／一一年冬学期の週二時間の講義（現象学的還元と感情移入の超越論的理論――超越論的間主観性の理論への最初の試み）の一部、そのラントグレーベによる加工」と記されている。しかし、本書に収録されたテキストでは、一九一〇年の速記草稿に立ち返って、歴史的かつ事象的に重要である限りで、ラントグレーベの加工版でのフッサールによる補足や変更を注として付け加えている。

二　純粋心理学と現象学――間主観的還元

原典のタイトルは、「一九一〇／一一年講義のための準備　純粋心理学と精神科学、歴史学と社会学。純粋心理学と現象学。――心理学的に純粋な間主観性への還元としての間主観的還元（一九一〇年十月初旬）」（全集第十三巻　テキスト五番）。本稿は、三つの草稿に基づいており、一つは、一九一〇年十月のフッサールの速記草稿で、あとの二つは、フッサールの私設助手だったラントグレーベが仕上げたタイプ草稿である。それらが収められた封筒には、「「純粋心理学」。間主観的還元」というタイトルが付けられ、さらにフッサールの手で、「心理学的に純粋な間主観性への還元として」と補足されている。

三　現象学的還元の思想についての考察

原典のタイトルは、「〈一九一〇／一一年の「現象学の根本問題」講義における現象学的還元の思想ならびに諸々のモナドの自立性と連関についての考察〉〈おそらく一九二一年のもの〉」（全集第十三巻　付論三〇）。本稿は、一九一〇／一一年の講義の草稿の第四〇節と第四一節のあいだに挿入された詳論である。一九二四年ないし一九二五年にラントグレーベによって、彼が講義を加工する際に、付論として取り上げられている。

四　現象学的な根源の問題

原典のタイトルは、「現象学的な根源の問題。現象学的構成の意味と方法の解明のために〈一九一六〉／一七年〉」（全集第十三巻　付論四五）。本稿は、一九二三年から一九三〇年までフッサールの助手であったL・ラントグレーベによって速記からタイプされたものである。この草稿束には、『イデーンⅡ』（全集第四巻）のための基礎テキストとして用いられた草稿や、『間主観性の現象学』（全集第十四巻）のテキスト一〇番（「共同精神Ⅱ」）として公刊されている草稿も含まれている。

五　『デカルト的省察』における間主観性の問題について

原典のタイトルは、「〈『デカルト的省察』における間主観性の問題について〉〈おそらく一九三〇年〉」（全集第十五巻　テキスト五番）。本稿は、『デカルト的省察』で論述されている間主観性論を振り返って考察した論稿である。この草稿束全体には、「第一省察のために、還元について」という表題が付されている。本稿は、単一の連続的なテキストではなく、内容上また年代順からみてもまとまりを見せる四つのテキストからなり、それをここではそれぞれ、a、b、c、dと区分けして編纂している。

第二部

六　感情移入に関する古い草稿からの抜粋

原典のタイトルは、「感情移入に関する一九〇九年以前の古い草稿からの抜粋（〈一九一六年に作成された抜粋〉）（全集第十三巻　テキスト二番）。本稿は、一九一〇年から一九二四年にかけて執筆された草稿束に収められており、この草稿束には、「身体性と感情移入の現象学に関する古い草稿。多くはゲッティンゲン時代の草稿（一部はシュタイン女史により使用されている）、一九二一年のザンクト・メルゲンの草稿も含まれている」という表題が付されている。

七　感情移入　一九〇九年のテキストから

原典のタイトルは、「〈感情移入　一九〇九年のテキストから（部分的には後の時期からの抜粋と改訂〉〉」（全集第十三巻　テキスト三番）。本稿は、単一のものではなく、三つの部分（a、b、c）から成るが、これらはすべて元来は単一の連関のなかで成立したと考えられる。aとbの部分のもとになっている草稿束が収められた封筒には、「Ⅱ　一九〇九年からの抜粋と加工」というタイトルが付されている。cの部分の草稿の一枚目には、「一九〇九年七月」という日付と、「古い草稿aの加工」というタイトルが付されている。

八　「感情移入」と「類比による転用」の概念にたいする批判

原典のタイトルは、「〈他者の心の生の統覚に関する「感情移入」と「類比による転用」の概念にたいする批判。自我の数多性の構成の可能性。準現在化された自我によって固有の自我を重ね合わせること。記号の統覚と了解する統覚。了解する統覚の「起源」〉〈一九一四年か一九一五年〉〉」（全集第十三巻　テキスト一三番）。

九　本来的な感情移入と非本来的な感情移入

原典のタイトルは、「〈自然化された主観性と純粋な主観性、それらに相関的な経験の様式：純粋な反省、本来的な感情移入と非本来的な感情移入。間主観性への超越論的還元〉（一九二〇年、六月）〉」（全集第十三巻　テキスト一六番）。本稿が収められた草稿束は、フッサールが一九三〇年代にまとめたもので、その主要部分は『間主観性の現象学』第三巻（全集第十五巻）のためのテキストになっているが、同第一、二巻（全集第十三、十四巻）で刊行される早い時期のテキストをも含んでいる。これらの草稿束を収めた封筒には、「一九三二年八月（一九三二年一月も？）。感情移入説について、また詳しい身体分析に基づいて。エゴの必当然性――間主観性の必当然性。原初性という概念のより詳しい解明についてのいくつかの考察。モナドロジー、感情移入」というタイトルが付けられているが、一九三〇年代に先立つ時期のテキストも含んでいる。

一〇　「内的経験」としての感情移入――モナドは窓をもつ

原典のタイトルは、「〈「内的経験」としての感情移入。モナドは窓をもつ〉（一九二〇年夏学期）」（全集第十三巻　付論五四）。本稿が収められた草稿束は、一九二〇年の夏学期講義「倫理学入門」のための草稿を含んでおり、その表紙には講義内容に関する記載があり、「（1）事実学と（善を含む）規範に関する学、そこに含まれる、（2）自然科学と精神科学の区別、心理学、一九二〇年夏学期の講義「倫理学入門」の付論」と記されており、また、ここに収録した草稿の最初の頁には鉛筆書きで、「ここからは、時間不足で講ぜられなかった」と記されている。

第三部

一一　脱構築による解釈としての幼児と動物への感情移入

原典のタイトルは、「〈さまざまな主観の周囲世界の存在論的構造における差異。脱構築による解釈としての幼児と動物への感情移入〉（ザンクト・メルゲン、一九二一年）」（全集第十四巻　テキスト六番）。本稿の草稿の表紙には、「ザンクト・メルゲン、一九二一年休暇にて。事物性の存在論的分析について。さまざまに異なった主観性にとってさまざまに異なった直観的な（それぞれに異なって見える）周囲世界が与えられていなければならないことから、それぞれに異なった存在論が成立しうるのではないかと問われる。この考察は事物と身体と主観との関係の考察へと深まり、（低次の動物への）感情移入の説に寄与する」と記されている。

一二　他のエゴと間主観性における現象学的還元

原典のタイトルは、「他のエゴと間主観性における現象学的還元〈純粋な心理学的経験における純粋に主観的な統一としての主観の社会的および本能的結びつき〉〈先行する一九二七年一月十日のテキスト二〇〔一九二六／二七年の講義「現象学入門」第一部についての要約的概観〉に続く〉」（全集第十四巻　テキスト二一）。本稿は、全集第九巻『現象学的心理学』の付論二八「「志向的心理学」についての講義の要約的概観」の後半部（五一〇頁から五一七頁）としてすでに刊行されている。この草稿束の表紙には、「一九二六／二七年冬学期の講義の断片。志向的心理学の可能性についても扱っている。自然と精神的世界。事象と事象的関心。文化対象、人格の詳細な分析。志向的心理学の可能性」と記されており、それは、一九二六／二七年冬学期にフッサールが行なった講義「現象学入門」の断片であることを意味している。

一三　**構成的発生についての重要な考察**

原典のタイトルは、「構成的発生についての重要な考察〈感情移入についての本質的にことなる諸概念〉〈おそらく一九三一年〉」（全集第十五巻　付論九）。本稿が収められた草稿束の入った封筒には、「発生、超越論的構成の第一段階、その高次の段階。一九三三年六月」というタイトルが付されているが、この草稿が入った封筒には「一九三一年一月三日」の日付があり、編者は、おそらく正しくは「一九三一年」であろうと推測している。

一四　**原初性への還元**

原典のタイトルは、「原初性への還元〈原初的な還元と超越論的還元との関係。心と超越論的意識との関係〉(一九三三年二月二十六日・二十八日)」(全集第十五巻　テキスト三一番)。本稿が収められた草稿束は、二重の封筒に入っており、その一枚目には、「一九三三年二月。原初的なもの。原本的に固有な知覚、本来的知覚」と、二枚目には、「原初性。原初性への還元」とタイトルが付されている。

一五　**静態的現象学と発生的現象学**

原典のタイトルは、「静態的現象学と発生的現象学〈故郷世界と異邦人《フレムト》の理解。動物の理解〉(シュルフゼー、一九三三年八月末あるいは九月初頭)」(全集第十五巻　テキスト三五番)。

一六　**世界と私たち。人間の環境世界と動物の環境世界**

原典のタイトルは、「〈世界と私たち。人間の環境世界と動物の環境世界〉(一九三四年)」(全集第十五巻　付論一〇)。本稿が収められた封筒に、本書第三部原注37のような表題が記されている。

一七　幼児。最初の感情移入

原典のタイトルは、「〈幼児。最初の感情移入〉（一九三五年七月）」（全集第十五巻　付論四五）。本稿は、「「発達」、誕生〔これは後に線を引いて消されている〕と原発展領野。原創造的な作用、まだ「対象」ではない一性と多性の原時間化、想起の原機能と、想起と再認識からなる同定。誕生についての問いの出発点としての「自我」に関する根本的考察」という表題が付されている。

訳者解説

浜渦辰二

本書「まえがき」で、フッサールは西洋哲学史上初めて「他者」を哲学の根本問題とみなして取り組んだが、その「他者」論を「間主観性」の現象学という文脈のなかで考察していた、と述べた。そのことはフッサールの「他者」論を特徴づけるものであり、また、そのことを抜きにして彼の「他者」論がもっている意味を理解することはできないという決定的なことである。しかし、それはどういうことだろうか。ここで少し順を追って解きほぐすことにしたい。

一 「他者」論とは何か

そもそも、「他者」とは何なのか。それは、おそらく日常生活のなかであまりよく使う言葉ではない。似た言葉で、ふだんよく使っているのは、「他人」という言葉だろう。しかし、「他者」という語の用法は必ずしも「他人」のそれとは重ならない。例えば、自分の祖父母、両親、兄弟姉妹、妻、子ども、孫といった家族のことをふつう「他人」とは呼ばない。それでも、妻はもともとは「他人」だったし、離婚してしまえば「他人」になる。兄弟は「他人」の始まりと言われ、おじ・おば、姪・甥、いとこ、またいとこ、あるいは義理の両親など、どこまでが「他人」ではないと言えるのか、その境界には曖昧なところがある。それに比べ、妻や子どもという自分のもっとも身近な家族といえども、自分とは違う(身体が分離している)という意味では「他者」と呼ぶことができる。この意味では、「他者」は曖昧なところがなく、「私」以外はすべて「他者」と呼ばれる。

他方、「他者」にはもう少し別の用法もある。自分あるいは自分たちと異なる(異質な)人あるいは人びとを「他者」と呼ぶような用法である。例えば、男にとって女は「他者」であるし、大人にとって子どもは「他者」であるし、若者にとって高齢者は「他者」であるし、日本人にとって外国人は「他者」であり、その逆もすべて同様に「他者」である。例を広げれば、教師にとって学生は「他者」であるし、医師にとって患者は「他者」であるし、ケアする人にとってケアされる人は「他者」であるし、等々その逆も同様、ということになる。この意味では、男同士や女同士は「他者」ではなく、大人同士や子ども同士も「他者」ではなく、という具合に、さきほどのように「私」とそれ以外の「他者」とのあいだで線が引かれるのではなく、さまざまな意味での集まりである「私たち」とそれ以外の人たちの集まりである「他者」とのあいだで線が引かれることになる。

あるいはまた、「他人」という語は、それで呼ばれるのが人間であることを前提しているが、「他者」というのは、必ずしも人間でなくてもいいように思われる。人間にとって動物は「他者」と言ってもいいし、動物を主体として考えるなら、例えば野生のクマにとって人間は「他者」かもしれないし、猿にとって犬は「他者」かもしれない。人間とは限らない何かにとっても、それと異なる異質な何かは、それにとって「他者」と呼ばれるだろう。

このように「他人」と「他者」とは似ているようでいて必ずしも重ならず、「他人」ではないのに「他者」である場合（例えば、妻）もあれば、「他人」なのに「他者」ではない場合（例えば、親友）もある。

さらにもう少し言えば、私たちは日常生活のなかで、多くの「他人」と接しており、ふだん何気なく彼らと挨拶をかわし、仕事や勉強の話をし、一緒にどこかに行ったり、一緒に何かをしたりしているとき、彼らが「他人」だと分かってはいるが、彼らを「他者」とは考えてみたこともないだろう。そこには、おそらく「他者」というような言葉が入り込む余地はない。ところが、あるとき、突然、こうした関係が一転するときがある。親しくしていた（親しいつもりでいた）「他人」が、突然、疎遠な、見知らぬ、なじみのない、何を考えているのか分からない「他者」となって現れてくる。まわりの人たちが異邦人になってしまったのか、私が異邦人になってしまったのか、いずれにしても、隣人だった「他人」が突然「他者」となって現れることがある。例えば、うつ状態になったり、若年性認知症になったり、がんで余命半年と宣告を受けたりした時のことを想像してみるとい い。日常生活のなかでは無縁だった「他者」という言葉が、突如として、日常生活のなかに入り込んできて、そこにくさびを打ち込み、裂け目を作ってしまう。

こうして、日常生活のなかで当たり前の事実としてある「他人」に対して、「他者」は日常生活のなかにはなかった非日常的なものをもちこむ言葉とも言えよう。このように日常的な「他人」から非日常的な「他者」へと広がる現象に関わる問題を、ここでは「他者」論と呼びたい。

振り返ってみると、デカルトの「我思うゆえに我あり（コギト・エルゴ・スム）」が開いたヨーロッパ近代哲学は、基本的に、「私」や「主観」を原点に据えようとする哲学であって、そこでは、このような「他者」論が、哲学の問題として考えられてはいなかった。「良識（理性）は生まれつき万人に等しく与えられている」のであり、「思う」ということができる誰にも「我あり」という確実性は適用されるのであって、「我思う」は確実であるが「汝思う」とか「彼／彼女が思う」とかは確実ではなく疑うことができる、などということはデカルトには思いもよらなかったことであろう。「我」について言えることは、そのまま「万人」について言えることとなり、デカルトにおいて「我と他人」の差異は一挙に飛び越されてしまう。

その点でロックは、デカルトが生まれつき万人に備わっているとした「生得観念」を否定し、人間は「白紙（タブラ・ラサ）」の状態で生まれてきて、すべての認識を「経験」から得ることになると考えた。そのロックから始まる英国経験主義において、初めて、「私と他人」の差異が問題にされたと言ってよい。彼によれば「心のなかにある観念」は「他人」には見えず、「観念の記号」である言語や身体を通じて、「私」は「他人の心」を類推することになる。このような「他人の心」について、ロックを継承しながらも、ヒュームは「共感（sympathy）」を人間の本性に据えようとした。一九世紀になって、J・S・ミルはそれを「類推」によって説明しようとしたが、ヒューム『人性論』のドイツ語訳者でもあったテオドア・リップスは、ミルの議論を批判しつつ、「感情移入（Einfühlung）」（英語では、empathy）を美学・倫理学の基礎として展開した。このように、「私は他人の心をどうやって知ることができるのか」という「他人の心」の問題は、ロック以来の英国経験主義の伝統のなかで論じられ、ウィトゲンシュタインの『論理哲学論考』から『哲学探求』への展開のなかでの「他人の心」をめぐる議論もその伝統のなかで考えられている。さらに言えば、現代の霊長類研究や児童心理学の自閉症研究などで論じられる「心の理論（Theory of Mind）」（よく「サリーとアンの課題」によって説明される）も、この延長線上にあると言ってもいい。また、最近ではミラーニューロンの発見によって、俄然、この「感情移入」論が脳科学との関連で議論されるようになっている。これらについては、ここでは示唆するにとどめる。

二　フッサールの「他者」論

では、フッサールは、どのようにして「他者」の問題に関心を向けるようになったのだろうか。現象学の「突破口となった著作」である『論理学研究』（一九〇〇／〇一年）の第二巻第一研究「表現と意味」において、「孤独な心的生における表現」と対比させて「コミュニケーション機能における表現」に言及したときに、フッサールは、初めて「他者」の問題に触れている。彼は、言葉によって伝達ということが可能になるのは、「聴き手が話し手の意図を理解する」ことによってであり、しかもそれは、「聴き手が話し手を、単に音声を生みだしているというだけでなく、自分に話しかけている人（Person）だと捉える」ことによるのだと言う。こうして「話すことと聴くこと、つまり、話すことにおける心的体験を知らせることと、聴くことにおける心的体験を受け取ることとは、互いに関係づけられている」と言う。したがって、「コミュニケーション機能における表現」は、「話し手の〝思想〟を表す記号」として機能しており、それを彼は「知らせる（告知する）機能」と呼んでいる。しかも、この「知らせること（告知）を理解することは、概念的な知でも判断ではなく、聴き手が話し手をしかじかのことを表現している人として直観的に捉える（統握または統覚する）ことにある」と記している。そのうえで、フッサールは、「日常的な言い方は、他人（fremde Person）の心的体験についても知覚という語を割り当て、私たちは彼（彼女）の怒りや痛みなどを〝見る〟と言う。こういう言い方はまったく正しいのだ」と注意する。「聴き手は、話し手がある心的体験を表出していることを知覚し、そうである限り、彼はこの（話し手の）体験を知覚している。しかしながら、彼はそれを自ら体験しているわけではなく、〝内的な〟知覚ではなく〝外的な〟知覚をもつのみである」と述べている。さらに、ここには「相互的な理解」が成立していて、それは「知らせることと受け取ることとの両側で展開される心的作用の或る相関関係を要求するが、その十全な同等性を要求するわけではない」と述べている。しかし、フッサール自身のそこでの関心は、そのような「交流のなかで伝達されることのないような心的生活においても表現には大きな役割が与えられる」として、「孤独な心的生活における表現」においても表現は何かを意味し、会話においてと同じ意味をもっており、そこでどちらの場面においても働いている意味機能へと向かって行く。こうして、他者の体験を知ることにまつわる問題は、脇においたままで議論は進んで行くことになった。『論理学研究』では、それ以上に、「他者」の問題に踏み込むことはなかった。

フッサールが「他者」の問題に入り込むようになったのは、前述のリップスの「感情移入」論から刺激を受けたのが一つのきっかけになったと思われる。『論理学研究』の刊行は当時あちこちにインパクトを与えたが、その一つが、ミュンヘン大学にいたリップス門下の研究者達のグループで、彼らは揃ってフッサールのいたゲッティンゲンに足繁く通うようになった（後に、「ミュンヘン現象学派」と呼ばれるようになる）。おそらくそうした交流のなかで、フッサールは、本書第二部に収められたテキストに見られるように、彼らから紹介されて、リップスの『倫理的根本問題』や「『感情移入』続論」（ともに一九〇五年刊）に関心を寄せたと思われる（本書テキスト六・七）。また、その頃、初めリップスのもとにいたが、その後、ゲッティンゲンのフッサールのサークルに合流し、『哲学と現象学研究のための年報』の編集に協力していたマックス・シェーラーが、処女作『共感（Sympathie）感情の現象学と理論、ならびに愛と憎しみについて』（一九一三年）を執筆し、そのなかで感情移入論を批判的に取り扱ったのも、当時のフッサールと関心を共有するものと言ってよいだろう。同様に、その頃フッサールの助手を務めていたエディット・シュタインが、その博士論文を『感情移入の問題』(一九一七年)と題して執筆したのも、偶然ではないだろう(これらの著作は、フッサールの蔵書として保管されている)。

しかし、リップスの「感情移入」論は、単純に上記の「他人の心」問題と一緒にするわけにはゆかない。というのも、さきほど後者を、「私は他人の心をどうやって知ることができるのか」と紹介したが、そこでは「知る」という知的レベルで「他人の心」の問題を考えようとしており、ミルの「類推(類比推理)」説も知的レベルに定位していたと言ってよい。それに対する批判から、リップスは「感情移入」を知的レベルではなく感情的あるいは本能的レベルに定位しようとしている。さらに言えば、フッサールは、このようなリップスの「感情移入」論を批判しながら、それを「他人の心」より以前に、「他人の身体」をまさに「身体」として捉えるというレベルで考えようとしている(本書テキスト六・七参照)。それは、シェーラーが、「心身の未分化な体験」によってミルやリップスを批判したように、フッサールに心身関係についての再考を迫るものになっただろう(この点は、本書に収録されたテキストとともに考えていただきたい)。

さて、しかしながら、冒頭で、西洋哲学史上初めて「他者」を哲学の根本問題とみなして取り組んだと述べたが、それはフッサールが、上記のような、哲学の問題の一つかも知れないが、必ずしも根本問題とは言えないような「他人の心」の問題にとどまるのではなく、もっと広い「他者」の問題としてとらえ、それを「現象学の根本問題」(本書テキスト一参照)に据えたということを意味している。「他者」を哲学の根本問題とみなしたことは、それを「間主観性」の現象学という問題圏のなかに据えたということと別のことではない。フッサールは、「他者」についての考察を早い時期から「間主観性」の問題として論じようとしていたのである。では、「間主観性*」とは何だろうか。

*訳語について少し述べておくと、「間主観性」というのは、Intersubjektivität というドイツ語の訳語であるが、これは、「相互主観性」「共同主観性」とも、あるいは、「間主体性」「相互主体性」「共同主体性」などとも訳されることがある。「Inter-」という接頭辞は、「あいだ」「相互」などを意味し、例えば、international は「国と国の間」として「国際間」「国際的」と訳され、intercontinental は「大陸と大陸の間」として「大陸間」と訳され、intercity は「都市と都市の間」として「都市間連絡」と訳され、interdisziplinär は「学問分野と学問分野の間」として「学際的」と訳される。同様にして、Intersubjektivität も「主観と主観の間」として「間主観的」ないし「相互主観的」と訳される。「間主観性」と「相互主観性」は、ほとんど同じ意味で使われてきてはいるが、あえて、両者のニュアンスの違いがあるとすれば、「相互主観性」では、まず主観と主観とがそれぞれ独立して存在したうえで両者が相互に関係し合うという、能動的な関係性が感じられるのに対し、「間主観性」では、そもそも主観なるものは独立して存在してはおらず、「間」ないし「関係」がむしろ先に存在し、そのなかから

主観がそれぞれ分かれてくるという、受動的な関係性、関係の先行性が感じられる、と言えようか。

三　「間主観性」とは何か

「間主観性」とは、基本的には、「主観と主観の間」の関係に関わることと言えよう。しかし、そういう言い方からして、二つの「主観」（と呼ばれる何かある対象的なもの）を自分自身（こちらが本来の「主観」のはず）から等距離に置きながら外から観察するかのような（あるいは、メルロー＝ポンティの言葉を借りれば、「上空飛行的」「俯瞰的」な）語り方に聞こえる。ところが、二つの「主観」（はじめ対象的に考えられたもの）のうちの一つの「主観」とはまさに自分自身（本来の意味での「主観」）のこと、つまり「私」自身（それを「我」と呼ぶこともできるが、それを「自我」と名詞形で呼ぶとすでに「俯瞰的」な語り方が始まることになる）のことだと、その内に入り込んで考えるなら、もう一つの「主観」つまり「他の主観」は「他者 der Andere*」と呼ばれることになる。ここに、「主観と主観の間」は、「私と他者の間」と呼ばれることになり、「間主観性」の問題が「他者」の問題として現れることになる。言い換えれば、「他者」の問題が、「間主観性」の問題の一側面として現れると言ってもよい。しかし、「間主観性」の問題圏はそこにとどまらない。

＊「他の主観」は、「私」に対して言えば、「あなた（君、汝）」と呼ばれるべきではないか、と言われるかもしれない。確かに、「一者」とか「自己」とかの対語になるのが「他者」であり、あるいは、「我／自我」の対語となるのは（日常語としてのなじみはないものの）「他我」であって、「私」という一人称の対語になるのは、「あなた」「おたく」（これらは、ドイツ語では敬称の Sie が使われる）あるいは「汝」「君」「お前」（これらは、ドイツ語では親称 du が使われる）という二人称ではないかと言われるかもしれない。しかし、その辺りの細かいニュアンスはもう少し先に控えている問題として、ここでは、とりあえず、「私と他者」を対語として容認していただき、少なくとも、それが「主観と主観の間」という問題の立て方とは違うということだけ理解していただければ十分である。

ところで、近代哲学を通じて、「主観」と対比的に使われてきたのは「客観」という語である。日常的にも、「主観的」と「客観的」という言葉を耳にすることは珍しくない。「彼の説明は余りに主観的だ」とか「彼女の説明は客観的で信頼できる」とかいった具合に使われる。「主観的」とは、自分ひとりの考え方や見方に偏っていて、他の人の考え方や見方を考慮していない、独りよがりの状態であるのに対して、「客観的」とは、特定の考え方や見方にとらわれたり偏ったりせず、それらに汚染されずに、物事をありのままにとらえている状態であると言えよう。そこから、「客観」とは、「主観」から独立して、

「主観」によって知られようが知られまいが、そんなこととは関係なしに、「それ自体」で存在するもの（実在）であると想定されることになる。例えば、地球から約二五四万光年の距離にあるアンドロメダ星雲は、人間によって発見されるはるか昔から存在していた。それはまさに、人間の「主観」から独立して、実在する「客観」と想定される。

ところが、カントは、そのような「それ自体」で存在するとみなされた「客観」を「物自体」と呼び、それは人間には認識されえない不可知のものであって、それが認識され「現象」となる限りは、「主観」との関係のなかで成立すると考えた。そして、そうである限り、「超越論的」とカントが呼んだ「主観」のもつ枠組み（感性における時間と空間という形式、悟性のもつカテゴリーという形式）によって初めて認識が成立するのであって、それらの枠組みは、経験に先立ちながら経験を可能にしている「先験的」なものとも言える。そして、そのような「超越論的」な働きが「主観」のうちにあると、カントは考えたが、その「主観」とは経験的ないし個人的な「主観」ではなく、いわば超個人的な「主観」であった。

フッサールは『論理学研究』において、現象学の基本的なアイデアはつかんだものの、それは日常生活のなかで当たり前になっている世界の見方（「自然な態度」と呼ばれる）によってふだんは隠されてしまっており、現象学的なものの見方を獲得するには、「現象学的還元」（世界のカッコ入れ、遮断）という方法が必要であると考えた。『論理学研究』刊行の頃（一九〇一年）、フッサールはウィーンですでに「現象学」という語を使っていたマッハを訪ね、おそらく彼を通じて紹介されたのであろうが、翌年にはアヴェナリウスの『人間的世界概念』を読んでいる。本書のテキスト一「現象学の根本問題」（一九一一年講義）は、彼の「自然な世界概念」との繋がりのなかで「自然な態度」が論じられ、そこから「還元」の思想が語られる。この「還元」の思想が最初に芽生えたのは、一九〇五年夏のゼーフェルト（ドイツとオーストリアの国境近くの村）での滞在中であったが（「ゼーフェルト草稿」として残されている）、そのときフッサールにはカントへの関心が背景としてありつつも、その滞在にはリップス門下のプフェンダーとダウベルトが伴っており、還元の思想の芽生えと、彼らから紹介されたリップスの「感情移入」論との取り組みが同時に進んでいたことが分かる。フッサールは、現象学という新しい世界の見方を獲得するための方法である現象学的還元を、デカルトの方法的懐疑に見習いながらも、それが、カントの「超越論的」な問題次元へと導くものと考えた。しかし、この「超越論的」な次元で働く「主観」を、世界のうちにある人間としての「主観」と考えると、世界の一部でしかないものが世界全体を支えるというパラドクシカルな事態（フッサールは「主観性のパラドックス」と呼んだ）に陥ると考えた。彼は、そのパラドクスの解決のためにこそ、超越論的な主観性を「間主観性」として考える方向に歩み出した。彼に「還元」の思想が芽生えたのと、「間主観性」の問題への関心が芽生えたのが、ほぼ同じ頃だったのは、そういう事態を意味している（本書テキスト一参照）。

また、この点で興味深いのは、フッサールは晩年の『デカルト的省察』のなかで、ライプニッツの「モナド（単子）」という語を導入し、「間主観的」という語を「間モナド的」とも言い換えているのだが、この「モナド」への関心は早くからあり（一九〇八年の草稿「モナドロジー」）、間主観性という問題への関心への始まりとほぼ同時期から始まっているということである。つまり、私（我）と他者という問題は、しばしば、デカルト的なエゴロジー（自我論）に結びつきやすいのだが、それをフッサールは早い時期から、ライプニッツ的なモナドロジー（モナド論）との繋がりのなかで考えていたということになる（本書テキスト一〇参照）。独我論的な装いは、あくまでも多元論的な枠組みのなかに置かれていたのである。

このように、「間主観性」の考え方は、単に「主観」と「主観」とのあいだの問題にとどまらず、「客観」「それ自体」が「間主観的」に成立しているという考えにもひろがっているわけだが、それは逆に、「主観」そのものが「間主観的」に成立しているという考えにもひろがっている。それは、フッサールが一九二〇年代になって、これまで考察してきた現象学は「静態的」なもので、現時点での本質構造を取り出そうとするものだったが、その構造を真に理解するためには、それがどのようにして生成してきたのかという「発生的」な考察によって補われなければならない、と考えるようになったからである（本書第三部参照）。それは現象学の方法に根本的な変更を迫るものであったが、と同時に、それが上記のような「主観」そのものをも「間主観性」の問題圏に巻き込むことになる。客観のみならず、主観そのものも初めから独立して存在していて、あとから他の主観との関係に入るようなものではなく、むしろ主観そのものが他の主観（他者）との関係のなかで初め生成してきたものとして、その「発生」が問われることになる。フッサールが初めリップスから借りた「感情移入」という語で考察していた「他者経験」の問題は、その構造だけではなく、その発生まで問われるようになる。「生き生きとした現在」というフッサール最晩年の時間論のうちに隠された他者への通路を発見するのも、そのような脈絡のなかからであった。少し、本書にまとめたテキストの範囲を越えるところまで先走りしてしまったが、それは、「私（自我）」の最も中核のうちに「間主観性」へと繋がっていくような考えをフッサールのなかに発見するようになるとだけ予告しておこう。

さて、以上でフッサールの「間主観性」の問題圏が、伝統的な哲学者や同時代の哲学者たちと繋がっていることを見てきたが、それはフッサールが考察したほとんどの問題ともさまざまな形で繋がっている。上で触れたこと以外にも、心理学（全集第九巻『現象学的心理学』参照）、自然と精神（全集第三二巻『自然と精神』参照）、時間論（資料集第八巻『時間構成についての後期テキスト（C草稿）』参照）、生活世界（全集第三九巻『生活世界』参照）、倫理学（全集第三七巻『倫理学入門』参照）といった問題圏との繋がりについても、フッサール自身が十分に展開したとは言えないまでも、その絡み合いを指摘することができよう。現在四〇巻まで刊行された『フッサール全集』のうちの三巻分を占め、総ページ数が一九一四ページにのぼる『間主観性の現象学』が、フッサールの残した遺稿のなかでも、その分量においても、それと関わった時期の長さにおいても、圧倒的なものであることも理由のないことではない。本訳書によって、その全貌を表すことはできないにしても、これまで日本語で読めるものだけでその一端に触れてきた読者には、本書が少なくともその輪郭を描いてくれるものとなるであろう。

四　現象学の根本問題としての「間主観性」の問題

それにしても、なぜ「間主観性」の問題は、これほどフッサールが「現象学」として考察したほとんどの問題に広く根を張ることになっているのだろうか。それには理由があるはずである。

一つの手がかりは、「現象学」とはそもそも何だったのか、というところにある。「現象学」は何よりも「存在論」に対置されるものとして考えられてきたと言える。「存在論」とは、「存在とは何か」あるいは「何が存在するのか」という問いであるとしたら、「現象学」とは、「現象とは何か」あるいは「何が現れている（現象している）か」という問いであると言えよう。ここで注目したいのは、「何かがある」という時と「何かが現れる」とを比較すると、「何かがある」というとき、それが「誰にとって」であるのかは問題にならない（主たる問題ではない）のに対し、「何かが現れる」というときには、それが「誰にとって」であるのかは欠くことのできない問題であるだろう。「誰にそう現れるのか」を抜きにして「現れる」ということを語ることができないのである。

となると、何かがA（私）にとって現れることとそれがB（他者）にとって現れることとは、必ずしも同じとは限らない。そこにズレがある。フッサールは、そのズレを「パースペクティヴ」と呼んだり、「アスペクト」と呼んだりする。同じものが現れているようでいて、微妙に異なるものが現れていることを指すためである。しかも、Aがそれを「Aにとっての現れ」として捉えることは、それがBにとっては異なる「Bにとっての現れ」をもつことをもすでに前提していることになる。そして、それは、その何かを「自分にとっての現れ」に回収してしまうことのできない、それを越えた何かとして捉えることでもある。こうして、「現れにおいて現れているそのものは、現れを越えたものとして現れている」ということが分かり、それを支えているのは、「Aにとっての現れ」と「Bにとっての現れ」にズレがあり、ズレがあることを互いに了解していることなのである。それは、現れ（現出）の構造そのもののなかに、「間主観性」の問題が入り込んでいることを意味している。

とすると、「間主観性」の問題は、フッサールがブレンターノから学んだ、現象学の根本概念とも言える「志向性（Intentionalität）」とも関わってくることが見えてくる。「現れにおいて現れているそのものは、現れを越えたものとして現れている」といま述べたことは、意識は常に「何かについての意識」であり、「体験（現れ）を越えた何かを志向している」ということと、同じことの裏表とも言える。「志向性」とは、それぞれ独立してある「主観」と「客観」の間に二次的に生ずる出来事なのではなく、そもそも「主観」と「客観」がそこから生じてくるような「場」を指している。初めにあるのは、「志向性」という、「主観」と「客観」の「間」なのである。このように「志向性」は、近代哲学の「主観」と「客観」という二項図式を解体し、「間」という思想を生み出すものであった。「志向性」の思想こそが、「間主観性」の現象学を準備したと言えるだろう。

こうして、「間主観性」の問題は、「現象学の根本問題」となり、現象学の根本概念である「志向性」とも繋がってくるのである。それこそが、フッサールが考察するほとんどの問題が、「間主観性」の問題と繋がっていることの秘密を解き明かすものであるだろう。

なお、翻訳にあたっては、荒畑、稲垣、中山、村田、吉川の各氏が作成してくれた訳稿を叩き台にしながら、山口が『受動的綜合の分析』（国文社、一九九七年）、浜渦が『デカルト的省察』（岩波文庫、二〇〇一年）をそれぞれ訳した経験を持ち寄りながら、また谷徹訳『ブリタニカ草稿』（ちくま学芸文庫、二〇〇四年）をも参照しながら、新たに訳語を検討することも含めて、難解と言われるフッサールのテキストを日本語だけで読める訳文をという方針で取り組んだ。必ずしも習慣となってきた訳語にこだわらず、新しい試みをしたところもあり、古い訳語に慣れた研究者からはお叱りを受けるかも知れないが、これによって新たなフッサールの読者が増えることになることを願っている。

最後に、遅々として進まない私たちの作業を温かく励ましてくれ、切羽詰まったところで乱れる私たちの足取りを忍耐をもって導いてくれた、ちくま学芸文庫編集部の伊藤正明氏にこころから感謝の意を捧げたい。

や　行

ら　行

わ　行

な　行

は　行

ま　行